面向"中国制造2025"汽车类专业培养计划
"十三五"职业教育规划教材

汽车自动变速器维修（第2版）

郭兆松　主　编
文爱民　主　审

图书在版编目（CIP）数据

汽车自动变速器维修/郭兆松主编. —2版. —西安：西安交通大学出版社，2017.10
ISBN 978-7-5693-0242-4

Ⅰ. ①汽… Ⅱ. ①郭… Ⅲ. ①汽车—自动变速装置—车辆修理 Ⅳ. ①U472.41

中国版本图书馆 CIP 数据核字（2017）第 260029 号

书　　　名	汽车自动变速器维修（第2版）
主　　　编	郭兆松
责 任 编 辑	李　文

出 版 发 行	西安交通大学出版社
	（西安市兴庆南路10号　邮政编码710049）
网　　　址	http：//www.xjtupress.com
电　　　话	（029）82668357　82667874（发行中心）
	（029）82668315（总编办）
传　　　真	（029）82668285
印　　　刷	陕西奇彩印务有限责任公司

开　　　本	787mm×1092mm　1/16　印张 20.25　字数 485 千字
版次印次	2018年2月第1版　2018年2月第1次印刷
书　　　号	ISBN 978-7-5693-0242-4
定　　　价	39.80 元

读者购书、书店添货，如发现印装质量问题，请与本社发行中心联系、调换。
投稿热线：（029）82668284

版权所有　侵权必究

内 容 简 介

本书以从事汽车维修岗位的实际需求为基础，全面、系统地介绍了汽车自动变速器的结构、原理、拆装、维护、检测和故障诊断的知识和操作。

本书分为九个学习大任务，主要内容有自动变速器的总体认识、大众01M型自动变速器的认识与拆装、丰田U341E型自动变速器的认识与拆装、自动变速器常规的检查与测试、自动变速器的性能试验、自动变速器主要元件的检修、自动变速器常见故障的诊断、本田CVT变速箱的认识与拆装、大众DSG变速箱的认识与拆装等。

本书可作为高职高专院校汽车专业相关课程的教材，也可供汽车维修从业人员、汽车爱好者参考。

前言

2016年我国汽车年产销量均双双突破2800万辆，连续八年蝉联全球第一大汽车市场。随着汽车的保有量逐渐增加，汽车后市场的从业人员也逐渐增多。为了适应汽车后市场对技能型人才需求增加的变化，许多院校纷纷新增了汽车相关专业。

本教材以从事汽车维修岗位的实际需求为基础，注重技能提高，注重理论与实践相结合，注重培养学生解决实际问题的能力。

本教材分为自动变速器的总体认识、大众01M型自动变速器的认识与拆装、丰田U341E型自动变速器的认识与拆装、自动变速器常规的检查与测试、自动变速器的性能试验、自动变速器主要元件的检修、自动变速器常见故障的诊断、本田CVT变速箱的认识与拆装、大众DSG变速箱的认识与拆装等九个学习大任务。为了便于学习，每个学习任务后都安排有习题。本教材可作为高职高专院校汽车专业相关课程的教材，也可供汽车维修从业人员、汽车爱好者参考。

本教材由南京交通职业技术学院郭兆松主编，文爱民主审。参与编写工作的还有南京交通职业技术学院谢剑、蒋浩丰、胡俊、桑永福、王汉成，江苏汽车维修企业季刚、魏世康、邱平。此外，在教材编写过程中还得到南京交通职业技术学院汽车工程系多位教师的大力支持和帮助，同时，还得到了南京市相关汽车4S店维修技术人员的特别帮助，在此一并表示感谢。

由于编者水平有限，书中难免有疏漏与不妥之处，恳请读者批评指正。

编　者

目录

项目一 自动变速器的认识 /1

一、项目描述 /1

二、项目实施 /1

  任务一 自动变速器换挡手柄的使用 /1

  任务二 自动变速器安装及特点的认识 /2

  任务三 自动变速箱组成的认识 /2

三、相关知识 /2

  （一）自动变速器的使用 /2

  （二）自动变速器的发展与应用 /4

  （三）自动变速器的组成 /5

  （四）自动变速器的类型 /6

  （五）自动变速器的特点 /9

四、自我测试题 /10

项目二 大众01M型自动变速器的认识与拆装 /12

一、项目描述 /12

二、项目实施 /13

  任务一 认识液力变矩器 /13

  任务二 拆卸大众01M型自动变速器 /13

  任务三 装配大众01M型自动变速器 /16

三、相关知识 /21

  （一）带锁止离合器的变矩器结构、原理 /21

  （二）行星齿轮机构的结构与类型 /28

  （三）单行星齿轮式行星齿轮机构的传动原理 /29

  （四）双行星齿轮式行星齿轮机构的传动原理 /32

  （五）大众01M型自动变速器行星齿轮变速机构的结构 /32

  （六）大众01M型自动变速器行星齿轮变速机构各部件的连接安装关系 /34

  （七）大众01M型自动变速器行星齿轮变速机构的原理 /37

1

（八）换挡执行元件的结构与原理 /42

四、自我测试题 /46

项目三 丰田 U341E 型自动变速器的认识与拆装 /51

一、项目描述 /51

二、项目实施 /51

  任务一 拆卸丰田 U341E 型自动变速器 /51

  任务二 装配丰田 U341E 型自动变速器 /62

三、相关知识 /69

  （一）丰田 U341E 型自动变速器行星齿轮变速机构的结构 /69

  （二）丰田 U341E 型自动变速器行星齿轮变速机构各部件的连接安装关系 /71

  （三）丰田 U341E 型自动变速器行星齿轮变速机构的原理 /76

四、自我测试题 /79

项目四 自动变速器常规的检查与测试 /81

一、项目描述 /81

二、项目实施 /81

  任务一 发动机怠速、节气门开度的检查与调整 /81

  任务二 自动变速器油平面高度与油质的检查 /82

  任务三 ECT 电控系统的测试 /82

三、相关知识 /92

  （一）自动变速器油（ATF）的类型与特性 /92

  （二）ECT 电子控制系统主要部件的功用、结构与原理 /94

  （三）自动变速器常规检查与测试 /107

四、自我测试题 /121

项目五 自动变速器的性能试验 /124

一、项目描述 /124

二、项目实施 /124

  任务一 失速试验 /124

  任务二 油压试验 /125

                任务三　时滞试验　/125
                任务四　手动换挡试验　/126
        三、相关知识　/126
                （一）液压传动系统的基础知识　/126
                （二）ECT液压控制系统要部件的功用、结构与原理　/140
                （三）ECT各挡位控制油路工作情况　/150
                （四）失速试验　/157
                （五）油压试验　/158
                （六）时滞试验　/162
                （七）手动换挡试验　/163
                （八）道路试验　/164
        四、自我测试题　/167

项目六　自动变速器主要元件的检修　/170

        一、项目描述　/170
        二、项目实施　/171
                任务一　变矩器的清洗和单向离合器性能检查　/171
                任务二　油泵的检查　/171
                任务三　换挡执行元件的检查　/172
                任务四　行星排齿轮组的检查　/172
                任务五　电磁阀的检查和测试　/172
        三、相关知识　/173
                （一）液力变矩器的检查与清洗　/173
                （二）油泵的分解、检查与装配　/174
                （三）离合器、制动器和单向离合器的分解、检查与装配　/176
                （四）行星排齿轮组的检查与装配　/182
                （五）电磁阀的检查和测试　/183
        四、自我测试题　/186

项目七　自动变速器常见故障的诊断　/188

        一、项目描述　/188
        二、项目实施　/188
                任务　自动变速器电控系统故障诊断　/188

三、相关知识　/190

　　（一）故障诊断原则和程序　/190

　　（二）自动变速器常见故障的诊断与检修　/193

四、自我测试题　/205

项目八　本田 CVT 变速箱的认识与拆装　/207

一、项目描述　/207

二、项目实施　/207

　　任务一　无级变速器的拆卸　/207

　　任务二　无级变速器的装配　/212

三、相关知识　/223

　　（一）机械传动系统　/223

　　（二）液压控制系统　/228

　　（三）电控系统　/231

四、自我测试题　/235

项目九　大众 DSG 的认识与拆装　/236

一、项目描述　/236

二、项目实施　/236

　　任务一　大众 DSG 的拆卸　/236

　　任务二　大众 DSG 的装配　/244

三、相关知识　/249

　　（一）湿式多片离合器　/251

　　（二）三轴式齿轮变速器及驱动桥　/253

　　（三）自动换挡机构　/259

　　（四）液压控制换挡系统　/260

　　（五）电子控制换挡系统　/265

四、自我测试题　/277

项目一

自动变速器的认识

一、项目描述

通过本项目的学习,操作自动变速器的换挡手柄,认识自动变速器在实车上的安装及其组成,应达到以下要求:

1. 知识要求

①掌握自动变速器换挡手柄的使用;

②了解自动变速器的发展与应用;

③掌握自动变速器的组成、类型和特点。

2. 技能要求

①能正确使用操作换挡手柄;

②会辨识典型变速器型号含义;

③能总结归纳自动变速器的优缺点。

3. 素质要求

①保持实训场地清洁,及时清扫垃圾,树立团队意识,培养协作精神;

②安全文明生产,保证设备和自身安全;

③操作规范,技术要求符合维修手册。

二、项目实施

 任务一　自动变速器换挡手柄的使用

1. 训练目标与要求

结合实验室搭载自动变速器的实车,认识各换挡手柄的位置并使用各换挡手柄。

2. 训练设备

搭载自动变速器的一汽丰田卡罗拉、一汽大众捷达轿车。

3. 训练步骤

①使用举升机将轿车的驱动轮悬空。

②起动发动机，将自动变速器换挡手柄分别置于不同位置，观察驱动轮的运动状态，同时观察仪表板中发动机转速与车速间的关系来判断变速器内的挡位，进而总结在不同换挡手柄位置时车辆运行的特点。

任务二　自动变速器安装及特点的认识

1. 训练目标与要求

观察丰田自动变速器 U341E 型、大众 01M 与 01N 型自动变速器在实车上安装位置，总结其特点。

2. 训练设备

搭载自动变速器的一汽丰田威驰、花冠、一汽大众捷达、上汽大众桑塔纳轿车。

3. 训练步骤

打开实验轿车发动机机舱盖，观察发动机、自动变速器、传动系统、驱动轮间的连接关系。

任务三　自动变速器组成的认识

1. 训练目标与要求

观察自动变速器实验台架，认识自动变速器的组成。

2. 训练设备

自动变速器实验台架

3. 训练步骤

观察自动变速器实验台架中变矩器、齿轮变速机构、换挡控制系统的安装位置。

三、相关知识

（一）自动变速器的使用

如果没有变速器，操纵汽车将是非常困难的。汽车上为什么要采用变速器呢？这是由于现代汽车采用的活塞式内燃发动机转矩变化范围较小，不能适应汽车在各种条件下阻力变化的要求，因此在汽车传动系中，采用了可以改变转速比和传动转矩比的装置，即变速器。变速器不但可以扩大发动机传到驱动车轮上的转矩和转速的变化范围，以适应汽车在各种条件下行驶的需要。而且还能在保持发动机转动方向不变的情况下，实现倒车；还能利用空挡暂时切断发动机与传动系统的动力传递，使发动机处于怠速运转状态。最初设计的汽车采用的是手动变速器，虽然手动变速器有上述优点，但在操纵便利性及动力性方面存在缺陷。为此，人们在改进变速器的结构和换挡方法上作了很大的努力，自动变速器便是人们改进手动变速器的结果。

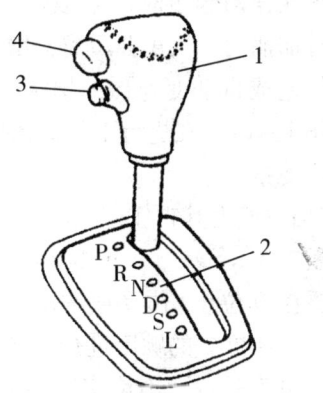

1—操纵手柄；2—挡位；3—超速挡开关或保持开关；4—锁止按钮
图1-1 自动变速器的换挡手柄

驾驶员对控制汽车的换挡手柄非常熟悉，换挡手柄决定变速器的挡位范围，进而决定了汽车的行驶状态。变速器为各个前进挡和倒挡提供了不同的传动比，也为发动机提供了两种中断动力的方法，在发动机运转时汽车保持静止。自动变速器的挡位见图1-1所示，包括：

P：驻车挡，变速器内部为空挡，在汽车静止不动的情况下允许发动机运转，同时锁止变速器输出轴，以防止汽车溜车。

R：倒挡，使汽车反向行驶。

N：空挡，在汽车静止并没有锁止变速器输出轴的情况下，允许发动机运转。

D：驱动挡，挡位可以从1挡变到OD挡。最高为超速挡，此时传动比最高，在高速巡航条件下，可以适当降低发动机转速，使油耗降低，减少排放污染。

2：中速挡，禁止升入高速挡，有发动机制动功能。

L：低速挡，在恶劣条件下提供足够的扭矩，不能升挡，有发动机制动功能。

为充分发挥自动变速器的性能优势，防止因使用操作不当而造成早期损坏，在驾驶装用自动变速器的汽车时，应注意以下几点：

①在驾驶时，如无特殊需要，不要将操纵手柄在D位、S位、L位之间来回拨动。特别要禁止在行驶中将操纵手柄拨入N挡（空挡）或在下坡时用空挡滑行。否则，由于发动机怠速运转，自动变速器内由发动机驱动的油泵出油量减少，而自动变速器内的齿轮等零件在汽车的带动下仍作高速旋转，这样这些零件会因润滑不良而损坏。

②挂上挡行驶后，不应立即猛烈地一脚踩油门踏板到底。在行驶中，当自动变速器自动升挡或降挡的瞬间，不应再猛烈地加踩油门踏板。否则，会使自动变速器中的摩擦片、制动带等受到严重损坏。

③当汽车还没有完全停稳时，不允许从前进挡换至倒挡，也不允许从倒挡换到前进挡，否则会损坏自动变速器中的摩擦片和制动带。

④一定要在汽车完全停稳后才能将操纵手柄拨入停车挡位，否则自动变速器会发出刺耳的金属撞击声，并损坏停车锁止机构。

⑤要严格按照标准调整好发动机怠速,怠速过高或过低都会影响自动变速器的使用效果。怠速过高,会使汽车在挂挡起步时产生强烈的闯动;怠速过低,在坡道上起步时,若松开制动后没有及时加油门,汽车会后溜,增加了坡道起步的操作难度。

⑥为了防止不正确的操作造成自动变速器的损坏,大部分车型的自动变速器操纵手柄上都有一个锁止按钮(图1-1)。在进行下列换挡操作时,必须按下锁止按钮,否则操纵手柄将被锁止而不能移动:

  a. 由P位换至其他任何挡位或由其它任何挡位换至P位;
  b. 由任何挡位换至R位。

此外,在汽车行驶中若要在D位、2位(或S位)、1位(或L位)等前进挡中变换挡位时,若按:"1位→2位→D位"的顺序进行变换(即由低挡位换至高挡位),可以不受任何车速条件的限制,也就是说,不论车速高低都可按此顺序改变操纵手柄的位置。但是,如果要按"D位→2位→1位"的顺序(即由高挡位换至低挡位)变换操纵手柄的位置;必须让汽车减速至车速低于相应的升挡车速后才能进行。例如:欲将操纵手柄从D位换至2位,必须在车速降至低于2→3挡的升挡车速后才能进行。如果将操纵手柄由高挡位换至低挡位时车速过高,就相当于人为地手动强制低挡。这样在车速过高时进行强制低挡,不但汽车会受到发动机的强烈制动作用,而且相应的低挡执行机构将因急剧摩擦而损坏。因此,有些车型在进行"D位→2位→1位"的降挡操作时,也必须按下锁止按钮,否则操纵手柄将被锁住而无法由高挡位向低挡位移动。

(二) 自动变速器的发展与应用

1939年美国通用汽车公司首先在其生产的奥兹莫比尔(Oldsmobile)轿车上装用了液力变矩器与行星齿轮组成的液力变速器,可谓之现代自动变速器的雏形。上世纪40年代末50年代初,出现了根据车速和节气门开度自动控制换挡的液力控制换挡自动变速器,使自动变速器进入了迅速发展时期。到1975年,自动变速器在重型汽车及公共汽车上的应用已相当普及。

20世纪70年代末电子控制技术开始应用于汽车变速器,日本丰田汽车公司研制成功了世界上第一台电子控制变速器装置,并在1976年实现了批量生产。但由于各种电子控制自动变速器在控制精度和自由度方面效果并不十分理想,因此,包括日本在内的许多国家又把重要精力转向电脑控制变速器的研究和开发。自此,以电脑为控制核心的电子控制自动变速器迅速发展。目前美国大部分的汽车装用了自动变速器,日本和西欧国家汽车自动变速器普及率也达到了80%左右。

现在我国轿车和豪华大客车电子控制的自动变速器已呈普及之势。一汽大众于1998年底在国内首家推出批量生产的装用电控自动变速器的轿车捷达AT,该车采用德国大众(VW)原厂生产的第三代95型01M电控4挡自动变速器。国内的神龙富康汽车公司亦于1999年初展示了其装备自动变速器的富康988轿车,这种电控4挡自动变速器由法国的雪铁龙和雷诺公司共同研制,在意大利生产,1998年6月才开始应用。上海通用汽车公司投产的4T65E变速器是通用汽车公司1994年才正式投产的。上海大众汽车公司已制造出帕萨特、波罗、桑塔纳等大众系列车型使用的自动变速器,国产轿车普遍装用自动变速器的时代已经到来。国产轿车自动变速器的使用情况见表1-1。

表 1-1　国产轿车自动变速器应用车型

企业名称	车　型	变速器型号
北京现代汽车有限公司	现代索纳塔	KM175
北京吉普有限公司	切诺基	AW-4（A340E）
	大切诺基	42RE
	帕杰罗	V4AS1
上海大众汽车有限公司	POLO	001
	桑塔纳2000	01N
	帕萨特 B5	01N
	1.8L 帕萨特	01V
一汽大众汽车有限公司	捷达王、宝来	01M
	奥迪 100	097
	奥迪 V6	ZF4HP-18
	奥迪 A6	01V
一汽轿车有限公司	红旗旗舰	AODE
东风神龙汽车有限公司	富康、毕加索 MPV	AL4
东风雪铁龙汽车有限公司	雪铁龙	AL4
东风风神汽车有限公司	风神蓝鸟	RL4F03A
东风悦达起亚汽车有限公司	千里马	RE4F02A
广州本田汽车公司	雅阁、奥德赛	B7XA
上海通用汽车公司	别克	4T65E
	赛欧	AF13
海南马自达汽车公司	马自达 323	FA4A-EL
长丰汽车制造厂	猎豹	V4A31
长安福特汽车公司	蒙迪欧	CD4E
天津丰田汽车有限公司	雅酷、威驰、威姿	丰田 A-143E

（三）自动变速器的组成

自动变速器的厂牌型号很多，外部形状和内部结构也有所不同，但它们的组成基本相同，如果按各部分的功能，可将它们分成液力变矩器、变速齿轮机构、液压控制自动换挡系统、电子控制自动换挡系统等四大部分。

各部分功能见表 1-2，各组成部分位置如图 1-2。

表1-2 自动变速器的组成及各部分功用

组成	功用	组成零部件
液力变矩器	利用油液循环流动过程中动能的变化将发动机的动力传递给自动变速器的输入轴,并能根据汽车行驶阻力的变化,在一定范围内自动地、无级地改变传动比和转矩比	泵轮、涡轮、导轮等
变速齿轮机构	实现变速的机构,改变动力传递的方向和速比	行星齿轮机构、离合器、制动器、单向离合器等
液压控制自动换挡系统	根据手动阀的位置及节气门开度、车速、控制开关的状态等因素,利用液压自动控制原理,按照一定的规律控制行星齿轮变速器中的换挡执行机构的工作,实现自动换挡	油泵、液压控制的各种控制阀及油路
电子控制自动换挡系统	通过电磁阀,控制换挡执行机构工作,实现自动换挡功能,若这些电磁阀是由电子计算机根据某些传感器信号进行控制的,则成为电子控制的换挡系统	自动变速器控制电脑、各种传感器、电磁阀等

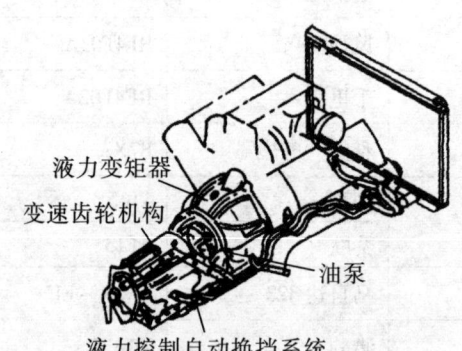

图1-2 自动变速器各组成部分位置

(四)自动变速器的类型

自动变速器有哪几种类型呢?不同车型所装用的自动变速器在型式、结构上往往有很大的差异,常见的分类方法和类型如下:

1. 按变速方式分类

汽车自动变速器按变速方式的不同,可分为有级变速器和无级变速器两种。如图1-3所示。

项目一 自动变速器的认识

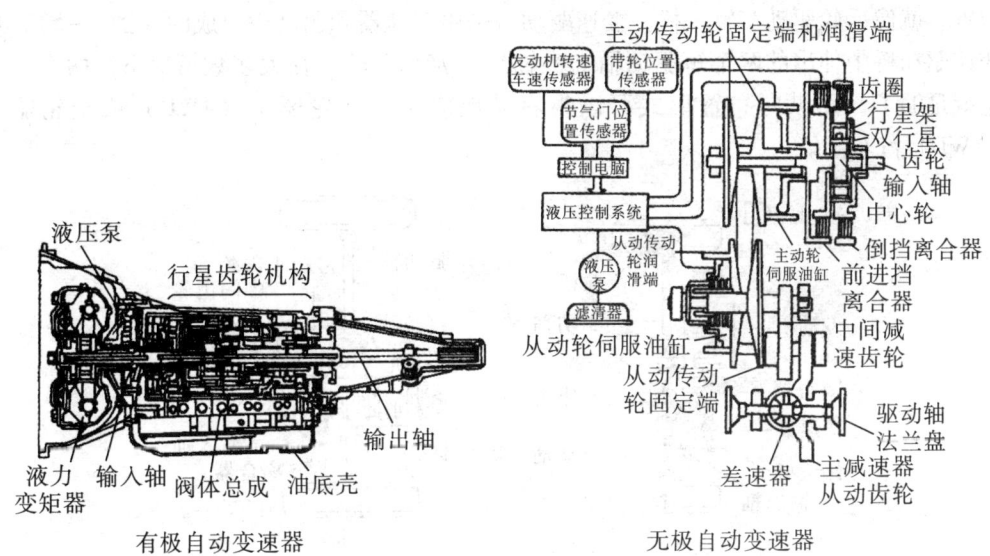

图1-3 自动变速器按变速方式分类

2. 按汽车驱动方式分类

自动变速器按照汽车驱动方式的不同,可分为后驱动自动变速器和前驱动自动变速器两种。

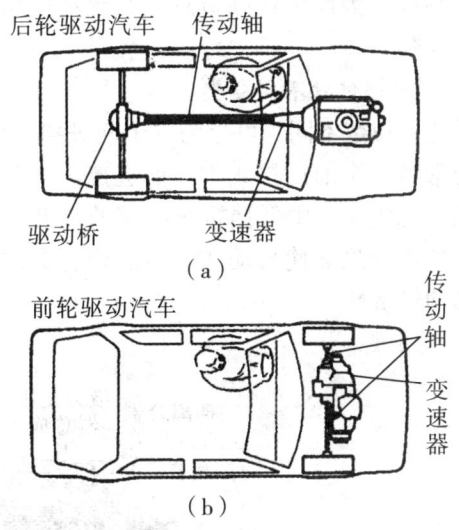

图1-4 RWD与FWD

过去大多数汽车变速器都安装在发动机的后面,并且通过驱动轴(也叫传动轴)把动力传到后桥和驱动轮,这种传动系统称作后轮驱动(RWD),见图1-4(a),后轮驱动汽车通过变速器获得所需的传动比,再通过一根传动轴把动力传到后桥。见图1-4(b),前轮驱动汽车使用变速驱动桥来传递动力,变速驱动桥包括变速器、主减速器和差速器总成,从变速驱动桥伸出的传动轴连到两个前轮。现在大多中低挡的汽车使用变速驱动桥驱动前轮,就是通常我们所说的前轮驱动(FWD)。

在大多数的前轮驱动车辆(FWD)上,发动机是横向布置的,但也有一些是纵向

7

布置，就像后轮驱动车辆一样。变速驱动桥是由变速器和驱动桥组成的（图1-5），从变速驱动桥中伸出的两个短驱动轴（半轴）连接到前轮。在大多数情况下，两个驱动轮就足够了。而纵向布置形式可以很容易地应用在四轮驱动（4WD）或全轮驱动（AWD）汽车上。

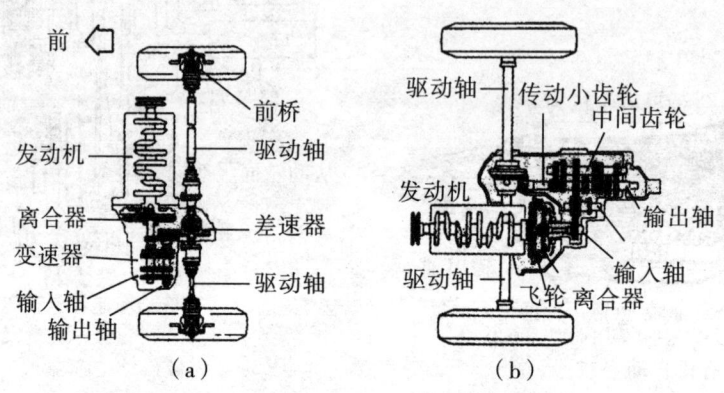

图1-5 横向和纵向布置的FWD传动系

纵置发动机的前驱动自动变速器的结构和布置与后驱动自动变速器基本相同。横置发动机前驱动自动变速器由于汽车横向尺寸的限制，要求有较小的轴向尺寸，因此通常将输入轴和输出轴设计成两个轴线的方式。这样的布置减少了变速器总体的轴向尺寸，但增加了变速器的高度，因此常将阀板总成布置在变速器的侧面或上方，以保证汽车有足够的最小离地间隙。

3. 按自动变速器前进挡的挡位数不同分类

自动变速器按前进挡的挡位数不同，可分为4个前进挡、5个前进挡、6个前进挡等。早期的自动变速器通常为2个前进挡或3个前进挡。这两种自动变速器都没有超速挡，其最高挡为直接挡。现代大多中低挡轿车装用的自动变速器基本上都是4个前进挡，即设有超速挡。这种设计虽然使自动变速器的构造更加复杂，但由于设有超速挡，大大改善了汽车的燃油经济性。

4. 按齿轮变速器的类型分类

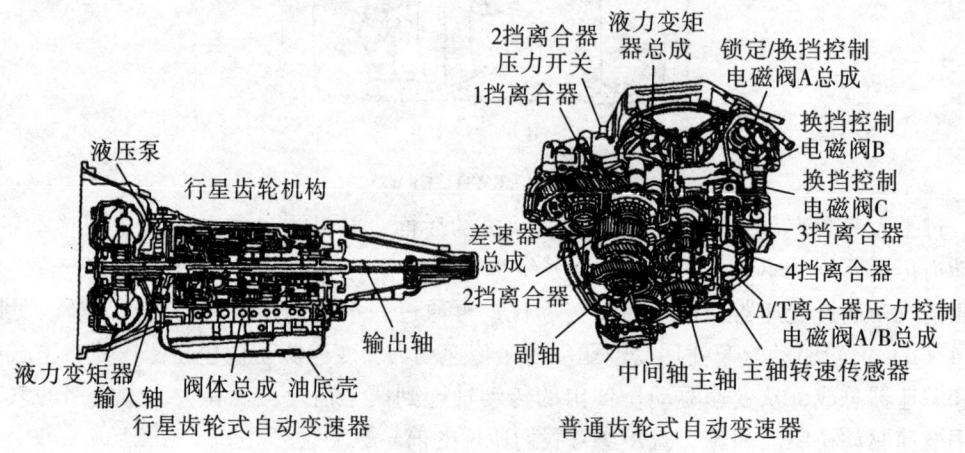

图1-6 采用不同类型齿轮的自动变速器

自动变速器按齿轮变速器的类型不同，可分为普通齿轮式和行星齿轮式两种。如图1-6所示。普通齿轮式自动变速器体积较大，最大传动比较小，只有少数几种车型使用（如本田雅阁轿车）。行星齿轮式自动变速器结构紧凑，能获得较大的传动比，为绝大多数轿车采用。

（五）自动变速器的特点

使用自动变速器的汽车具有下列显著的优点：

1. 发动机和传动系统寿命高

采用自动变速器的汽车与采用机械变速器的汽车对比试验表明：前者发动机的寿命可提高85%，变速器的寿命提高12倍，传动轴和驱动半轴的寿命可提高75%～100%。

液力传动汽车的发动机与传动系，由液体工作介质"软"性连接。液力传动起一定的吸收、衰减和缓冲的作用，大大减少冲击和动载荷。例如，当负荷突然增大时，可防止发动机过载和突然熄火。汽车在起步、换挡或制动时，能减少发动机和传动系所承受的冲击及动载荷，因而提高了有关零部件的使用寿命。

2. 驾驶性能好

汽车驾驶性能的好坏，除与汽车本身的结构有关外，还取决于正确的控制和操纵。自动变速器能通过系统的设计，使整车自动地去完成这些使用要求，以获得最佳的燃油经济性和动力性，使得驾驶性能与驾驶员的技术水平关系不大，因而特别适合于非职业驾驶员驾驶。

装备液力自动变速器的汽车，采用液压操纵或电子控制，使换挡实现自动化。在变换变速杆位置时，实质上是操纵液压控制的滑阀，这比普通机械变速器用拨叉拨动滑动齿轮实现换挡要简单轻松得多。而且，它的换挡齿轮组一般都采用行星齿轮组，是常啮合齿轮组，这就降低或消除了换挡时的齿轮冲击，可以不要离合器，大大减轻了驾驶员的劳动强度。

3. 行驶性能好

采用液力自动变速器的汽车，在起步时，驱动轮上的驱动转矩是逐渐增加的，防止很大的振动，减少车轮的打滑，使起步容易，且更加平稳。

自动变速装置的挡位变换不但快而且平稳，提高了汽车的乘坐舒适性。通过液力传动或微电脑控制换挡，可以消除或降低动力传动系统中的冲击和动载。这对在地形复杂、路面恶劣条件下作业的工程车辆、军用车辆尤其重要。

4. 安全性好

在车辆行驶过程中，驾驶员必须根据道路、交通条件的变化，对车辆的行驶方向和速度进行改变和调节。以城市大客车为例，平均每分钟换挡3～5次，且每次换挡有3～4个手脚协调动作。正是由于这种连续不断的频繁操作，使驾驶员的注意力被分散，而且易产生疲劳，造成交通事故的增加。而如果是以减少换挡、操纵加速踏板大小代替变速，那样会牺牲燃油经济性。由于自动变速的车辆，取消了离合器踏板和变速操纵杆，所以只要控制加速踏板，就能自动变速，从而改善了驾驶员的劳动强度，使行车事故率降低，平均车速提高。

5. 降低废气排放

发动机在急速和高速运行时，排放的废气中 CO 或 HC 化合物的浓度较高。而自动变速器的应用，可使发动机经常在经济转速区域内运转，也就是在较小污染排放的转速范围内工作，从而降低了排放污染。

从目前的情况来看，自动变速还存在着两方面的缺点：

1. 结构较复杂

与手动变速器相比，自动变速器结构较复杂，零件加工难度大，生产成本较高，维护费用较高，修理也较麻烦。

2. 效率不够高

与手动变速器相比，自动变速器的效率还不够高。当然，通过实施动力传动控制一体化、液力变矩器锁止、增加挡位数等措施，可使自动变速接近手动变速的效率水平。

四、自我测试题

（一）概念题

1. ECT：
2. CVT：
3. 横置前驱：

（二）填空题

1. 搭载 ECT 的汽车临时停车时，应选择操纵手柄_____位。（填 D、N、S 或 L 位）
2. 搭载 ECT 的车辆在换挡手柄 2 位行驶时，自动变速器最高只能以_____挡工作。

（三）判断题

1. 装有自动变速器的车辆下长坡时，选挡杆应置于 D 位。（　　）
2. 自动变速器的换挡手柄只有处于 P 或 N 位时方能起动发动机。（　　）
3. 由于机械液压控制系统工作可靠，当今在用车辆的自动变速器多为液控自动变速器。（　　）
4. 为改善汽车的动力性、经济性，当今在用车辆的自动变速器多为 7~8 速自动变速器。（　　）
5. 前置后驱轿车搭载的是自动变速驱动桥，即自动变速器和驱动桥装在一总成壳体内。（　　）

（四）单项选择题

1. 下列叙述何者属于自动变速器的优点_____。
　　A. 价格较便宜　　　　　　　　B. 省油
　　C. 可减少驾驶员的疲劳　　　　D. 维修方便

2. 下列关于自动变速器的使用，说法错误的是_____。

    A. 换挡手柄处于 P 或 N 位，ECT 内部都处于空挡

    B. 换挡手柄处于 P 位时，ECT 的输入轴被锁止

    C. 当换挡手柄处于 D 位，车辆行驶时，ECT 可从最低挡升至最高挡

    D. 若车辆前行时，不得将换挡手柄拨至 R 位

3. 自动变速器位于 P 挡时_____不能转动。

    A. 液力变矩器   B. 输出轴

    C. 行星齿轮组   D. 以上都不对

（五）简答题

1. 简述搭载自动变速器车辆的特点。

2. 按变速方式和齿轮变速器类型的不同，自动变速器可以分为哪几类？并各列举应用的车型。

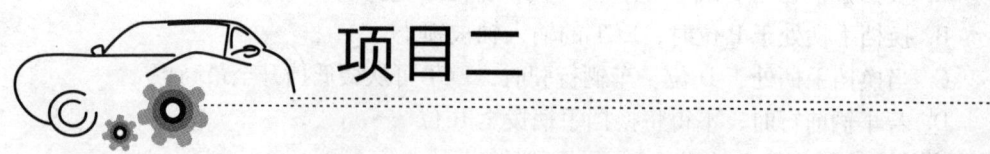

项目二

大众01M型自动变速器的认识与拆装

一、项目描述

通过本项目的学习，认识液力变矩器的组成，认识并拆装大众01M型自动变速器，应达到以下要求：

1. 知识要求

①熟悉液力变矩器的结构、原理和工作特性，掌握带锁止离合器的液力变矩器的结构、原理和工作特性；

②掌握行星齿轮机构的结构与类型；

③掌握单行星轮式行星齿轮机构的传动原理；

④掌握大众01M型自动变速器行星齿轮变速机构的结构和原理，掌握各换挡执行元件的结构与原理；

⑤熟悉大众01M型自动变速器内行星齿轮变速机构各部件的连接安装关系。

2. 技能要求

①能正确辨识变矩器中主要部件及安装连接关系；

②能正确使用维修资料及工具，并按操作规范进行大众01M型自动变速器拆卸和组装；

③会熟练壳体外装合大众01M型自动变速器行星齿轮变速机构。

3. 素质要求

①整理整顿拆装工具、量具，保持实训场地清洁，及时清扫垃圾，树立团队意识，培养协作精神；

②安全文明生产，保证设备和自身安全；

③操作规范，技术要求符合维修手册。

二、项目实施

任务一 认识液力变矩器

1. 训练目标与要求

能指出带锁止离合器的液力变矩器内各部件的名称、作用、原理和工作特性。

2. 训练设备

剖分后的带锁止离合器的液力变矩器。

3. 训练步骤

①将泵轮取出,观察其结构,注意其上轴端缺口的功用。

②将导轮拆下,观察其结构,注意单向离合器的结构和安装方式。

③将涡轮取出,观察其结构。

④将锁止离合器的压盘取出,观察其结构,熟悉其控制原理。

任务二 拆卸大众01M型自动变速器

1. 训练目标与要求

能掌握拆卸大众01M型自动变速器的顺序,正确规范地拆卸变速器。

2. 训练设备

大众01M型自动变速器台架、常用拆装工具和量具、专用拆装工具。

3. 训练步骤

①装上自动变速器油溢流管1和螺塞2,如图2-1所示。

②关闭自动变速器油冷却器油口。拆下液力变矩器。

③用螺栓将自动变速器固定到安装架上,如图2-2所示。

④拆下变速器壳体上带密封垫的端盖,如图2-3箭头所示。

⑤拆下油底壳。拆下自动变速器油滤网。

⑥拆下带传输线的滑阀箱,如图2-4所示。

⑦拆下B1的密封圈,如图2-5箭头所示。

⑧拆下自动变速器油泵螺栓,如图2-6箭头所示。

⑨将螺栓A(M8)拧入自动变速器油泵螺栓孔内,如图2-7所示。

⑩均匀拧入螺栓A,可将自动变速器油泵从变速器壳体中压出。

⑪将带有隔离管、B2制动片、弹簧和弹簧盖的所有离合器拔出,如图2-8所示。

⑫将旋具插入大太阳轮的孔内以松开小输入轴螺栓,如图2-9所示。

⑬拧下小输入轴螺栓,如图2-10箭头所示。

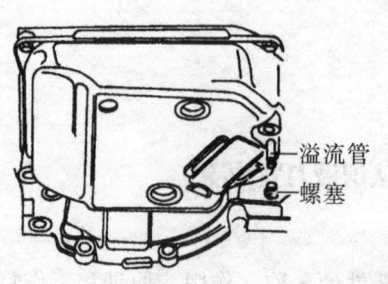

图 2-1　装上自动变速器油溢流管和螺塞

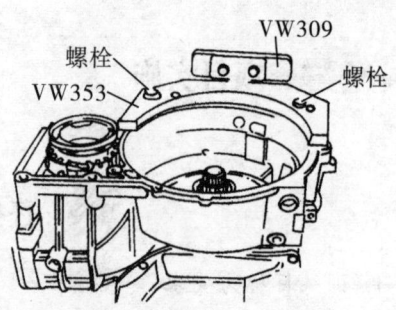

图 2-2　固定自动变速器

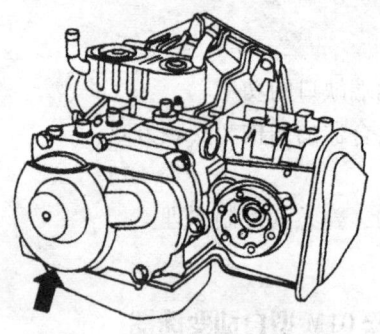

图 2-3　拆下带密封垫的端盖

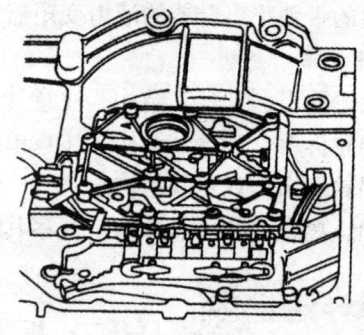

图 2-4　拆卸滑阀箱

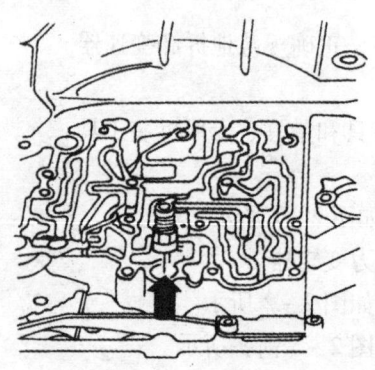

图 2-5　拆下 B1 的密封圈

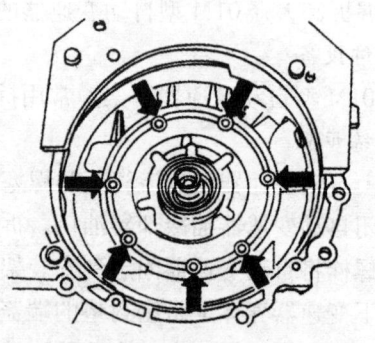

图 2-6　拆下自动变速器油泵螺栓

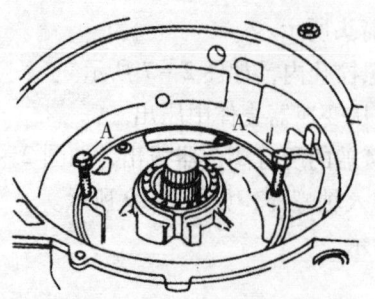

图 2-7　拧入螺栓到自动变速器油泵螺栓孔

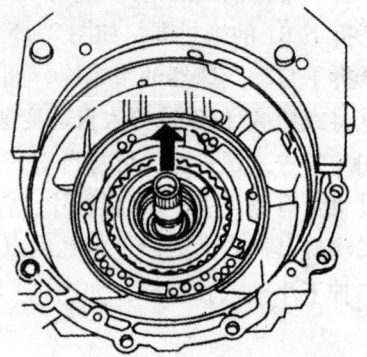

图 2-8　拔出所有离合器

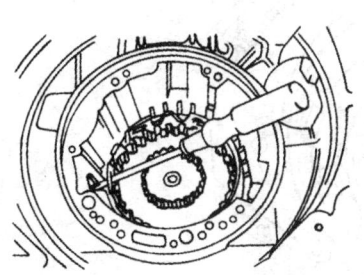 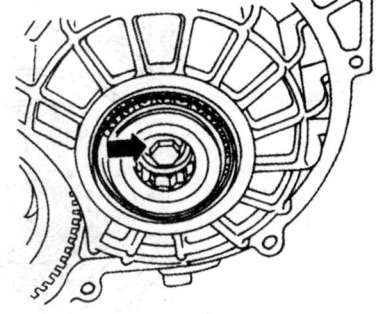

图2-9　松开小输入轴螺栓　　　　图2-10　拧下小输入轴螺栓

⑭拆下小输入轴上的螺栓和调整垫圈，行星齿轮支架的推力滚针轴承留在变速器/主动齿轮内。

⑮拔下小输入轴。拔出大输入轴，如图2-11箭头所示。

⑯拔出大太阳轮，如图2-12箭头所示。

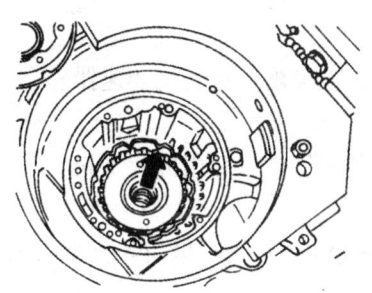 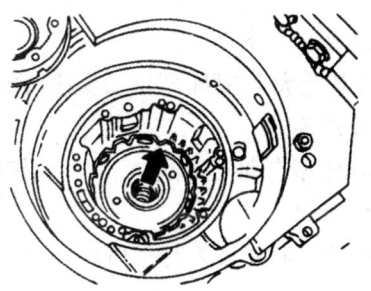

图2-11　拔出大输入轴　　　　图2-12　拔出大太阳轮

⑰拆卸单向离合器前，应先拆下变速器转速传感器G38。

⑱拆下隔离管弹性挡圈a和单向离合器弹性挡圈b，如图2-13所示。

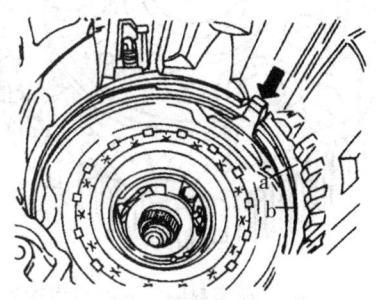

图2-13　拆下管弹性挡圈

a—隔离管弹性挡圈；b—单向离合器弹性挡圈

⑲用钳子从变速器壳体上拔下在定位楔（图2-13箭头所示）上的单向离合器。

⑳拔下带碟形弹簧的行星齿轮支架，如图2-14所示。

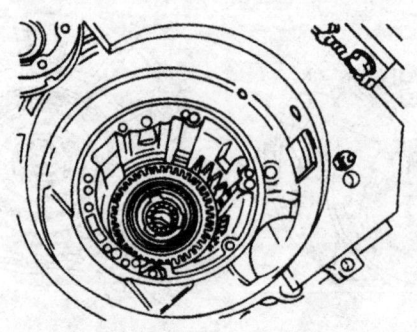

图2-14 拔下带碟形弹簧的行星齿轮支架

㉑拆下倒挡制动器B1的摩擦片。需要说明的是分解行星齿轮系无需拆下主制动轮。

任务三　装配大众01M型自动变速器

1. 训练目标与要求

能掌握装配大众01M型自动变速器的顺序，正确规范地装配变速器。

2. 训练设备

大众01M型自动变速器台架、常用拆装工具和量具、专用拆装工具。

3. 训练步骤

①将O形密封圈装入行星齿轮支架（图2-15）。更换行星齿轮支架时需要调整该支架。

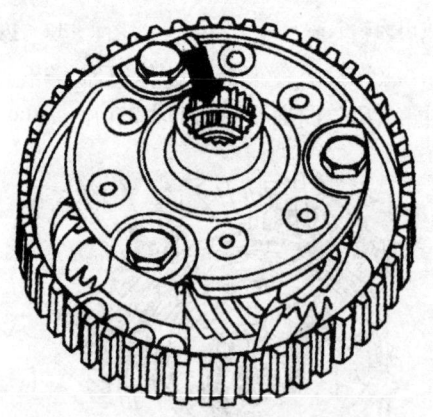

图2-15 将O形密封圈装入行星齿轮支架

②带垫圈的推力滚针轴承和行星齿轮支架装入主动齿轮，如图2-16所示。

③将垫圈和推力滚针轴承装到行星齿轮支架的小太阳轮上，如图2-17所示。

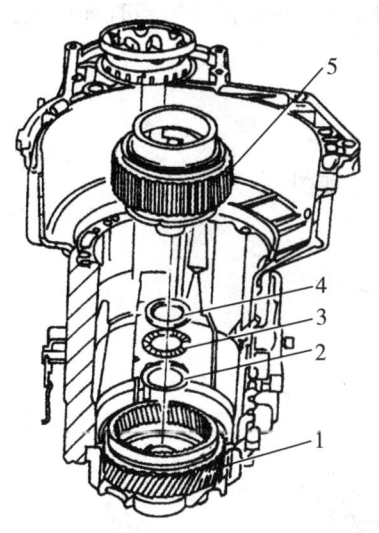 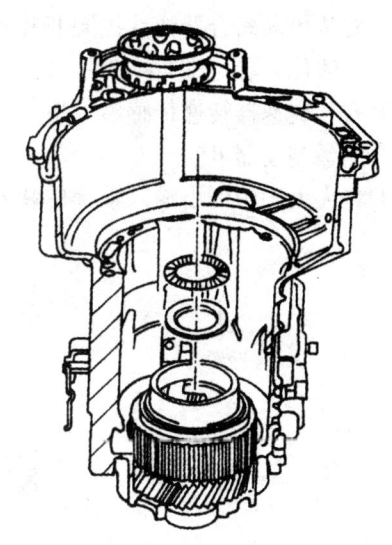

图 2-16 将推力滚针轴承和行星齿轮支架装入主动齿轮

图 2-17 将垫圈和推力滚针轴承装到小太阳轮

1—主动齿轮（装在变速器壳体上）；
2—推力滚针轴承垫圈；3—推力滚针轴承；
4—推力滚针轴承垫圈；5—装有 O 形密封圈的行星齿轮支架

④使垫圈和推力滚针轴承与小太阳轮中心对齐。装入倒挡制动器 B1 的内、外片。

⑤装入压板，扁平面朝向片组。压板厚度按制动片数量不同有所不同。装入碟形弹簧，凸起面朝向单向离合器。如果更换变速器壳体、单向离合器、倒挡制动器 B1 活塞和摩擦片，则需要调整倒挡制动器 B1。

⑥用专用工具 3267 张开单向离合器滚子并装上单向离合器，如图 2-18 所示。

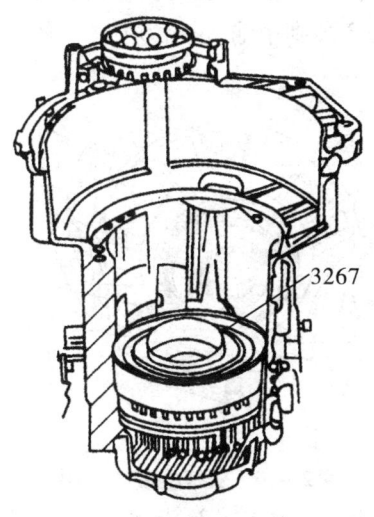

图 2-18 安装单向离合器

⑦安装单向离合器弹性挡圈 b 和隔离管弹性挡圈 a,安装弹性挡圈时开口装到定位楔上,具体位置参见图 2-13。

⑧安装变速器转速传感器 G38。

⑨测量制动器 B1。

⑩将大太阳轮到小输入轴部件装入变速器壳体,如图 2-19 所示。

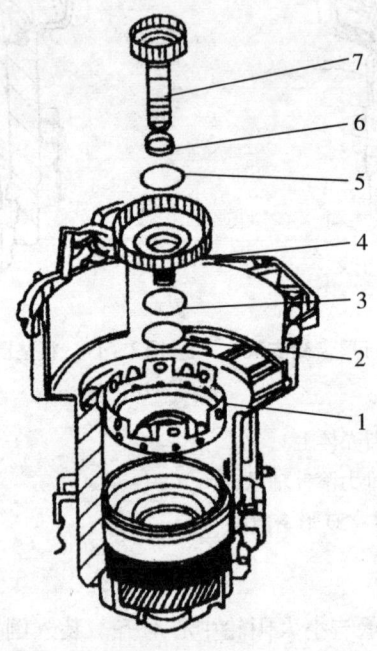

图 2-19 将大太阳轮到小输入轴部件装入变速器壳体
1—大太阳轮;2—推力滚针轴承垫圈(台肩朝向大太阳轮);3—推力滚针轴承;
4—大输入轴;5—推力滚针轴承;6—滚针轴承;7—小输入轴

⑪如图 2-20 所示,安装带有垫圈 2 和调整垫圈 3 的小输入轴螺栓 1。螺栓的拧紧力矩为 30N·m。将调整垫圈 3 装到小输入轴台肩上(箭头所示),确定调整垫圈厚度,调整行星齿轮支架。

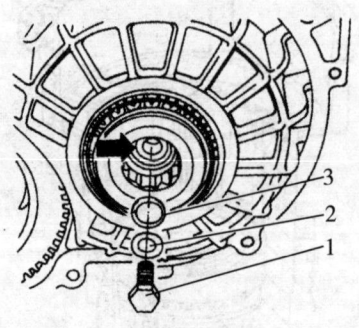

图 2-20 安装小输入轴螺栓
1—小输入轴螺栓;2—垫圈;3—调整垫圈

⑫测量行星齿轮支架。

⑬将带垫圈的推力滚针轴承装到直接离合器C2上，如图2-21所示。用自动变速器油涂于推力滚针轴承垫圈，以便安装时轴承粘到C2上。

⑭如图2-22所示，安装直接离合器C2。

⑮将O形密封圈装入槽内，如图2-22箭头所示。注意活塞环的正确位置。

⑯装入前进挡离合器C1，如图2-23所示。

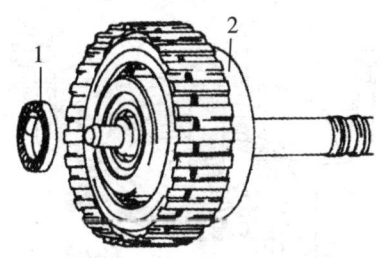

图2-21　将推力滚针轴承装到直接离合器C2上

1—带垫圈的推力滚针轴承；2—直接挡离合器C2

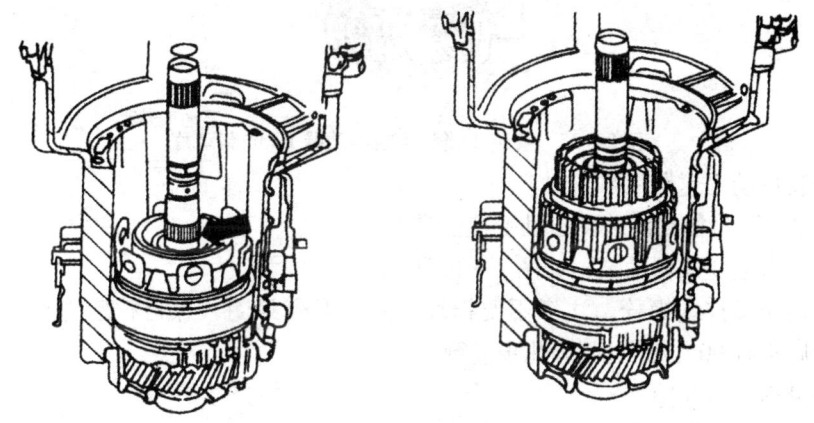

图2-22　安装直接离合器C2　　　图2-23　装入前进挡离合器C1

⑰将调整垫圈（图2-24箭头所示）装入C1。更换C1、C3或自动变速器油泵后，需重新测量调整垫片厚度，可用1个或2个调整垫圈。

⑱装入倒挡离合器C3。

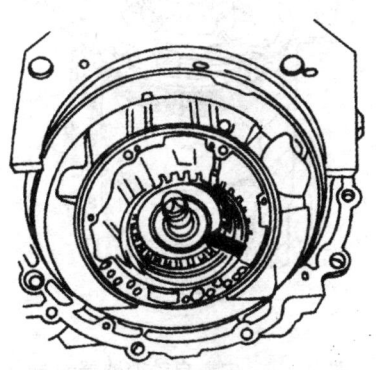

图2-24　将调整垫圈装入C1

⑲装入制动器 B2 片组的隔离管，安装时应使隔离管上的槽进入单向离合器的楔。

⑳安装 B2 的制动片（图 2-25）。先装上一个 3mm 厚外片，将 3 个弹簧盖装入外片，插入压力弹簧（箭头所示），直到把最后一个外片装上。安装最后一片已测量的外片前，应先把 3 个弹簧盖装到压力弹簧上，装上波形弹簧垫片。如果更换了隔离管、自动变速器油泵、制动片，则应调整 2 挡和 4 挡制动器 B2。

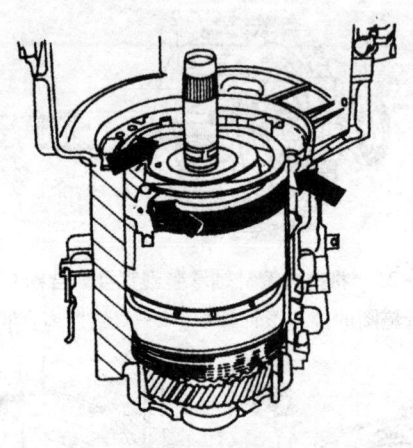

图 2-25　安装 2 挡和 4 挡制动器 B2 的制动片

㉑安装自动变速器油泵密封垫。

㉒将"O"形密封圈装到自动变速器油泵上。

㉓安装自动变速器油泵，如图 2-26 所示。

㉔均匀交叉拧紧螺栓。注意不要损坏"O"形密封圈，螺栓拧紧力矩为 8N·m，螺栓拧紧后再拧 90°，此时可分几步进行。

㉕测量离合器间隙。

㉖将油塞连同滑阀箱和油底壳一同装上。

㉗装上带密封垫和隔套的端盖。

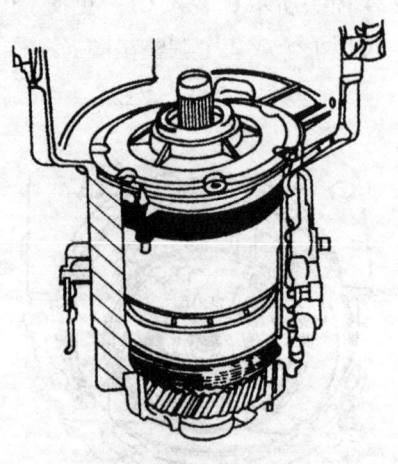

图 2-26　安装自动变速器油泵

㉘装上自动变速器溢流管和螺塞。

三、相关知识

（一）带锁止离合器的变矩器结构、原理

1. 液力变矩器的结构

液力变矩器不但可以传递来自发动机的转矩，而且能将转矩成倍增大后传给变速器。液力变矩器由泵轮、涡轮和导轮组成。

液力变矩器结构如图 2-27 所示。

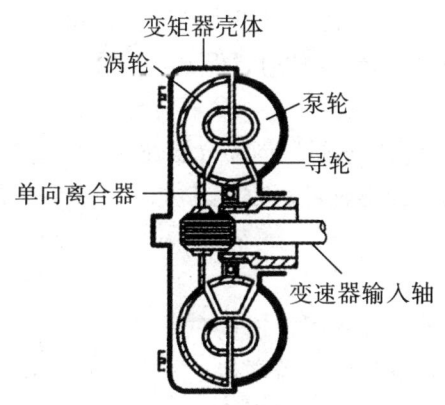

图 2-27　液力变矩器结构

（1）泵轮

泵轮与变矩器壳体连成一体，变矩器壳体用螺栓固定在飞轮上，因为飞轮与曲轴相连，所以泵轮总是和曲轴一起转动。泵轮内部沿径向装有许多较平直的叶片，叶片内缘装有让变速器油平滑流过的导环，其结构如图 2-28 所示。当发动机运转时，泵轮内的工作液依靠离心力的作用从泵轮外缘向外喷出而进入涡轮。随发动机转速升高，工作液所受离心力增大，从泵轮向外喷射工作液的速度亦随之升高。

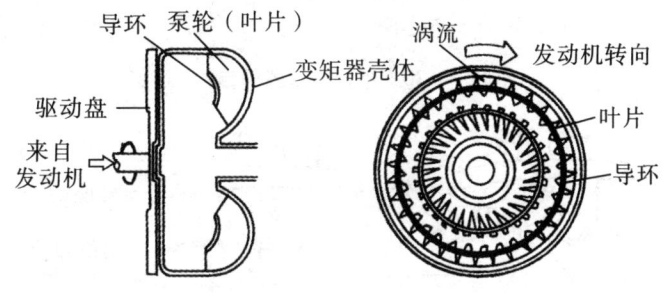

图 2-28　泵轮结构示意图

（2）涡轮

涡轮与变速器输入轴用花键连接。与泵轮一样，涡轮也装有许多叶片（图 2-29），叶片呈曲线形状，方向与泵轮叶片的弯曲方向相反。涡轮叶片与泵轮叶片相对放置，中间留有一很小的间隙。

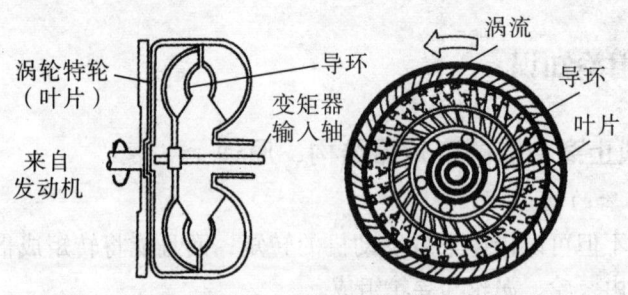

图2-29 涡轮结构示意图

在变速器置于R、D、2、L挡位，车辆行驶时，涡轮与变速器输入轴一起转动；车辆停驶，在变速器变速杆置于P、N位时，涡轮与泵轮一起自由转动。

(3) 导轮

导轮位于泵轮与涡轮之间，通过单向离合器安装于固定在变速器壳体的导轮轴上。导轮叶片截住离开涡轮的变速器油液，改变其方向，使其冲击泵轮叶片背面，给泵轮一个额外的"助推力"。

(4) 单向离合器

单向离合器的外圈与导轮叶片固定连接在一起，内圈用花键与变速器壳体上的导轮轴联接，而导轮轴与变速器机油泵盖联接。因为机油泵盖固定在变速器壳体上，所以单向离合器内圈不能转动，如图2-30所示。

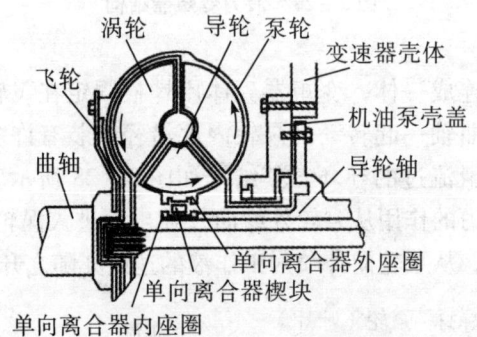

图2-30 单向离合器的结构

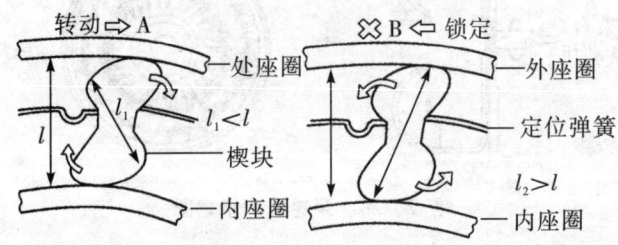

图2-31 单向离合器工作原理图

常见的单向离合器如图2-31所示，在单向离合器内、外座圈之间装有楔块，定位弹簧使楔块总是朝着锁止外座圈的方向略为倾斜。当外座圈按图中A方向转动时，由于摩擦力的作用,会推动楔块顺时针方向转动而倾斜,由于 $l_1 < l$,外座圈可以旋转。但是,外座圈按图中 B 方向旋转时,楔块会由于摩擦力作用而逆时针方向转动,此时因为 $l_2 > l$,其结果是楔块顶住外座圈,使其不能转动。

2. 液力变矩器工作及增矩原理

(1) 工作原理

工作原理如图 2-32 所示。

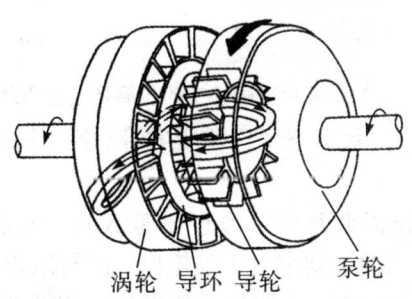

图 2-32 液力变矩器中液体的流动

泵轮被发动机带动旋转时,泵轮叶片内的油液在离心力的作用下,从靠近轴线的内缘向外缘流动,在泵轮叶片的外缘处冲向涡轮叶片。油液将动力传给涡轮叶片后,沿涡轮叶片流向涡轮内缘并在内缘处冲向单向离合器叶片。单向离合器叶片使油液改变方向后再流回到泵轮内缘,如此循环。

(2) 增矩原理

增矩原理如图 2-33 所示。液力变矩器之所以能起到增矩作用,是因为导轮在油液从涡轮流回泵轮时改变了其方向。当没有导轮时,液体流出涡轮返回泵轮时,其冲击方向与泵轮的旋转方向相反,起阻碍泵轮转动的作用,此时没有增矩作用。增设导轮后,液体流出涡轮时,首先冲击在导轮叶片上,由于单向离合器的作用,导轮不能转动,这时液流改变方向,返回泵轮时液流方向与泵轮旋转方向相同,因而起到了增加泵轮转矩的作用。

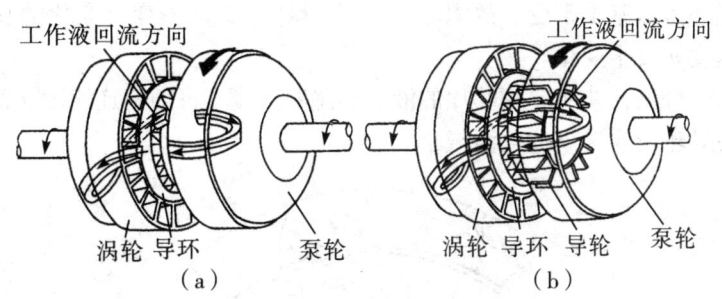

图 2-33 变矩器增扭原理图

现以变矩器工作轮的展开图来说明液力变矩器的增矩原理。沿图 2-34 (a) 所示的工作轮循环圆中间流线将三个工作轮叶片平面展开,得到泵轮、涡轮和导轮的环形平面如图 2-34 (b) 所示。各轮形状和进出口角度也显示于图中。

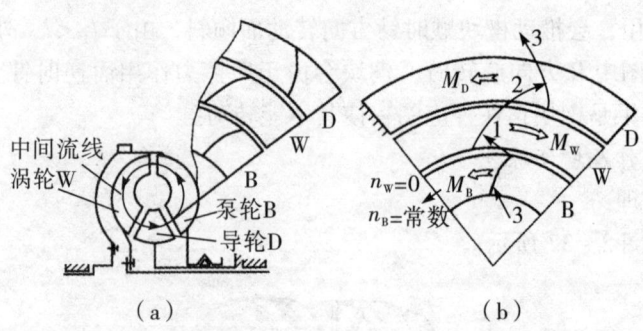

图 2-34 液力变矩器工作轮展及变扭原理图

为了便于说明,设发动机负荷不变,即变矩器泵轮的转速 n_B 及转矩 M_B 为常数。先以汽车起步工况为例进行讨论。

当发动机运转而汽车还尚起步时,考查变速器油受力情况。这时涡轮转速为零,如图 2-34b) 所示。变速器油受到来自于泵轮作用的转矩 M_B,并以一定的绝对速度沿图中箭头 1 的方向冲向涡轮叶片,力图使涡轮转动。因此时涡轮静止不动,故而涡轮给变速器油一反向作用转矩 M_w,液流则沿着涡轮叶片流出涡轮,并沿箭头 2 的方向冲向导轮。此时由于单向离合器作用,导轮也静止不动,导轮叶片也会给变速器油一反向作用转矩 M_D,随后液流改变方向,沿箭头 3 回到泵轮。

根据液流受力平衡条件,泵轮、涡轮和导轮三者给变速器油液转矩的代数和应为零,即 $M_w - M_B - M_D = 0$ ($M_w = M_B + M_D$),显然,此时涡轮转矩 M_w 大于泵轮转矩 M_B,即液力变矩器起到了增大转矩的作用。

当液力变矩器输出的转矩,经传动系统传递到驱动轮上所产生的牵引力足以克服汽车起步阻力时,汽车即起步并加速,与之相连的涡轮转速 n_w 也从零开始逐渐增加。我们定义液流沿叶片方向流动(涡流)的速度为相对速度 w,在叶轮的作用下所具有的沿圆周方向运动(环流)的速度为牵连速度 u,二者的矢量和为绝对速度 v。涡轮转速 n_w 不为零时,液流在涡轮出口处不仅具有相对速度 w,而且具有牵连速度 u,故冲向导轮叶片的液流的绝对速度 v 为两者的合成速度,如图 2-35 所示。因设泵轮转速不变,即液流循环流量基本不变,故涡轮出口处相对速度 w 不变,变化的只是涡轮转速 n_w,即牵连速度 u 发生变化。

由图 2-35 可见,冲向导轮叶片的液流的绝对速度 v 将随牵连速度 u 的增加而逐渐向左倾斜,使导轮所受转矩值逐渐减小。

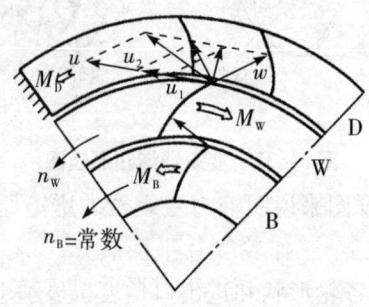

图 2-35 涡轮出口液流速度变化图

当涡轮转速增大到一定值时，由涡轮流出的液流（v_1）正好沿导轮口方向冲向导轮，由于液体流经导轮时方向不改变，故导轮转矩 M_D 为零，即涡轮转矩与泵轮转矩相等，$M_w = M_B$。

若涡轮转速 n_w 继续增大，液流绝对速度 u 方向继续向左倾斜（v_2），液流将冲击导轮叶片背面，导轮转矩方向与泵轮转矩方向相反，则涡轮转矩为前二者转矩之差（$M_w = M_B - M_D$），这时变矩器输出转矩反而比输入转矩小。

当涡轮转速 n_w 增大到与泵轮转速 n_B 相等时，工作液在循环圆内的循环流动停止。

3. 液力变矩器的传动效率

（1）转矩比 K

液力变矩器的转矩比是涡轮输出转矩 M_w 与泵轮输入转矩 M_B 之比，用 K 表示，即

$$K = \frac{M_w}{M_B} = \frac{M_B + M_D}{M_B}$$

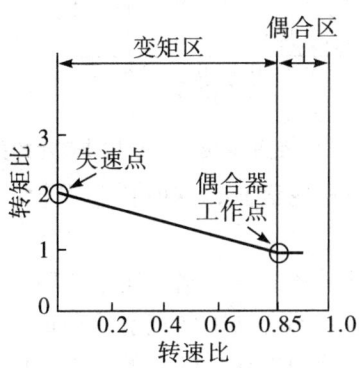

图 2-36 液力变矩器的扭矩比

液力变矩器的转矩比说明变矩器输出转矩增大的倍数。当涡轮转速为零时，转矩比达到最大值。随涡轮转速升高，转矩比逐渐减小，当涡轮与泵轮的转速比达到某一定值时，涡流变得最小，因而转矩比几乎为1:1，这一点称为偶合器工作点，此时由于从涡轮流出的液流将冲击导轮叶片背面，导轮转矩方向与泵轮转矩方向相反，为防止这一现象的发生，单向离合器就使导轮与泵轮同向转动。换言之，变矩器在偶合工作点时，开始起一台液力偶合器的作用，防止转矩比降至1以下。因此变矩器的工作可分为两个区域，一个是变矩区，转矩成倍放大；另一个是偶合区，只传递转矩而无转矩放大，如图 2-36 所示：偶合器工作点就是这两个区域的分界线。

（2）转速比 i

液力变矩器的转速比是指涡轮转速 n_w 与泵轮转速 n_B 之比，用 i 表示，即

$$i = \frac{n_W}{n_B} \leq 1$$

液力变矩器的转速比说明变矩器输出转速降低的倍数。当涡轮转速为零，而发动机处于全负荷（节气门全开，此时泵轮转速达到最大值）时的工况称为失速工况，或失速点。在失速点（如当变速杆置于 D 挡位而车辆被阻止前进时），泵轮与涡轮转速之间的转速差达到最大值。变矩器的最大转矩比就在失速点，通常在 1.7~2.5 之间。

（3）传动效率

变矩器的传动效率是指泵轮得到的能量传递至涡轮的效率，用 η 表示，即

$$\eta = \frac{M_W n_W}{M_B n_B} = K \cdot i$$

上式表明，变矩器的传动效率与转矩比和传动比的乘积成正比。其曲线如图 2-37 所示。

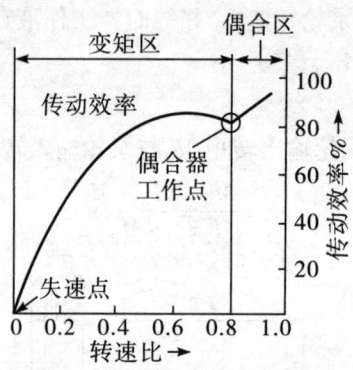

图 2-37 变矩器传动效率与转速比的关系

在失速点时，泵轮转动而涡轮静止，这时传到涡轮的转矩最大，但转速比为零，传动效率为零。

当涡轮开始转动时，随其转速升高，涡轮输出的转速与转矩成正比，传动效率急剧上升，传动效率在转速比达到偶合器工作点前达到最大值。其后又开始下降，这是因为从涡轮流出的部分油液开始冲击导轮叶片的背面，传动效率下降。在偶合器工作点时，从涡轮流出的大部分油液冲向导轮的背面，为防止传动效率进一步下降，导轮开始转动，液力变矩器变成液力偶合器，其传动效率与转速比成正比直线上升。

由于液力变矩器借助液体传递能量，泵轮和涡轮之间必须存在转速差，否则工作液就不会循环，也不会产生动力传递。另外，由于摩擦和冲击使工作液温度升高，液流循环也造成能量损失，所以变矩器的传动效率达不到100%，通常仅为95%。

4. 带锁止离合器的液力变矩器

在偶合区（即没有转矩成倍放大的情况），变矩器以接近1:1的比例将来自发动机的输入转矩传递至变速器。但在泵轮与涡轮之间存在着至少4%~5%的转速差。所以，变矩器并不是将发动机的动力100%地传递至变速器，而是有一定的能量损失。

为了防止这种能量损失的现象发生，也为了降低油耗，当车速在大于60km/h时，锁止离合器会通过机械机构将泵轮与涡轮相连接。这样，使发动机产生的动力几乎100%地传递至变速器。

如图 2-38 所示，锁止活塞装在涡轮转轴上，位于涡轮前端。减振组件在离合器接合时，吸收转力，防止产生振动。在变矩器壳体或变矩器锁止活塞上粘有一种摩擦材料，用以防止离合器接合时打滑。

锁止离合器的接合和分离由变矩器中的液压油的流向改变来决定，其工作过程如下：

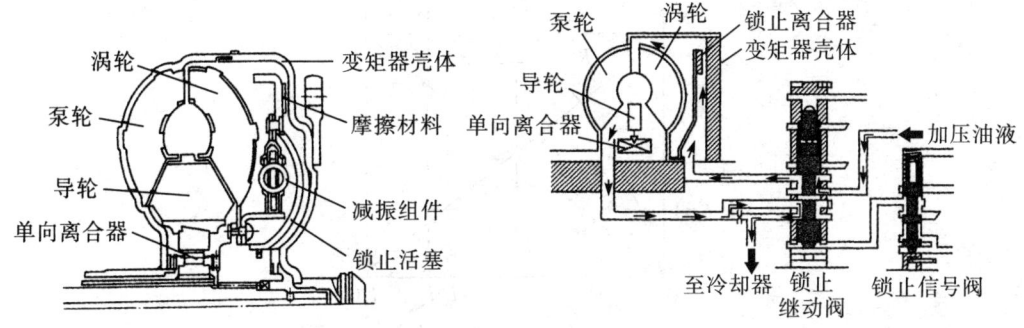

图2-38 变矩器锁止离合器结构图　　图2-39 锁止离合器脱开时液流图

(1) 离合器分离时

当车辆低速行驶时,由锁止继动阀控制的油液流动方向如图2-39所示。加压油液流至锁止离合器的前端,锁止离合器前端及后端的压力就变得一样,锁止离合器处于脱开状态。这时由于变矩器内油液因涡流产生大量热量,流出变矩器的油液要经冷却器冷却后再送回变速器。

(2) 离合器接合时

当车辆以中高速（≥50km/h）行驶时,锁止继动阀控制的油液流动方向如图2-40所示,加压油液流至锁止离合器的后端。这时,变矩器壳体受到锁止活塞挤压,从而使锁止离合器和前盖一起转动,即锁止离合器接合。由于这时泵轮与涡轮转速差为零,没有涡流产生,因而油液在变矩器内产生的热量很小,流出变矩器的油液不需要冷却,直接流回变速器。

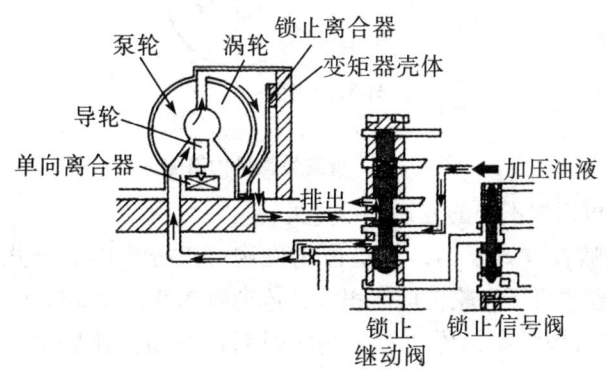

图2-40 锁止离合器接合时液流图

锁止离合器分离或接合时的动力传输过程框图如图2-41。

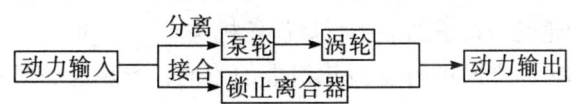

图2-41 液力变矩器动力传输过程图

综上,带锁止离合器的液力变矩器工作特性曲线见下图2-42所示:

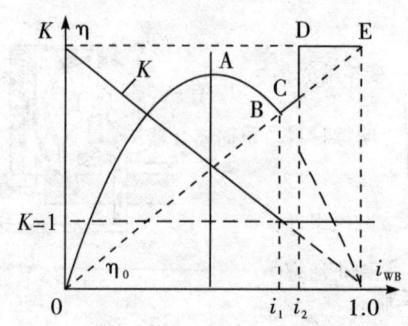

图 2-42　带锁止离合器的液力变矩器工作特性曲线

（二）行星齿轮机构的结构与类型

一套行星齿轮机构由四个基本构件组成：太阳轮、行星齿轮、行星架和齿圈，如图 2-43 所示。太阳轮位于系统的中心，行星齿轮与它相啮合，最外侧是与行星齿轮相啮合的齿圈。图中只画一个行星齿轮，通常具有 3~6 个行星齿轮，它们为均匀或对称布置。各行星齿轮借助于滚针轴承和行星齿轮轴安装在行星架上，两端有止推垫片。太阳轮、齿圈和行星架三者轴线重合，行星齿轮机构工作时，行星齿轮除了绕行星齿轮轴自转外，同时还要绕太阳轮公转。这种运动与太阳系里行星的运动相似，各构件也由此得名。

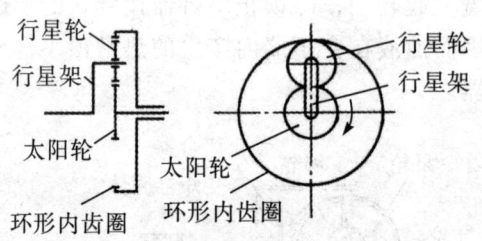

图 2-43　行星齿轮机构简图

行星齿轮机构可以按不同的方式进行分类：

①按照齿轮的啮合方式不同，行星齿轮机构可以分为内啮合式和外啮合式两种（图 2-44）。外啮合式行星齿轮机构体积大，传动效率低，故在汽车上已被淘汰；内啮合式行星齿轮机构结构紧凑，传动效率高，因而在自动变速器中基本上都采用这种结构。

②按照齿轮的排数不同，行星齿轮机构可以分为单排（图 2-44）和多排两种。多排行星齿轮机构是由几个单排行星齿轮机构组成的。在汽车自动变速器中通常采用由 2 个或 3 个单排行星齿轮机构组成的多排行星齿轮机构。

③按照太阳轮和齿圈之间的行星齿轮组数的不同，行星齿轮机构可以分为单行星齿轮式（图 2-44（a））和双行星齿轮式（图 2-45）两种。双行星齿轮机构在太阳轮和齿圈之间有两组互相啮合的行星齿轮，其中外面一组行星齿轮和齿圈啮合，里面一组行星齿轮和太阳轮啮合。它与单行星齿轮机构在其他条件相同的情况下相比，齿圈可以得到反向传动。

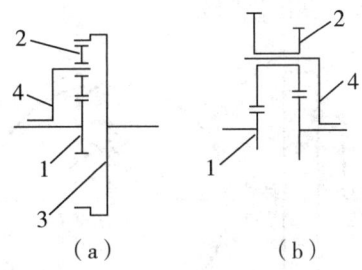

图 2-44 行星齿轮机构啮合方式
（a）内啮合行星齿轮机构　（b）外啮合行星齿轮机构
1—太阳轮；2—行星齿轮；3—齿圈；4—行星架

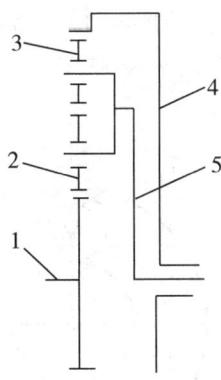

图 2-45 双行星齿轮式行星齿轮机构的结构简图
1—太阳轮；2—内行星轮（短行星轮）；3—外行星轮（长行星轮）；4—齿圈；5—行星架

用行星齿轮机构作为变速机构，由于有多个行星齿轮同时传递动力，而且常采用内啮合式，充分利用了齿圈中部的空间，故与普通齿轮变速机构相比，在传递同样功率的条件下，可以大大减小变速机构的尺寸和重量，并可实现同向、同轴减速传动；另外，由于采用常啮合传动，动力不间断，加速性好，工作也更可靠。

（三）单行星齿轮式行星齿轮机构的传动原理

1. 单行星齿轮式行星齿轮机构的运动特性方程

周转轮系与定轴轮系之间的根本差别就在于周转轮系中有转动着的行星架，从而使得行星轮既有自转又有公转。由于这个差别，所以周转轮系的传动比就不能直接用定轴轮系传动比的求法来计算了。

现采用"反转法"计算周转轮系传动比。根据相对运动的原理，假若我们给整个周转轮系加上一个公共转速"$-n_H$"，使它绕行星架的固定轴线回转，这时各构件之间的相对运动仍将保持不变，但行星架的转速却将成为 $n_H - n_H = 0$，即行星架成为"静止不动"的了。于是，周转轮系便转化成了定轴轮系。这种经过转化所得的假想的定轴轮系，特称为原周转轮系的转化轮系或转化机构。

既然周转轮系的转化轮系为一定轴轮系，故此转化轮系的传动比就可以按定轴轮系传动比的计算方法来计算了。下面我们将会看到，通过转化轮系传动比的计算，就可得出周转轮系中各构件之间转速的关系，进而求得所需的该周转轮系的传动比。现以图 2-46 所示周转轮系为例,具体说明如下。

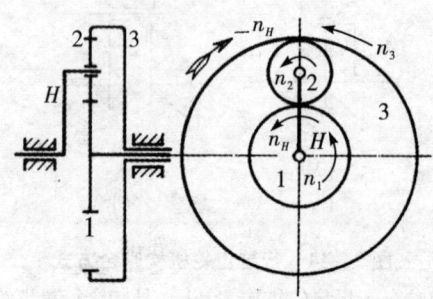

图 2-46 行星周转轮系各构件的转速
1—太阳轮；2—行星轮；3—齿圈；H—行星架；n_1—太阳轮转速；
n_2—行星轮转速；n_3—齿圈转速；n_H—行星架转速

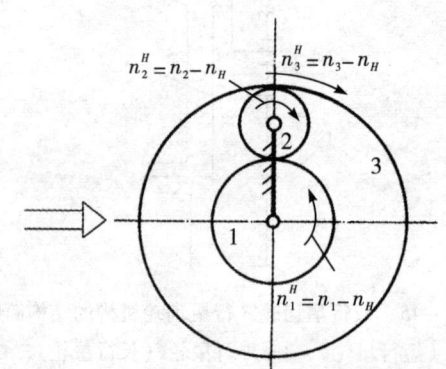

图 2-47 行星周转轮系的转化轮系

由图 2-47 可见,当如上述对整个周转轮系加上一个公共角速度"$-n_H$"以后,其各构件的转速的变化可如下表 2-1 所示：

表 2-1 转化轮系中各构件的转速变化情况

构件	原有转速	在转化轮系中的角速度
太阳轮 1	n_1	$n_1^H = n_1 - n_H$
齿圈 3	n_3	$n_3^H = n_3 - n_H$
行星架 H	n_H	$n_H^H = n_H - n_H = 0$

由表可见,由于 $n_H = 0$,所以该周转轮系已转化为图 2-47 所示的"定轴轮系",而此"定轴轮系"就是该周转轮系的转化轮系。在此转化轮系中,由于行星架已"静止不动",所以两个齿轮转速 n_1^H、n_3^H 即为它们相对于行星架 H 的角速度。于是,此转化轮系的传动比 i_{13}^H 可按求定轴轮系传动比的方法求得为：

$$i_{13}^H = \frac{n_1^H}{n_3^H} = \frac{n_1 - n_H}{n_3 - n_H} = -\frac{z_2 z_3}{z_1 z_2} = -\frac{z_3}{z_1}$$

式中 z_1、z_2、z_3 为太阳轮、行星齿轮和齿圈各自的齿数,齿数比前的"-"号表示在转化轮系中太阳轮 1 与齿圈 3 的转向相反。

计齿圈与太阳轮齿数比 $\frac{z_3}{z_1} = a$，由上式推出：

$$\frac{n_1 - n_H}{n_3 - n_H} = -a,$$

则：$n_1 + an_3 = (1+a) n_H$

上式即为单排行星齿轮机构一般运动规律的特性方程式。

2. 单行星齿轮式行星齿轮机构实现动力传递的条件

从单排行星齿轮机构一般运动规律的特性方程式：$n_1 + an_3 = (1+a) n_H$。可以看出，由于单排行星齿轮机构有两个自由度，在太阳轮、齿圈和行星齿轮架（行星齿轮与行星齿轮架连成一体）这三个构件中，任选两个分别作为主动件和从动件，而使另一元件固定不动（即使该元件转速为0），或使其运动受到一定的约束（即该元件的转速为某定值），则机构只有一个自由度，整个轮系以一定的传动比传递动力。

3. 单行星齿轮式行星齿轮机构变速原理

如上述，单排行星齿轮机构三元件可选择某一元件作为主动件，某一元件作为从动件，某一元件固定，从而得到固定传动比。按主动、从动、固定元件的不同可有六种不同的组合方案，加上直接挡和空挡共有八种组合，相应可获得七种不同的传动，如表2-2所示。

表2-2 单排行星齿轮机构传动比计算公式

序号	太阳轮	行星齿轮架	齿圈	传动比 i	挡位说明
1	输入	输出	固定	$i = \frac{n_1}{n_H} = 1 + a$	减速传动前进低挡
2	固定	输出	输入	$i = \frac{n_3}{n_H} = \frac{1+a}{a}$	减速传动前进高挡
3	固定	输入	输出	$i = \frac{n_H}{n_3} = \frac{a}{1+a}$	前进超速传动
4	输出	输入	固定	$i = \frac{n_H}{n_1} = \frac{1}{1+a}$	前进超速传动
5	输入	固定	输出	$i = \frac{n_1}{n_3} = -a$	减速传动倒挡
6	输出	固定	输入	$i = \frac{n_3}{n_1} = -\frac{1}{a}$	超速传动倒挡
7	三元件任何两个连成一体第三元件与前两个转速相等			$i = 1$	直接挡传动
8	所有元件都不受约束			自由转动	机构失去传动作用

从表2-2中可以看出，仅由单排行星齿轮机构并配以各种离合器和制动器，即能实现具有四个前进挡和一个倒挡的齿轮变速系统。但是，以单排行星齿轮机构组成多

挡位的齿轮变速系统所需离合器甚多,这将使得齿轮变速器的体积过大。为了减小变速器的体积,增大变速器的速比范围,在实际应用的行星齿轮变速系统中,都是由几个单排行星齿轮机构组合而成。通常采用2~3个单排行星齿轮机构。

现代汽车液力自动变速器上使用的行星齿轮机构,多数是由辛普森式行星齿轮机构和拉维娜式行星齿轮机构组成。所以,下面重点介绍辛普森式行星机构和拉维娜式行星齿轮机构的结构与工作原理。

(四) 双行星齿轮式行星齿轮机构的传动原理

图2-45为双行星齿轮式行星齿轮机构的结构简图。其特点是:在一个行星架上安装有互相啮合的两套行星齿轮,长行星轮与短行星轮、内齿圈相啮合;短行星轮与长行星轮和太阳轮相啮合;而长、短行星轮装在同一个行星架上。

前已分析采用"反转法"计算单行星齿轮式行星齿轮机构的传动比,现仍采用该方法来计算双行星齿轮式行星齿轮机构的传动比。这里简单讲述。

由图可见,当如上述对整个周转轮系加上一个公共角速度"$-n_H$"以后,其各构件的转速的变化同前表2-1:

由于 $n_H=0$,所以该周转轮系已转化为"定轴轮系",而此"定轴轮系"就是该周转轮系的转化轮系。在此转化轮系中,由于行星架已"静止不动",所以两个齿轮转速 n_1^H、n_3^H 即为它们相对于行星架H的角速度。于是,此转化轮系的传动比 i_{13}^H 可按求定轴轮系传动比的方法求得为

$$i_{13}^H = \frac{n_1^H}{n_3^H} = \frac{n_1 - n_H}{n_3 - n_H} = \frac{z_3}{z_1}$$

式中 z_1、z_3 为太阳轮齿圈各自的齿数,齿数比为"+"表示在转化轮系中太阳轮1与齿圈3的转向相同。

现计齿圈与太阳轮齿数比 $\frac{z_3}{z_1}=a$,由上式推出:

$$\frac{n_1 - n_H}{n_3 - n_H} = a,$$

则:$n_1 - an_3 = (1-a)n_H$

上式即为双行星齿轮式行星齿轮机构一般运动规律的特性方程式。

(五) 大众01M型自动变速器行星齿轮变速机构的结构

图2-48为拉维娜(Ravigneaux)行星齿轮机构的示意图。其特点是:在一个行星架上安装有互相啮合的两套行星齿轮,长行星轮同时与大太阳轮、短行星轮、内齿圈相啮合;短行星轮与长行星轮和小太阳轮相啮合;而长、短行星轮装在同一个行星架上。前行星齿轮排(含小太阳轮)属于双行星齿轮式行星齿轮机构,而后行星齿轮排(含大太阳轮)属于单行星齿轮式行星齿轮机构,两齿轮排共用齿圈和行星架。

拉维娜行星齿轮机构也是一种常见的行星齿轮机构。由于换挡执行元件的配置灵活,在行星齿轮机构不做大的改变前提下,可以通过换挡执行元件的不同组合方式,获得3个或4个前进挡传动比。因此在自动变速器中得到了广泛的应用。

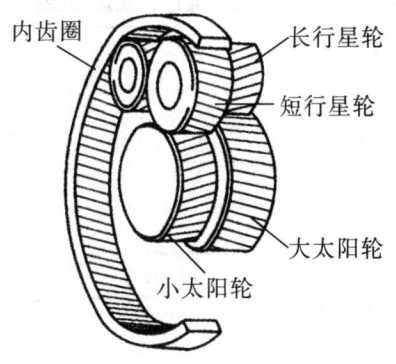

图 2-48 拉维娜行星齿轮机构

大众 01N/01M 型四挡自动变速器都是采用拉维娜式行星齿轮变速器，其结构都大体相同，主要的区别在于 01N 型四挡自动变速器装在发动机纵置前驱的上海大众车辆上（如桑塔纳、帕萨特等），变速驱动桥采用锥齿轮式主减速器；而 01M 型四挡自动变速器装在发动机横置前驱的一汽大众车辆上（如捷达、宝来等），变速驱动桥采用圆柱齿轮式主减速器。

如图 2-49 所示，大众 01M 四挡拉维娜行星齿轮变速器使用了六个换挡执行元件：三个离合器、二个制动器、一个单向离合器。

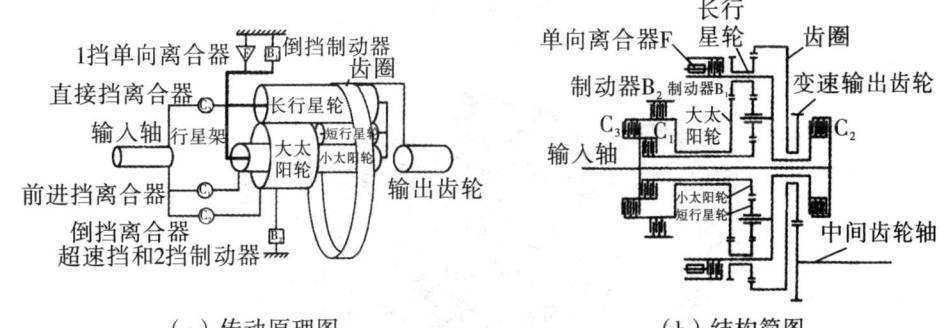

（a）传动原理图　　　　　　　　（b）结构简图

图 2-49　大众 01M 四挡拉维娜行星齿轮变速器

大众 01M 四挡拉维娜行星齿轮机构各元件作用及工作表见表 2-3 和表 2-4。

表 2-3　大众 01M 四挡拉维娜行星齿轮变速器换挡元件名称及作用

元件代号	名　　称	作　　用
C1	前进挡离合器	可使动力由输入轴传给小太阳轮
C2	直接挡离合器	可使动力由输入轴传给行星齿轮架
C3	倒挡离合器	可使动力由输入轴传给大太阳轮
B1	1、倒挡制动器	固定行星架
B2	超速挡和 2 挡制动器	固定大太阳轮
F	1 挡单向离合器	锁止行星架逆时针转动

表2-4 大众01M四挡拉维娜行星齿轮变速器换挡执行元件工作表

变速杆位置	挡位	C1	C2	C3	B1	B2	F
P	停车						
R	倒挡			○	○		
N	空挡						
D	D1	○					○
D	D2	○				○	
D	D3	○	○				
D	D4		○			○	
L	11	○			○		○

（六）大众01M型自动变速器行星齿轮变速机构各部件的连接安装关系

自动变速器油冷却器和加油管的拆装如图2-50所示，自动变速器的分解如图2-51所示。"O"形密封圈一旦拆下，应当更换。

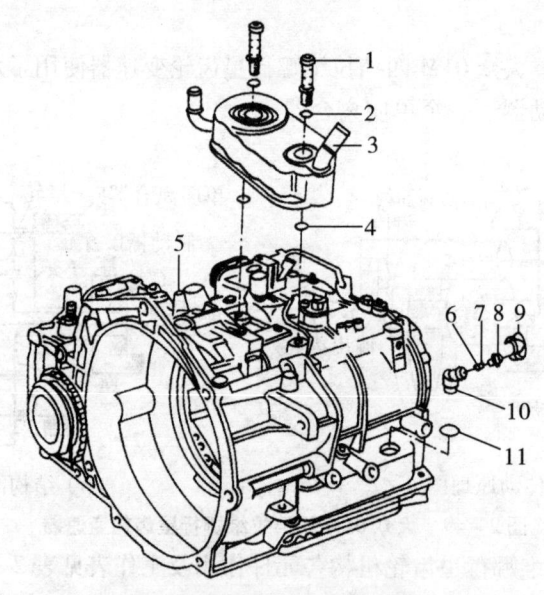

图2-50 拆装自动变速器油冷却器和加油管
1—空心螺栓（35N·m）；2—"O"形密封圈；3—自动变速器油冷却器；4—"O"形密封圈子；
5—变速器壳体；6—"O"形密封圈；7—"O"形密封圈；8—油塞；9—塞紧固油端盖；
10—自动变速器油加油管；11—"O"形密封圈

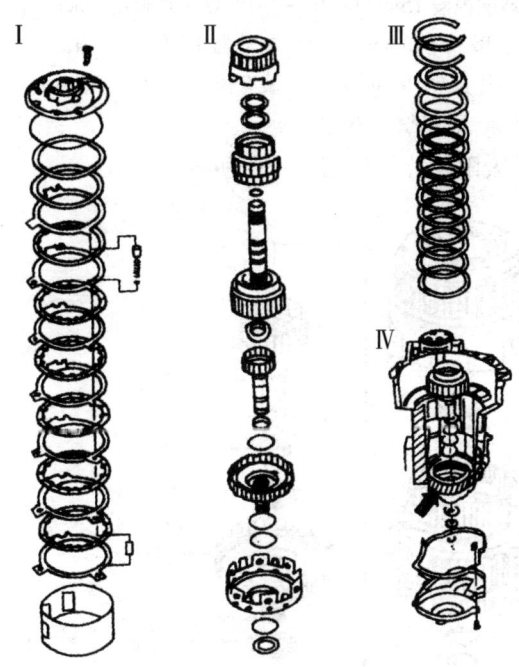

图 2-51 行星齿轮减速器分解图

1. 行星齿轮系的示意图

行星齿轮系示意图如图 2-52 所示。

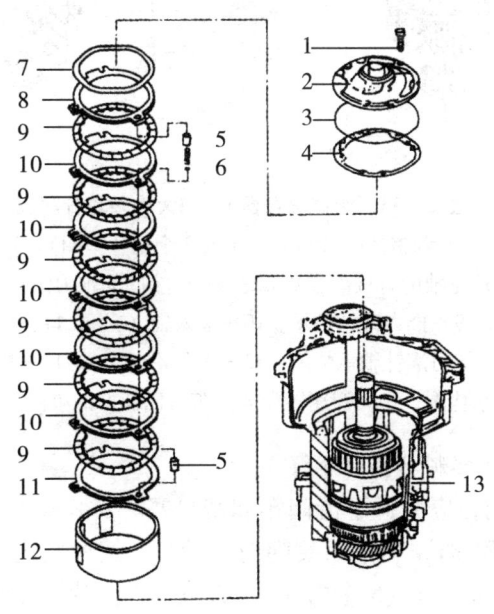

图 2-52 行星齿系分解图

1—螺栓（7 个，8N·m+90°，可分几次进行）；2—带 B2 活塞的自动变速器油泵；3—自动变速器油泵上的"O"形密封圈；4—密封垫；5—弹簧盖（6 个）；6—弹簧（3 个）；7—波形弹簧垫圈；8—外片 B2；9—内片 B2（新内片在安装前应在自动变速器油内浸15min);10—外片B2（必须用2mm厚的外片);11—装在隔离管上外片B2（厚3mm);12—制动器B2的片组隔离管B2（5块内片长68.6mm,6块内片长64.9mm);13—装有离合器的变速器壳体

2. 倒挡离合器C3和大太阳轮分解

倒挡离合器C3大太阳轮分解如图2-53所示。

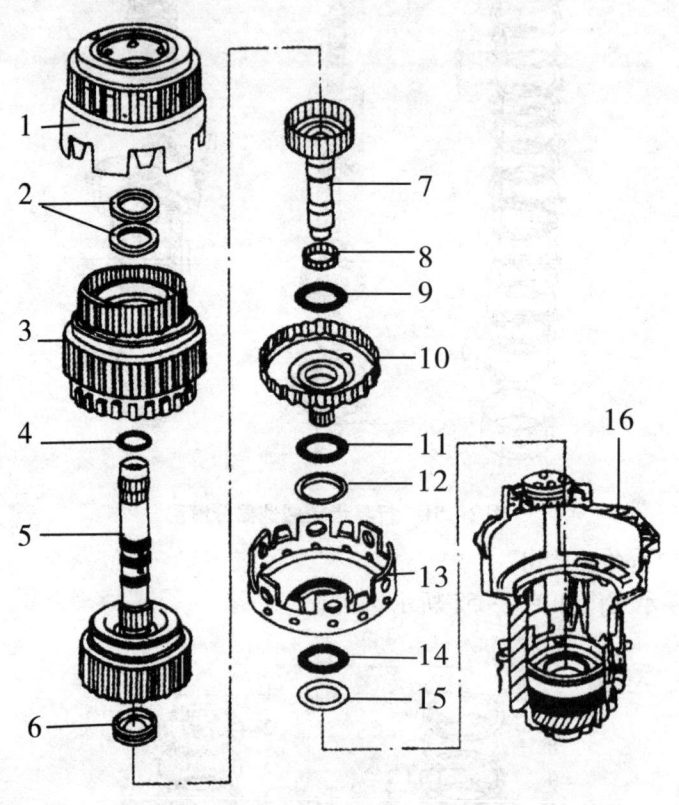

图2-53 倒挡离合器C3和大太阳轮分解图

1—倒挡离合器C3；2—调整垫圈（可装1个或2个调整垫圈)；3—前进挡离合器C1；4—O形密封圈；5—带蜗轮轴的直接离合器C2；6—带垫圈的推力滚针轴承；7—输入轴（小)；8—滚针轴承；9—推力滚针轴承；10—输入轴（大)；11—推力滚针轴承；12—带台肩的推力滚针轴承垫圈；13—太阳轮（大)；14—推力滚针轴承；15—推力滚针轴承垫圈；16—变速器壳体（带有已装好的单向离合器和弹性挡圈)

3. 单向离合器和倒挡制动器的分解

拆卸单向离合器前，应先拆下滑阀箱和密封塞。安装碟形弹簧时，凸起面朝向单向离合器。安装压盘B1时，扁平面要朝向制动片。按所装内片数量不同，厚度也不同，其中4个内片厚13.5mm，5个内片厚10.5mm，内片安装前应浸入自动变速器油15min，如图2-54所示。

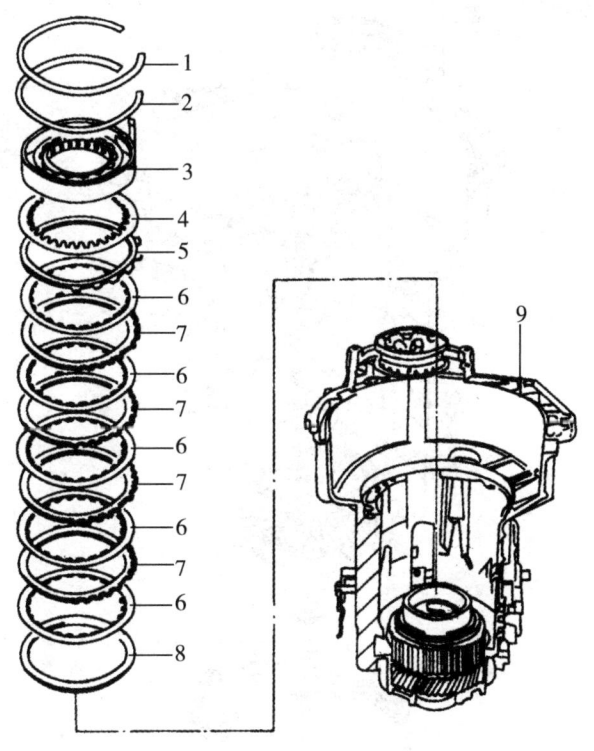

图 2-54 单向离合器和倒挡制动器的分解图
1—隔离管 B2 弹性挡圈；2—单向离合器弹性挡圈；3—单向离合器（带 B1 活塞）；4—碟形弹簧；
5—压盘；6—内片；7—外片；8—调整垫圈；9—变速器壳体（装有行星齿轮支架）

4. 行星齿轮支架及带主动齿轮和端盖的变速器壳体结构

推力滚针轴承垫圈光滑面装入主动齿轮。主动齿轮在分解行星齿轮系时不拆下，如图 2-55 所示。

（七）大众 01M 型自动变速器行星齿轮变速机构的原理

1. P 位和 N 位

变速杆处于 P 位置和 N 位置时，由于不传递动力，因此无任何元件工作。

2. R 位

变速杆处于 R 位置时，倒挡离合器（C3）、1、倒挡制动器（B1）工作，如图 2-56 所示。

动力经倒挡离合器传给大太阳轮，使大太阳轮顺时针转动。由于 1、倒挡制动器（B1）将行星架锁止，行星架处于静止状态。此时长行星轮以大太阳轮相反的方向旋转，即逆时针方向旋转，因此齿圈也就逆时针方向旋转，形成倒挡。

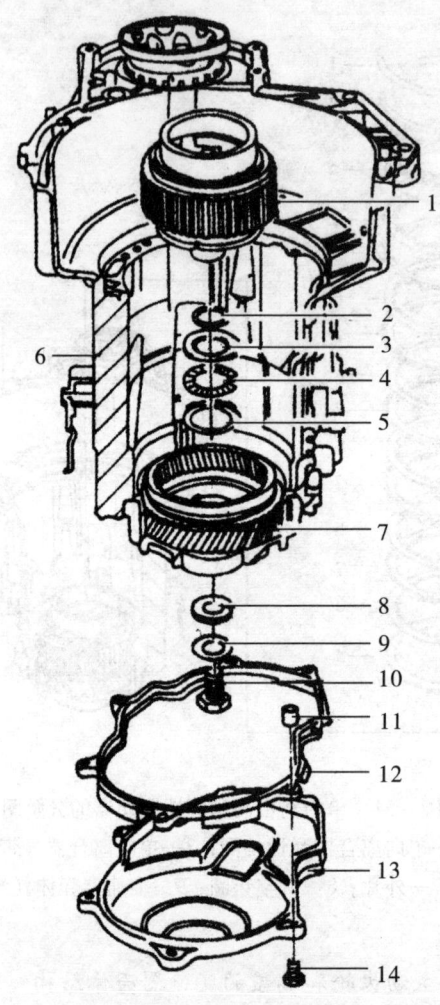

图 2-55 行星齿轮支架及带主动齿轮和端盖的变速器壳体

1—行星齿轮支架;2—装在行星齿轮支架内的"O"形密封圈;3—推力滚针轴承垫圈;
4—推力滚针轴承;5—推力滚针轴承垫圈;6—变速器壳体(带主动齿轮);7—主动齿轮;
8—行星齿轮支架调整垫片;9—垫圈;10—小输入轴螺栓(30N·m);11—隔套(7个);
12—密封垫;13—端盖;14—螺栓(8N·m)

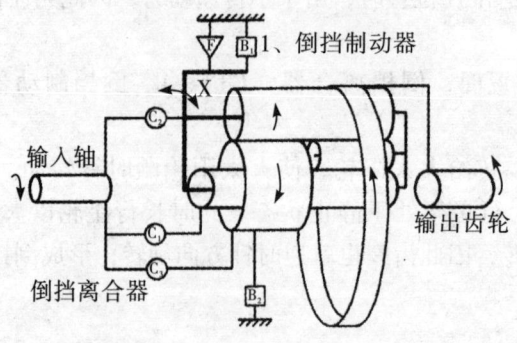

图 2-56 01M 变速器 R 挡传动原理

动力传递路线：

发动机工作→动力→输入轴→C3→大太阳轮→长行星轮→齿圈→输出齿轮

由于在行星机构中行星架固定，因此放松加速踏板时，驱动轮动力可以传给发动机，有发动机制动效果。

3. D 位

变速杆位于 D 位置时，变速器可自动在 D1 至 D4 之间变换。

（1）D1 挡

D1 挡时，前进挡离合器（C1）、1 挡单向离合器（F）工作，如图 2 – 57 所示。

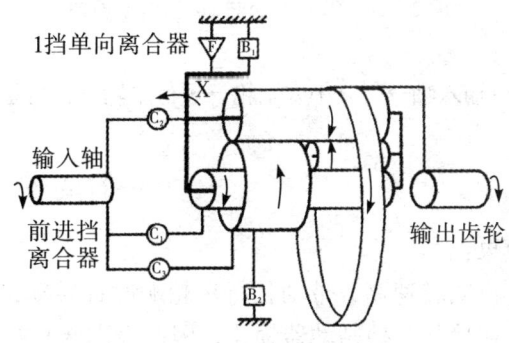

图 2 – 57　01M 变速器 D1 挡传动原理

动力经前进挡离合器传给小太阳轮，使小太阳轮顺时针转动。小太阳轮顺时针转动，带动短行星轮逆时针转动，并使长行星轮顺时针转动。由于汽车尚未起步，齿圈不动，长行星轮（在齿圈上逆时针滚动）有使行星架逆时针转动的趋势，但 1 挡单向离合器阻止行星架逆时针转动，因此长行星轮使齿圈顺时针转动，汽车起步。传动过程中大太阳轮被长行星轮带动逆时针自由转动。

动力传递路线：

发动机工作→动力→输入轴→C_1→小太阳轮→短行星轮→长行星轮→齿圈→输出齿轮

有无发动机制动效果：

放松加速踏板时，齿圈转速高（驱动轮），小太阳轮转速低（发动机）。长行星轮被齿圈带动顺时针转动，短行星轮被发动机带动逆时针转动，二者的合成速度使行星架顺时针转动。由于 1 挡单向离合器不阻止行星架顺时针转动，无发动机制动效果。

（2）D2 挡

D2 挡时，前进挡离合器（C1）、超速挡和 2 挡制动器（B2），如图 2 – 58 所示。

动力经前进挡离合器传给小太阳轮，使小太阳轮顺时针转动。小太阳轮顺时针转动，带动短行星轮逆时针转动，并使长行星轮顺时针转动。长行星轮有使大太阳轮逆时针转动，但超速挡和 2 挡制动器阻止大太阳轮转动，长行星轮（行星架）之间与齿圈有固定传动比，因此长行星轮使齿圈顺时针转动，动力经输出齿轮传给驱动轮。此时，两个行星排都参与了动力传递。

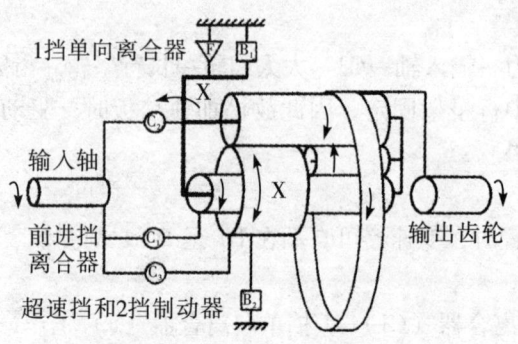

图 2-58　01M 变速器 D2 挡传动原理

动力传递路线：
发动机工作→动力→输入轴→C_1→小太阳轮→短行星轮→长行星轮→齿圈→输出齿轮
　　　　　　　　　　　　　　　　　　　↓
　　　　　　　　　　　　　　　　→行星架→长行星轮→齿圈→输出齿轮

有无发动机制动效果：

放松加速踏板时，齿圈转速高，带动长行星轮顺时针转动，并使行星架顺时针转动，由于大太阳轮被超速挡和 2 挡制动器锁止，因此齿圈与长行星轮（行星架）之间有固定传动比，驱动轮动力经长行星轮、短行星轮、小太阳轮传给发动机，有发动机制动效果。

（3）D3 挡

D3 挡时，前进离合器（C1）、直接挡离合器（C2）工作，如图 2-59 所示。

动力经前进挡离合器（C1）、直接挡离合器（C2）同时传给小太阳轮和行星架。长、短行星轮的自转被限制，整个行星齿轮机构一起转动，输入轴与齿圈转速一致，传动比为 1，此时为直接挡。

动力传递路线：

输入轴→┌C1→小太阳轮┐→齿圈→输出齿轮
　　　　└C2→行星架　┘

由于是直接挡，故有发动机制动效果。

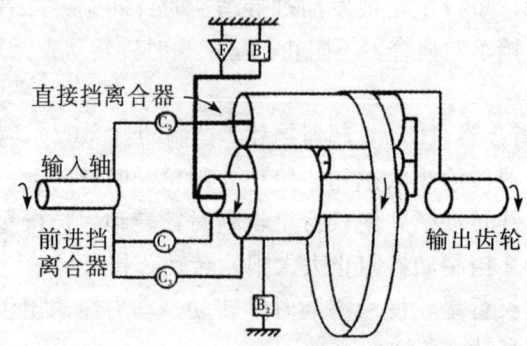

图 2-59　01M 变速器 D3 挡传动原理

(4) D4 挡

D4 挡时，直接挡离合器（C2）、超速挡和 2 挡制动器（B2）工作，如图 2-60 所示。

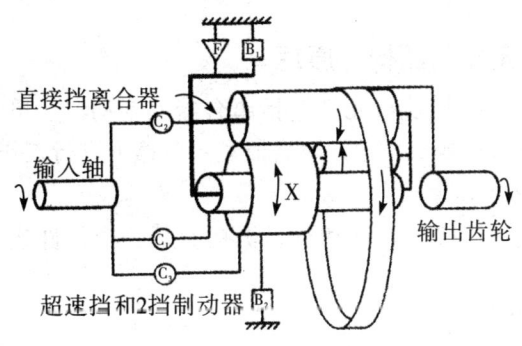

图 2-60　01M 变速器 D4 挡传动原理

动力经直接挡离合器传给行星架。行星架顺时针转动，力图使大太阳轮逆时针转动，超速挡和 2 挡制动器（B2）限制大太阳轮逆时针转动。因此，长行星轮在被行星架带动绕大太阳轮转动的同时绕自身轴线转动，将动力传给齿圈输出。传动过程中短行星轮和小太阳轮被长行星轮带动绕轴自由转动。

动力传递路线：

发动机工作→动力→输入轴→C2→行星架→长行星轮→齿圈→输出齿轮

有无发动机制动效果：

由于行星机构三元件（大太阳轮、行星轮或行星架、齿圈）中有一个元件固定。因此，放松加速踏板时，驱动轮动力可以经齿圈传给行星架，有发动机制动效果。

4．L 位

变速杆处于 L 位置时，自动变速器只有 1 挡。此时，前进挡离合器（C1）、1、倒挡制动器（B1）工作，如图 2-61 所示。

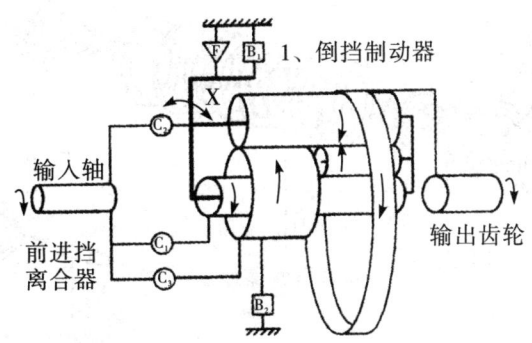

图 2-61　01M 变速器 L 挡传动原理

此挡位的正向动力传动原理与 D1 挡完全一致，在此不再赘述。

有无发动机制动效果：

放松加速踏板时，齿圈转速高（驱动轮），小太阳轮转速低（发动机）。长行星轮被齿圈带动顺时针转动，短行星轮被发动机带动逆时针转动，二者的合成速度使行星架顺时针转动。由于1、倒挡制动器（B1）阻止行星架逆时针转动（D1挡时由于是1挡单向离合器F工作，不阻止行星架逆时针转动，故无发动机制动效果），有发动机制动效果。

（八）换挡执行元件的结构与原理

自动变速器系统中的换挡执行元件包括离合器、制动器、单向离合器等。其中离合器和制动器利用液压进行操纵，单向离合器利用摩擦力进行工作。

1. 离合器的结构和工作原理

离合器的作用是用来连接输入轴和行星机构的某一个元件或某两个元件。将动力传给自动变速器。

（1）离合器的结构

自动变速器中所用的离合器为湿式多片式离合器。通常由离合器鼓、离合器活塞、回位弹簧、离合器钢片、离合器摩擦片、离合器毂等部件组成，如图2-62所示。

离合器鼓作为离合器的外壳，是一个液压油缸，鼓内有内花键齿圈，与离合器钢片的外花键齿相啮合，内圆轴颈上有进油孔与控制油路相通。离合器活塞为环状，内外圆上有密封圈，安装在离合器鼓内，无油压力作用时，活塞被回位弹簧推回至最内端，这时离合器处于分离状态，离合器总分离间隙为0.5~2.0mm，其值取决于离合器片的片数、离合器在变速器中的位置，不同的生产厂家也有差别。通常离合器片数越多，或离合器交替工作越频繁，分离间隙就越大。间隙的大小可以用挡圈或压板进行调整。在使用中出现间隙过大，通常预示着离合器片磨损严重，应及时更换。否则有可能因间隙过大，回位弹簧被完全压缩，离合器仍未完全接合，造成离合器严重打滑。而出现间隙过小，往往是由于离合器片有翘曲，此时需要进行更换。因间隙过小会使离合器分离不彻底，增加离合器片的磨损。

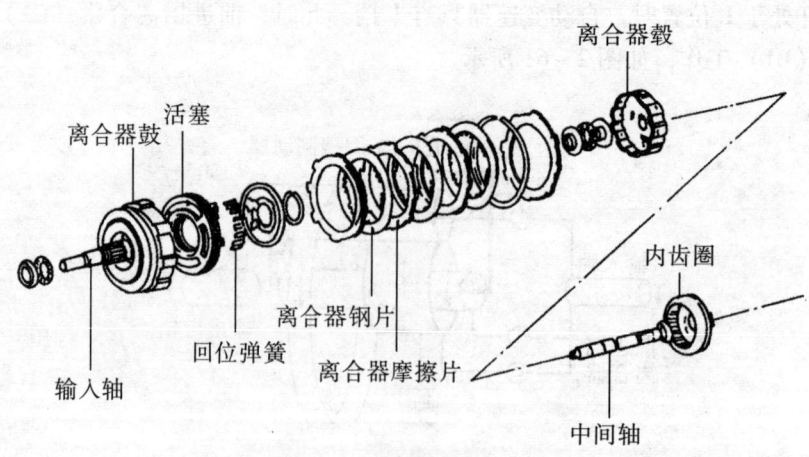

图2-62 离合器零件分解图

离合器钢片外花键和离合器摩擦片内花键盘分别与离合器鼓和离合器毂相啮合，且交错排列，统称为离合器片，均使用钢料制成，但离合器摩擦片的两面烧结有铜粉末冶金的摩擦材料，与钢片组成钢——粉末冶金摩擦副。近年来也有以纸质或者合成纤维材料浸树脂代替粉末冶金材料。为保证离合器结合柔和及时散热，把离合器片浸在油液中工作，因而称为湿式离合器。

离合器鼓和离合器毂分别以一定的方式与变速器输入轴和行星排的某个基本元件相连，与输入轴相连的通常为主动件，而另一个为从动件。

2. 离合器工作原理

如图 2-63 所示，当压力油经油道进入活塞左面的液压缸时，液压作用力克服回位弹簧的弹力使活塞右移，将所有离合器片压紧，即离合器接合，与离合器主、从动部分相连的输入轴及行星机构元件也被连接在一起，以相同的速度旋转。动力经输入轴、离合器钢片、离合器摩擦片传给齿圈。

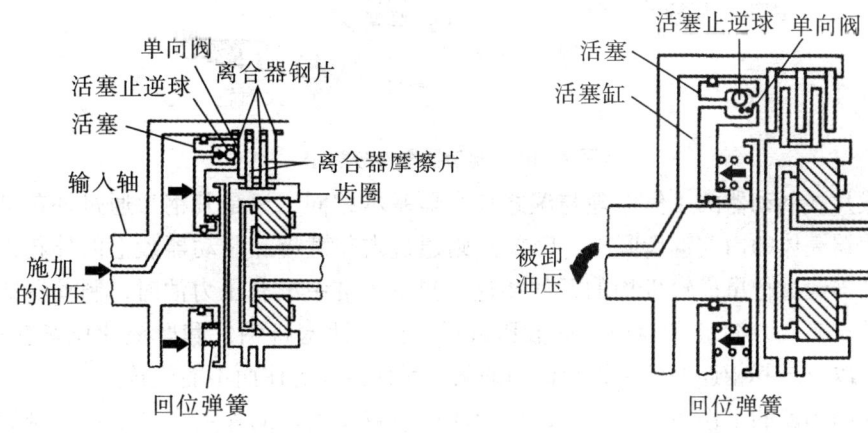

图 2-63　离合器接合状态图　　图 2-64　离合器分离状态图

当作用在离合器液压缸上的油压力撤除时，离合器活塞在回位弹簧的作用下回复原位，并将缸内的变速器油从进油孔排出。离合器分离，离合器主、从动部分可以不同转速旋转。

离合器处于分离状态，离合器片之间有一定的轴向间隙，以保证钢片和摩擦片之间无轴向压力。

离合器处于分离状态时，活塞左端的油缸内不可避免地会残留有少量变速器油。当离合器鼓随同变速器输入轴或行星排某一元件一起旋转时，残留的变速器油在离心力的作用下被甩向液压缸的外侧，并在该处产生一定的油压。若离合器鼓的转速较高，该油压将推动活塞压向离合器片，力图使离合器接合，从而导致钢片和摩擦片间出现不正常滑磨，影响离合器片的使用寿命。为了防止出现这种情况，在离合器活塞或离合器鼓右端的壁面上设有一个由钢球组成的单向阀。如图 2-64 所示，当压力油进入液压缸内时，钢球在油压的作用下压紧在阀座上，单向阀处于关闭状态，保证了液压缸的密封。当液压缸内的压力油通过油路排出时，缸体内的压力油压力下降，单向阀的钢球在离心力作用下离开阀座，阀处于开启状态，残留在缸内的液压油因离心力的作用从安全阀的阀孔中排出，使离合器得以彻底分离。

2. 制动器的结构和工作原理

制动器的作用是固定行星齿轮机构中的某一基本元件，阻止其旋转。制动器一般分为湿式多片制动器和带式制动器。

(1) 湿式多片式制动器

湿式多片式制动器结构与离合器结构相似,如图 2-65 所示,由制动器活塞、回位弹簧、制动器毂、制动器摩擦片、制动器钢片等组成。

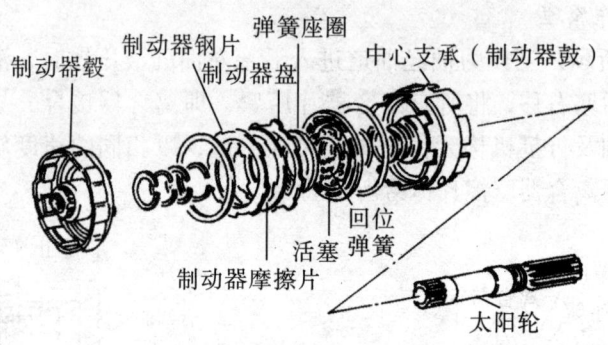

图 2-65 制动器零件分解图

湿式片式制动器的工作原理与湿式离合器基本相同,只是其钢片通过外花键齿安装在变速器壳体的内花键齿圈上,摩擦片则通过内花键齿和制动器毂上的外花键槽连接。制动器毂与行星齿轮机构的元件相连。当液压缸中没有压力油时,制动器毂可以自由旋转;当压力油进入制动器的液压缸后,通过活塞将钢片和摩擦片压紧在一起,制动器毂以及与其相连的行星齿轮机构的某一元件被固定住而不能旋转。

片式制动器的工作平顺性较好,还能通过增减摩擦片的片数来满足不同排量发动机的要求。因此,近年来在轿车自动变速器中,片式制动器使用得越来越多。

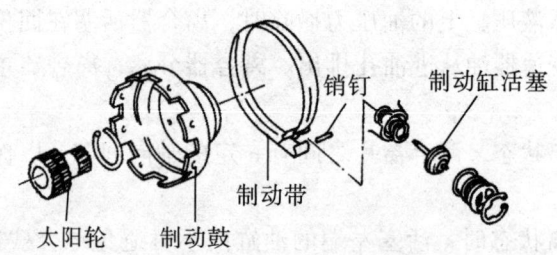

图 2-66 带式制动器结构图

(2) 带式制动器

带式制动器结构如图 2-66 所示。制动带缠于制动鼓的外缘上。制动带的一端用一销钉固定在变速器的壳体上,而另一端与液压操纵的制动缸活塞相接触。制动缸活塞压缩内弹簧,在活塞连杆上运动。为了使制动带和制动鼓之间的间隙能够调整,有两种长度的活塞连杆供选择。

如图 2-67 所示。当油压力施加在活塞上时,活塞就移至活塞缸的左边,压缩外弹簧,活塞连杆随同活塞移至左边,推动制动带的一端。由于制动带的另一端固定在变速器壳体上,制动带的直径就变小,箍紧在制动鼓上,使之无法转动。这时,在制动带与制动鼓之间产生很大的摩擦力,使行星齿轮组中与制动鼓固定连接的元件无法转动。当活塞中的加压液体流出时,活塞和活塞连杆由于外弹簧的弹力而被推回,制动鼓就由制动带松开。

内弹簧有两个功能：一个是吸收制动鼓的反作用力，另一个是减少制动带箍紧制动鼓时所产生的振动。

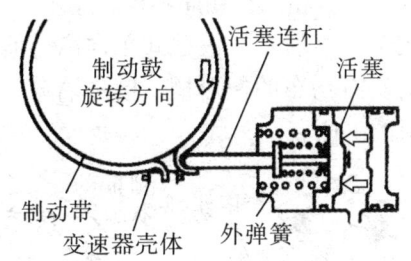

图2-67　带式制动器的工作图

如图2-68所示。当制动鼓高速转动时，制动带要箍紧它，就会受到一反作用力。若活塞与活塞连杆制成一整体，由于反作用力的作用，活塞会产生振动。为避免这种情况，活塞通过一内弹簧与活塞连杆相连。当制动带受到反作用力时，活塞连杆被推回，压缩内弹簧，以吸收此反作用力。

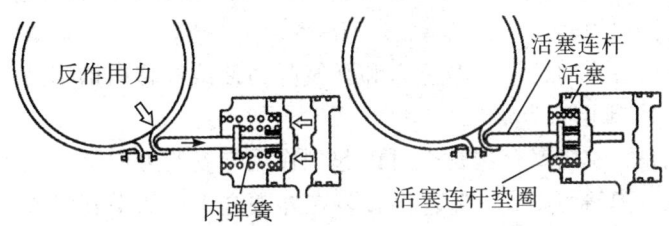

图2-68　内活塞减振工作图

当活塞缸内油压力上升时，活塞与活塞连杆进一步压缩外弹簧，并在活塞缸内运动，使制动带收缩，从而均匀地箍紧制动鼓。当活塞缸内油压进一步上升，而活塞连杆在活塞缸内无法再运动时，只有活塞运动，压紧内、外弹簧。当活塞开始接触活塞连杆垫圈时，活塞直接推动活塞连杆，制动带便以更大的压力箍紧制动鼓。

制动带的位置可以设置成使收紧制动带作用力的方向与制动器鼓的转动方向一致，也可以设置成相反。如果制动带被设置成使作用力的方向与制动器鼓的转动方向一致，则制动器鼓的运动使制动带的箍紧力增大，而使所需的液压作用力减小。如果收紧制动带的运动方向与制动器鼓的转动方向相反，则鼓的运动使制动带的箍紧力减小，而使所需的液压作用力增大。

为了防止由于过快地制动行星齿轮机构元件而引起换挡冲击，应使制动带在开始箍紧时有稍许打滑。随着制动带衬里的磨损，滑动量增大。由于磨损使制动带与制动器鼓之间的间隙增大，而使制动带的箍紧力减小。因此，大多数较早期的自动变速器的制动带需要定期调整。但是随着技术的改进，近期的自动变速器的制动带不再需要定期调整。在需要定期调整制动带的自动变速器上，用调整螺钉调整制动带与鼓之间的间隙，调整螺钉也用于固定制动带。过量的滑动会引起制动带烧蚀或不正常的磨损。

3. 单向离合器的结构和工作原理

单向离合器的作用是阻止行星齿轮机构的某一个元件相对于另一元件发生某一方向的运动。单向离合器有楔块式和滚柱式两种。楔块式单向离合器的结构和工作原理与液力变矩器中的单向离合器完全相同，在此不再叙述。

滚柱式单向离合器如图2-69所示，滚柱式单向离合器由内圈、外圈、弹簧等组成。在单向离合器的外圈内侧有均布的楔形槽，槽一端宽一端窄，槽内装有滚柱和弹簧，弹簧将滚柱推向槽较窄的一侧。

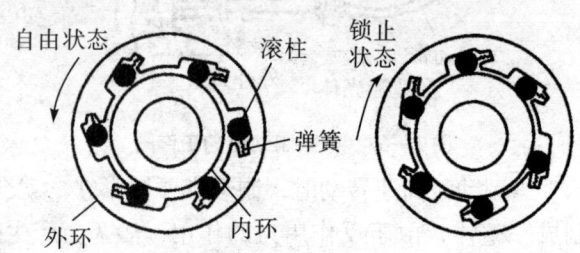

图2-69 滚柱式单向离合器结构和工作原理

如果内圈固定而外圈逆时针转动，摩擦力推动滚珠压缩弹簧向槽宽的一侧移动，内外圈脱开，外圈可以转动。

如果外圈顺时针方向转动，摩擦力和弹簧弹力使滚柱移向槽窄的一侧，使内外圈卡死连成一体，外圈不能转动。

需要指出的是，单向离合器是否可以起到作用与安装方向有直接关系，在真实结构中，楔块与保持弹簧制作成一体，再安装在外圈之中，如果安装方向出现错误，自动变速器的工作将出现不正常的现象。

四、自我测试题

（一）概念题

1. 变矩器的传动效率：
2. 单行星轮式行星齿轮机构运动特性方程：
3. 发动机制动：
4. 双行星轮式行星齿轮机构运动特性方程：

（二）填空题

1. 如图2-70带锁止离合器的液力变矩器结构和控制原理图，1是_____，2是_____。变矩器壳体安装在_____上设置锁止离合器的目的是_____。当锁止离合器分离时，液力变矩器中是_____传动（填机械或液力），传动效率_____（较高或较低），_____（能或不能）变矩。

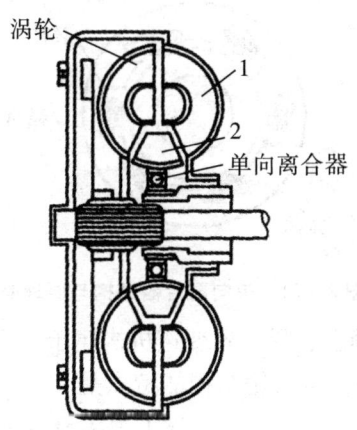

图2-70 带锁止离合器的液力变矩器结构

2. 在图2-71所示的带锁止离合器的液力变矩器特性曲线图上，A区为_____；B区为偶合区；C区为_____。A、B区工作时，液力变矩器是_____（液力、液压或机械）传动，C区工作时，液力变矩器是_____（液力、液压或机械）传动。

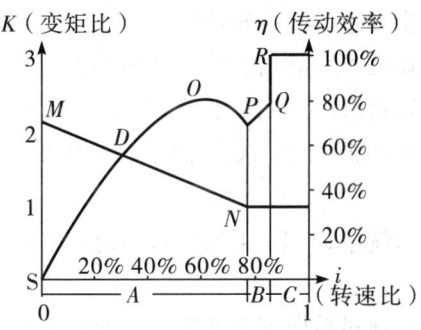

图2-71 液力变矩器特性曲线图

3. 有关单排单行星轮式行星齿轮机构，完成以下各问题。

    （1）运动特性方程是_____，其中方程中各参数含义分别是_____。

    （2）单个行星排行星齿轮结构要完成动力传递，须_____或_____或使某一元件以固定转速旋转。

4. 见图2-72所示一单向离合器结构图，该单向离合器属于_____形式。当内环固定，则外环可_____方向转动。当外环_____方向转动可带动内环转动。

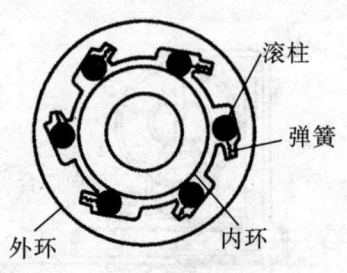

图 2-72 单向离合器结构与原理简图

5. 大众 01M 型自动变速器行星齿轮变速机构属于_____类型的行星齿轮机构，该齿轮结构的特点是_____。该变速器应用于_____（上海大众或一汽大众）轿车发动机_____（前置横放或前置纵放）的车中，该变速器的主减速器是采用_____（圆柱齿轮或斜齿轮或锥齿轮）传动的。

（三）判断题

1. 当一个小齿轮驱动一个大齿轮时，输出的转矩减小；而输出的转速增大。（   ）
2. 所谓传动比，即输出转速与输入转速比。（   ）
3. 在传动时，液力变矩器可以起增大输出转矩的作用。（   ）
4. 当变速器锁止离合器接合时，ATF 的温度基本不升高。（   ）
5. 搭载自动变速器的车辆上坡时，变矩器中涡轮作为动力输入装置，搅油冲击泵轮输出。（   ）
6. 在自动变速器冷却系统中，ATF 可通过管路流过发动机水冷散热器进行冷却。（   ）
7. 液力变矩器的导轮是通过单向离合器安装在油泵轴上。（   ）
8. 液力变矩器在液力传动时，是利用油液的压力能来传递动力的。（   ）
9. 在自动变速器中，由于行星齿轮机构处于常啮合状态，故动力传输不会产生齿轮间冲击。（   ）
10. 多片式离合器可用于固定行星齿轮机构的某个元件使之不运转。（   ）
11. 根据换挡工况的需要，自动变速器中的单向离合器内液压系统控制其分离或锁止。（   ）
12. 一般而言，离合器或制动器中钢片的数目要比摩擦片多一个。（   ）

（四）单项选择题

1. 关于自动变速器的综合式液力变矩器中，下列说法错误的是_____。
   A. 液力变矩器壳体与发动机飞轮相连
   B. 变矩器中涡轮通过花键与输出轴相连
   C. 变矩器中泵轮与涡轮形状相似，但两者连接
   D. 变矩器中充满油液，并利用之动能传递动力

2. 车辆正常行驶时，在自动变速器的综合式液力变矩器中，液体流动的过程是_____。
   A. 泵轮→涡轮→导轮　　　　　B. 泵轮→导轮→涡轮
   C. 涡轮→导轮→泵轮　　　　　D. 导轮→涡轮→泵轮

3. 在输出轴处于增矩状态下，液力变矩器中的导轮处于_____状态。
   A. 自由　　　　　　　　　　　B. 锁止
   C. 与涡轮同速　　　　　　　　D. 与泵轮同速

4. 自动变速器中的液力变矩器，相当于手动传动系统中的_____作用。
   A. 离合器
   B. 离合器＋分动器
   C. 离合器＋无级变速器（传动比变化范围较小）
   D. 变速器＋分动器

5. 在自动变速器中，当液力变矩器的泵轮和涡轮转速差值愈大时，则_____。
   A. 输出转矩愈大　　　　　　　B. 输出转矩愈小
   C. 效率愈高　　　　　　　　　D. 输出功率愈大

6. 液力变矩器的锁止电磁阀的作用是当车速升到一定值后，控制油液能把_____锁为一体，
   A. 泵轮和导轮　　　　　　　　B. 泵轮和涡轮
   C. 泵轮和单向离合器　　　　　D. 涡轮和导轮

7. 自动变速器的液力变矩器中，其泵轮是被_____驱动的。
   A. 变矩器外壳　　　　　　　　B. 从涡轮抛出的油流
   C. 单向离合器　　　　　　　　D. 锁止离合器

8. 某单排单行星轮式行星齿轮机构中的齿圈固定，由太阳轮输入，行星架输出时，传动比_____。
   A. 大于2　　　　　　　　　　B. 等于2
   C. 小于2　　　　　　　　　　D. 以上都不对

9. 在单排单行星轮式行星齿轮机构中，当行星齿轮中有锁止元件，并且行星架作为输入元件时，行星齿轮机构就_____。
   A. 形成降速挡　　　　　　　　B. 形成增矩挡
   C. 输出与输入转向相反　　　　D. 形成增速挡

10. 以下不属于换挡执行元件的零件是_____。
    A. 离合器　　　　　　　　　　B. 分动器
    C. 制动器　　　　　　　　　　D. 单向离合器

11. 自动变速器壳体上部打个与大气相通的孔，其作用是_____。
    A. 注入工作油液通道
    B. 检查工作液面
    C. 平衡大气压力
    D. 当从此孔通入压缩空气时，能将工作油液排放干净

12. 前驱车辆的变速驱动桥中，没有包括的部件是_____。
   A. 差速器　　　　　　　　　B. 主减速器
   C. 自动变速器　　　　　　　D. 分动器

（五）简答题

关于大众 01M 型自动变速器行星齿轮变速机构，试回答下列问题。

1. 该齿轮机构在前进四挡工作时，换挡执行元件_____和_____工作。在倒挡时，换挡执行元件_____和_____工作。
2. 分析 D-2 挡换挡执行元件工作情况、动力传递路线和传动比数值。
3. 比较 D 位 -1 挡与 L 位 -1 挡的异同。

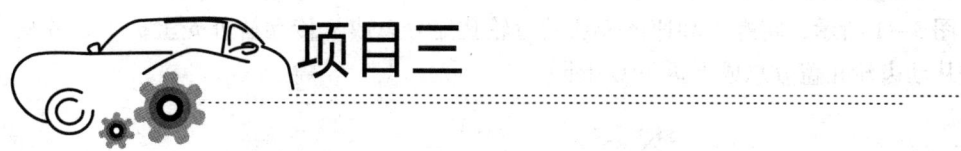

丰田 U341E 型自动变速器的认识与拆装

一、项目描述

通过本项目的学习，认识并拆装丰田 U341E 型自动变速器，应达到以下要求：

1. 知识要求

①掌握丰田 U341E 型自动变速器行星齿轮变速机构的结构和原理，掌握各换档执行元件的结构与原理；

②熟悉丰田 U341E 型自动变速器内行星齿轮变速机构各部件的连接安装关系。

2. 技能要求

①能正确使用维修资料及工具，并按操作规范进行丰田 U341E 型自动变速器拆卸和组装；

②会熟练壳体外装合丰田 U341E 型自动变速器行星齿轮变速机构。

3. 素质要求

①整理整顿拆装工具、量具，保持实训场地清洁，及时清扫垃圾，树立团队意识，培养协作精神；

②安全文明生产，保证设备和自身安全；

③操作规范，技术要求符合维修手册。

二、项目实施

 任务一　拆卸丰田 U341E 型自动变速器

1. 训练目标与要求

能掌握拆卸丰田 U341E 型自动变速器的顺序，正确规范地拆卸变速器。

2. 训练设备

丰田 U341E 型自动变速器台架、常用拆装工具和量具、专用拆装工具。

3. 训练步骤

(1) 拆卸速度表从动齿轮孔盖分总成

见图3-1所示,将螺栓和速度表从动齿轮孔盖分总成从传动桥外壳上拆下,并从速度表从动齿轮孔盖分总成上拆下O形圈。

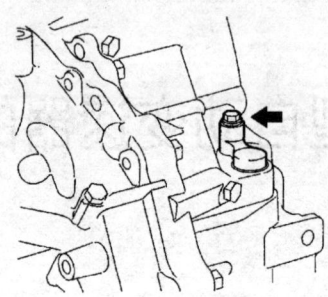

图3-1 拆卸速度表从动齿轮孔盖分总成

(2) 拆卸驻车档/空档位置开关总成

见图3-2(a)所示,拆下螺母、垫圈和控制杆。用螺丝刀撬出锁止板并拆下手动阀轴螺母,见图3-2(b)。拆下2个螺栓,并拉出驻车档/空档位置开关总成,见图3-2(c)所示。

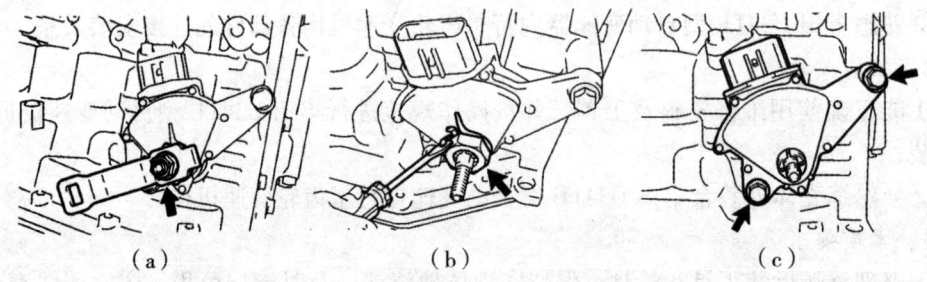

(a) (b) (c)

图3-2 拆卸驻车档/空档位置开关总成

(3) 拆卸转速传感器

转速传感器安装位置见图3-3。

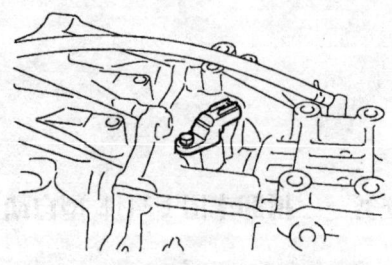

图3-3 转速传感器安装位置

(4) 拆卸机油冷却器管接头

从传动桥壳上拆下2个机油冷却器管接头,从2个机油冷却器管接头上拆下2个O形圈。

(5) 拆卸传动桥壳 1 号塞

见图 3-4 所示,从传动桥外壳和传动桥壳上拆下 5 个传动桥壳 1 号塞。并从其上拆下 5 个 O 形圈。

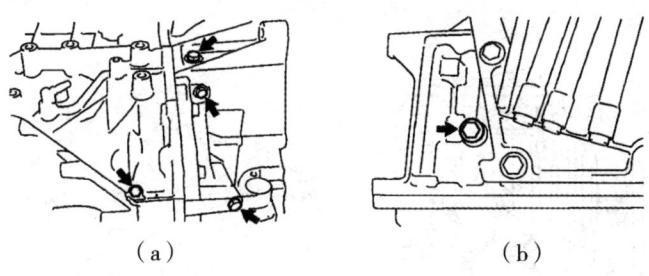

图 3-4 拆卸传动桥壳 1 号塞

(6) 拆卸通气塞软管

见图 3-5 从通气塞上拆下通气塞软管。

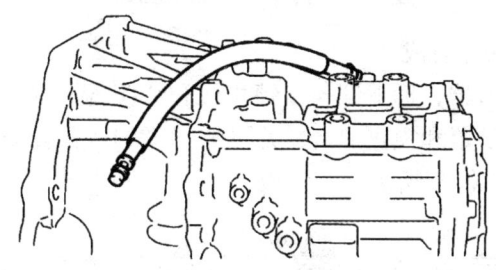

图 3-5 拆卸通气塞软管

(7) 拆卸通气塞
(8) 固定自动传动桥总成

将传动桥放到木块上,见图 3-6。

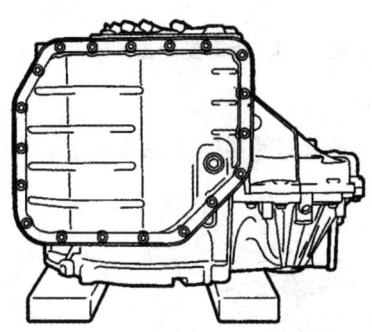

图 3-6 将传动桥放到木块上

(9) 拆卸自动传动桥油底壳分总成

拆下油底壳 19 个螺栓、油底壳和壳体衬垫。从油底壳上拆下 2 个机油滤清器磁铁,并检查油底壳中的微粒。

仔细查看油底壳内及磁铁上的异物和微粒,判断传动桥中可能存在的磨损类型。

钢（磁性）：轴承、齿轮和离合器片磨损，铜（非磁性）：轴承磨损。

（10）拆卸阀体滤油网总成

拆下3个螺栓和滤油网总成，见图3-7（a）。再从滤油网总成上拆下滤油网衬垫，见图3-7（b）。

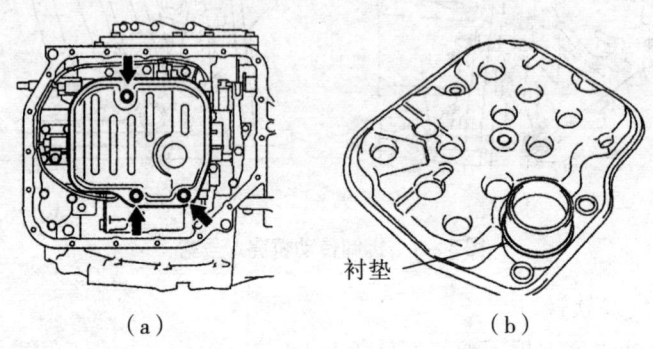

图3-7 拆卸阀体滤油网总成

（11）拆卸变速器阀体总成

断开5个电磁阀连接器，拆下螺栓、锁止板和ATF温度传感器，见图3-8（a）。拆下2个螺栓、锁止弹簧罩和锁止弹簧，见图3-8（b）。从传动桥壳上拆下13个螺栓和阀体总成，见图3-8（c）所示。

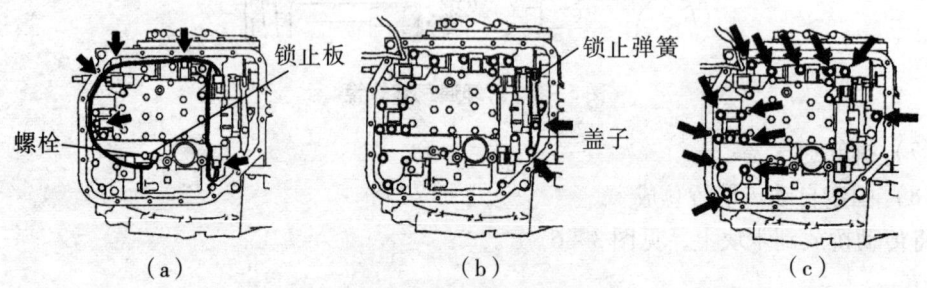

图3-8 拆卸变速器阀体总成

（12）拆卸变速器线束

从传动桥壳上拆下螺栓和变速器线束，再从变速器线束上拆下O形圈，见图3-9所示。

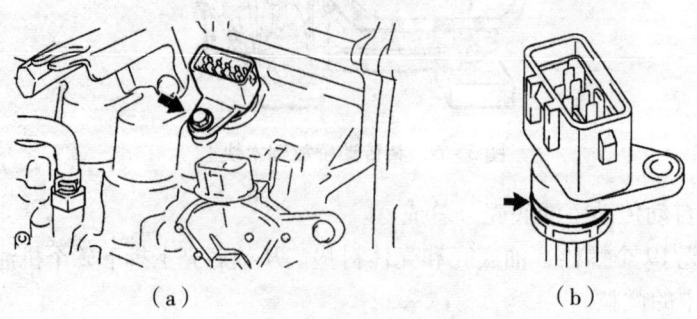

图3-9 拆卸变速器线束

(13) 拆卸传动桥壳二档制动器衬垫

从传动桥壳上拆下传动桥壳二档制动器衬垫，见图 3-10。

(14) 拆卸传动桥壳衬垫

从传动桥壳上拆下传动桥壳衬垫，见图 3-11 所示。

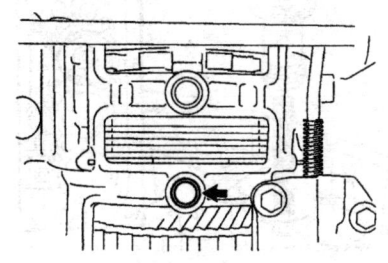
图 3-10　拆卸传动桥壳二档制动器衬垫

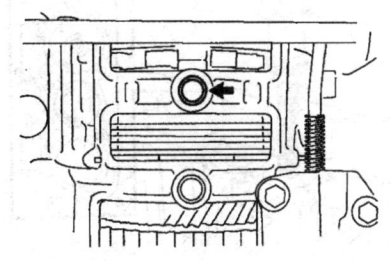
图 3-11　拆卸传动桥壳衬垫

(15) 拆卸制动鼓衬垫

从传动桥壳上拆下制动鼓衬垫，见图 3-12。

(16) 拆卸球式单向阀体

从传动桥壳上拆下球式单向阀体和弹簧，见图 3-13。

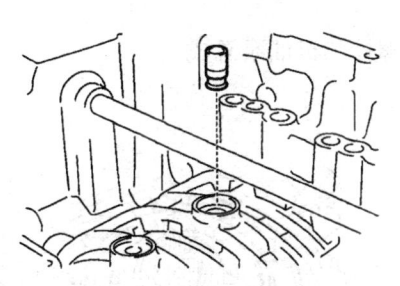
图 3-12　拆卸制动鼓衬垫

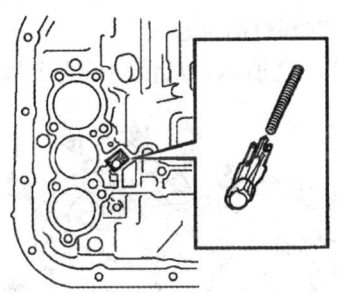
图 3-13　拆卸球式单向阀体

(17) 拆卸 B-2 蓄压器活塞

见图 3-14 (a) 所示，向机油孔施加压缩空气（392kPa，4.0kgf/cm^2），拆下 B-2 蓄压器活塞和弹簧。注意：吹入空气可能导致活塞跳出。拆下活塞时，用抹布或布条将其握住。并且在使用压缩空气时切勿将 ATF 溅出。

最后从 B-2 蓄压器活塞中拆下 2 个 O 形圈，见图 3-14 (b) 所示。

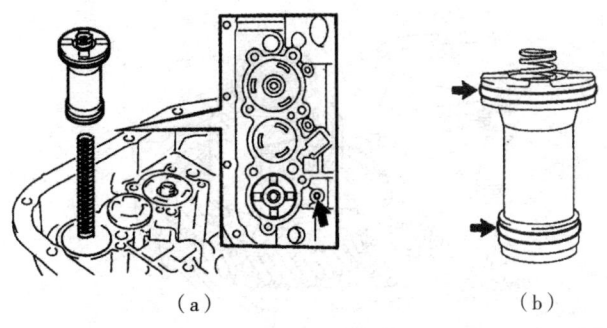

(a)　　　　　　　　　(b)

图 3-14　拆卸 B-2 蓄压器活塞

(18) 拆卸 C-3 和 C-2 蓄压器活塞

拆卸 C-3 和 C-2 蓄压器活塞方法与拆卸 B-2 蓄压器活塞相同，这里不再重复。C-3 和 C-2 蓄压器安装位置分别见图 3-15 (a) 和 (b) 所示。

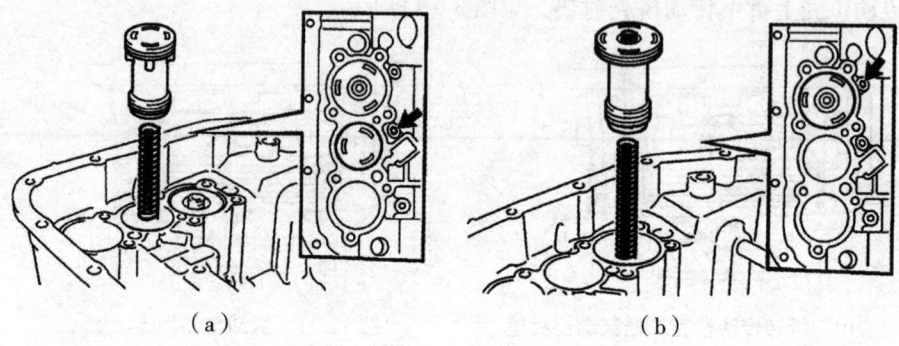

图 3-15　拆卸 C-3 和 C-2 蓄压器活塞

(19) 拆卸传动桥外壳

见图 3-16 拆下 14 个螺栓。再用塑料锤敲打传动桥外壳的周边，从传动桥壳上拆下传动桥外壳。注意在拆下传动桥外壳时，差速器齿轮总成可能会被意外拆下。

(20) 拆卸机油泵总成

见图 3-17 所示，从传动桥壳上拆下 7 个螺栓和机油泵总成。

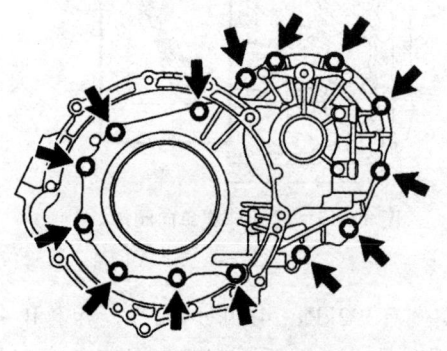

图 3-16　拆卸传动桥外壳

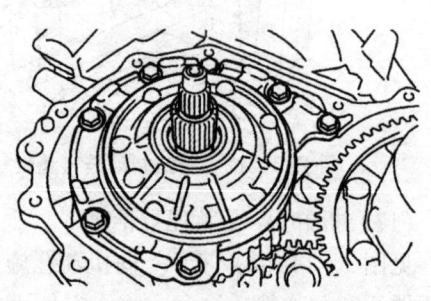

图 3-17　拆卸机油泵总成

(21) 拆卸差速器齿轮总成

见图 3-18，从传动桥壳上拆下差速器齿轮总成。

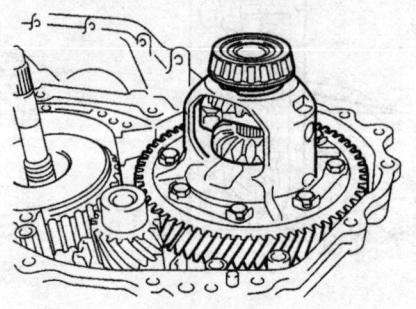

图 3-18　拆卸差速器齿轮总成

(22) 拆卸超速档制动器衬垫

用螺丝刀从传动桥壳上拆下 2 个超速档制动器衬垫，见图 3-19。

(23) 拆卸输入轴总成

见图 3-20 所示，从传动桥壳上拆下输入轴总成。

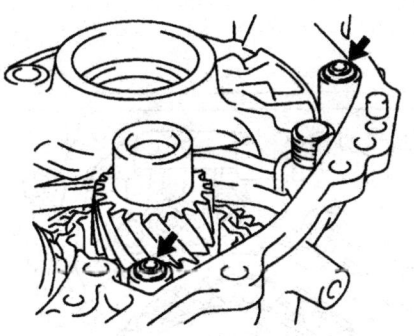
图 3-19 拆卸超速档制动器衬垫

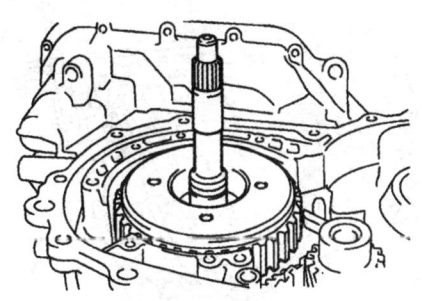
图 3-20 拆卸输入轴总成

(24) 拆卸定子轴止推滚针轴承

见图 3-21 所示，从输入轴上拆下定子轴止推滚针轴承。

(25) 拆卸前进档离合器毂止推滚针轴承

见图 3-22 所示，从前进档离合器毂上拆下前进档离合器毂止推滚针轴承。

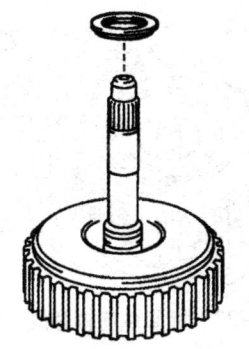
图 3-21 拆卸定子轴止推滚针轴承

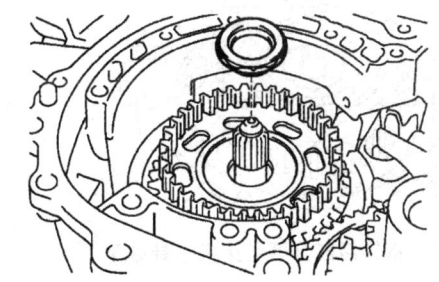
图 3-22 拆卸前进档离合器毂止推滚针轴承

(26) 拆卸前进档离合器毂分总成

从传动桥壳上拆下前进档离合器毂，见图 3-23。

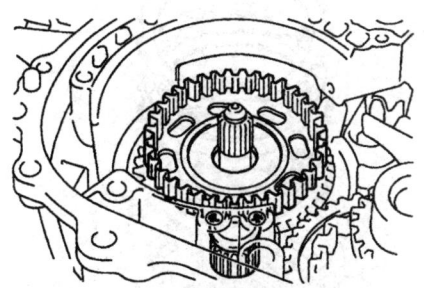
图 3-23 拆卸前进档离合器毂分总成

（27）拆卸传动桥后盖总成

见图3-24所示，拆下固定传动桥后盖的11个螺栓，用塑料锤敲打传动桥后盖的周边，从传动桥壳上拆下传动桥后盖。

（28）拆卸传动桥壳衬垫

拆下4个传动桥壳衬垫，见图3-25所示。

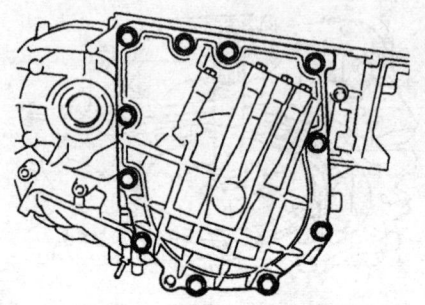
图3-24 拆卸传动桥后盖总成

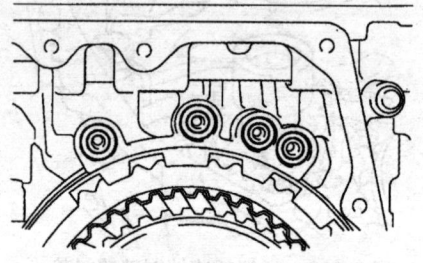
图3-25 拆卸传动桥壳衬垫

（29）拆卸后离合器鼓止推滚针轴承

见图3-26，用磁棒拆下后离合器鼓止推滚针轴承。

（30）拆卸中间轴总成

见图3-27，从传动桥壳上拆下中间轴总成。

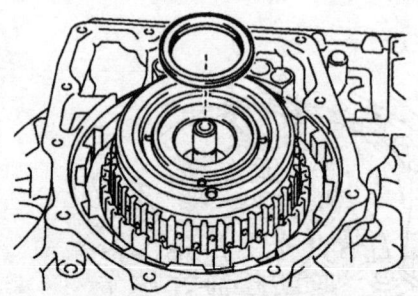
图3-26 拆卸后离合器鼓止推滚针轴承

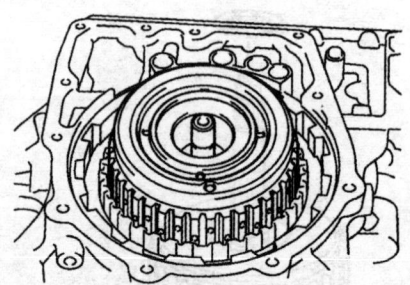
图3-27 拆卸中间轴总成

（31）拆卸二档滑行和超速档制动盘

从传动桥上拆下法兰、2个盘和2个2号法兰，见图3-28。

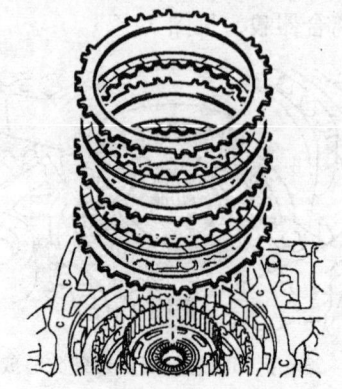
图3-28 拆卸二档滑行和超速档制动盘

(32）拆卸止推滚针轴承

用磁棒从直接档离合器毂上拆下C-2毂止推轴承座圈、止推滚针轴承和3号止推轴承座圈，见图3-29。

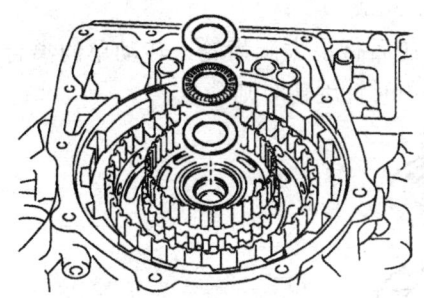

图3-29 拆卸止推滚针轴承

(33）拆卸直接档离合器毂

从传动桥壳上拆下直接档离合器毂，见图3-30。

(34）拆卸后行星太阳齿轮2号止推滚针轴承

用磁棒从后行星太阳齿轮总成上拆下后行星太阳齿轮2号止推滚针轴承，见图3-31。

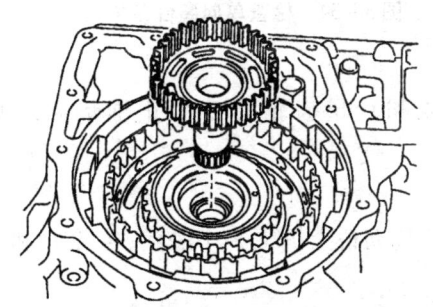 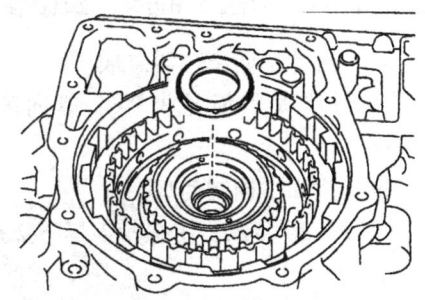

图3-30 拆卸直接档离合器毂　　图3-31 拆卸后行星太阳齿轮2号止推滚针轴承

(35）拆卸后行星太阳齿轮总成

从传动桥壳上拆下后行星太阳齿轮，见图3-32。

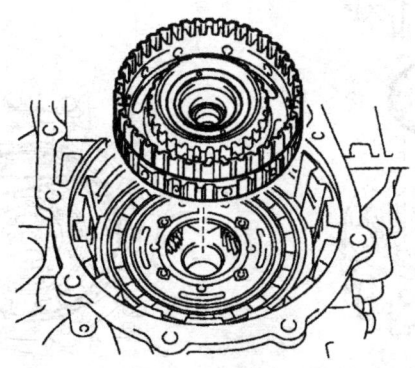

图3-32 拆卸后行星太阳齿轮总成

(36) 拆卸后行星太阳齿轮止推滚针轴承

见图3-33所示,从单向离合器总成上拆下后行星太阳齿轮止推滚针轴承和行星齿轮架1号止推垫圈。

(37) 检查单向离合器总成

图3-34所示,固定住后行星太阳齿轮,转动单向离合器。确保单向离合器在逆时针旋转时自由转动,而顺时针旋转时则锁止。

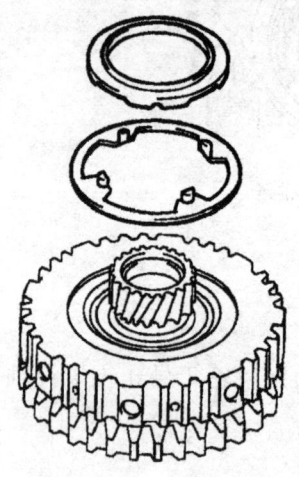

图3-33 拆卸后行星太阳齿轮止推滚针轴承

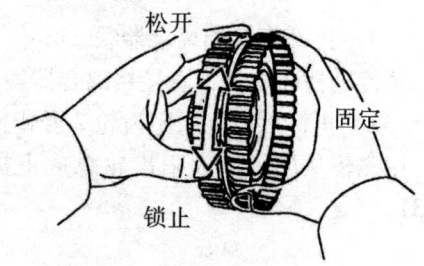

图3-34 检查单向离合器总成

(38) 拆卸单向离合器总成

从后行星太阳齿轮上拆下单向离合器总成和行星齿轮架2号止推垫圈,见图3-35。

(39) 拆卸二档制动盘

见图3-36所示,用螺丝刀拆下2个卡环。从传动桥上拆下2个法兰、4个盘和3个片。

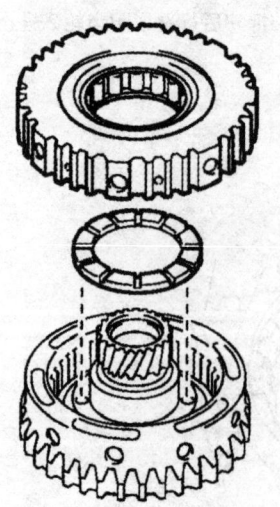

图3-35 拆卸单向离合器总成

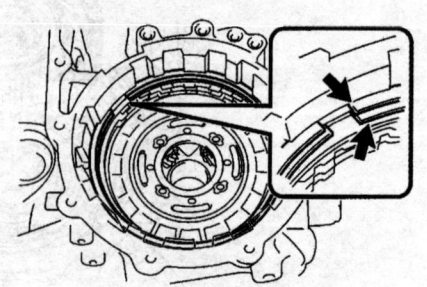

图3-36 拆卸二档制动盘

(40）拆卸二档制动器活塞套筒

从传动桥壳上拆下二档制动器活塞套筒，见图3-37所示。

(41）检查2号单向离合器

见图3-38所示，旋转后行星齿轮总成。确保后行星齿轮总成在逆时针旋转时自由转动，而顺时针旋转时则锁止。

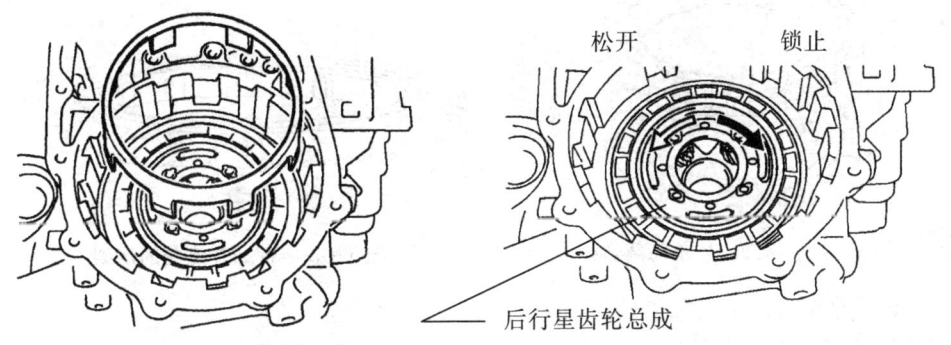

图3-37 拆卸二档制动器活塞套筒　　图3-38 检查2号单向离合器

(42）拆卸后行星齿轮总成

用螺丝刀拆下卡环，从传动桥壳上拆下后行星齿轮总成，见图3-39。

(43）拆卸后行星齿轮止推滚针轴承

从后行星齿轮总成上拆下止推滚针轴承和2个轴承座圈，见图3-40。

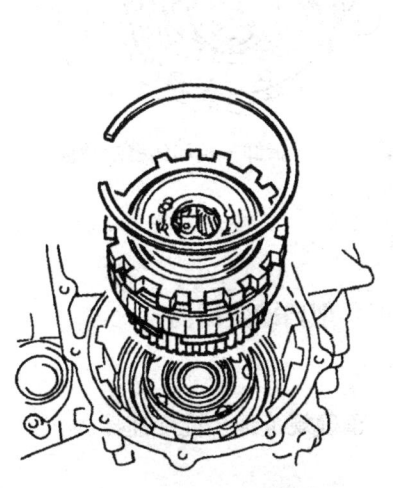 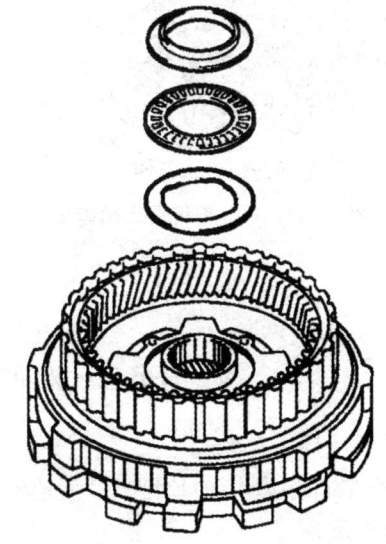

图3-39 拆卸后行星齿轮总成　　图3-40 拆卸后行星齿轮止推滚针轴承

(44）拆卸2号单向离合器

分离二档制动缸、2号单向离合器和后行星齿轮，见图3-41。

(45）拆卸外座圈固定架

从2号单向离合器上拆下固定架，见图3-42。

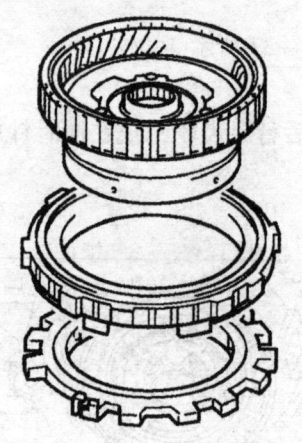

图3-41 拆卸2号单向离合器

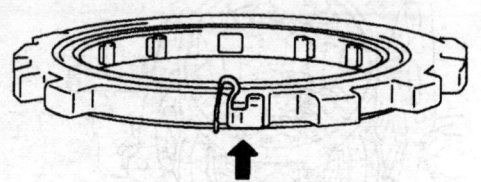

图3-42 拆卸外座圈固定架

(46) 拆卸前行星太阳齿轮

从传动桥壳上拆下前行星太阳齿轮和止推滚针轴承,见图3-43。

(47) 拆卸一档和倒档制动盘

用螺丝刀拆下卡环,从传动桥壳上拆下法兰、4个盘和4个片,见图3-44。

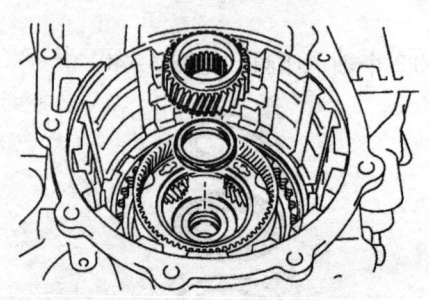

图3-43 拆卸前行星太阳齿轮

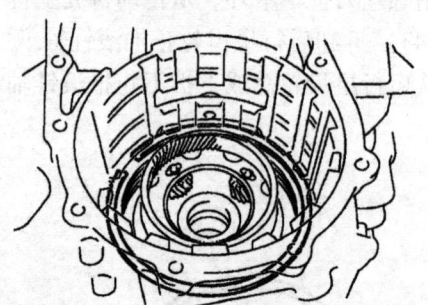

图3-44 拆卸一档和倒档制动盘

任务二 装配丰田 U341E 型自动变速器

1. 训练目标与要求

能掌握装配丰田 U341E 型自动变速器的顺序,正确规范地装配变速器。

2. 训练设备

丰田 U341E 型自动变速器台架、常用拆装工具和量具、专用拆装工具。

3. 训练步骤

(1) 安装一档和倒档制动盘

将4个片、4个盘和法兰安装至传动桥壳,用螺丝刀安装卡环,见图3-45。

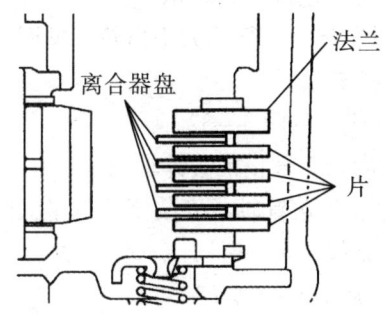

图 3-45 安装一档和倒档制动盘

(2) 安装前行星太阳齿轮

将行星太阳齿轮和滚针轴承安装至行星齿轮总成,见图 3-43。

(3) 安装外座圈固定架

将外座圈固定架安装至 2 号单向离合器,见图 3-42。

(4) 安装 2 号单向离合器

将 2 号单向离合器和二档制动器活塞总成安装至后行星齿轮总成,见图 3-41。

(5) 安装后行星齿轮止推滚针轴承

将 2 号止推轴承座圈、行星齿轮止推滚针轴承和止推轴承座圈安装至后行星齿轮总成,见图 3-40。

(6) 安装后行星齿轮总成

将后行星齿轮总成安装至传动桥壳,用螺丝刀安装卡环,见图 3-39。

(7) 检查 2 号单向离合器

检查并确认后行星齿轮总成逆时针旋转时自由转动,而顺时针旋转时则锁止,见图 3-38。

(8) 安装二档制动器活塞套筒

将二档制动器活塞套筒安装至传动桥壳,见图 3-37。

(9) 安装二档制动盘

将 4 个盘、3 个二档制动器 1 号法兰和 2 个二档制动器法兰安装至传动桥壳,见图 3-46。

用螺丝刀将 2 个卡环安装至传动桥壳,见图 3-36。

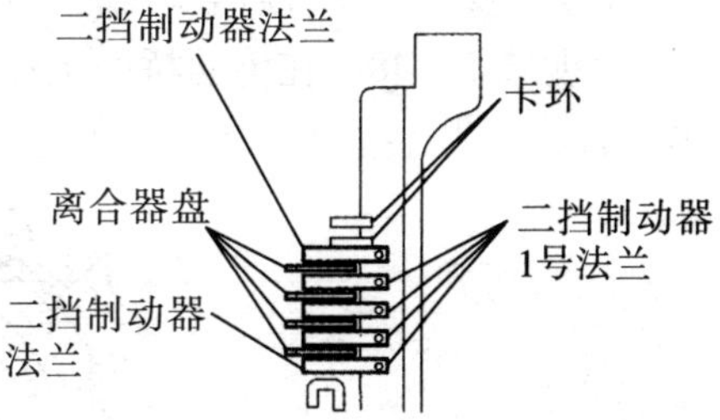

(10) 安装单向离合器总成

将 2 号止推垫圈安装至后行星齿轮总成,将单向离合器总成安装至后行星太阳齿轮总成,见图 3-35。

图 3-46 安装二档制动盘

(11) 检查单向离合器总成

固定住后行星太阳齿轮,转动单向离合器,检查并确认单向离合器在逆时针旋转时自由转动,而顺时针旋转时则锁止,见图 3-34。

(12) 安装后行星太阳齿轮止推滚针轴承

将止推滚针轴承和垫圈安装至后行星太阳齿轮,见图3-33。

(13) 安装后行星太阳齿轮总成

安装后行星太阳齿轮总成,见图3-32。

(14) 安装后行星太阳齿轮2号止推滚针轴承

将后行星太阳齿轮2号止推滚针轴承安装至后行星太阳齿轮,见图3-31。

(15) 安装直接档离合器毂

安装直接档离合器毂,见图3-30。

(16) 安装止推滚针轴承

将3号止推轴承座圈、止推滚针轴承和C-2毂止推轴承座圈安装至直接档离合器毂,见图3-29。

(17) 安装二档滑行和超速档制动盘

将2个盘、2个片和法兰安装至传动桥壳,见图3-47。

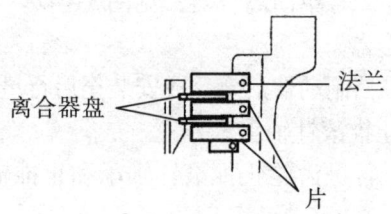

图3-47 将2个盘、2个片和法兰安装至传动桥壳

(18) 安装中间轴总成

将中间轴总成安装至传动桥壳,见图3-27。

(19) 安装后离合器鼓止推滚针轴承

将轴承安装至中间轴,见图3-26。

(20) 安装传动桥壳衬垫

将4个新衬垫安装至传动桥壳,见图3-25。

(21) 安装传动桥后盖总成

①见图3-48,在传动桥壳上涂抹丰田原厂密封胶1281,THREE BOND1281或同等产品。

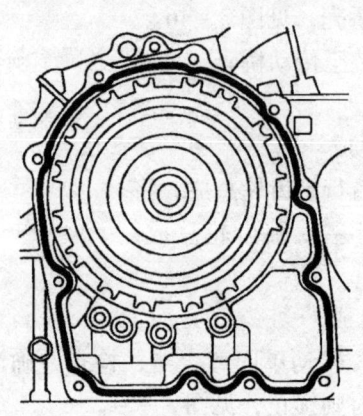

图3-48 在传动桥壳上涂抹密封胶

②用11个螺栓安装传动桥后盖。拧紧扭矩为25 N·m。

（22）安装前进档离合器毂分总成

将前进档离合器毂分总成安装至传动桥壳，见图3-23。

（23）安装前进档离合器毂止推滚针轴承

将轴承安装至前进档离合器毂，见图3-22。

（24）安装定子轴止推滚针轴承

将轴承安装至输入轴总成，见图3-21。

（25）安装输入轴总成

将输入轴总成安装至传动桥壳，见图3-20。

（26）安装超速档制动器衬垫

将2个新衬垫安装至传动桥壳，见图3-19。

（27）安装差速器齿轮总成

将差速器齿轮总成安装至传动桥壳，见图3-18。

（28）安装机油泵总成

用7个螺栓安装机油泵，螺栓拧紧扭矩为22N·m，见图3-17。

（29）检查输入轴总成

确保输入轴转动平稳，见图3-49。

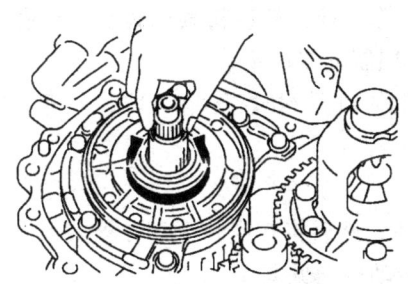

图3-49　检查输入轴总成

（30）安装传动桥外壳

①见图3-50，在传动桥壳上涂抹丰田原厂密封胶1281，THREE BOND1281或同等产品。

②用14个螺栓安装传动桥外壳。螺栓A的拧紧扭矩为29 N·m，螺栓B的拧紧力矩为22 N·m，见图3-51。

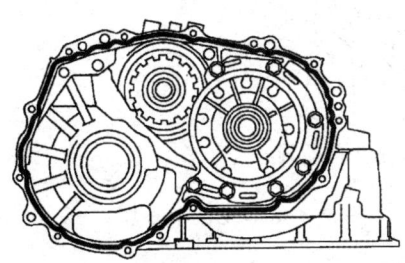

图3-50　在传动桥壳上涂抹密封胶

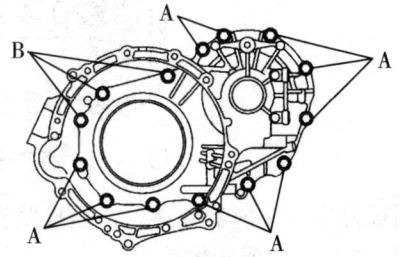

图3-51　紧固装传动桥外壳螺栓

(31) 安装 C-2 蓄压器活塞

①在2个新O形圈上涂ATF,并将其安装至C-2蓄压器活塞。注意切勿损坏O形圈。
②安装弹簧和C-2蓄压器活塞,见图3-15。
蓄压器弹簧自由长度66.9mm,外径为17.2mm。

(32) 安装 C-3 蓄压器活塞

①在2个新O形圈上涂ATF,并将其安装至C-3蓄压器活塞。注意切勿损坏O形圈。
②安装弹簧和C-3蓄压器活塞,见图3-15。
蓄压器弹簧自由长度为87.3mm,外径为18.7mm。

(33) 安装 B-2 蓄压器活塞

①在2个新O形圈上涂ATF,并将其安装至B-2蓄压器活塞。注意切勿损坏O形圈。
②安装弹簧和B-2蓄压器活塞,见图3-14。
蓄压器弹簧自由长度为66.9mm,外径为15.5mm。

(34) 安装球式单向阀体

安装弹簧和球式单向阀体,见图3-13。

(35) 安装制动鼓衬垫

安装新的制动鼓衬垫,见图3-12。

(36) 安装传动桥壳衬垫

在新的传动桥壳衬垫上涂ATF,然后将其安装至传动桥壳,见图3-11。

(37) 安装传动桥壳二档制动器衬垫

在新的传动桥壳二档制动器衬垫上涂ATF,然后将其安装至传动桥壳,见图3-10。

(38) 安装变速器线束

①在新O形圈上涂ATF,然后将其安装至变速器线束,见图3-9。
②将变速器线束插入传动桥,见图3-52。

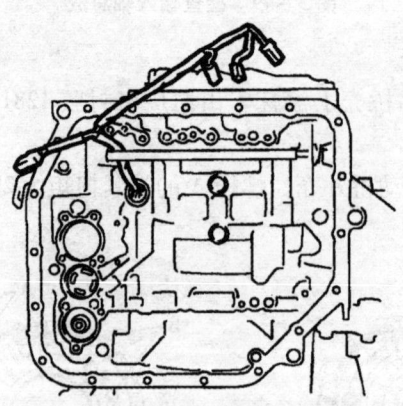

图3-52 将变速器线束插入传动桥

③用螺栓安装变速器线束。螺栓拧紧扭矩为5.4N·m,见图3-13。

(39) 安装变速器阀体总成

①使手动阀凹槽对准手动阀杆销。

②用13个螺栓暂时安装阀体。

见图3-53,螺栓A长度=32 mm,螺栓B长度=22 mm,螺栓C长度=55 mm,螺栓D长度=45 mm。

③用2个螺栓暂时安装锁止弹簧和锁止弹簧盖。

见图3-54,螺栓A长度=14 mm,螺栓B长度=45 mm。

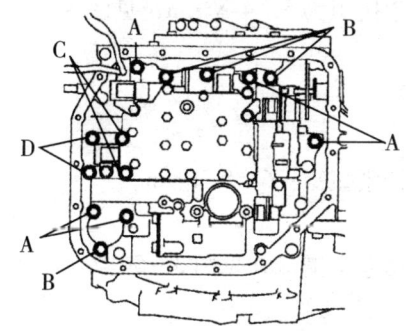
图3-53 暂时安装阀体

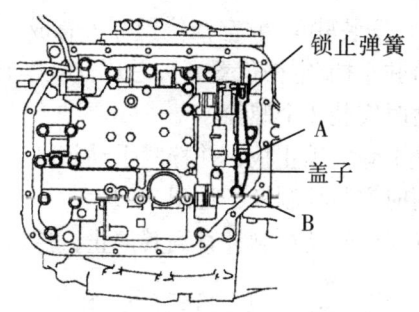
图3-54 暂时安装锁止弹簧和锁止弹簧盖

④检查并确认手动阀杆接触到锁止弹簧顶部滚柱的中心部分。

⑤拧紧这15个螺栓。拧紧扭矩为11 N·m。

⑥连接5个电磁阀连接器。

⑦用锁止板和螺栓安装ATF温度传感器。螺栓长度为55 mm,拧紧扭矩为11 N·m,见图3-11。

(40) 安装阀体滤油网总成

①在新O形圈上涂ATF,并将其安装至滤油网,见图3-7。

②用3个螺栓将阀体滤油网总成安装至自动传动桥。螺栓拧紧扭矩为11 N·m,见图3-7。

(41) 安装自动传动桥油底壳分总成

①将2块磁铁安装到油底壳上。

②将新油底壳衬垫安装到油底壳上。

③用19个螺栓安装油底壳。螺栓拧紧扭矩为7.8 N·m。

(42) 安装通气塞

将通气塞安装至传动桥壳。

(43) 安装通气塞软管

将通气塞软管安装至通气塞,见图3-5。

(44) 安装传动桥壳1号塞

①在5个新O形圈上涂ATF,并将其安装至5个传动桥壳1号塞。

②将4个传动桥壳1号塞安装至传动桥外壳和传动桥,螺栓拧紧扭矩为7.4 N·m,见图3-4。

③将传动桥壳1号塞安装至传动桥壳,螺栓扭矩:7.4 N·m,见图3-4。

(45) 安装机油冷却器管接头
① 在 2 个新 O 形圈上涂 ATF，并将其安装至 2 个机油冷却器管接头。
② 将 2 个机油冷却器管接头安装至传动桥壳，拧紧扭矩：27 N·m。
(46) 安装转速传感器
① 在新 O 形圈上涂 ATF，然后将其安装至转速传感器。
② 用螺栓将转速传感器安装至传动桥壳。螺栓拧紧扭矩为 5.4 N·m，见图 3-3。
(47) 安装驻车档/空档位置开关总成
① 将驻车档/空档位置开关总成安装至自动传动桥。
② 暂时安装 2 个螺栓。
③ 换上新的锁止板，并拧紧手动阀轴螺母。螺栓拧紧扭矩：6.9 N·m。
④ 暂时安装控制杆，见图 3-55。
⑤ 逆时针转动控制杆直到其停止，然后顺时针转动 2 个槽口，见图 3-56。

图 3-55 暂时安装控制杆

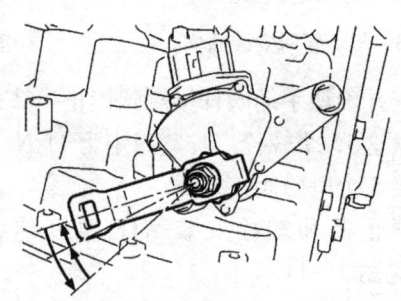
图 3-56 按要求转动控制杆

⑥ 拆下控制杆，将凹槽与空档基线对准，见图 3-57。
⑦ 将开关固定到位，然后拧紧 2 个螺栓。螺栓拧紧扭矩为 5.4 N·m。
⑧ 使用螺丝刀，用锁止板锁紧螺母。
⑨ 用螺母和垫圈安装控制杆，拧紧扭矩为 13 N·m，见图 3-58。

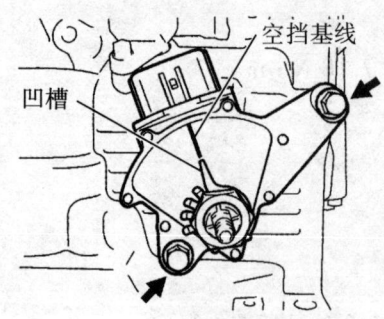
图 3-57 将凹槽与空档基线对准

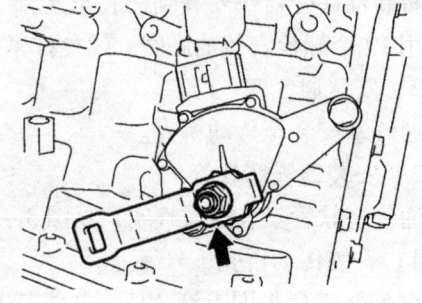
图 3-58 紧固安装控制杆

(48) 安装速度表从动齿轮孔盖分总成
① 在新 O 形圈上涂 ATF，然后将其安装至速度表从动齿轮孔盖分总成。
② 将速度表从动齿轮孔盖分总成安装至传动桥外壳。拧紧扭矩为 7.0 N·m，见图 3-1。

三、相关知识

(一) 丰田 U341E 型自动变速器行星齿轮变速机构的结构

辛普森式行星齿轮变速器从 20 世纪 70 年代开始，为通用、福特、克莱斯勒、丰田、日产等多家公司用于其汽车自动变速器上。

辛普森式行星齿轮变速器由辛普森行星齿轮机构及相应的换档执行元件组成。辛普森行星齿轮机构采用双排行星齿轮（或称双行星排），其机构特点是：前后两个行星排的太阳轮连为一个整体，称为（前、后）太阳轮组件。前排的行星架和后排的齿圈连接成一体，称为前行星架和后齿圈组件，输出轴通常与该组件相连，如图 3-59。这样一来，该行星机构只具有四个独立元件：前排齿圈、前后太阳轮组件、后排行星架、前行星架和后齿圈组件。

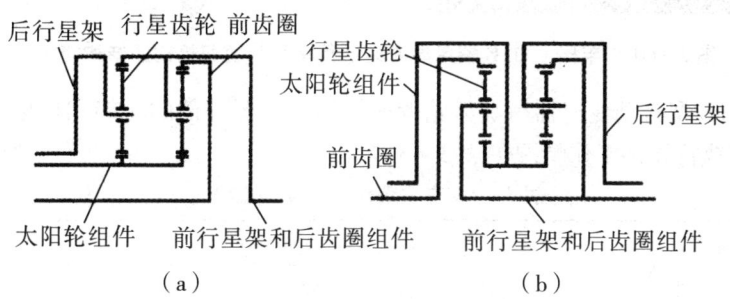

图 3-59 两种结构的辛普森式行星齿轮机构简图

CR-CR 结构是指将 2 组单行星排的行星架 C（planet carrier）和齿圈 R（gear ring）分别组配的变速器，是辛普森式行星齿轮机构的改进型结构，该行星机构只具有四个独立元件：前太阳轮、后太阳轮、前行星架和后齿圈组件、前齿圈和后行星架组件。其特点是变速比大、效率高、元件轴转速低。

丰田 U341E 型自动变速器是采用了 CR-CR 式行星齿轮机构，其规格见下表 3-1 所示。

表 3-1 丰田 U341E 型自动变速器的规格

变速器的型式		U341E
变速器各档位	1	2.847
	2	1.552
	3	1.000
	4	0.700
	R	2.343
差动比		4.237
ATF 容量		6.8L
ATF 牌号		ATF Type T-IV

丰田 U341E 型自动变速器行星齿轮变速机构的结构见下图 3-60 所示。

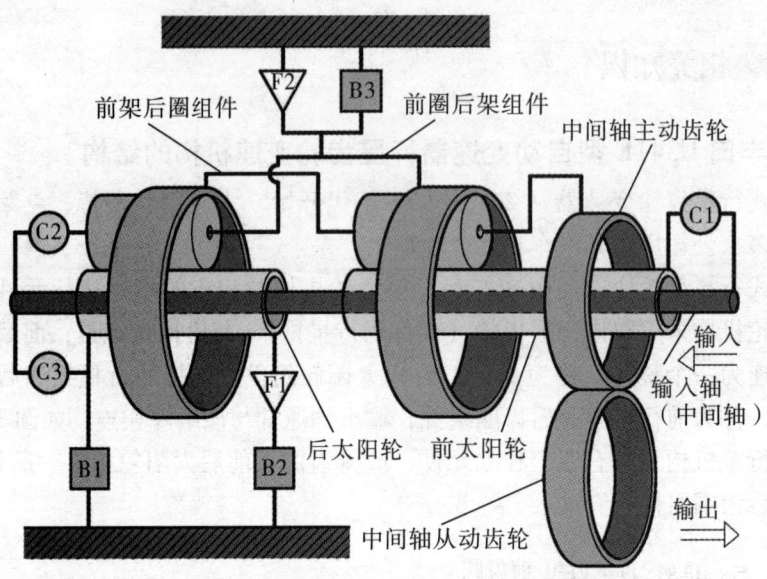

图 3-60　丰田 U341E 型自动变速器行星齿轮变速机构的结构简图

丰田 U341E 型自动变速器行星齿轮变速机构的主要部件的功能和规格见下表 3-2 所示，各换档执行元件工作情况见表 3-3 所示。

表 3-2　主要部件的功能和规格

部件		功能	规格
C1	前进档离合器	连接输入轴和前排太阳轮	盘数为 4
C2	直接离合器	连接中间轴和后排行星架	盘数为 3
C3	倒档离合器	连接中间轴和后太阳轮	盘数为 2
B1	OD 和二档制动器	固定后排太阳轮	盘数为 2
B2	二档制动器	固定 F1 的外圈	盘数为 3
B3	一档和倒档制动器	固定前圈后架组件	盘数为 4
F1	1 号单向离合器	与 B2 配合，阻止后太阳轮逆时针转动	斜撑数为 16
F2	2 号单向离合器	阻止前圈后架组件逆时针转动	滚柱数为 15
前行星齿轮组		根据各换档执行元件的工作情况，改变齿轮动力传递路线，以升高或降低输出转速。	太阳轮齿数为 46　行星轮齿数为 21　齿圈齿数为 85
后行星齿轮组			太阳轮齿数为 32　行星轮齿数为 21　齿圈齿数为 75
中间轴齿轮副		将动力传递给差速器，并改变传动方向，降低输出转速。	主动齿轮齿数为 52　从动齿轮齿数为 53

表3-3 各换档执行元件工作情况表

换档杆位置	档位	电磁阀		离合器			制动器			单向离合器	
		S1	S2	C1	C2	C3	B1	B2	B3	F1	F2
P	驻车档	OFF	OFF								
R	倒档	OFF	OFF			○		○			
N	空档	OFF	OFF								
D	一档	ON	ON	○							○
D	二档	ON	OFF	○				○		○	
D	三档	OFF	OFF	○	○			○			
D	四档	OFF	ON		○		○	○			
3	一档	ON	ON	○							○
3	二档	ON	OFF	○				○		○	
3	三档	OFF	OFF	○	○						
2	一档	ON	ON	○							○
2	二档	ON	OFF	○			○	○		○	
L	一档	ON	ON	○					○		○

○：表示工作

（二）丰田U341E型自动变速器行星齿轮变速机构的各部件的连接安装关系

丰田U341E型自动变速器行星齿轮变速机构各部件间的连接关系见下图3-61、3-62、3-63和3-64所示。

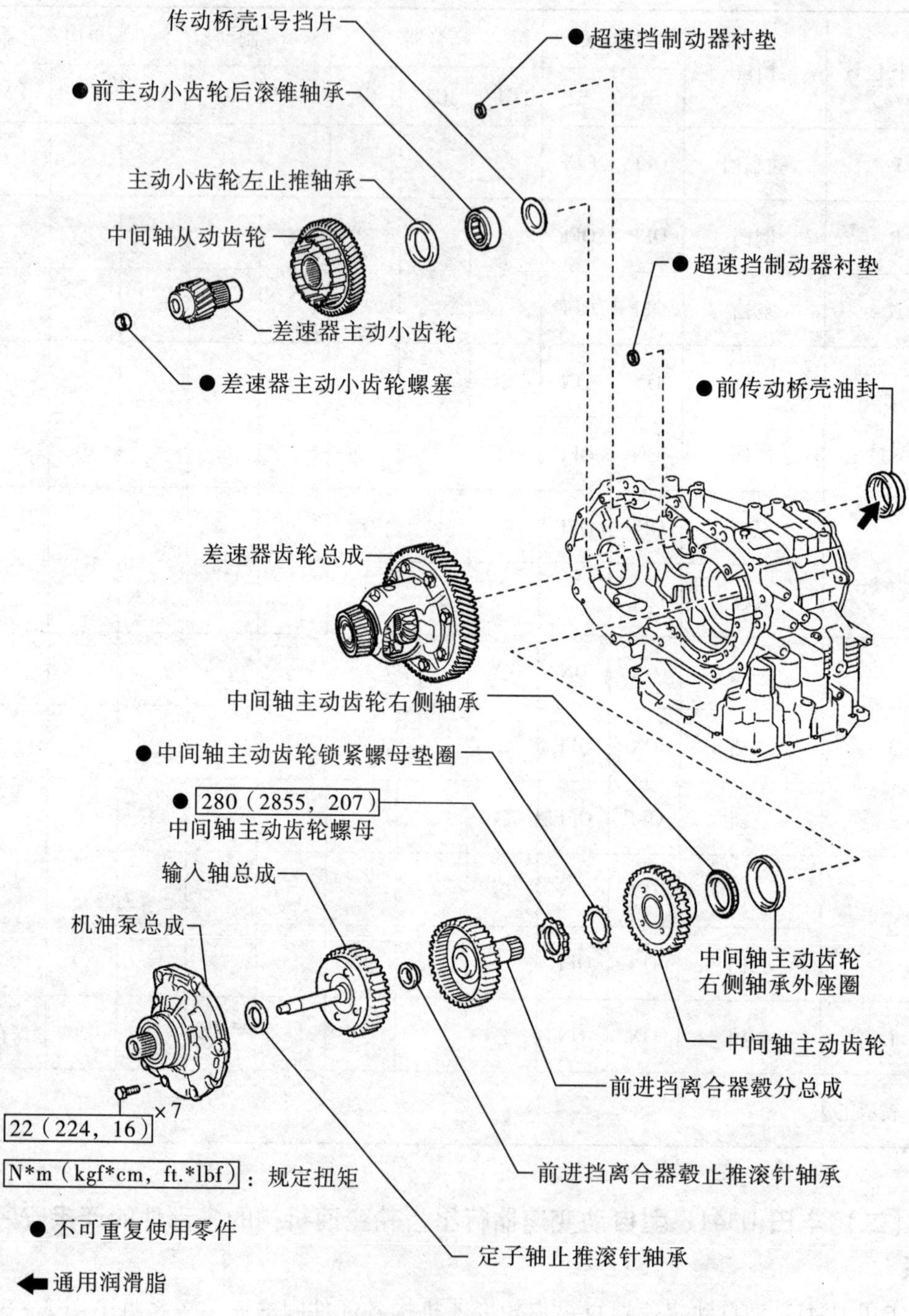

图 3-61 U341E 型行星齿轮变速机构各部件的连接安装关系-1

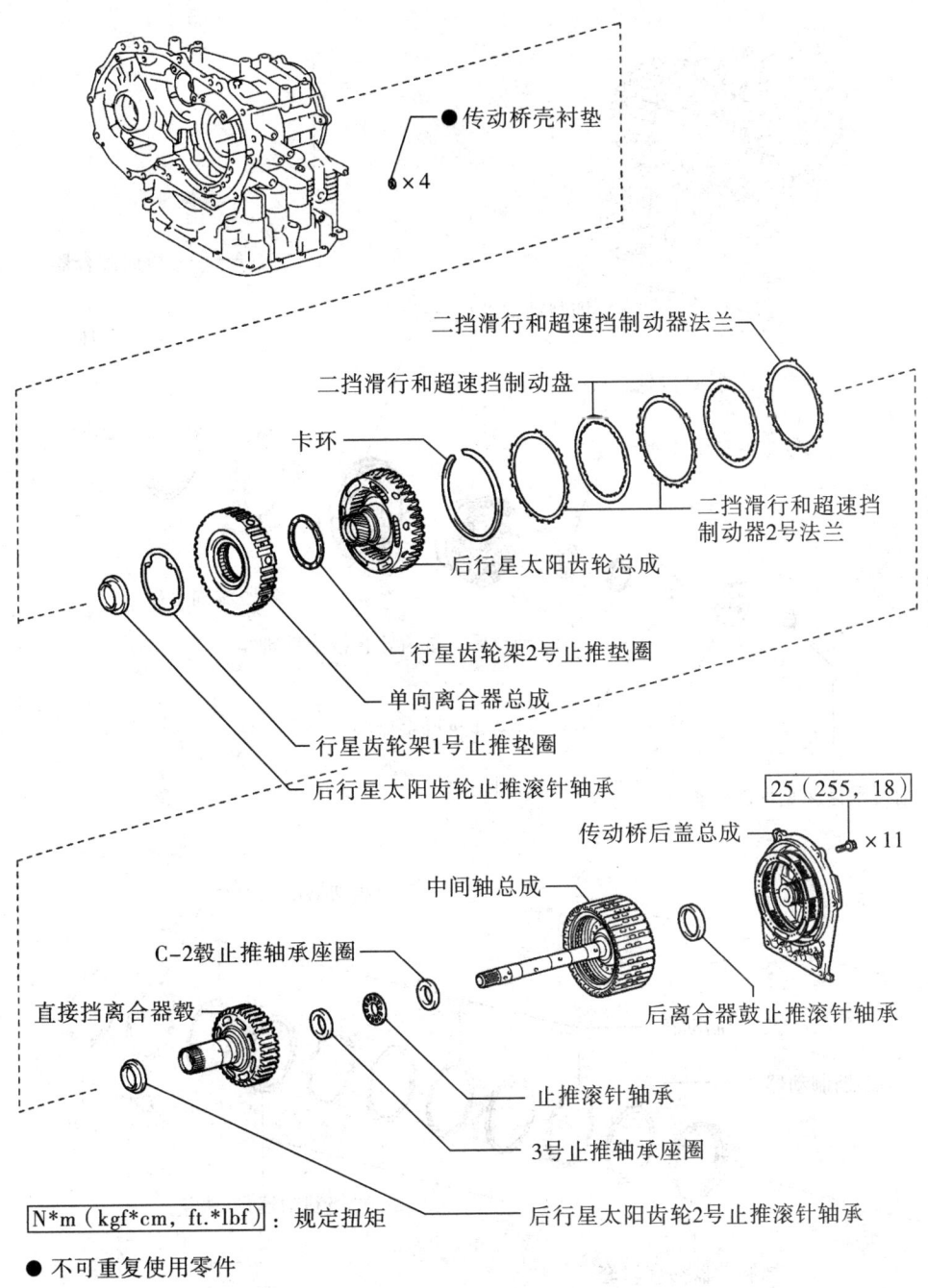

图3-62　U341E型行星齿轮变速机构各部件的连接安装关系-2

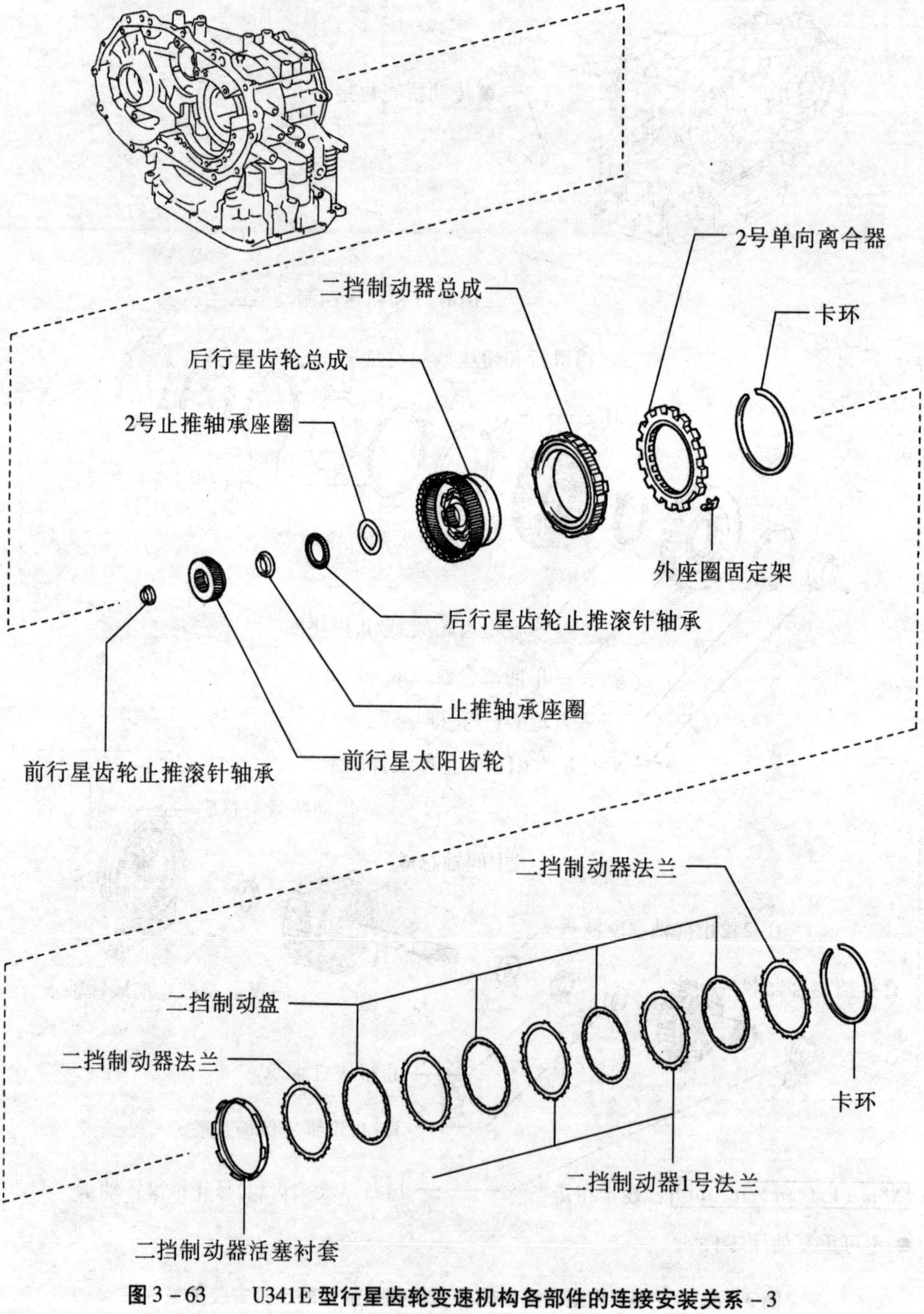

图 3-63　U341E 型行星齿轮变速机构各部件的连接安装关系-3

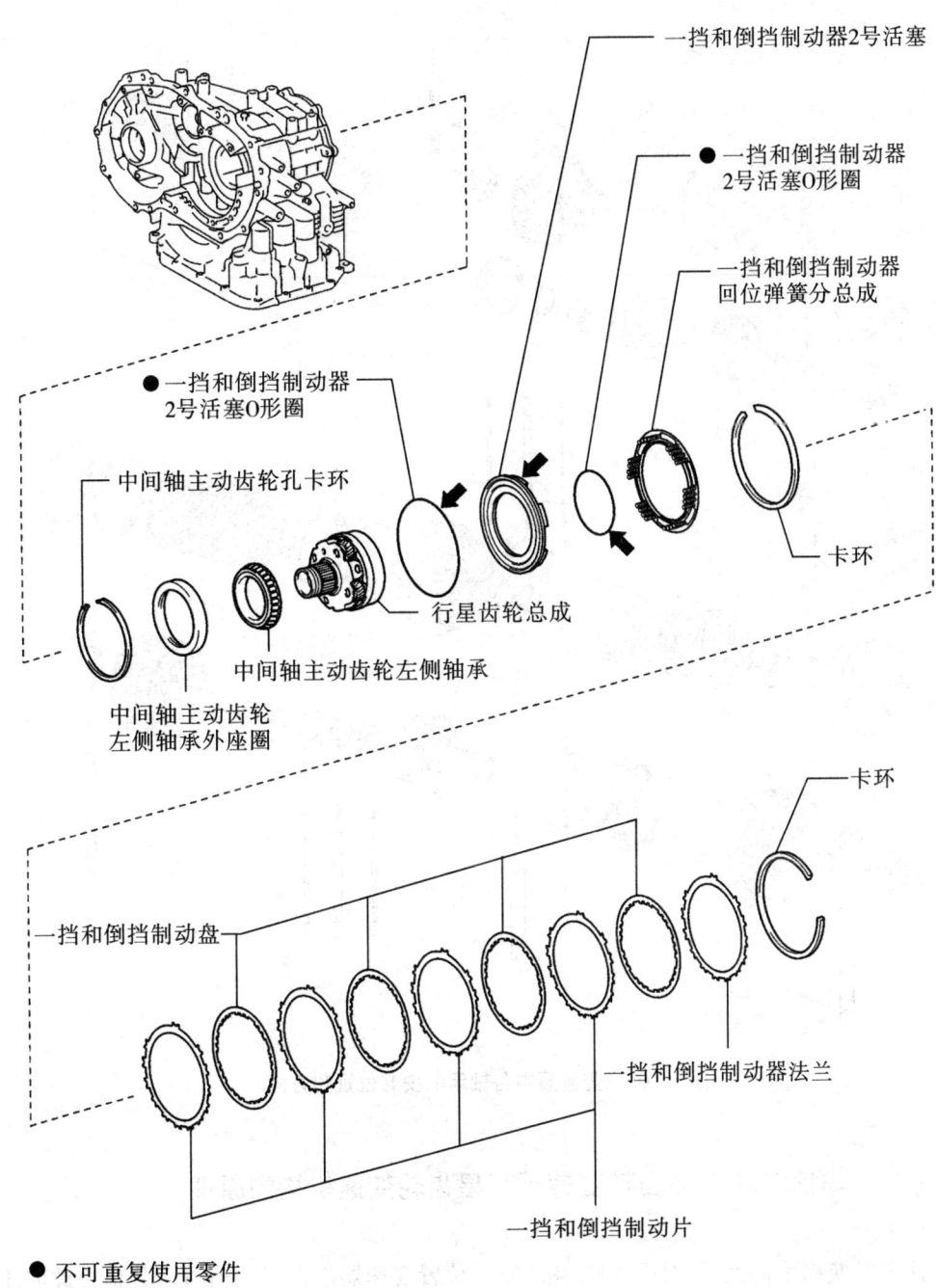

● 不可重复使用零件

← ATF WS

图 3-64　U341E 型行星齿轮变速机构各部件的连接安装关系-4

变速器内各轴承的安装位置和方向，见下图 3-65 所示。

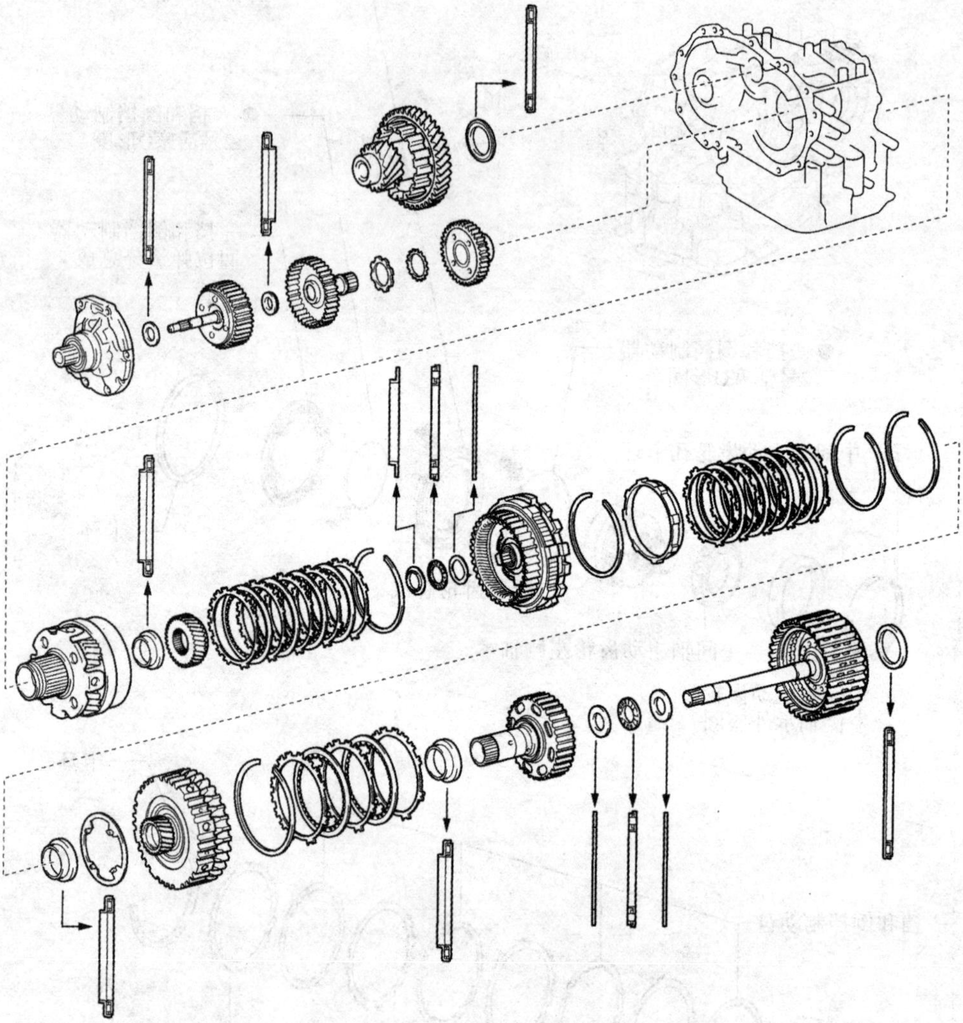

图3-65 变速器中各轴承的安装位置和方向

(三) 丰田U341E型自动变速器行星齿轮变速机构的原理

1. 一档

这里以换档手柄处于"D""3"和"2"位置变速器工作在一档时来分析,此时工作的换档执行元件有C1、F2,见下图3-66所示。

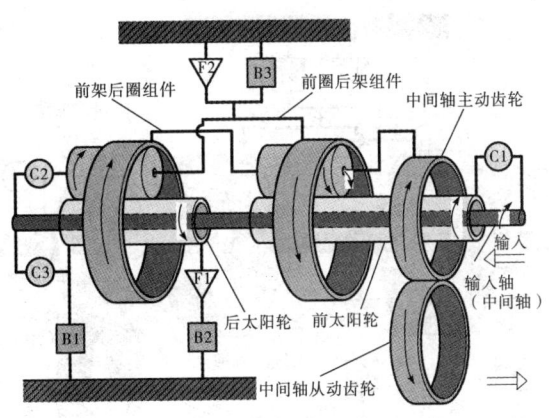

图 3-66 一档动力传递原理

动力传递发生在前行星排，动力由输入轴→C1→前太阳轮→前行星轮→前行星架→中间主、从动齿轮→输出。此时，后排行星齿轮组处于空转状态。

2. 二档

这里以换档手柄处于"D"和"3"位置变速器工作在二档时来分析，此时工作的换档执行元件有 C1、B2、F1，见下图 3-67 所示。

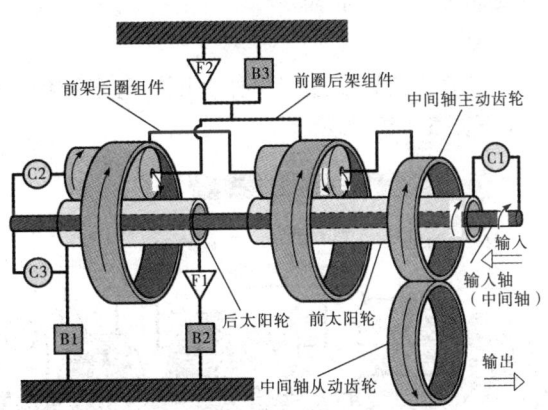

图 3-67 二档动力传递原理

动力传递发生在前后两个行星排，动力传递路线为：

输入轴→C1→前太阳轮→前行星轮→前行星架─────────────┐
　　　　　　　　　　↓　　　　　　　　　　　　　　　　　　中间轴→输出
　　　　　　　　→前齿圈→后行星架→后行星轮→后齿圈─→主、从动齿轮

3. 三档

这里以换档手柄处于"D"和"3"位置变速器工作在三档时来分析，此时工作的换档执行元件有 C1、C2、B2，见下图 3-68 所示。

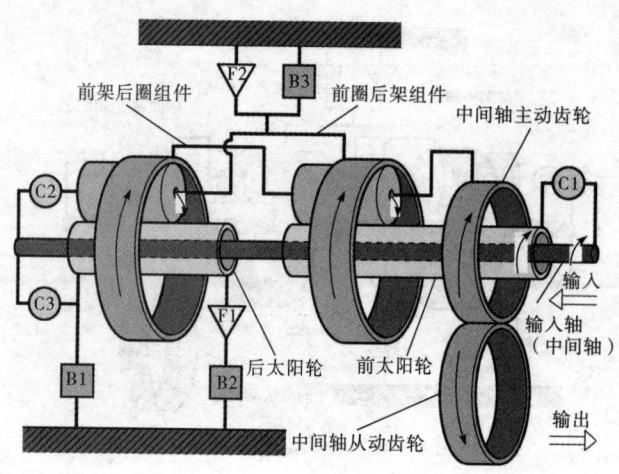

图 3-68　三档动力传递原理

动力传递发生在前行星排，动力传递路线为：

输入轴 → C1 → 前太阳轮
　　　　C2 → 前行星轮 → 前齿圈 → 前行星架 → 中间轴主、从动齿轮 → 输出

此时，后排行星齿轮组处于空转状态。

4. 四档

这里以换档手柄处于"D"位置变速器工作在四档时来分析，此时工作的换档执行元件有 C2、B1、B2，见下图 3-69 所示。

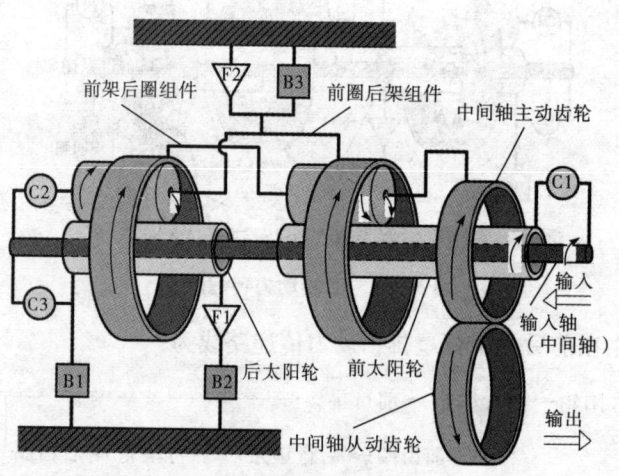

图 3-69　四档动力传递原理

动力传递发生在后行星排，动力传递路线为：

输入轴 → C2 → 后行星架 → 后行星轮 → 后齿圈 → 中间主、从动齿轮 → 输出

此时，前排行星齿轮组处于空转状态。

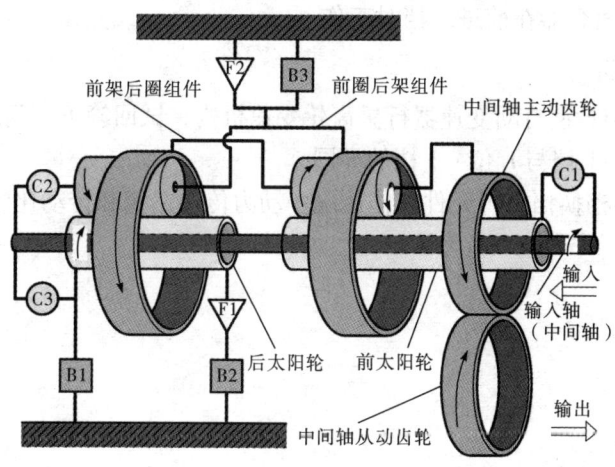

图 3-70 倒档动力传递原理

5. 倒档

这里以换档手柄处于"R"位置变速器工作时来分析，此时工作的换档执行元件有 C3、B3，见下图 3-70 所示。

动力传递发生在后行星排，动力传递路线为：

输入轴→C3→后太阳轮→后行星轮→后齿圈→中间主、从动齿轮→输出

此时，前排行星齿轮组处于空转状态。

四、自我测试题

（一）判断题

1. U341E 电控自动变速器正常工作时，在操纵手柄 2 位时，最高只能以 2 档传动。（　　）

2. U341E 自动变速器中 D-3 档工作时，二档制动器没有制动。（　　）

3. U341E 自动变速器中有很多止推滚针轴承（推力轴承），工作时主要是承受轴向力，为对称结构，安装时没有方向要求。（　　）

（二）单项选择题

1. 关于 U341E 型自动变速器，下列说法错误的是_____。
   A. 有 3 个行星齿轮排　　　　B. 有四个前进挡
   C. 有 9 个换挡执行元件　　　D. 为电控自动变速器

2. U341E 型自动变速器中换挡执行元件 B2 在 D 位_____档是不工作的。
   A. 4　　　　B. 3　　　　C. 2　　　　D. 1

3. 关于 U341E 型自动变速器中换挡执行元件 F1，下列说法错误的是____。
   A. 1 号单向离合器，用于阻止前圈后架组建逆时针方向旋转
   B. 该单向离合器为滚珠式
   C. 该单向离合器的外圈与壳体相连

D. 该单向离合器在前进二档时工作

(三) 简答题

关于丰田 U341E 型自动变速器行星齿轮变速机构，试回答下列问题。
1. 比较 D 位 –1 档与 L 位 –1 档的异同。
2. 说明 D–3 档换档执行元件工作情况、动力传递路线和传动比的数值。

项目四

自动变速器常规的检查与测试

一、项目描述

通过本项目的学习,对发动机怠速、节气门开度检查与调整,对自动变速器油液位、油质检查,使用诊断仪、万用表、示波器测试变速器中电控系统及主要元件,应达到以下要求。

1. 知识要求

①掌握 ATF 的功用,了解 ATF 的类型和特性。

②掌握 ECT 电子控制系统的组成;掌握输入装置的功用,熟悉其结构;掌握电磁阀的结构与原理;掌握电子控制单元的控制内容。

③熟悉自动变速器常规检查各项目的检查方法和电控系统的测试方法。

2. 技能要求

正确使用维修资料及常用工具,并按操作规范进行自动变速器常规检查项目的检查与电控系统的测试。

3. 素质要求

①整理整顿拆装工具、量具,保持实训场地清洁,及时清扫垃圾,树立团队意识,培养协作精神。

②安全文明生产,保证设备和自身安全。

③操作规范,技术要求符合维修手册。

二、项目实施

任务一 发动机怠速、节气门开度的检查与调整

1. 训练目标与要求

能正确规范地使用 IT-Ⅱ测试丰田 U341E 型自动变速器怠速转速,会检查节气门位置并能调整。

2. 训练设备

丰田 U341E 型自动变速器、IT-Ⅱ检测仪。

3. 训练步骤

（1）发动机怠速转速的检查

①将车辆停放在平坦的路面上，拉紧驻车制动器，自动变速器变速杆位于空挡或驻车挡位置（P或N），将电脑诊断仪器接至车辆诊断插座，起动发动机，怠速运转使自动变速器油温达到正常温度（50℃~80℃）。

②发动机暖机后，使发动机以 2500r/min 的转速高速空转 1.5s，然后返回怠速状态，从电脑诊断仪中数据流中读出发动机怠速转速。

（2）节气门开度的检查

使用电脑诊断仪读取发动机数据流，先用脚踩动加速踏板，观察节气门位置相关数据，如发现节气门不能实现全闭或全开，或中途有发卡现象，可卸下节气门组件。

任务二　自动变速器油平面高度与油质的检查

1. 训练目标与要求

能正确规范地检查自动变速器液位、油质。

2. 训练设备

丰田 U341E 型自动变速器。

3. 训练步骤

①检查自动变速器油液面高度之前，应起动发动机，怠速运转或行车使自动变速器油温达到正常温度（50℃~80℃）。

②将车辆停放在平坦的路面上，拉紧驻车制动器，保持发动机怠速运转，将变速器变速杆分别置于各个挡位停留片刻，以使各控制阀油腔、油道充满自动变速器液压油，最后将变速杆置于 P 位或 N 位。

③打开油尺锁定杆，拉出油尺，用干净的布擦拭后完全插入，拉出油尺检查油面高度，液面应在 HOT 区间。检查完后插回油尺。

④拔出油尺，用干净的纸巾擦拭油尺上的油液或用拇指与食指揉搓油液，观查油液颜色、清洁度等。

任务三　ECT 电控系统的测试

1. 训练目标与要求

能正确规范地使用万用表测试丰田 U341E、大众 01M 型自动变速器中的电控元件。

能正确规范地使用电脑诊断仪读取、清除丰田 U341E、大众 01M 型自动变速器中的故障码，读取系统数据流，会对数据流进行分析。

2. 训练设备

数字式万用表、电脑诊断仪 IT-Ⅱ和 KT600；搭载大众 01M 型自动变速器、丰田

U341E 型自动变速器的整车。

3. 训练步骤

1）使用万用表检测丰田 U341E 自动变速器电气元件

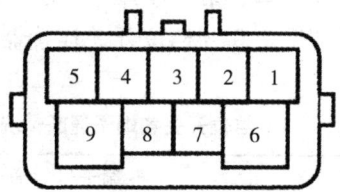

图 4-1 档位开关端子

（1）检查档位开关

U341E 型自动变速器档位开关端子见图 4-1 所示，档位开关电路见下图 4-2 所示。

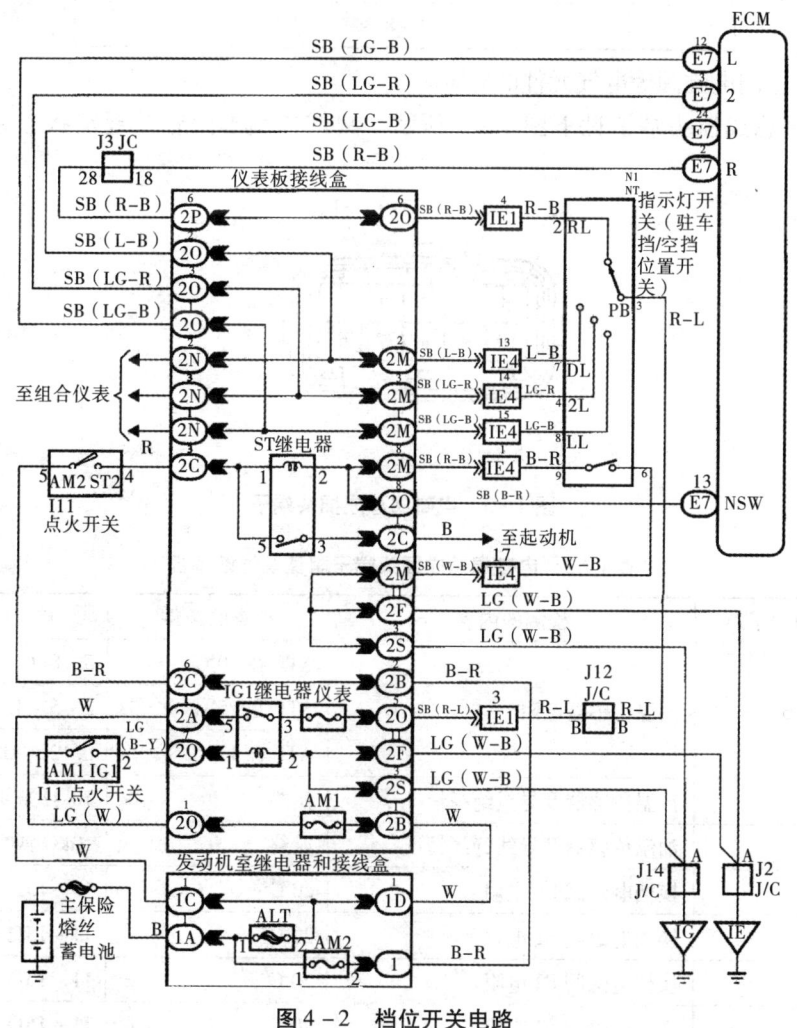

图 4-2 档位开关电路

①使用万用表检查档位开关电源供电情况。

（a）断开档位开关连接器。

（b）将点火开关置于 ON（IG）位置。

（c）测量档位开关插头第3号脚、第9号脚与"地"电压的应为电源电压。

②检查档位开关端子通断情况。断开档位开关连接器，使用万用表测试各端子通断情况，见下表4-1所示。

表4-1 档位开关各端子通断情况

换档杆位置	端子号导通	
P	1-3	6-9
R	2-3	-
N	3-5	6-9
D	3-7	-
2	3-4	-
L	3-8	-

（2）检测电磁阀等电气元件的电阻

电磁阀总成插头端子见下图4-3所示，测试各端子内容及规定状态见表4-2所示。

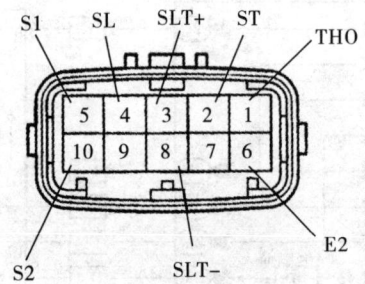

图4-3 电磁阀总成插头端子

表4-2 电磁阀总成插头端子阻值及通断情况

检查的端子	检测的内容	检查的条件	规定的状态
1-6	油温传感器电阻	ATF 在 10℃	5-8kΩ
		ATF 在 25℃	2.5-4.5kΩ
		ATF 在 110℃	0.22-0.28kΩ
1-车身	油温传感器及导线绝缘情况	始终	10kΩ 或更大
6-车身	油温传感器及导线绝缘情况	始终	10kΩ 或更大
4-车身	换档电磁阀 SL 电阻	20℃	11-15Ω
5-车身	换档电磁阀 S1 电阻	20℃	11-15Ω
10-车身	换档电磁阀 S2 电阻	20℃	11-15Ω
2-车身	换档电磁阀 ST 电阻	20℃	11-15Ω

续表

检查的端子	检测的内容	检查的条件	规定的状态
3-8	换档电磁阀 SLT 电阻	20℃	5-5.6Ω
3-车身	换档电磁阀 SLT 及导线绝缘情况	始终	10kΩ 或更大
3-车身	换档电磁阀 SLT 及导线绝缘情况	始终	10kΩ 或更大

（3）拔下涡轮转速传感器插头，测量其电阻，在20℃时阻值应为560~680 Ω。

2）使用万用表检测大众01M自动变速器电气元件

（1）测量来自控制单元J217的供电电压

点火开关接通，测量控制单元J217的1+23端子电压，约为蓄电池电压。

（2）检查换挡杆锁止电磁阀N110

①点火开关接通，不踩制动踏板，测量控制单元J217的15+29端子电压；不踩制动踏板，测量控制单元两端子间电压。

②关闭点火开关，测量控制单元J217的23+29端子电阻。

（3）检查制动指示灯开关

点火开关接通，不踩制动踏板，测量控制单元J217的15+1端子电压；踩下制动踏板，测量控制单元两端子间电压。

（4）检查电磁阀1-N88

关闭点火开关，测量控制单元J217的55+67、55+1端子电阻；或拔下电磁阀线束插接器，测量插头1+3端子电阻。

（5）检查电磁阀2-N89

关闭点火开关，测量控制单元J217的54+67、54+1端子电阻；或拔下电磁阀线束插接器，测量插头1+4端子电阻。

（6）检查电磁阀3-N90

关闭点火开关，测量控制单元J217的9+67、9+1端子电阻；或拔下电磁阀线束插接器，测量插头1+5端子电阻。

（7）检查电磁阀4-N91

关闭点火开关，测量控制单元J217的47+67、47+1端子电阻；或拔下电磁阀线束插接器，测量插头1+6端子电阻。

（8）电磁阀5-N92

关闭点火开关，测量控制单元J217的56+67、56+1端子电阻；或拔下电磁阀线束插接器，测量插头1+7端子电阻。

（9）电磁阀6-N93

关闭点火开关，测量控制单元J217的58+22、58+1、22+1端子电阻；或拔下电磁阀线束插接器，测量插头2+8端子电阻。

（10）电磁阀7-N94

关闭点火开关，测量控制单元J217的10+67、10+1端子电阻；或拔下电磁阀线束插接器，测量插头1+10端子电阻。

(11) 强制降挡开关 F8

关闭点火开关，不踩加速踏板，测量控制单元 J217 的 1＋16 端子电阻；踩加速踏板到底，使强制降挡开关动作，测量控制单元两端子间电阻。

(12) 变速器油温传感器 G39（ATF）

关闭点火开关，测量控制单元 J217 的 6＋67 端子电阻，阻值应所温度的升高而降低；或拔下电磁阀线束插接器，测量插头 1＋12 端子电阻。

(13) 车速传感器 G68

关闭点火开关，测量控制单元 J217 的 20＋65 端子电阻。

(14) 变速器转速传感器 G38

关闭点火开关，测量控制单元 J217 的 21＋66 端子电阻。

(15) 多功能开关 F125

关闭点火开关，拔下多功能开关线束插接器，测量在不同换挡位置时，插头相关端子的导通性。

3) 使用示波器测试 U341E 型自动变速器传感器

(1) 测试涡轮传感器的工作波形

用转接线将涡轮传感器信号端子转接出来，并使用示波器信号测试笔与之接上，起动发动机，将换挡手柄拨至"P"位，控制油门踏板，测得的波形见下图 4-4 所示。

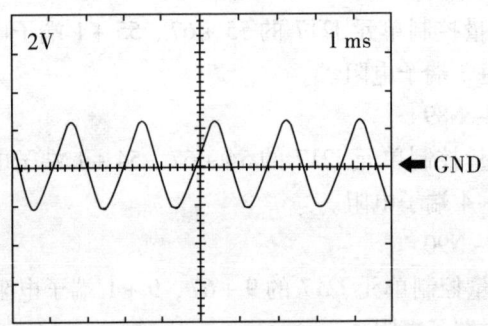

图 4-4　涡轮传感器的波形（图中，纵坐标电压：2V/DIV，横坐标时间：1ms/DIV）

(2) 测试车速传感器的工作波形

悬空驱动轮，用转接线将车速传感器信号端子转接出来，并使用示波器信号测试笔与之接上，起动发动机，将换挡手柄拨至"D"位，控制油门踏板，使车速达 20km/h，测得的波形如图 4-5 所示。

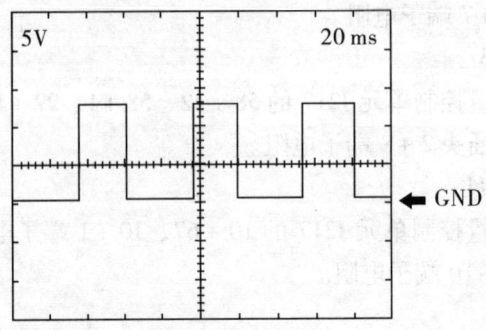

图 4-5　车速传感器的波形（图中，纵坐标电压：2V/DIV，横坐标时间：1ms/DIV）

4）使用电脑诊断仪 IT-Ⅱ检测 U341E 型自动变速器

（1）读取系统数据流

①使发动机暖机。

②将点火开关置于 OFF 位置。

③将智能检测仪（丰田专用检测仪 IT-Ⅱ，即 Intelligent Tester -Ⅱ）连接到 DLC3（故障诊断插座）。

④将点火开关置于 ON（IG）位置。

⑤打开检测仪电源开关。

⑥选择项目"Enter/Powertrain/Engine and ECT/ Data List"。

屏幕显示内容及各项目正常值如表 4-3 所示。

表 4-3 诊断仪屏幕显示内容及各项目正常值

检测仪显示	测量项目/范围	正常状态	诊断备注
Stop Light Switch	刹车灯开关状态/ON 或 OFF	踩下制动踏板：ON 松开制动踏板：OFF	
Neutral Position SW Signal	PNP 开关状态/ON 或 OFF	换挡杆位置处于： P 和 N：ON 除 P 和 N 外：OFF	IT-2 上显示的换挡杆位置与实际位置不同时，PNP 开关或换挡拉索可能调整不正确
Shift SW Status（P Range）	PNP 开关状态/ON 或 OFF	换挡杆位置处于： P：ON；除 P 外：OFF	同上
Shift SW Status（R Range）	PNP 开关状态/ON 或 OFF	换挡杆位置处于： R：ON；除 R 外：OFF	同上
Shift SW Status（N Range）	PNP 开关状态/ON 或 OFF	换挡杆位置处于： N：ON；除 N 外：OFF	同上
Shift SW Status（D Range）	PNP 开关状态/ON 或 OFF	换挡杆位置处于： D 和 3：ON； 除 D 和 3 外：OFF	同上
Shift SW Status（3 Range）	PNP 开关状态/ON 或 OFF	换挡杆位置处于： 3：ON；除 3 外：OFF	同上
Shift SW Status（2 Range）	PNP 开关状态/ON 或 OFF	换挡杆位置处于： 2：ON；除 2 外：OFF	同上
Shift SW Status（L Range）	PNP 开关状态/ON 或 OFF	换挡杆位置处于： L：ON；除 L 外：OFF	同上

续表

检测仪显示	测量项目/范围	正常状态	诊断备注
Shift Status	实际挡位 1St、2nD. 3rd 或 4th	换挡杆位置处于： L：1St 2：1St 或 2nd 3：1St、2nd 或 3rd D：1St、2nD. 3rd 或 4th	
Lock Up Solenoid Status	锁止电磁阀状态/ ON 或 OFF	锁止电磁阀打开：ON 锁止电磁阀关闭：OFF	
SLT Solenoid Status	换挡电磁阀 SLT 状态/ON 或 OFF	踩下油门踏板：OFF 松开油门踏板：ON	
A/T Oil Temperature 1	ATF 温度传感器值 最小：-40℃ 最大：215℃	失速测试后：约 80℃ 冷浸时等于环境温度	如果数值是"-40℃"或"215℃",则 ATF 温度传感器电路断路或短路
SPD（NT）	涡轮输入转速/显示：50rpm 最小：0rpm 最大：12,750rpm	提示： (1) 锁止打开（发动机暖机后）：涡轮输入转速（NT）与发动机转速相等； (2) 锁止关闭（在 P 或 N 位置怠速运转时）：涡轮输入转速（NT）与发动机转速几乎相等； (3) D 位置时车辆停止：0 rpm	
Lock Up	锁止状态/ON 或 OFF	锁止：ON 除锁止外：OFF	
ST Solenoid Status	锁止电磁阀 ST 状态/ON 或 OFF	行驶时在三挡和四挡之间加挡和减挡：OFF → ON →OFF	

(2) 读取与清除故障码

①将点火开关置于 ON 位置。

②将智能检测仪（丰田专用检测仪 IT-Ⅱ，即 Intelligent Tester -Ⅱ）连接到 DLC3（故障诊断插座）。

③将点火开关置于 ON（IG）位置。

④打开检测仪电源开关。

⑤选择项目"Enter/Powertrain/Engine and ECT/ DTC"。即可显示出系统中已存的

故障信息。

按照诊断仪读取出的故障码，进行有的放矢地排除故障后，故障码仍在系统中，故在排除故障后还有清除系统中的故障码，以免对以后诊断造成误导。具体做法如下：

在读出故障码后，操作界面中有提示清除 DTC 的按钮，按之，并不保存故障码即可清除。

5）使用电脑诊断仪 KT600 检测 01M 型自动变速器

（1）读取系统数据流

①使发动机暖机。

②将点火开关置于 OFF 位置。

③将智能检测仪（KT600）连接到 DLC3（故障诊断插座）。

④将点火开关置于 ON（IG）位置。

⑤打开检测仪电源开关。

⑥选择项目"汽车诊断→大众 LOGO→选择系统→按系统选择→变速箱电控系统→读取动态数据流"。

屏幕显示内容及各项目正常值见下表 4-4 所示。

表 4-4　显示区域数据一览表

说　明	检查条件	显示额定值	与额定值不符时应采取的措施
变速杆位置	所在位置	P R N D 3 2 1	P R N D 3 2 1	检查多功能开关 F125； 进行电气检查
节气门电位计 G69 电压	所在位置	最低急速 最高急速 节气门全开，最小 节气门全开，最大	0.156V 0.8V（1） 3.5V 4.680V	从急速到节气门全开的加速过程中，电压值应稳定升高 6 缸或带 simos 多点喷射和点火装置的 4 缸发动机，应对发动机控制单元进行自诊断； 检查节气门电位计； 调整节气门电位计，必要时更换； 对系统进行基本调整
节气门位置值	所在位置	急速① 节气门全开	0%-1% 99%-100%	从急速到节气门全开过程中，数值稳步升高； 对系统进行基本调整

续表

说　明		检查条件	显示额定值	与额定值不符时应采取的措施
多功能开关	制动灯开关 F 位置显示 1	踏下制动	1	检查制动灯开关 F 进行电气检查
		未踏下制动	0	
	驱动和滑动调节显示 2	起作用	1	仅适用于奥迪车
		未起作用	0	
	显示 3	不需考虑		
	强制降挡开关显示 4	低速挡 起作用	1	检查速挡开关 进行电气检查
		未起作用	0	
	显示 5	变速杆位置 R, N, D, 3, 2	1	检查多功能开关 F125 进行电气检查
		P, 1	0	
	显示 6	P, R, 2, 1	1	
		N, D, 3	0	
	显示 7	P, R, N, D	1	检查多功能开关 F125 进行电气检查
		3, 2, 1	0	
	显示 8	P, R, N	1	
		D, 3, 2, 1	0	
电磁阀 6 - N93 的实际电流	所在位置	节气门全开	0.0A	检查电磁阀 N93，进行电气检查
		急速最大	1.1A	
电磁阀 6 - N93 的额定电流	所在位置	节气门全开	0.0A	
		急速最大	1.1A	
蓄电池电压	所在位置	最小	10.8V	检查蓄电池，如有必要，更换 检查控制单元 J217 电压
		最大	16.0V	更换变速器控制单元 J217 对系统进行基本调整
车速传感器 G68	所在位置	最小	2.20V	检查车速传感器 G68
		最大	2.52V	一进行电气检查
车速	行驶中		km/h	车速表显示值和 V.A.G1551 显示值可稍有不同
发动机转速	发动机正在运转		r/min	如需要，调整发动机

续表

说　　明	检查条件		显示额定值	与额定值不符时应采取的措施
挂入挡位	所在位置	空挡	0	检查电磁阀 进行电气检查
		倒挡	R	
		1挡液力	1H	
		2挡液力	2H	
		2挡机械	2M	
		3挡液力	3H	
		3挡机械	3M	
		4挡液力	4H	
		4挡机械	4M	
节气门踏板位置值	在行驶中	怠速	0%－1%	从怠速到节气门全开的加速过程,%值稳步
		节气门全开	99%－100%	升高,必要时对系统进行基本调整
显示电磁阀1、2、3、5和6 N88显示1 N89显示2 N90显示3 不考虑显示4 N92显示5 N94显示6	P		101000	按行驶状况接通电磁阀 进行电气检查 按故障诊断程序继续查找故障
	R		001000	
	N		101000	
	D	1H（1M）	001000	
		2H（2M）	011000	
		3H（3M）	000001	
		4H（4M）	110000	
	3	1H（1M）	001000	
		2H（2M）	011000	
		3H（3M）	000001	
	2	1H（1M）	001000	
		2H（2M）	011000	
	1	1H（1M）	001000	

（2）读取与清除故障码

①将点火开关置于OFF位置。

②将智能检测仪（KT600）连接到DLC3（故障诊断插座）。

③将点火开关置于ON（IG）位置。

④打开检测仪电源开关。

⑤选择项目"汽车诊断→大众LOGO→选择系统→按系统选择→变速箱电控系统→读取故障码"。即可显示出系统中已存的故障信息。

按照诊断仪读取出的故障码,进行有的放矢地排除故障后,故障码仍在系统中,故在排除故障后还要清除系统中的故障码,以免对以后诊断造成误导。具体做法如下:

在读出故障码后,操作界面中有提示清除故障码的按钮,按之,即可清除。

三、相关知识

(一) 自动变速器油 (ATF) 的类型与特性

1. 自动变速器油的功用

自动变速器油(ATF Automatic Transmission Fluid)是车辆使用中最复杂的液体之一。它有以下作用:

①作为液力变矩器中传递能量的介质;

②作为离合器、制动器、伺服活塞和阀体中传递能量的介质;

③当离合器和制动器工作时帮助传递滑动摩擦力;

④冷却液力变矩器摩擦表面、齿轮组和衬套等高温部分;

⑤润滑变速器的各个运动件。

2. 自动变速器油的发展及类型

早期的自动变速器使用发动机润滑油作为变速器油。因为发动机和自动变速器的内部工作条件差别很大,所以在20世纪40年代后期出现了专门用于自动变速器的变速器油。最初ATF油也是像发动机润滑油一样的矿物油,只是被染成红色。现在的ATF油可以是矿物油,也可以是加了添加剂的合成润滑油,这样可使它更适合变速器的需要。最初的自动变速器油是通用汽车公司研制的,标号为Type A 的变速器油。随着变速器油的发展,Type A 被 Suffix A,Dexron 替换;然后是 Dexron Ⅱ,Dexron Ⅱ E 和 Dexron Ⅲ,如图 4-6 所示。Dexron 型号的变速器油相互兼容,并且 Dexron Ⅲ可以在那些指定使用某一旧型号变速器油的通用汽车自动变速器中使用。

其他的汽车生产厂家,如福特,也研制自动变速器油用于自己生产的汽车。类型包括 Types F,CJ,Mercon 和 Mercon V,它们用在福特生产的不同型号的自动变速器上。其余的厂家也生产特定的变速器油用于自己生产的变速器上。添加或更换变速器油时应使用指定型号的变速器油。

进口汽车自动变速器油的分类普遍采用美国材料试验学会(ASTM)和美国石油学会(API)共同提出的动力传动液(PTF Power Transmission Fluid)分类方法进行分类。该分类方法将自动传动液分为 PTF-1、PTF-2、PTF-3 三类,如表 4-5 所示。

如果使用错误的变速器油,可能出现的一种情况是换挡冲击明显,对传动路线上的各个部件产生更大的冲击载荷。另一种情况是换挡元件打滑,可能引起变速器损坏。当为某一型号变速器选用变速器油时应参考维修手册上的信息,且检查一下变速器油牌号以确认它是否满足这种型号变速器的要求。

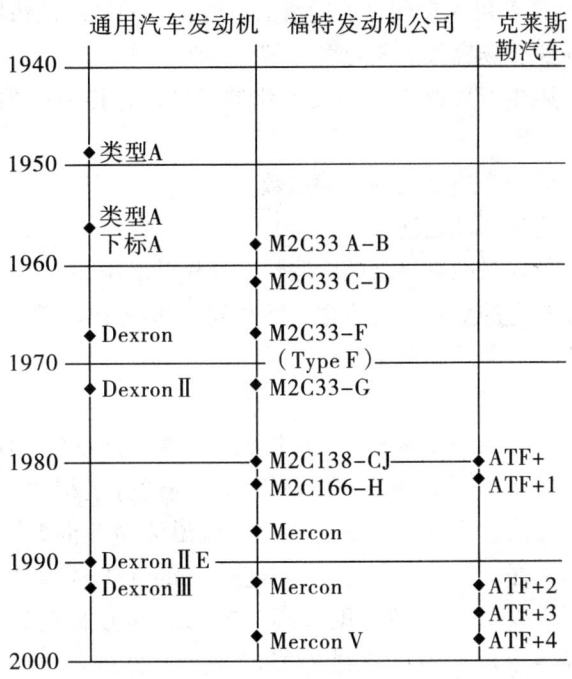

图 4-6 美国主要汽车制造商的自动变速器油发展情况

表 4-5 国内外自动变速箱油的分类

类型	适用范围	国外产品规格	国内产品规格
PTF-1	轿车、轻型载货汽车自动变速器	1. 通用汽车公司 GM Dexron 型；2. 通用汽车公司 GM DexronⅡ型；3. 福特汽车公司 Ford M2C33—E/F 型；4. 克莱斯勒汽车公司 Chrysler MS—4228 型	8 号自动传动油液（Q/SY018.4403—86）
PTF-2	重型载货汽车、越野汽车和工程机械的液力变速器	1. 通用汽车公司 GM Truck 型；2. 通用汽车公司 GM Coach 型；3. 通用汽车公司 GM Allison 型	6 号自动传动油液（Q/SY018.4403—86）
PTF-3	农业和野外建筑机械的液压、齿轮以及制动装置	1. 约翰·狄尔（JohnDeera）J20-A；2. 玛赛·费格森（MasseyFerguson）M—1135；3. 福特（Ford）M2C11A	拖拉机液压、传动两用油（Q/SH007.1.9—87）

3. 自动变速器油的特性

为了保证自动变速器在正常工作时，ATF 必须具备良好的减摩性、流动性、抗氧化性、清净分散性和低的腐蚀性。ATF 中添加了许多添加剂以改善工作特性。一桶变速器油大约有 10%～15% 的添加剂。这些添加剂都是化学合成物，包括以下成分。

清洁剂：使变速器中的杂质在被滤清器过滤或变速器油被更换之前维持悬浮状态

（防止污垢沉积），这样就可保持变速器的清洁以防止各种滑阀被污垢粘住。

抗氧化作用：减少变速器油的氧化和分解，因为氧化会产生沉淀物和漆状物。

改善黏度指数：减少液体黏度随温度变化的程度，这样液体黏度和换挡特性可保持稳定。

改变摩擦特性：改变变速器油的摩擦系数。

抑制泡沫：防止变速器油起泡。

使密封圈膨胀：使密封圈有轻微的膨胀量以补偿其磨损。

抗磨剂：使相互啮合的部件减少摩擦、防止划痕和咬死。

防止生锈：防止铁制零件和钢制零件生锈。

防止腐蚀：防止零件腐蚀。

降低金属活性：在金属表面形成一层保护膜，减少接触反应，防止氧化。

合成的变速器油是人工制造的，被重新排列了油的分子结构。通常情况下，合成油有更好的高温润滑性能，更好的抗氧化能力，低温流动性也更好。无论低温还是高温，其化学稳定性都更好，使用寿命更长。一些高级的 ATF 油都是合成油。

像其他油品一样，ATF 油会随温度升高而膨胀。其膨胀系数大约是每华氏温度 0.0004%。这意味着当温度从 0℃ 升到 82℃ 时，变速器油的膨胀量是 $148 \times 0.0004 = 0.0592\%$。

变速器油面对的最大问题是温度。过高的温度会使变速器油的使用寿命明显地缩短。变速器油分解和形成的胶质和漆状物，使滑阀粘住或减少某一回路内的油流量。所有的自动变速器都使用冷却器来帮助散热。当变速器油工作温度超过 79℃ 时变速器油就需要频繁更换。那些会引起变速器油温升高的不利的驱动情况包括被牵引、坡路行驶、走走停停。液力变矩器是自动变速器中最主要的热源。

另一个和温度有关的故障发生在离合器和制动器的摩擦表面处。摩擦会使变速器油温升到它的氧化点。有些变速器油燃烧后会在摩擦表面留下烧过的痕迹。

（二）ECT 电子控制系统主要部件的功用、结构与原理

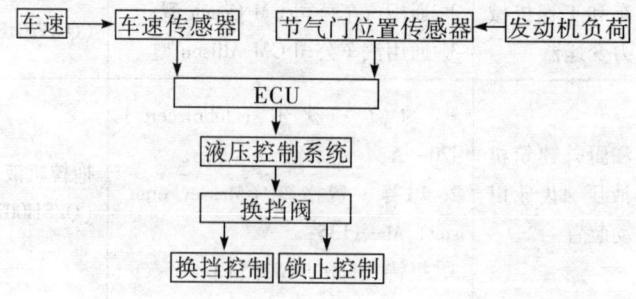

图 4-7 电子控制自动变速器换挡控制框图

电子控制自动变速器分别通过节气门位置传感器和车速传感器，将发动机节气门开度和车辆行驶速度转变为由各自传感器输出的电信号，连同其他反映汽车各总成和系统工作情况的传感器信号一起，送到电子控制系统的电子控制单元（ECU）。然后，输入信号与事先存储在电子控制单元中的参数进行比较，并由电子控制单元向相应的

若干个电磁阀发出指令，接通或切断流向换挡阀等的液压，使执行机构各离合器和制动器动作得到控制，从而精确地控制换挡时机和锁止离合器的工作，并使自动变速器的换挡更趋平稳。如图4-7所示为电子控制自动变速器换挡控制框图，图4-8所示为电子控制自动变速器换挡示意图。

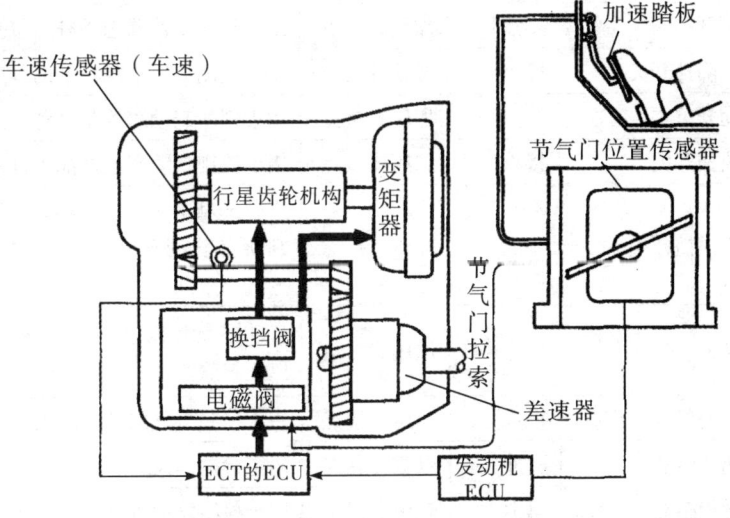

图4-8 电子控制自动变速器换挡示意图

1. 控制系统的基本组成

（1）控制系统的组成

电子控制自动变速器的控制系统由输入装置、电子控制单元（自动变速器ECU或ECT的ECU）和输出装置三部分组成，如图4-9所示。

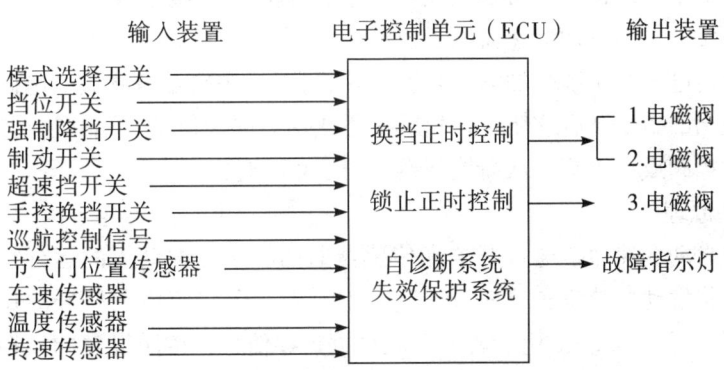

图4-9 电控自动变速器的电子控制系统组成

输入装置包括各种开关和传感器，为电子控制装置提供开关信号和连续可变的电信号。各种输入装置及功能如表4-6所示。

电子控制单元可以根据其程序中的指令，对来自各种开关和传感器的电信号加以分析，然后向输出装置发出指令，以控制自动变速器换挡和锁止离合器工作的时机。许多的电子控制单元中包含有一可更换的，被称之为可编程序只读存储器（PROM）的集成电路芯片。当为解决自动变速器控制以及汽车操纵性能等方面的问题而需要对电子控制单元作出改进时，一般只需改变该集成电路芯片的设计即可。

表4-6 电子控制自动变速器中输入装置及功能

信号类别	名称	信号形态	方式	主要功能
开关信号	模式选择开关	接点	折动式接点	用于驾驶员选择驾驶模式
	挡位开关	接点	加压式接点	用于检测变速器选挡杆的位置
	强制降挡开关	接点	微动开关	用于检测加速踏板打开的程度
	制动开关	接点	加压式接点	用于判断制动踏板是否踩下
	超速挡开关	接点	加压式接点	用于控制自动变速器能否进入超速挡
	手控换挡开关	接点	加压式接点	用于手动和自动混合控制的变速器上，判断自动变速是采用手动或自动控制方式
	巡航控制信号	接点	加压式接点	自动巡航控制（固定车速、加速、减速以及解除等）
传感器	节气门位置传感器	接点	加压式接点	用于检测节气门开度的大小
	车速传感器	脉冲	电磁传感器	用于检测车速
	温度传感器	模拟	热敏电阻	用于检测发动机、自动变速器油的温度
	转速传感器	脉冲	电磁传感器	用于检测自动变速器输入和输出的转速

电子控制自动变速器的电子控制单元，一般还具有自诊断功能，如当输入装置中的车速传感器、输出装置中的电磁阀等出现故障时，可以通过故障指示灯的闪烁或故障显示屏提供的信息来报告故障代码。另外，为共享电子控制单元资源，降低整车电子控制系统的成本，通常还可将自动变速器和发动机两者电子控制系统的控制单元合二为一，称为发动机与自动变速器电子控制单元。

自动变速器电子控制系统的输出装置（执行器），主要是电磁阀。电磁阀根据电子控制单元所发出的指令开启或闭合，相应接通或切断回油通道。当回油通道被切断时，油压作用于换挡阀或锁止阀，从而控制换挡和锁止的时机。

（2）工作原理

电子控制自动变速器是通过开关和传感器监测汽车和发动机的运行状态，接受驾驶员的指令，将发动机转速、节气门开度、车速等参数转变为电信号，并输入自动变速器电子控制单元（ECU）。电子控制单元根据这些信号，按照设定的换挡规律，向换挡电磁阀、锁止电磁阀等执行器发出电子控制信号，换挡电磁阀和锁止电磁阀再将ECU发出的控制信号变为液压控制信号，各换挡阀根据这些液压控制信号，控制离合器、制动器动作，从而实现自动换挡。

2. 输入装置及功能

（1）模式选择开关

模式选择开关安装在变速杆附近或安装在仪表盘中，用于驾驶员选择驾驶模式。模式选择开关与电脑的连接如图4-10。图示的开关有两个驾驶模式供选择：动力模式（PWR即POWER）和常规模式（NOR即NORMAL）。开关的两个输出端与各自的指示灯连接，但只有动力模式的输出端与电脑的 PWR 端子连接。驾驶员通过两挡按键开关控制两个模式的选择。

选择动力模式时，电脑的 PWR 端子有 12V 电压输入；而选择常规模式时，电脑 PWR 端子的电压为 0V。电脑根据 PWR 端子是否有 12V 电压输入判定驾驶员对行驶模式的选择：电压 12V 时为动力模式，电压 0V 时为常规模式。开关在通知电脑行驶模式选择的同时，还使仪表盘上的指示灯点亮，提示驾驶员对驾驶模式的选择。现在有些车型还有经济模式（E 即 ECONOMY）、运动模式（S 即 SPORT）、冬季模式（W 即 WINTER）可供选择。

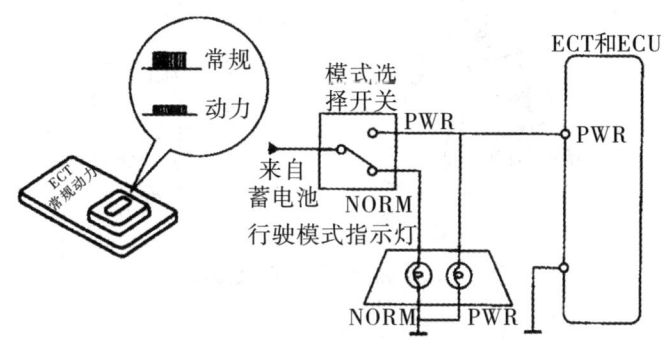

图 4-10　模式选择开关及线路

（2）挡位开关

挡位开关安装在自动变速器外部侧边的手动阀联动杆上，或装在变速杆的下面。用于检测变速器变速杆的位置并通知自动变速器 ECU，以便执行相应的换挡动作。挡位开关的外形与线路的连接如图 4-11。其内部有各挡位的固定触点，活动触点臂与液压控制系统手动阀的控制轴联动。变速杆、手动阀和挡位开关三者之间的位置是一致的。

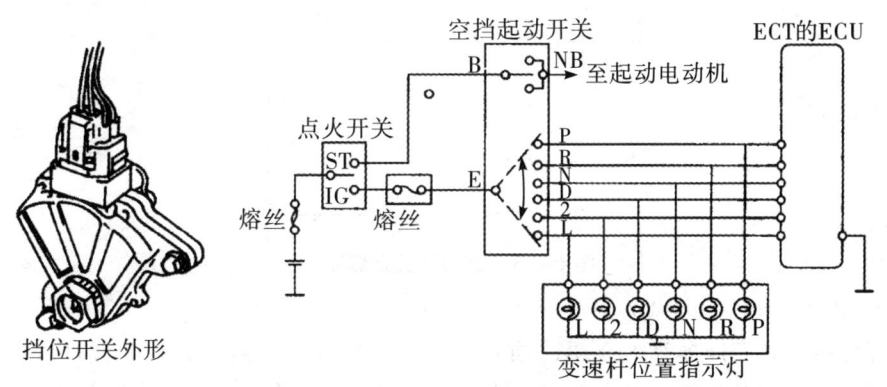

图 4-11　挡位开关的外形及线路

当点火开关处于起动位置，空挡起动开关只有在 N 和 P 挡时，起动机的控制线路才能接通，发动机才能起动，避免了变速杆在行驶挡位起动发动机可能造成的危险。发动机起动后点火开关回到点火挡，随着变速杆位置的改变，挡位开关除了接通变速杆位置的指示灯，还在各挡分别向 ECU 的输入端子输入 12V 的电压信号，ECU 根据上述信号便知道自动变速器所处挡位。

（3）强制降挡开关

强制降挡开关安装在加速踏板的后面或节气门体上，用来检测加速踏板打开的程度，强制降挡开关与电脑连接如图 4-12。当加速踏板达到节气门全开位置时，强制降挡开关接通；并向电脑输送信号，这时电脑按其设置的程序控制换挡，并使变速器降一个挡位，以提高汽车的加速性能。

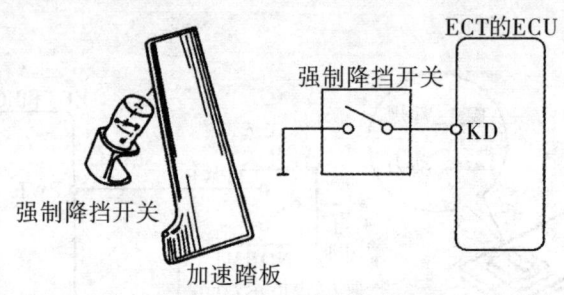

图 4-12 强制降挡开关及线路

（4）制动开关

制动开关安装在制动踏板支架上，用于判断制动踏板是否被踩下，制动开关与电脑连接如图 4-13。当制动踏板被踩下时，制动开关输送信号到变速器电脑，电脑用于控制锁止离合器的分离，保证车辆稳定行驶。在采用模糊逻辑控制的电控自动变速器中，当制动开关闭合时，电脑会控制变速器降挡或延迟变速器升挡，即电脑启动下坡控制程序。

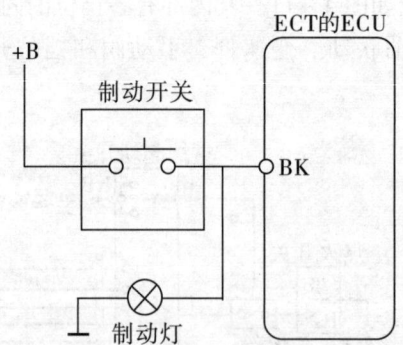

图 4-13 制动开关及线路

（5）超速挡（O/D OFF）开关

大部分的自动变速器都配有超速挡开关。超速挡开关一般安装在变速杆或仪表台上，用于控制变速器是否可以进入超速挡行驶。超速挡开关与电脑连接如图 4-14。当开关接通—断开（ON 位置）时，仪表板上 O/D OFF 指示灯亮，触点闭合，此时电脑控制变速器不能进入超速挡行驶。当开关断开—接通（OFF 位置）时，O/D OFF 指示灯灭，触点断开，此时电脑控制变速器在条件允许时可以进入超速挡行驶。

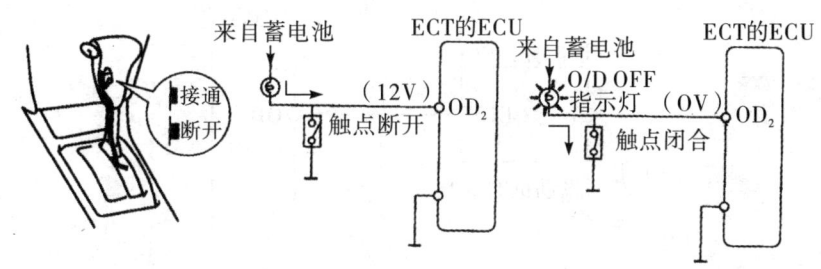

图4-14 超速挡开关及线路

(6) 手控换挡开关

手控换挡开关用在手动和自动混合控制的变速器上(MAT),给电脑一个驾驶员想采用的换挡模式信号,开关一般安装在换挡手柄的下面。不同的车型对手控换挡开关的命名不同,如宝马称为Steptronic开关,奥迪称为Tiptronic开关,奔驰称为Touchshif开关。本文为了方便阐述,统称为手控换挡开关。当自动变速器选择用手控操纵换挡模式时,手控换挡开关首先给出电脑挡位的确认信号,然后通过操纵换挡手柄,电脑根据手控换挡开关的信号"+"控制升挡,"-"控制降挡。开关的线路构成如图4-15,不同的车型其开关的控制线路不同。当手控换挡开关失效时,电脑不再根据换挡手柄的操作控制升挡和降挡。

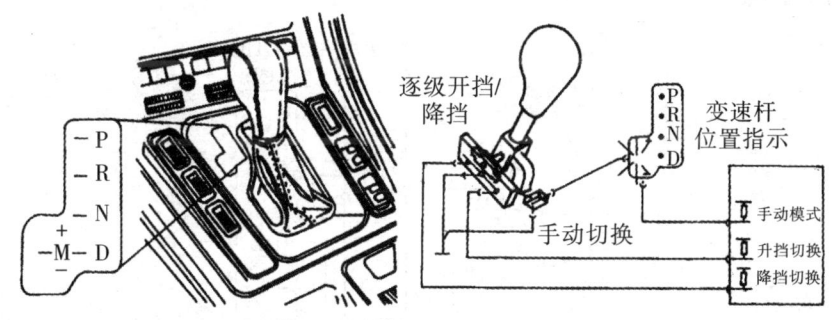

图4-15 手控换挡开关及线路

(7) 巡航控制信号

有些车辆设有巡航控制系统,在交通情况较好的情况下启动巡航控制系统可以减轻驾驶员的劳动强度。巡航控制系统与自动变速器ECU的连接情况如图4-16。

如果车辆原先在动力(PWR)模式行驶,在巡航控制系统启动后自动变速器ECU自动将行驶模式转变为常规(NOR)模式。在车辆行驶正常时,ECU OD1端子的电压为12V。车辆上坡时会引起车速的下降,如果车速下降的幅度超过10km/h(因车而异,高挡车此值较小),ECU OD1端子的电压会变为0V。此时变速器ECU将进行两个操作:解除OD挡和解除锁止。解除OD挡是为了在D3挡更好地加速,解除锁止是为了防止发动机熄火。

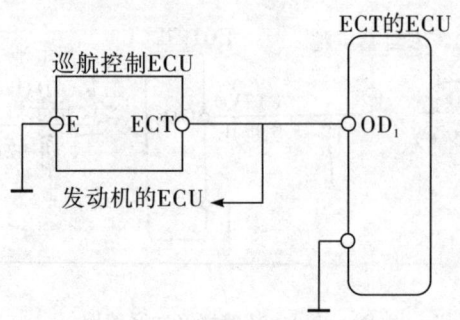

图 4-16 巡航控制信号线路

注意，巡航控制电脑与冷却液温度传感器共用同一个输入端子 OD1，但其功能不会互相干扰。

（8）节气门位置传感器

节气门位置传感器安装在发动机节气门体上，用于检测节气门的开度，并将其转换成电信号至 ECU，以便控制换挡正时和锁止正时。节气门位置传感器外形及线路连接如图 4-17。

只有线性输出型的节气门位置传感器才能用于自动变速器的换挡控制，开关型的节气门位置传感器只有在急速和大功率时才有信号输出，不能反映节气门的其他位置，因此不能用于换挡控制。

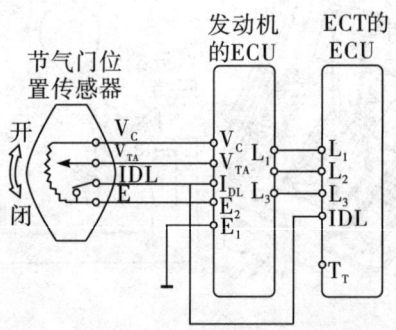

图 4-17 节气门位置传感器信号及线路

当节气门位置传感器信号失效时，变速器电脑会以固定的方式控制换挡，同时会记忆故障代码。当节气门位置传感器调整不当时，会影响变速器的换挡点。如电压值偏高则升挡点滞后，电压值偏低则升挡点提前。这都会影响变速器的正常工作。节气门信号一般先送到发动机电脑，通过发动机电脑送给变速器电脑。也有从节气门位置传感器直接送到变速器电脑的情况，如三菱车型。

（9）车速传感器

车速传感器将车辆的行驶速度转换成电信号并输送至自动变速器 ECU，用于控制换挡的过程，为了保证信号的准确，一般同时使用两个车速传感器。

丰田自动变速器的 1 号车速传感器是备用传感器，安装在驾驶室内的仪表盘中。四块磁铁组成的传感器转子由里程表的软轴驱动簧片式传感器，安装在转子前侧，转子旋转一圈传感器，输送 4 个信号至 ECU。

丰田自动变速器的 2 号车速传感器是主传感器,安装在变速器上。簧片式的传感器安装在变速器壳体外部,传感器转子安装在变速器的输出轴上,转子上固定两块磁铁,转子旋转一圈传感器的簧片闭合一次,向 ECU 发送一个信号,ECU 根据信号的频率计算出车辆的行驶速度。两个车速传感器与 ECU 的连接如图 4-18 所示。

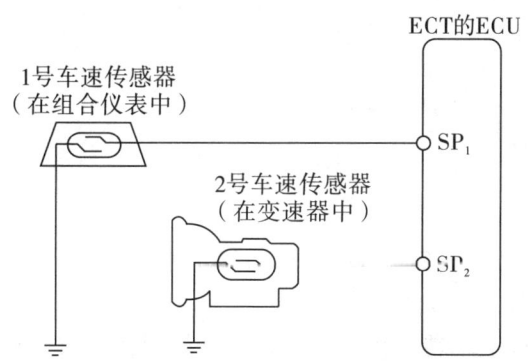

图 4-18 车速传感器线路

ECU 同时接收来自两个车速传感器的信号并对其进行比较,如果比较的结果是两个车速传感器显示的车速一致,那么 ECU 使用 2 号车速传感器的信号来控制换挡和锁止正时;如果来自 2 号车速传感器的信号是错误的,ECU 立即改用 1 号车速传感器的信号控制换挡和锁止。

在车速传感器出现故障时,自动变速器会出现换挡正时方面的问题,ECU 会在存储器中存储故障信息,并通过报警灯的闪烁提示驾驶员当前处于不正常的行驶状态。

车速传感器用于换挡和锁止的控制,与节气门位置传感器一样是换挡和锁止控制的主要信号。

(10)温度传感器

变速器电脑根据冷却液温度传感器或油温传感器信号来检测发动机的冷却液温度和变速器油(ATF)的温度,并根据温度信号控制变速器的换挡点、工作压力及锁止离合器的锁止。冷却液温度传感器线路连接如图 4-19 所示。

冷却液温度传感器一般安装在发动机的缸盖或水道的附近并将信号送到发动机电脑,由发动机电脑送到变速器电脑。油温传感器一般安装在变速器的阀体上或是在电磁阀的线束上。温度传感器内部是一个半导体热敏电阻,会随温度的改变而改变其电阻值。目前大部分车型的温度传感器采用负温度系数的热敏电阻,即当温度低时电阻大,温度升高时电阻下降,有一部分车型的油温传感器采用正温度系数的热敏电阻,如用在欧洲车型较多的德国的"ZF"公司生产的自动变速器。

温度传感器检测到变速器的温度过高或过低时,都对变速器的超速挡及锁止离合器的锁止有很大影响。大部分车型当温度过高时,电脑会控制锁止离合器提前锁止。在宝马的新型车型上,当油温超过 136℃时变速器电脑会控制变速器不再换入超速挡;在奥迪新型车型上,当油温超过 148℃时变速器电脑也会控制变速器不再换入超速挡。

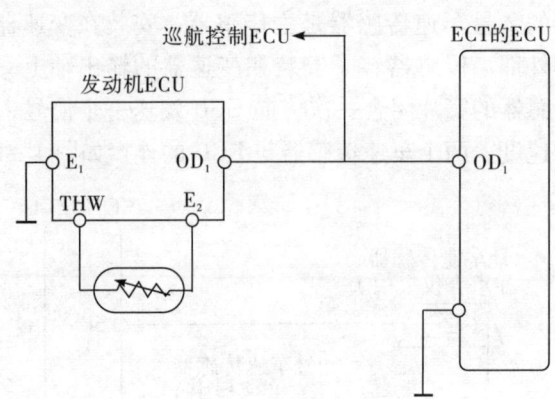

图4-19 冷却液温度传感器线路

(11) 转速传感器

转速传感器分为输入轴转速传感器和输出轴转速传感器，输入轴转速传感器安装在变速器的输入轴或与输入轴连接的离合器附近的壳体上，用来检测变速器的输入轴转速；输出轴转速传感器安装在输出轴或与输出轴连接的离合器鼓附近的壳体上，用来检测输出轴转速，如图4-20。输入轴和输出轴转速传感器的结构、工作原理与车速传感器相同。电脑接收输入轴和输出轴转速传感器的信号主要用来监控变速器的机械传动机构的工作状态。根据信号修正变速器的工作压力，并且在信号超出范围时电脑会执行失效保护模式。同时变速器电脑还根据来自发动机电脑的发动机转速信号，计算出发动机的输入转矩，并结合变速器的输入轴转速信号，计算出变矩器的传动比，使油路压力控制过程和锁止离合器的控制过程得到进一步的优化，以改善换挡感觉，提高汽车的行驶性能。

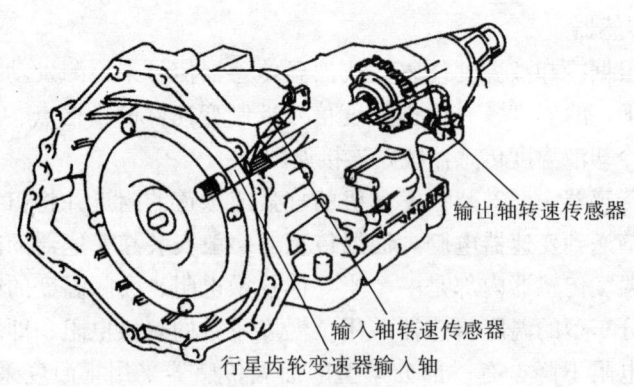

图4-20 转速传感器位置

3. 执行器

ECT电子控制系统的执行元件是电磁阀，常见的电磁阀有开关式和脉冲线性式两种。

(1) 开关式电磁阀

开关式电磁阀的作用是开启或关闭自动变速器油路，可用于换挡及液力变矩器的锁止离合器的控制。

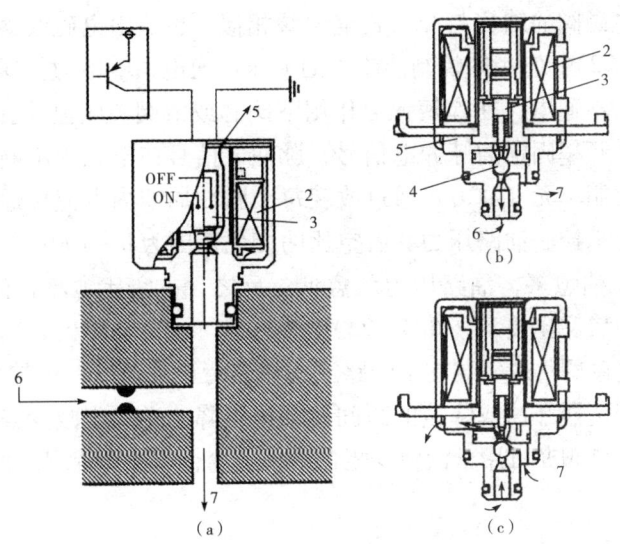

图 4-21 开关式电磁阀

1—电子控制单元（ECU）；2—电磁线圈；3—衔铁和阀心；4—阀球；5—泄油孔；
6—主油道；7—控制油道

开关式电磁阀由电磁线圈、衔铁、阀芯和回位弹簧等组成（图4-21（a））。它只有两种工作状态：全开或全关。图中当线圈不通电时（图4-21（b）），阀芯被油压推开，关闭泄油孔，控制油路压力上升；当线圈通电时（图4-21（c）），电磁力将阀芯下移，开启泄油孔，控制油路压力降低。

（2）脉冲线性式电磁阀

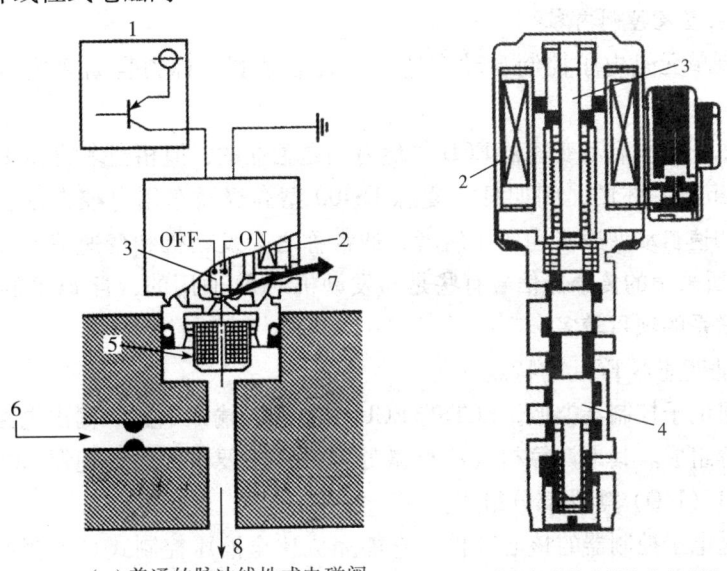

（a）普通的脉冲线性式电磁阀　　（b）带滑阀的脉冲线性式电磁阀

1—电子控制单元（ECU）；2—电磁线圈；3—衔铁和阀心；4—滑阀；5—滤网；
6—主油道；7—泄油孔；8—控制油道

图 4-22 脉冲线性电磁阀

脉冲线性式电磁阀的结构与开关式电磁阀相似，也是由电磁线圈衔铁、阀芯或滑阀等组成（图4-22）。它用来控制油路中的油压。通电，电磁力使阀芯或滑阀开启泄油孔，压力下降；不通电，在弹簧弹力作用下阀芯或滑阀关闭泄油孔，压力上升。其控制电信号为一个频率固定的脉冲电信号，脉冲电信号使电磁阀不断反复地开启和关闭泄油孔，电子控制单元（ECU）通过改变每个脉冲周期内电流接通和断开的时间比例即所谓的占空比来控制油路压力。占空比的变化范围为0～100%。占空比愈大，经电磁阀泄出的液压油愈多，油路压力就愈低；反之，占空比愈小，油路压力就愈大，占空比与油路压力成反比关系（图4-23）。

脉冲线性式电磁阀一般安装在主油路或减振器背压油路上，电控单元ECU通过这种电磁阀在自动变速器升挡或降挡的瞬间使油压下降，进一步减少换挡冲击，使挡位的变换更加柔和。该阀亦可用于液力变矩器中锁止离合器接合程度的控制。

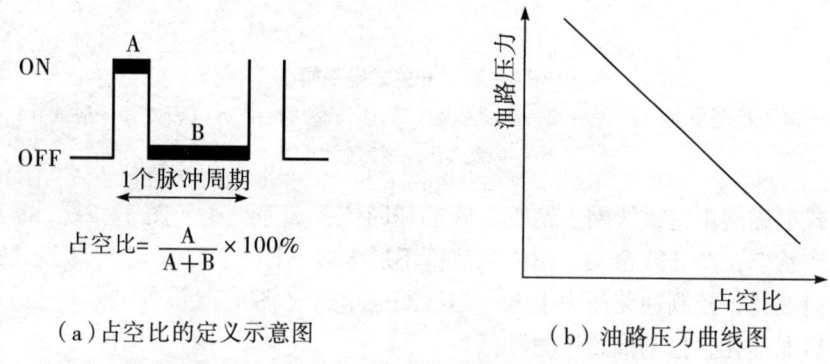

（a）占空比的定义示意图　　（b）油路压力曲线图

图4-23 脉冲线性式电磁阀的控制信号

4. 控制装置及控制内容

电子控制单元是电子控制自动变速器的控制装置，称为自动变速器ECU（或称ECT的ECU）。

目前，电子控制启动变速器ECU虽然有的是独立的，但相当多的ECT的ECU是与发动机ECU组成一体的，例如日本凌志LS400型高级轿车用电控自动变速器、丰田A340E电控四速自动变速器均属于后者，通常称之为发动机和变速器ECU。这是因为ECT的ECU所采用的传感器信号有些是与发动机ECU通用的，且ECT的ECU与发动机控制进行联系的项目较多。

（1）自动变速器ECU的特点

与发动机电子控制器类似，ECT的ECU由电源、输入电路、输出电路、信号转换器和计算机等组成。其中计算机（亦称微处理机）主要由中央处理器CPU、存储器和输入输出接口（I/O）等几部分组成。

计算机是电子控制器的核心部件，它能完成比全液压控制式自动变速器更复杂的自动控制，能进行逻辑运算、程序控制及数据处理。更重要的是它可用数字处理办法，将全部换挡程序和锁止变矩器程序，持久地存储于ECU存储器中。ECU存储器可存储多种控制参数，实现动态多参数控制，从而获得最佳的动力性和燃料经济性，这是全液压控制式自动变速器换挡难以做到的。它可以只靠改变输入信号及程序来适应不同传动和不同换挡规律的需要,而不必改变机械加工工艺设备,使一种操纵装置适用于各种传动。

(2) 自动变速器 ECU 的工作原理

ECT 的 ECU 根据传感器输送的信号确定换挡点和变矩器锁止时机,并控制相应电磁阀工作。ECU 只允许变速杆处于"P"位或"N"位时,才能起动发动机。起动后换入前进挡位后系统便进入自动控制。驾驶员视路况、车速、负载等,通过模式选择开关选择适宜的规律行驶。中央处理器 CPU 每隔一定时间收集一次输入信号,处理这些信息(车速、节气门开度等),并从存储器中读出预置的该节气门开度下的最佳换挡点速度,与当时采样的车速比较后,判断是否换挡。如需换挡则通过接口发出换挡指令给换挡电磁阀实现升挡或降挡。

当路况需人为干预时,可松开加速踏板提前换高挡,踩加速踏板提前换入低挡,或将变速杆置于低挡,系统则退出自动控制。

(3) 自动变速器 ECU 的控制内容

ECT 的 ECU 接收各种监测汽车行驶状况和发动机工况的开关、传感器信号,可精确地控制 ECT 的换挡时间、变矩器锁止离合器的锁止时间和换挡时的发动机转矩;它还具有自诊断功能,自动监测和识别电子控制元件的故障,并通过故障指示灯指示或输出故障代码;此外,ECT 的 ECU 在电器电路发生故障和电磁阀失效时还具有失效安全保护功能,能保证车辆继续行驶。

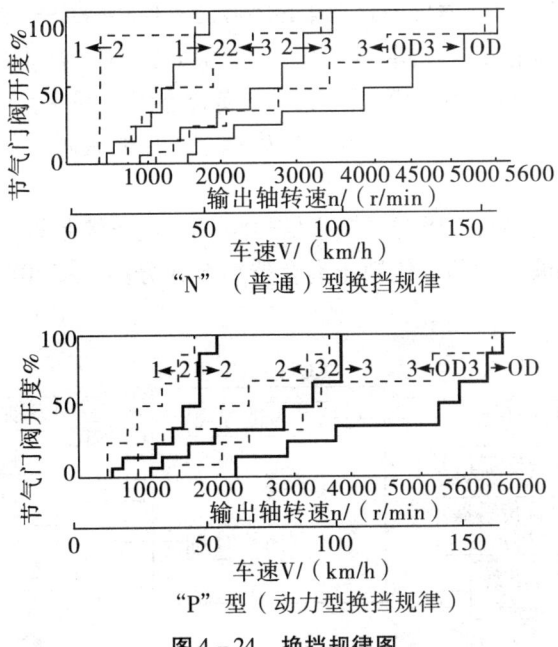

图 4-24 换挡规律图

①换挡正时控制。换挡正时控制即换挡点(变速点)控制,它是 ECT 的 ECU 最基本的控制功能。在 ECT 中,挡位(速比)自动进行切换的点称为换挡点,换挡点由节气门开度和车速决定。换挡(升挡或降挡)车速与节气门开度的关系通常称为换挡规律。如图 4-24 所示为变速杆处于"D"位、模式选择开关处于"N"或"P"时的换

挡规律图。

当换挡手柄在前进挡位"D",且节气门开度相同时,动力型换挡规律的各挡升挡车速以及降挡车速都要比经济型换挡规律的升挡及降挡车速高,这样升挡车速越高,加速动力性越好,降挡时亦然。反之,升挡车速越低则燃油经济性就越好。

在选定换挡模式后,ECU 按照换挡模式的程序,根据速度传感器输入的车速信号和节气门位置传感器输入的节气门开度信号控制 1、2 号电磁阀线圈电流的通断,即控制这两个电磁阀的接通或断开。用这种方法,ECU 即可控制换挡阀,使其切换行星齿轮装置中的离合器、制动器的油路。实现升挡或降挡。丰田 A140E 型自动变速器(四速)换挡正时的控制如图 4-25。

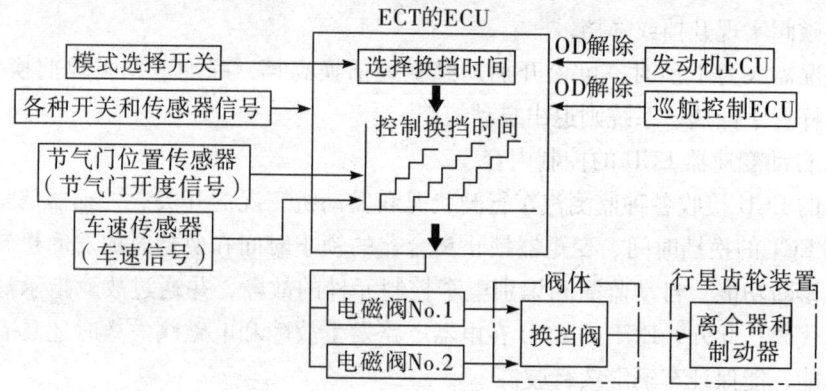

图 4-25　丰田 A140 型电子控制自动变速器换挡正时图

②变矩器离合器锁止正时控制。在发动机和 ECT 的 ECU 存储器中,已存入了每种行驶方式(不同挡位、不同换挡模式)下锁止离合器工作程序,依照这种程序,ECU 可根据车速信号和节气门开度信号使锁止电磁阀(3 号电磁阀)接通或断开,从而控制锁止时间。

根据锁止电磁阀的接通或断开,锁止信号阀(或锁止控制阀,锁止继电器阀)变换作用于变矩器上的液压油路,使锁止离合器结合或分离。A140E 电子控制变速器的锁止正时控制如图 4-26。

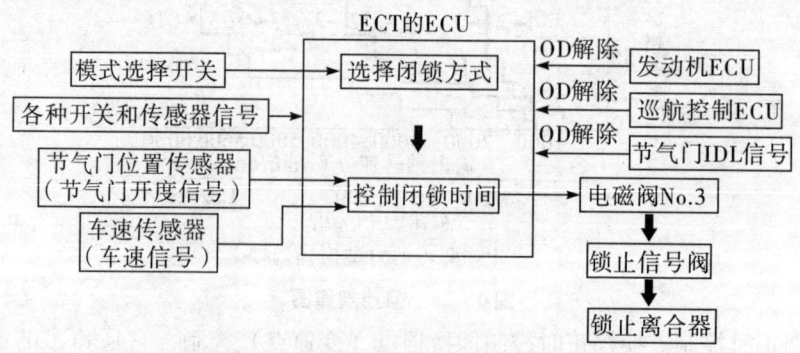

图 4-26　丰田 A140 电子控制自动变速器锁止正时控制

在锁止系统工作时、升挡或降挡期间 ECU 会把锁止电磁阀电路暂时切断,以减轻换挡冲击。

此外，制动开关接通；节气门位置传感器的"IDL"触点接通（节气门全闭）；冷却液温度低于70℃；巡航控制计算机系统正在工作，实际车速低于其预置车速，但高于10km/h时；只要发生上述四种情况之一，ECU都将切断锁止电磁阀电路，强制锁止离合器分离。

ECT的ECU不仅可利用锁止电磁阀来控制锁止正时，还可利用电磁阀来调节锁止离合器液压，从而使锁止离合器平顺地结合和分离。

③超速行驶控制。当超速挡开关接通，并且变速杆置于"D"位时，汽车才有可能以超速挡行驶。由于超速挡的转速比较小，在平坦的柏油路上小负荷行驶时发动机转速与直接挡相比几乎下降1/3，不但降低了油耗，而且使发动机噪声及磨损明显下降。所以，4个前进挡的电子控制自动变速器中第四挡为超速挡是一大特点。

但是使用超速挡是有条件的，对于丰田A140E自动变速器，若冷却液温度低于70℃；或巡航控制计算机系统工作实际车速低于预置车速但高于10km/h时，发动机的ECU和巡航控制ECU将给ECT的ECU送一超速解除信号，ECT的ECU将不会使ECT升速至超速挡。

④发动机转矩控制。当发动机和ECT的ECU根据接收的各种信号判定变速器需要换挡变速时，会暂时使发动机点火时间滞后（点火延迟），使发动机转矩下降以使离合器结合平缓，换挡平顺。

⑤自诊断功能。当速度传感器、电磁阀等发生故障时ECU通过O/DOFF指示灯的闪烁输出故障码以指示故障发生的部位。

当ECU监测和识别出上述元件有故障时，便将相应的故障码存储在存储器中，由于有备用电源，即使发动机熄火也不会消失。所以，在故障排除后要通过消除故障码的专门程序才能将故障码从存储器中抹掉。

⑥失效安全保护功能。若1号或2号电磁阀失灵时，ECT的ECU将继续控制正常电磁阀工作，使一些换挡仍能进行，车辆能继续行驶。当1、2号电磁阀都失灵时，可通过变速杆换挡。当变速杆移到前进挡低（1）、2（S）位和D位的，变速器将分别在1挡、3挡和超速（OD）挡工作。

另外，在正常情况下，ECT的ECU利用主速度传感器（No.2）信号进行控制，当主速度传感器失灵时，则利用辅助速度传感器（No.1）信号进行控制。

（三）自动变速器常规检查与测试

顾名思义，基本检查是最基本的检查，也是对自动变速器进行深入试验的基础。基本检查一般包括：

①节气门开度的检查；
②怠速的检查；
③自动变速器油的检查；
④电子控制自动变速器控制开关的检查；
⑤电子控制自动变速器传感器的检查；
⑥电子控制自动变速器电控系统的测试。

下面分别介绍。

1. 节气门开度的检查

节气门开度检查的目的：检查节气门在全开（100%）位置、全闭（0%）位置是否准确，从全开→全闭→全开是否顺畅自如。

节气门不能全闭会失去怠速信号的发送，不能全开则会影响汽车最高车速和加速性能，甚至丧失强制换低挡的功能，同时会影响失速试验。再者，电子控制自动变速器的车辆是由节气门位置传感器和车速传感器发出信号给 ECU，由 ECU 控制换挡点。节气门开度信号是通过节气门位置传感器而获得的，如果节气门开度与节气门位置传感器不能对应，则自动变速器换挡工作点会不准确。

2. 怠速的检查

检查发动机怠速的目的是确定当自动变速器变速杆置于 P 位或 N 位时，汽车发动机的怠速转速是否在规定的范围内。

怠速过低或过高对发动机都有危害。发动机怠速低时，换挡容易引起车身振动或发动机熄火；怠速高时，换挡容易产生冲击和振动，并且在 D 位或 R 位时"爬行"严重。

怠速检查的条件：发动机达到正常工作温度，空气滤清器安装良好，进气系统所有的管路和软管均已接好，所有附件（包括空调在内的用电器）均已关掉，所有的真空管路，包括废气再循环（EGR）装置在内，均已正确连接，电控燃油喷射系统的配线插接器完全插好，点火正时正确，自动变速器变速杆位于空挡位置。

装有自动变速器的汽车发动机怠速为 750r/min 左右。若怠速不符合规定，则应检查怠速控制装置和进气装置，并予以调整。

3. 自动变速器油的检查

自动变速器油液（ATF）的检查，包括油液液面高度、油液品质以及油液泄漏部位的检查。

1）自动变速器油液液面高度的检查

由于自动变速器装有液力变矩器，油底壳中油液在车辆不同状态时液位见图 4-27 所示。故检查油液液面高度时应使发动机处于怠速运转状态。

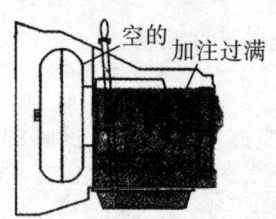
（a）初次加注，发动机熄火

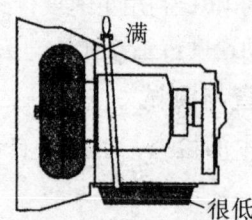
（b）发动机怠速

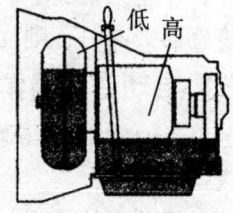
（c）发动机熄火

图 4-27 自动变速器内油液高度的变化

（1）油液液面高度标准

每台自动变速器油液的加油量都有明确的规定。总的原则是当把液力自动变速器及换挡执行元件各操纵油缸都充满之后，在自动变速器油底壳里的油面高度应低于行星齿轮机构等自动变速器中的旋转件的最低位，以免油液在使用中剧烈地搅动产生泡沫。但油面高度必须高于阀体在变速器壳体安装的、接合面，以免阀体在工作中渗入空气，影响液力自动操纵油路系统各阀体的正常工作。

（2）油液液面过高、过低的危害

油液液面过低，将使油泵进油口进空气，即油液混入空气，导致油压降低，管道压力建立缓慢，行星齿轮系统润滑不良，离合器和制动器打滑，加速性能变坏。油液面过低，多为外部泄漏而造成，应找出原因按规定加满。

油液液面过高，旋转的行星齿轮系统搅动油液，使空气进入而形成泡沫，且油液易过热氧化而形成胶质，影响各滑阀、离合器和制动器伺服油缸的正常工作，油液面过高还可能使油液从加油口或通风管处喷油，致使发动机罩下起火。油液液面过高多为油液加注过多造成，应从加油管吸出或从放油螺塞处将多余的油液放出。

（3）油液液面高度的检查

由于自动变速器的结构特点不同，其油液液面高度的检查方法也不同，通常有油尺检查法和溢流孔检查法两种。

①油尺检查方法。油尺有双刻线、三刻线和四刻线三种，如图4-28所示。

检查油液液面高度时将车辆水平停放，保持发动机怠速运转至正常工作温度，将变速杆分别置于各个挡位停留片刻，然后将变速杆置于P位或N位，液面应处于双刻线油尺的max和min之间。（如图4-28（a）所示）。

与双刻线油尺相比，三刻线和四刻线油尺的检查方法略有不同。三刻线油尺上对应两个区间（如图4-28（b）所示），下方的COOL区间为油温低于50℃时的冷态油液面范围，上方的HOT区间为油温50℃~80℃时的热态油液面范围；四刻线油尺上对应三个区间（如图4-28（c）所示），最下方的COOL区间为冷态油液面范围，最上方的HOT区间为热态油液面范围，中间为正常油温时的油液液面范围。

②溢流孔检查方法。部分车型没有设计自动变速器油液液面高度检查尺，而是在自动变速器油底壳上设一溢流孔，图4-29所示，为POLO轿车001型自动变速器用于检查油液液面高度溢流孔。溢流孔平时用螺塞拧紧，检查油液液面高度时将车辆水平停放，保持发动机怠速运转至正常工作温度，将变速杆分别置于各个挡位停留片刻，然后将变速杆置于P位或N位，拧开螺塞，如果有少量油液溢出即为合适。例如，大众系列01N、001、01M型自动变速器规定在35℃~45℃时溢流孔刚好有ATF油液流出为正常。

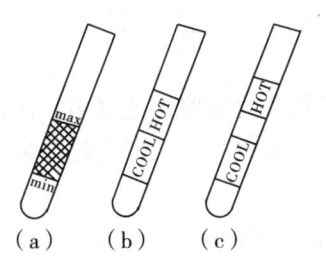

(a) 双刻线油尺 (b) 三刻线油尺
(c) 四刻线油尺

图4-28 三种自动变速器油面高度检查油尺

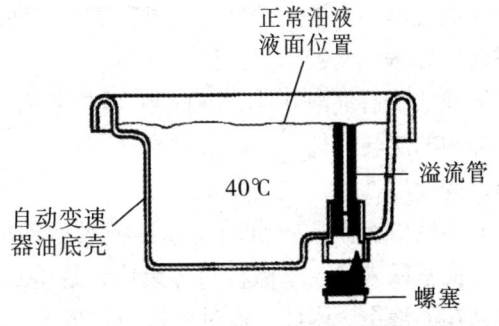

图4-29 溢流孔检查自动变速器油面高度

2）自动变速器油液品质的检查

自动变速器随着运行时间的延长和内部相对运动件的磨损，不可避免地会产生各种故障，同时伴有自动变速器油液变质、变色。因此，在诊断自动变速器故障时，可以通过油液颜色和品质的变化来判断故障产生的原因。

（1）正常油液的颜色

通常每年应检查一次自动变速器油液的品质。正常的油液颜色为红色或粉红色的透明液体，并有类似新机油的气味。使用半年以上的油液为略带褐色的红色透明液体，是正常的自动变速器油液。

（2）检测方法

①拆下油底壳检查。自动变速在使用时由于磨料多沉淀在油底壳，要想准确地分析油液中磨料的含量及种类，最好将油液放尽后拆下油底壳，从油底壳沉淀中分析磨粒的成分，以便判断故障产生的原因。

②用油尺检查。如果不拆油底壳，则应首先将发动机发动，使发动机怠速运转，并将操纵手柄放在空挡与1挡间反复移动几次，以便使变速器油液进行充分流动到位，然后将换挡手柄置于P位或N位，拔出油尺，用干净的纸巾擦拭油尺上的油液或用拇指与食指援捻油液，以便观查油液品质。此项工作可结合检查油液液面高度同时进行。

（3）故障分析

①油液变成黑色并有烧焦味。产生这种现象的主要原因是制动器、离合器严重磨损，摩擦材料产生的磨粒污染油液所致。主要是由于离合器、制动器装配间隙不当，油压不足，油面过低造成制动器离合器分离不彻底或打滑。

②油液变成红褐色并有烧焦味。产生这种现象主要是变速器油液使用时间过长或油质不佳；离合器或制动器有轻微的打滑，以及使用不当或变速器经常在超负荷下工作而造成摩擦片磨损。发现此种现象，应换用新油液，以免导致自动变速器严重工作不良。

③从加油口冒气或油液极易变质变色。此现象多由液力变矩器中锁止离合器分离不彻底，离合器、制动器打滑，制动器、离合器装配间隙过小或油冷却系统因循环不畅冷却效果不佳等原因造成油温过高，从而导致油液变质并产生蒸气。

④油液呈现乳色泡沫状。此现象是因为冷却液进入油冷却器造成，冷却液渗入油液中在油流循环中被搅动使油液成乳状。这种现象出现后将影响自动变速器正常工作，严重时会导致变速器早期损坏。

⑤油液中有气泡并伴有"嗡嗡"的响声。此种现象多为油液加注过多，淹没自动变速器内的旋转元件，使油液被高速旋转的元件搅动而造成气泡。产生此现象必会影响自动变速器性能，应立即排除。

⑥油液中有杂质。自动变速器相对运动的元件是由铝合金、铜合金、钢、橡胶。尼龙、铜基粉末冶金摩擦材料等组成，这些运动的元件若因某种原因磨损时，其磨粒必掺杂在油液中。因此，通过分析磨粒成分，可判断故障产生在何处。若油液中有尼龙磨削成碎块，则为单向离合器骨架损坏；若油液中有橡胶碎块或磨粒，则为制动器、离合器活塞密封橡胶圈损坏；若有白色发亮的金属屑，则可能是滚针轴承或齿轮严重

磨损。

⑦纤维丝状物堵塞滤网。由于拆卸组装制动器时，使用易脱落的丝毛物品擦洗自动变速器，导致油底壳内有纤维状丝毛杂质，这些杂质极易堵塞滤网，使自动变速器不能正常工作。

3）自动变速器油液泄漏的检查

（1）油液泄漏部位的检查

大多数外部渗漏是可用眼睛发现的，对于难以发现的渗漏，可按照如下方法进行检查：

①将车辆停稳后，在自动变速器正下方放一块大的硬纸板，等待 1~2 min 后，根据滴在硬纸板上油滴的位置确定大概的滴漏部位。

②仔细检查可疑的渗漏组件和它周围的区域，要特别注意衬垫的配合面。在不易观察到的部位，可用一面小镜子协助检查。

③如果还不能发现渗漏，可用清洗剂或溶剂将可疑部位彻底清洗干净，然后让汽车以不同的车速行驶几公里再检查可疑渗漏部位。

④对于难以发现的外部渗漏，还可以向怀疑漏油的部位喷显像粉，再用紫外线灯照射，可将渗漏处显示出来。

（2）油液泄漏的主要原因

①油底壳与自动变速器壳体接合面漏油，可能的原因有：油液液面或油压过高，通风孔堵塞；油底壳固定螺钉拧得过松或过紧，油底壳密封凸缘变形，自动变速器壳体的密封表面损坏，自动变速器壳体等铸件有裂纹或气孔，密封衬垫损坏。如果是用密封胶而不是用衬垫来密封油底壳和自动变速器壳体接合面的，则可能是密封胶不良。

②油封渗漏，可能的原因有：油液液面或油压过高，通风孔堵塞，密封孔损坏，油封安装不当或损坏，穿过油封的轴表面损伤，轴承松动导致轴产生过大的位移。

③油液从通风管或加油管流出，可能的原因有：油液加注过多，冷却液进入油液，自动变速器壳体有气孔，油尺没有插到位，通风管堵塞，回油孔堵塞。

4）自动变速器油液的更换及其周期

（1）换油周期

通常在我国道路条件和使用环境下，自动变速器轿车每正常行驶 40000~80000km 应更换一次自动变速器油。如国内常见轿车自动变速器的换油周期是上海大众、一汽大众与一汽轿车、东风雪铁龙、广州本田系列轿车和福特等系列轿车均为 60000km 换一次油，丰田系列轿车一般规定每 40000km 换一次油液。

（2）换油方法

①换油之前应先将车辆行驶一段路程，使自动变速器油温达到正常工作温度（50℃~80℃）。

②拆下自动变速器油底壳底部的放油螺塞，将油底壳内的油液放干净。有些车型的自动变速器油底壳上没有放油螺塞，应拆卸油底壳放油。

③放油后应将油底壳以及其他有关零件清洗干净。有些自动变速器油底壳上的放油螺塞是带磁性的，有些自动变速器油底壳内还专门放置了一块磁铁，目的都是为了

吸附油液中的铁屑,清洗时应注意将吸附的铁屑清洗干净。

④每次换油时必须清洗自动变速器油滤清器滤网,更换滤清器滤芯。

⑤清洗装复后,加入规定牌号和容量的自动变速器油液,起动车辆行驶一段路程至正常油温后再次检查油液液面高度,直到调整到符合要求为止。

⑥提倡使用专用自动变速器换油设备换油。目前有专用自动变速器清洗换油设备,用此设备换油即可将自动变速器彻底清洗,又可将旧油液全部换出。采用油底螺塞放油法只能换掉 50%～60% 的旧油,其余的油液在液力变矩器和油冷却器内无法换出,因此须应用专用设备更换自动变速器油液。

4. 电子控制自动变速器电控系统的测试

自动变速器控制开关检查的主要目的是:检查和判断各电气元件是否损坏和失效,与开关连接的导线、插接件是否接触不良、断路或短路故障,检测内容和步骤根据车型不同各异,下面以大众 01M 型自动变速器为例进行介绍。

1) 电子控制系统简介

捷达轿车自动变速器电子控制系统主要包括控制单元 J217、车速传感器 G68、节气门电位计 G69、ATF 油温度传感器、强制降档开关 F8、锁定换档杆电磁线圈 N110、电磁阀 N88～94、多功能开关 F125 及自诊断接口,系统组成见图 4-30 所示,其电路图如图 4-31 所示。

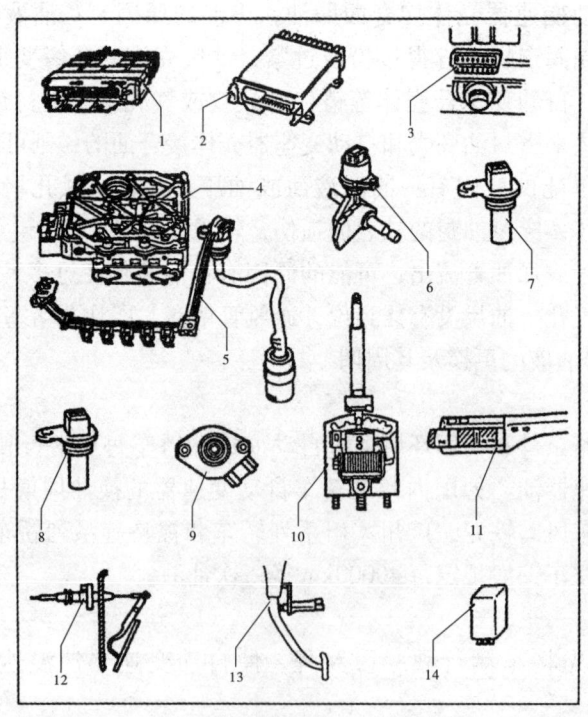

1—自动变速器控制单元 J217;2—发动机控制单元;3—自诊断接口;4—滑阀箱;5—传输线;
6—多功能开关 F125;7—变速器转速传感器 G38;8—车速传感器 G68;9—节气门电位计 G69;
10—变速杆锁止电磁铁 N110;11—速度调节装置开关 E45;12—强制低速档开关 F8;
13—制动灯开关 F;14—起动锁和倒车灯开关继电器 J226

图 4-30 大众 01M 型电子控制自动变速器主要电气元件

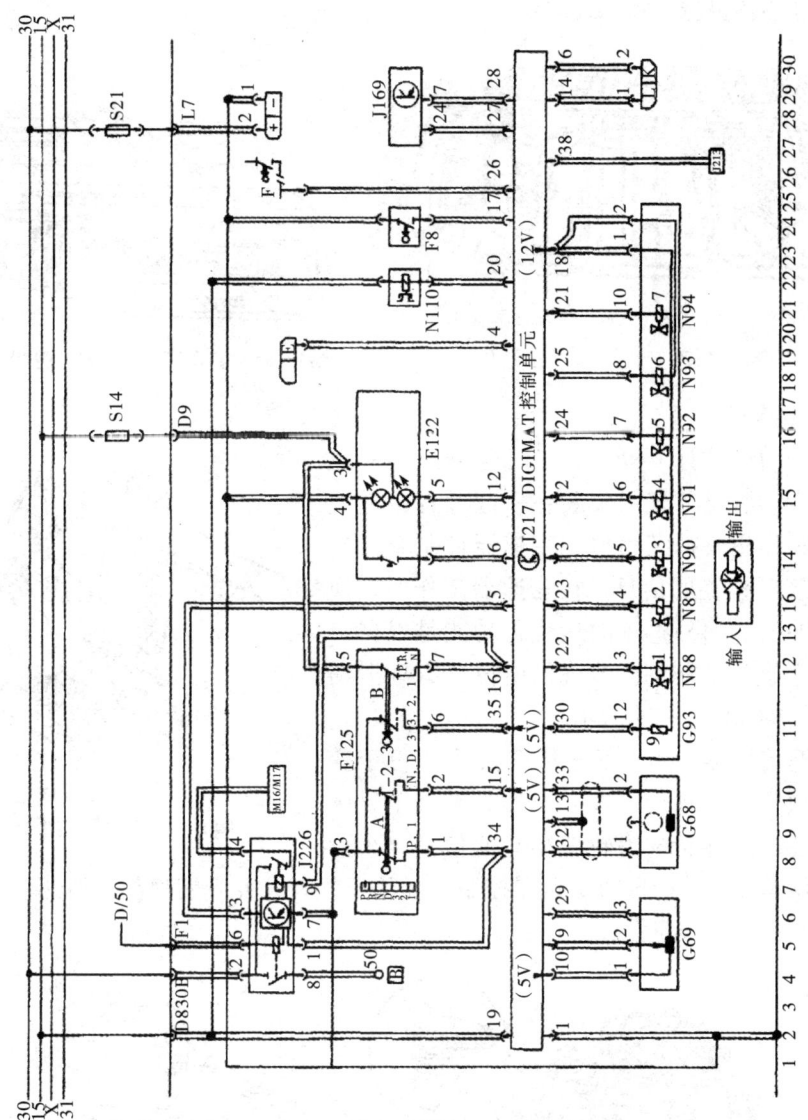

B—起动机；E122—程序开关；F—制动灯开关；F8—强制降档开关；F125—多功能开关；
G68—车速传感器1，在变速器顶部右侧；G69—节气门电位计；G93—变速器油温传感器，
在变速器的扁状导线内；J213—巡航系统控制单元；J217—自动变速器控制单元；
J226—起动电动机闭锁器和倒车灯继电器；M16—左倒车灯；M17—右倒车灯；
N88—N94—电磁阀1—电磁阀7；N110—换档锁止电磁阀，在变速杆上

图4-31 自动变速器控制单元控制电路图

（1）控制单元

自动变速器控制单元安装在后座下面，如图4-32所示，其外形如图4-33所示。控制单元J217处理来自传感器的信息并且根据收到的信息控制执行元件工作。控制单元配备了一个自诊断系统并能连接上故障阅读仪（VAG1552）进行快速数据传送。控制单元的在行驶过程中，控制单元有故障或电源有故障以及电磁阀有故障时，变速器

将在紧急状态下继续工作。

图4-32 自动变速器J217安装位置

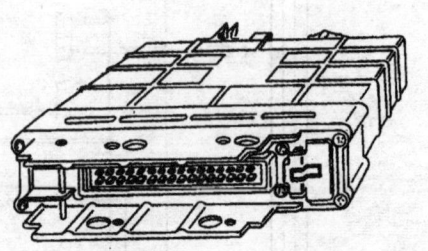

图4-33 自动变速器J217控制单元外形

(2) 传感器

①节气门电位计G69。节气门电位计G69位于进气道旁边，与节气门安装在一起并且由节气门驱动。其作用是持续为自动变速器控制单元提供关于节气门位置的信息。在变速器工作时，换档点、主油压和换档过程的最优化功能是根据节气门信息来进行控制的。节气门电位计有副滑动环，它的结构如图4-34所示。

②车速传感器G68。车速传感器G68位于变速器壳体顶部的右侧上（图4-35），它属于磁脉冲式的，通过脉冲轮的齿轮获得车速信息。车速传感器提供车速信号给自动变速器控制单元用于换档，并且使换档过程平稳。车速传感器的外观如图4-36所示。

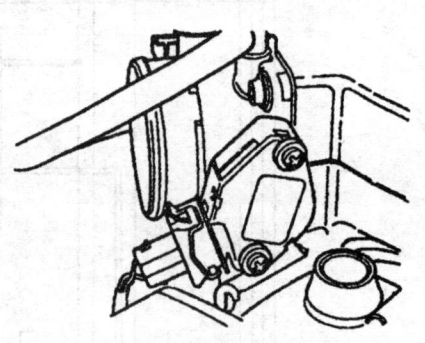

图4-34 节气门电位计

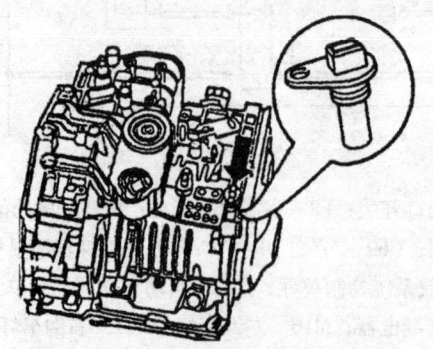

图4-35 车速传感器G68安装位置

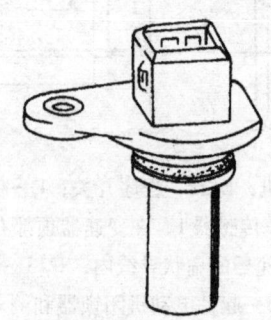

图4-36 车速传感器

③多功能开关F125。多功能开关F125位于变速器壳体旁（图4-37），由换档杆驱动并完成以下功能：

将换档杆位置提供给自动变速器控制单元、接通倒车信号灯、挂行驶档位时阻止发动机起动、接通或切断巡航控制系统的信息。

多功能开关的结构如图4-38所示。

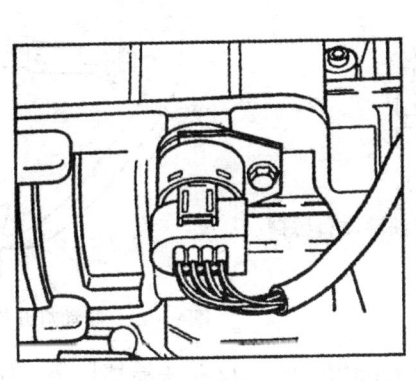
图4-37 多功能开关F125安装位置

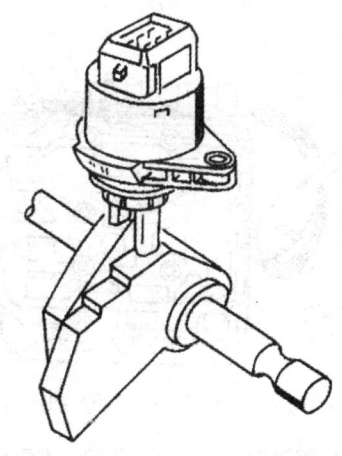
图4-38 多功能开关

④发动机转速传感器和变速器转速传感器。自动变速器控制单元通过发动机控制单元从分电器中的霍尔传感器获得发动机转速信号,在车速传感器发生故障时,它可以作为车速传感器的替代信号。

变速器转速传感器G38安装在变速器顶部的左侧,如图4-39所示。

⑤强制降档开关F8。强制降档开关F8与油门拉索做成一体并且安装在发动机舱的横隔板上,当加速踏板踩下并超过节气门全开点时,强制降档开关便动作。开关动作时,将在较高状态的换档点上强制换档并且从高档换入低档位。强制降档开关如图4-40所示。

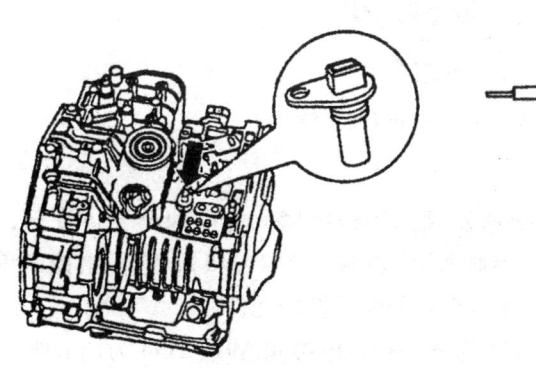
图4-39 变速器转速传感器安装位置

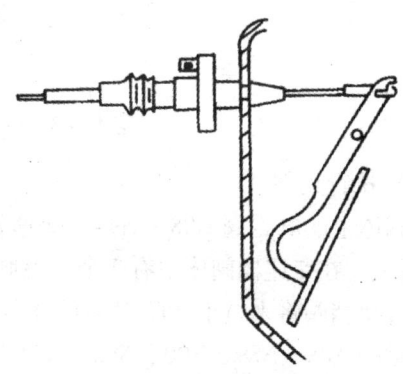
图4-40 强制降档开关

⑥ATF油温度传感器G93。ATF油温度传感器G93位于阀体旁,处于ATF油中,如图4-41所示。ATF油温度传感器始终监测ATF油温度,当油温超过限定值时,换档过程将在发动机较高转速下进行,通过提高的发动机转速来减小液力变矩器滑转,以此来降低ATF油温。ATF油温一下降,将再次恢复正常的换档模式。

⑦制动灯开关F。制动灯开关安装在制动踏板旁,如图4-42所示。对于换档杆锁止功能来讲,它需要制动踏板动作的信息。

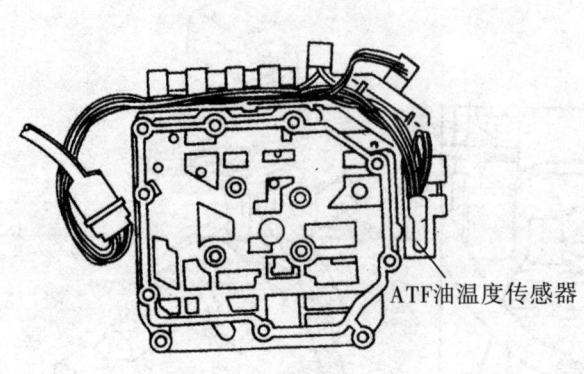

图4-41 ATF油温传感器

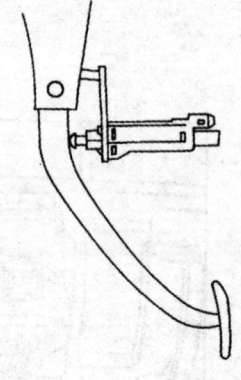

图4-42 制动灯开关F

⑧ECO/SPORT切换键E122。ECO/SPORT切换键E122位于换档杆旁,如图4-43所示。每按切换键一次,实现SPORT和ECO换档模式之间的一次切换。发动机起动后,最后选择的换档模式通过运动型指示灯显示出来。

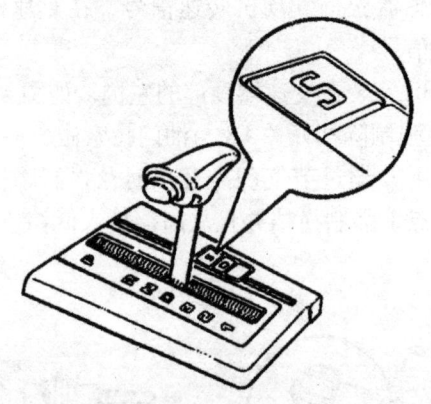

图4-43 ECO/SPORT切换键

(3) 执行元件

①阀体上的电磁阀N88~N94。变速器阀体用螺栓紧固在变速器壳体底部,如图4-44所示,在变速器阀体中有7个电磁阀N88~N94(图4-45),它们由控制单元控制并通过换档阀将来自于ATF油泵的油压直接分配给换档元件。

电磁阀N88、N89、N90、N92、N94为开关阀;电磁阀N91、N93为调节阀。

N88:控制C1,在1、2、3档时起作用。

N89:控制B2,在2、4档时起作用。

N90:控制C2,在3、4档时起作用。

N92、N94:在换档过程中,起换档平顺、舒适作用。

N91:控制变扭器中锁止离合器的闭合或分离,并控制锁止离合器上的压力。

N93:控制离合器片和制动器片上的压力。

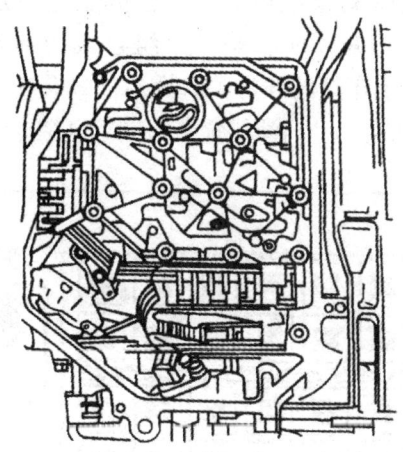

图 4-44 阀体总成

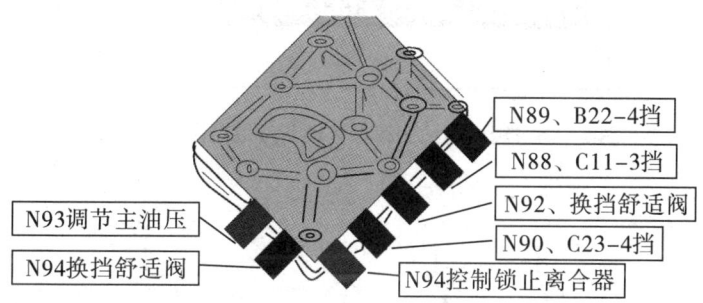

图 4-45 阀体上的电磁阀

②换档杆锁定电磁线圈 N110。电磁线圈的一端接 15 号线（火线），来自于制动踏板的信息经控制单元后用于控制电磁线圈的另一接地端。当踩制动踏板时，电磁线圈的接地端被断开，换档杆锁定功能被解除。换档杆锁止电磁线圈 N110 的安装位置（换档杆上）和结构分别如图 4-46 和图 4-47 所示。

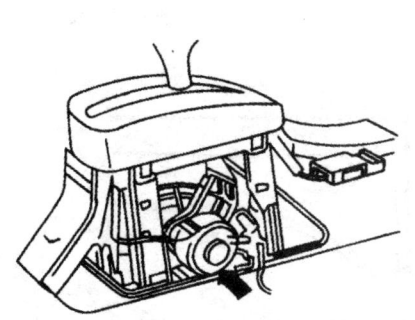 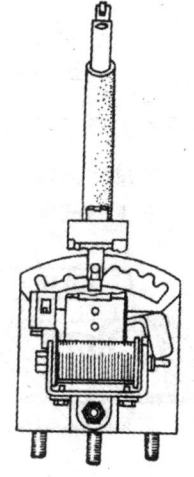

图 4-46 换档杆锁止电磁线圈安装位置　　图 4-47 换档杆锁电磁线圈

③起动马达闭锁器与倒车灯继电器 J226。起动马达闭锁器与倒车灯继电器位于中央接线板上左侧,如图 4-48 所示,是一个组合式的继电器,继电器上标有编号"150"。倒车灯继电器用于倒车灯的开与关。换档杆只有在"P"档或"N"档时,起动继电器才能使发动机起动。起动马达闭锁器与倒车灯继电器的电路如图 4-49 所示。

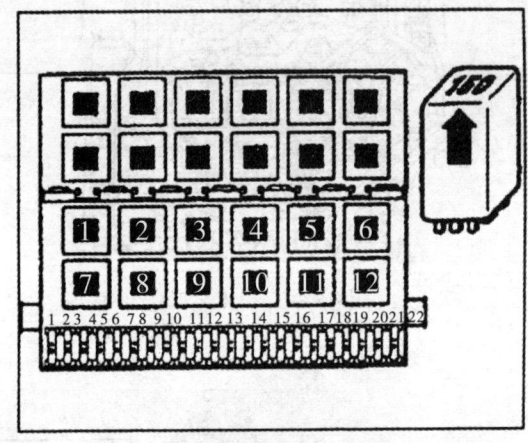

图 4-48 起动马达闭锁器和倒车灯继电器安装位置

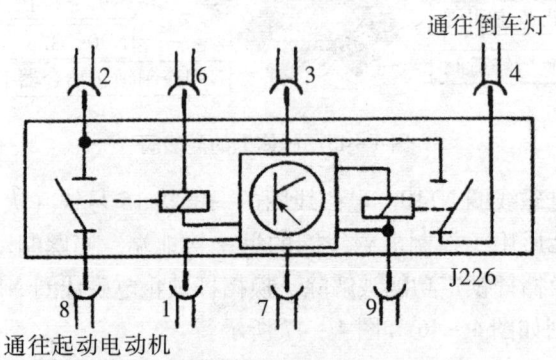

图 4-49 起动马达闭锁器与倒车灯继电器

④巡航控制系统 J213。巡航控制系统 J213 控制开关 E45 如图 4-50 所示,它安装在转向柱开关上,由自动变速器控制单元供电,进入巡航的前提条件是汽车处于前进档行驶并且车速大于 30 km/h。

图 4-50 巡航控制开关

⑤故障诊断插头。自动变速器故障诊断插头位于烟灰盒上方，护板后面，如图 4-51 所示。

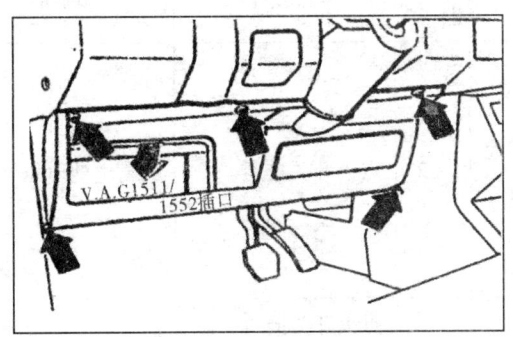

图 4-51　故障诊断连接接口位置

2）主要电子元件的检测

变速器主要电气元件的检测项目有控制单元 J217 的供电电压、换挡杆锁止电磁阀 N110、制动指示灯开关 F、电磁阀 1~7（N88~N94）、强制降挡开关 F8、变速器油温传感器 G93（ATF）、车速传感器 G68、变速器转速传感器 G38 等。其检测及故障排除如表 4-7 和表 4-8 所示。

检测条件：

①蓄电池电压正常；

②保险丝正常；

③蓄电池与变速器的连接及蓄电池和变速器的接地线接触良好。

表 4-7　电气元件测试表（执行步骤）

被检查元件	执行步骤	被检查元件	执行步骤
来自控制单元 J217 的供电电压	执行步骤 1	电磁阀 5 - N92	执行步骤 8
换挡杆锁止电磁阀 N110	执行步骤 2 和 11	电磁阀 6 - N93	执行步骤 9
制动指示灯开关	执行步骤 3	电磁阀 7 - N94	执行步骤 10
电磁阀 1 - N88	执行步骤 4	强制降挡开关 F8	执行步骤 12
电磁阀 2 - N89	执行步骤 5	变速器油温传感器 G39（ATF）	执行步骤 13
电磁阀 3 - N90	执行步骤 6	车速传感器 G68	执行步骤 14
电磁阀 4 - N91	执行步骤 7	变速器转速传感器 G38	执行步骤 15

表4-8 电气元件测试表（测量电压或电阻）

测试步骤	测试内容	测试端子*	测试条件	额定值	故障排除
1	来自控制单元J217的供电电压	1+23	点火开关接通	约蓄电池电压	检查线路 检查从端子1至接地的线路 检查从端子23至电子控制系统接线柱15的线路
2	换挡杆锁止电磁阀N110	15+29	点火开关接通 不踩制动踏板	约蓄电池电压	检查线路 更换换挡杆锁止电磁阀
			不踩制动踏板	0.2V	
3	制动灯指示开关F	15+1	点火开关接通 不踩制动踏板	0V	检查线路 检修制动指示灯开关
			踩下制动踏板	约蓄电池电压	
4	电磁阀1-N88	55+67	关闭点火开关	55~65Ω	检查线路 更换扁状导线或阀体
		55+1		无穷大	
5	电磁阀2-N89	54+67	关闭点火开关	55~65Ω	检查线路 更换扁状导线或阀体
		54+1		无穷大	
6	电磁阀3-N90	9+67	关闭点火开关	55~65Ω	检查线路 更换扁状导线或阀体
		9+1		无穷大	
7	电磁阀4-N91	47+67	关闭点火开关	55~65Ω	检查线路 更换扁状导线或阀体
		47+1		无穷大	
8	电磁阀5-N92	56+67	关闭点火开关	55~65Ω	检查线路 更换扁状导线或阀体
		56+1		无穷大	
9	电磁阀6-N93	58+22 58+1 22+1	关闭点火开关	4.5~6.5Ω 无穷大	检查线路 更换扁状导线或阀体
10	电磁阀7-N94	10+67	关闭点火开关	55~65Ω	检查线路 更换扁状导线或阀体
		10+1		无穷大	
11	换挡杆锁止电磁阀N110	23+29	关闭点火开关	14~25Ω	检查线路 更换扁状导线或阀体

续表

测试步骤	测试内容	测试端子*	测试条件	额定值	故障排除
12	强制降挡开关 F8	1 + 16	关闭点火开关 不踩加速踏板	无穷大	检查线路 调整或更换加速踏板拉索
			踩加速踏板到底,使强制降挡开关动作	小于 1.5Ω	
13	变速器油温度传感器 G93（ATF）	6 + 67	关闭点火开关 ATF 约 20℃ 约 60℃ 约 120℃	0.247MΩ 48.8kΩ 7.4kΩ	检查线路 更换扁状导线
14	车速传感器 G68	20 + 65	关闭点火开关	0.8 ~ 0.9kΩ	检查线路 更换车速传感器
15	变速器转速传感器 G38	21 + 66	关闭点火开关	0.8 ~ 0.9kΩ	检查线路 更换变速器转速传感器

＊－指控制单元 J217 的端子

四、自我测试题

（一）概念题

1. ATF：
2. 强制降挡：
3. 负温度系数：
4. 占空比：

（二）填空题

1. ECT 进行自动换挡控制时的两个基本传感器是_____和_____。
2. 见图 4－52 所示 01M 型 ECT 中 F125 端子图，F125 是_____，当换挡手柄处于 2 位时，_____端子导通。

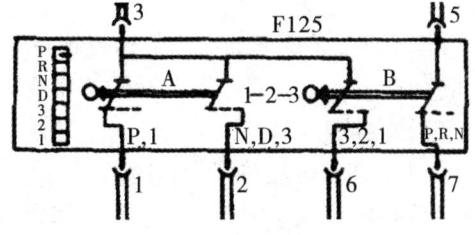

图 4－52　F125 端子图

3. ATF 的功用有防锈、清洗、冷却、_____、_____和_____。

4. 电控自动变速器上所用的电磁阀主要有_____和线性脉冲式电磁阀两种，主要用来控制_____、_____和主油压等。一常闭式电磁阀，当线圈通电，阀门开启，管路液压_____（降低或升高），当该电磁阀的插头脱落后，则管路液压变_____（低或高）。

5. 自动变速器的油泵有_____、_____、_____类型。

6. 内啮合齿轮泵或转子泵的轮齿_____是吸油区，_____是压油区。

7、电控自动变速器控制功能很强大，特别是故障自诊断功能有益于维修。此功能能诊断自动变速器的_____系统的故障。（填机械、液压或电控）

8、检测丰田车系专用的电脑诊断仪是_____，进入系统后，应选择_____（POWER TRAIN 或 CHASSIS 或 BODY），点击"数据列表"读取数据流，其中"A/T Oil Temperature 1"显示的是_____，该传感器采用_____型半导体热敏电阻式，当数值显示"-40℃"时则表明_____。"Neutral Position SW"在换挡手柄处于_____位置时显示为"ON"。

9、使用金德 KT600 诊断仪读取大众捷达 01M 型 ECT 数据流时，显示"电磁阀 N88、N89、N90、不考虑、N92 和 N94"数组时，若显示为"101000"，"1"表示_____，01M 型 ECT 在 D-3 挡工作时，电磁阀组件显示前三位结果应为_____。显示"运行模式"时，显示"2H"，"2"表示_____，"H"表示_____。

（三）判断题

1. 汽车抛锚后，不宜长距离着地高速拖拽，是为了防止 AT 中行星齿轮机构因润滑不良而磨损过甚。（   ）

2. 变速器壳体与油底壳之间采用的是动态密封。（   ）

3. 一般情况下，自动变速器中的 ATF 不会有损耗。（   ）

4. ECT 的电控系统包括输入装置（控制开关和传感器）、输出装置（电磁阀等）和电子控制单元（ECU）。（   ）

5. 当脉冲线性式电磁阀断路时，相当于控制其信号的占空比为 100%。（   ）

6. 搭载 ECT 的丰田威驰轿车，按下换挡手柄上的"O/D OFF"控制按钮，仪表板中"O/D OFF"指示灯点亮，阀板中的超速挡电磁阀通电，ECT 能升至 OD 挡。
（   ）

7. 一般而言，电磁式主油路调压阀所调节的油压与所控制电磁阀的占空比成正比。
（   ）

8. 车速一定，节气门开度越大，变速器所处的挡位越高。（   ）

9. 所谓强制降挡是指当节气门全开或接近全开时，将变速器的挡位无条件降低一个挡位，以提高车辆行驶的稳定性、可靠性。（   ）

10. 冷车停驶时自动变速器油液位较热车运行时的要高。（   ）

11. 丰田卡罗拉轿车 2ZRE 发动机在标准工况下，急速转速是 800 +30r/min。
（   ）

12. 电控自动变速器的故障自诊断功能可以诊断自动变速器的液压系统的故障。
   (   )

（四）单项选择题

1. U341E 型自动变速器用的油泵采用_____类型，由_____驱动。
   A. 转子式 凸轮轴   B. 外啮合齿轮式 曲轴
   C. 转子式 变矩器壳体   D. 外啮合齿轮式 变矩器壳体

2. 汽车抛锚后，不宜长距离着地高速拖拽，是为了_____。
   A. 减小拖拽汽车的功率损耗
   B. 防止行星齿轮机构因润滑不良而磨损过甚
   C. 防止自动变速器自动换上挡位
   D. 减少发动机的磨损

3. 电控自动变速器采用动力模式后，以下正确的是_____。
   A. 升挡车速升高   B. 升挡车速不变
   C. 升挡车速降低   D. 以上都不正确

4. 在电控自动变速器的控制系统中，使用最广泛的、反映发动机负荷的传感器是_____。
   A. 发动机转速传感器   B. 节气门位置传感器
   C. 进气流量计   D. 近气歧管绝对压力传感器

5. 电控自动变速器的控制系统，是以_____形式接受水温传感信息。
   A. 热敏电阻   B. 电压   C. 电动势   D. 感应电势

6. 以下哪些是 ECT 电控系统输出端元件_____。
   A. 节气门位置传感器   B. 车速传感器
   C. 温度传感器   D. 换挡电磁阀

7. 以下_____工况可要求变矩器锁止离合器处于锁止状态。
   A. 制动时   B. 发动机怠速时
   C. 车辆低速时   D. 变速器高挡位时

8. 以下哪个不是自动变速器油_____。
   A、GL-5 70W-110   B. MERCON
   C. DEXRON   D. DEXRON Ⅱ

9. 自动变速器的_____需定期更换。
   A、制动器   B. 油泵   C. ATF   D. 润滑脂

（五）简答题

1. 简述内啮合齿轮油泵的工作原理。
2. 丰田 U341E 型 ECT 的 ATF 油位是采用_____（双刻线油尺、三刻线油尺、四刻线油尺或溢流孔）法检查的，写出检查时的操作步骤。
3. 简述检查发动机怠速的目的和条件。

项目五

自动变速器的性能试验

一、项目描述

通过本项目的学习,对自动变速器实施失速试验、油压试验、时滞试验、手动换挡试验等,应达到以下要求:

1. 知识要求

①熟悉帕斯卡定律、液体特性、熟悉液压传动系统中主要部件的结构与原理。

②熟悉ECT液压控制系统主要部件的功用、结构与原理,了解ECT各挡位控制油路的工作情况;

③掌握自动变速器失速试验、油压试验、手动换挡试验和时滞试验的目的、操作步骤和结果分析,熟悉自动道路试验的目的和操作步骤。

2. 技能要求

能正确利用相应工具和设备对测试汽车的自动变速器进行失速、油压、时滞、手动换挡等试验,能根据结果进行分析并给出结论。

3. 素质要求

①整理整顿拆装工具、量具,保持实训场地清洁,及时清扫垃圾,树立团队意识,培养协作精神;

②安全文明生产,保证设备和自身安全;

③操作规范,技术要求符合维修手册。

二、项目实施

任务一 失速试验

1. 训练目标与要求

能正确规范地测出被测车辆失速转速,并会对检测结果进行分析。

2. 训练设备

搭载自动变速器的一汽丰田卡罗拉轿车。

3. 训练步骤

①起动发动机，怠速运转或行车使自动变速器油温达到正常温度（50℃～80℃）。

②将车辆停放在平坦的路面上，用三角木固定前、后车轮，拉紧驻车制动器，将车辆制动。

③保持发动机怠速运转，将变速杆置于 D 位，左脚踩紧制动踏板，右脚将加速踏板踩到底，迅速读出发动机转速达到最高并稳定时的转速。

④读取发动机转速后立即松开加速踏板，将变速杆拔至 P 位或 N 位使发动机怠速运转 1min。

⑤将变速杆拨入其他挡位（R 位、L 位或 2 位、1 位），做同样的试验。

⑥对不同挡位试验测得的失速转速高低进行分析。

 任务二　油压试验

1. 训练目标与要求

能正确规范地测出被测自动变速器各挡位的油压，并会对检测结果进行分析。

2. 训练设备

搭载自动变速器的一汽丰田卡罗拉轿车、油压表、举升机、常用拆装工具。

3. 训练步骤

①起动发动机，怠速运转或行车使自动变速器油温达到正常温度（50℃～80℃），检查发动机怠速和自动变速器油的液面高度，并使其达到规定标准。

②使用举升机将车辆举升，将一个量程为 2MPa 的压力表接至变速器主油压测试孔上。

③将车辆停放在平坦的路面上，用三角木固定前、后车轮，拉紧驻车制动器，将换挡手柄拨至 D 位，读出发动机怠速工况和失速工况下油压表所指示的前进挡油压数值。

④将变速杆拔至 P 位或 N 位使发动机怠速运转 1min。

⑤将换挡手柄拨至 R 位，读出发动机怠速工况和失速工况下油压表所指示的倒挡油压数值。

⑥对不同挡位试验测得的油压数值进行分析。

 任务三　时滞试验

1. 训练目标与要求

能正确规范地测出被测自动变速器的时滞时间，并会对检测结果进行分析。

2. 训练设备

搭载自动变速器的一汽丰田卡罗拉轿车、秒表。

3. 训练步骤

①起动发动机，怠速运转或行车使自动变速器油温达到正常温度（50℃~80℃）拉紧驻车制动器。

②使发动机保持标准怠速运转，将变速杆位置从 N 位置换入 D 位置，用秒表测量从 N 位置换入 D 位置后、直至有振动感时所经历的时间。每次试验间隔时间为 1min，取 3 次试验时间的平均值即为 N→D 时滞时间。

③将变速杆位置分别从 N 位置换入 R 位置，用秒表测量从 N 位置换入 R 位置后、直至有振动感时所经历的时间。每次试验间隔时间为 1min，取 3 次试验时间的平均值即为 N→R 时滞时间。

④对 N→D，N→R 时滞时间数值进行分析。

任务四　手动换挡试验

1. 训练目标与要求

能正确规范地对被测自动变速器实施手动换挡试验，并会对检测结果进行分析。

2. 训练设备

搭载自动变速器的一汽丰田卡罗拉轿车、举升机、电脑诊断仪 IT-Ⅱ。

3. 训练步骤

（1）脱开电子控制自动变速器的所有换挡电磁阀线束插接器。

（2）用举升机将车辆驱动轮悬空，后车轮着地，并用三角木固定后车轮，拉紧驻车制动器。起动发动机，将变速杆拨至不同位置，进行台架试验。

（3）观察发动机转速和车速的对应关系以判断自动变速器所处的挡位。

（4）试验结束后接上电磁阀线束插接器。

（5）使用电脑诊断仪 IT-Ⅱ清除自动变速器 ECU 存储器中的故障代码。

（6）对手动换挡试验的结果进行分析。

三、相关知识

（一）液压传动系统的基础知识

1. 液压传动的概述

液压系统的原理是液体可以轻易地通过复杂的路径，而不能被压缩（可压缩量非常小）。帕斯卡定理说明一个液压系统中的各个部件都是相互关联的，也就是说液压可以传递到每一个部件。当传递压力时，液压向各个方向传递并且整个回路中各处压强相等，如图 5-1 所示。

假如我们在一个坚固的容器内注满液体，然后对液体施加压力以期能再多装一些液体，那么即使把容器压坏也不可能实现，如图 5-2 所示，液体可以自由流动，其形状随容器的形状改变，但其体积不可压缩。一旦容器被装满，任何施加的压力都会变成液体内部压强，使用米制单位，表示压强的单位有 KPa、kg/cm^2、bar（1 kg/cm^2 = 1 bar=100 KPa=10^5 Pa≈1个大气压力）。现在，压强常用千帕（kPa）计算，千帕是度量压强的国际单位。布莱克·帕斯卡发现的帕斯卡定理说的是施加于一密闭液体的压强能无损的向各个方向传递，并且垂直地作用于容器内表面的各个部分，同时面积相等部分其液体压力也相等。

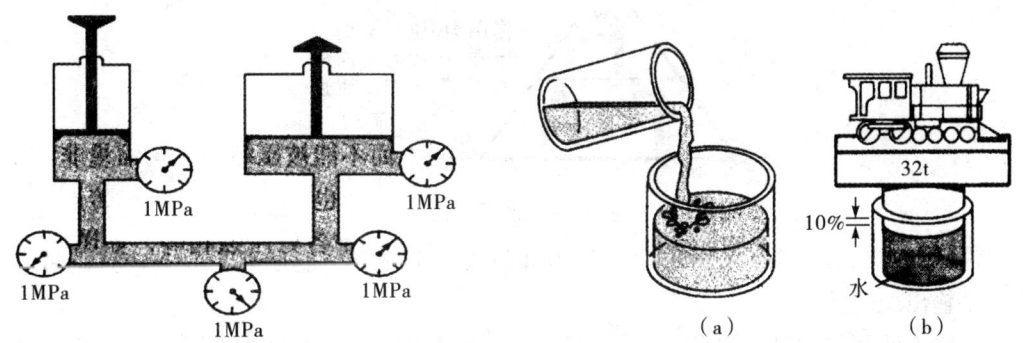

图 5-1 帕斯卡定理　　　　图 5-2 液体的特性

通过液压系统传输压力的方法是用一个活塞作压力输入，一个或几个活塞作为压力的输出，如图 5-3 所示。一个系统内的总压力和 3 个因素有关：系统承压的能力、输入活塞的截面积、活塞上的作用力。系统的强度是非常重要的，因为一旦系统压力过高而承压能力不够，整个系统会被损坏而使压力迅速下降。

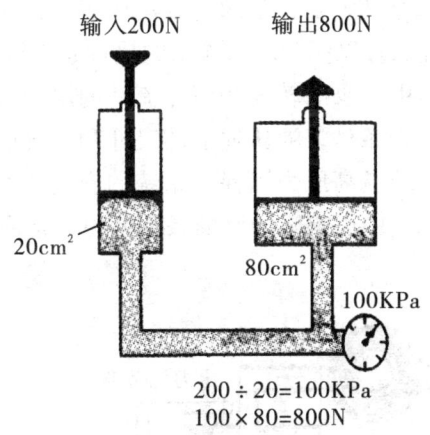

图 5-3 液压系统传输压力

当在一个密闭系统的活塞上施加一个作用力时，这个作用力会转化为液体的内部压强，压强等于作用力除以活塞的面积。一个 200N（约 20 kg）力作用在 20cm^2 的活塞上将会产生 100KPa 的压强。系统内的压强取决于作用在活塞上的压力和活塞的截面积，如图 5-3 所示。

圆形活塞的面积可以通过如下公式计算：$A = \pi r^2$ 或 $\pi d^2/4$

式中：π—3.14，r—半径，d—直径。

系统压力由输入活塞上的作用力 200N）和输入活塞的截面积（20cm^2）决定。输出压力等于输出活塞截面积（80cm^2）和系统压强（100KPa）的乘积，同样的压强作用在 80cm² 的活塞上产生的压力为 800N。

当输出活塞面积大于输入活塞时，输出压力增大；反之减小，如图 5-4 所示为截面积、压力、压强三者之间的关系。

图 5-4 液压公式

液压系统只能传递输入的能量、压力和位移，不能产生能量，一端输入会在另一端全部输出。

当输入活塞移动时，它推动液体流过系统液压回路，容积的变化等于活塞的截面积乘以活塞移动的距离。一个直径 3.99 cm² 的活塞，它的截面积为 50cm²），假如活塞移动 10cm，对应的液体体积为 500cm³（500ml）。假如输出活塞更大一些，因液体体积不变，相应的输出活塞移动的距离会变小。

2. 简单液压传动系统

(1) 系统基本组成

许多液压系统，包括汽车变速器，是通过发动机驱动泵实现液体流动的。系统通常由油泵、滤清器、油底壳、控制阀和动力输出的执行元件组成，如图 5-5 所示。在这些系统中，系统总压力是由油泵的转速和液体流动的阻力决定的，另一些因素也影响压力的大小，如油泵的工作条件，液压通道的尺寸和系统的强度。多数系统通过一个限压阀或调压阀来限制系统最高压力以保证系统的安全。油泵总泵油量受油泵的转速、油泵的尺寸和液压油总量的影响。油泵的泵油能力通常由每分钟泵油的体积（公升）来衡量。

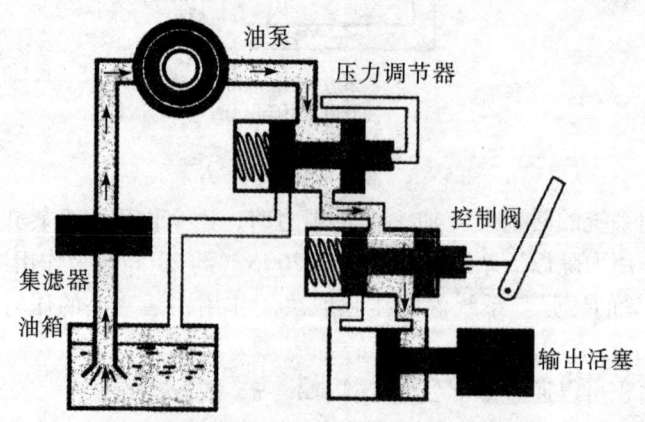

图 5-5 一个简单液压系统的基本组成

系统液压力和流量与输入系统的总能量有关。发动机的马力和扭矩的大小与转速有关。同样，液压马力的大小和系统的压强与流量有关。

（2）油泵

自动变速器中常用的油泵有3种：内啮合齿轮泵、转子式油泵和叶片泵，如图5-6所示。这几种油泵从本质上看原理是相同的，输入元件（外齿轮或内转子）由液力变矩器直接或间接驱动，而输出元件（内齿轮、外转子或叶片泵定子）相对输入元件都是偏心的。

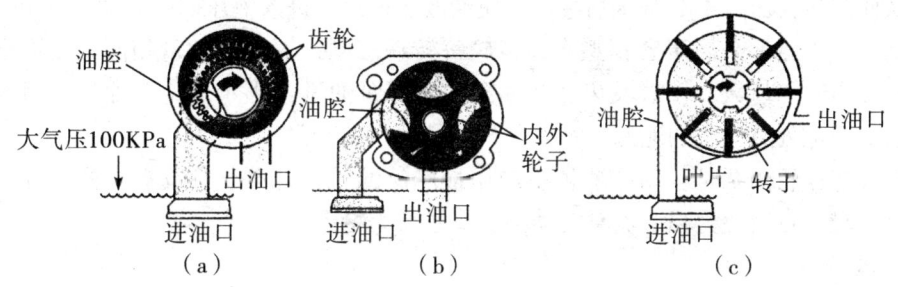

(a) 内啮合齿轮泵；(b) 转子式油泵；(c) 叶片泵

图5-6 液压油泵原理简图

当内转子旋转时，泵体中一部分腔室（在内外轮齿间，内外转子间和叶片间）容积增大，另一部分腔室容积减少，容积增大的腔室产生真空吸力。腔室通过油道和油底壳中的滤清器连在一起，油泵工作时，在吸油腔真空吸力的作用下，变速器油经滤清器源源不断地被吸进油泵。

在油泵另一侧的出油腔容积不断减少，油泵的出油口就设置在此，故而油液被泵出油泵，进入通到调压阀的通道和液压系统的其他部分。调整后的压力通常称作供油压力或主油道压力。

这里以内啮合齿轮泵为例，详细讲解其结构与原理。

内啮合式齿轮油泵也称月牙形齿轮泵，主要由主动齿轮（外齿齿轮）、从动齿轮（内齿齿轮）、月牙形隔板、泵壳、泵盖等部件组成。如图5-7所示。

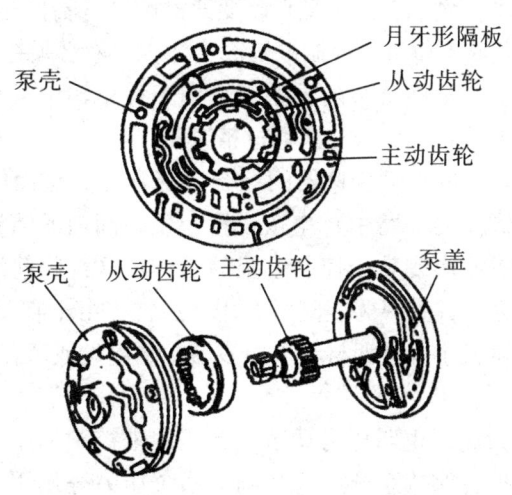

图5-7 内啮合式齿轮油泵

油泵的齿轮紧密地装在泵体的内腔里，月牙形隔板将主动齿轮与从动齿轮隔开，主、从动齿轮靠紧月牙形隔板，且三者间有微小间隙。月牙形隔板将主、从动齿轮之间空出来的容积分隔成两部分。

油泵的主动齿轮转动时，主动齿轮与从动齿轮的轮齿在月牙形隔板的一侧不断地脱离啮合，在另一侧不断地进入啮合。脱离啮合的一侧容积增大，从而产生真空，油液被大气压力压入直到充满整个容积。进入啮合的一侧轮齿之间的间隙逐渐变小容积减小，从而产生挤压，不断挤压油液，迫使油液通过出口进入液压回路。

内啮合式齿轮油泵属于容积型泵，齿轮每转动一圈，输出的油量相同。其输出油量取决于外齿轮的齿数、模数及齿宽。油泵的实际泵油量会小于理论泵油量，因为油泵的各密封间隙处有一定的泄漏。

内啮合式齿轮油泵是自动变速器中应用最广泛的一种油泵，它具有结构紧凑、尺寸小、重量轻、自吸能力强、流量波动小、噪音低等特点。

(3) 滤清器

滤清器用来滤除自动变速油中的杂质，保证进入系统中油液的清洁。

自动变速器由于液压系统零件的高精密度及工作性能的灵敏度，对油液的清洁程度要求极高。经过长期使用后，由于油液变质、零件磨损、摩擦衬面剥落、密封件磨损脱落会产生颗粒，空气中的尘埃以及其他污染物都可能使油液污染，而导致各种故障的发生，如滑阀卡滞、失灵、节流孔堵塞等，因此，应采用多种措施对油液进行严格过滤。

在自动变速器供油系统中，通常设有三种形式的滤油装置。

①粗滤器。粗滤器通常装在油泵的吸油口端，用以防止大颗粒或纤维杂物进入供油系统。为了避免出现吸油气穴现象，一般采用 $80 \sim 110 \mu m$（$1 \mu m = 0.001 mm$）的金属丝网或毛织物作为滤清材料，以保证不产生过大的降压。

②精滤器。精滤器通常设置在回油管道或油泵的输出管道上，它的作用是滤去油液中的各种微小颗粒，提高油液的清洁度，避免颗粒杂质进入控制系统。因此，要求精滤器有较高的过滤精度。例如有的重型自动变速器的精滤器的过滤精度为 $40 \mu m$，保证大于 $0.04 mm$ 的颗粒杂质不得进入控制系统。这样，油液必须在压力状态下通过精滤器，并产生一定的压降。在某些复杂的重型车辆和工程车辆中，常设计有专用的旁路式精滤器，用一个专用的油泵来驱使油液通过精滤器。

③阀前专用滤清器。有些自动变速器的控制系统常在关键而精密的控制阀前（例如双向节流的参数调压阀前的油路中）串接设置专用的阀前滤清器，以防止杂质进入节流孔隙造成调压阀失灵而影响整个控制系统的工作。这种阀前滤清器应尽量设置在接近于被保护的控制阀处，并且只为该阀所专用。通常，由于它要求通过的流量不大，这种滤清器的尺寸都做得很小，过滤材料采用多层的金属丝或微孔滤纸。

(4) 压力控制阀

压力控制阀简称压力阀，也叫压力调节阀，是用来控制油路中液流压力的。在液压系统中可起到安全保护、保持系统压力和调节系统压力等作用。在自动变速器中压力控制阀用于对油压进行调节和控制，以适应工作的需求。压力控制阀是依靠液体压力和弹簧力平衡的原理来实现压力控制的,常分为球阀、活塞阀和滑阀三种。

①球阀。图5-8为球阀式压力控制阀工作的示意图,当管路液压超出系统规定压力时,球阀在液流压力的作用下克服弹簧弹力上升,从管路中排出油液以降低压力,保证系统压力不超过规定值,起到安全保护和稳定系统压力的作用。注意:球阀式压力控制阀常常用作限压阀。

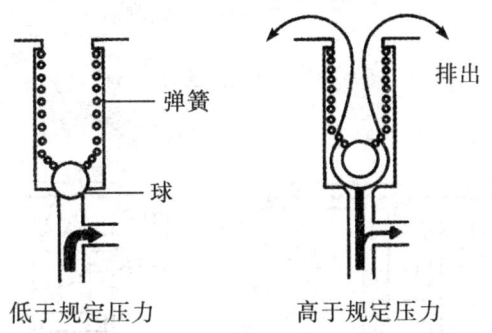

图5-8 球阀的结构与工作图

②活塞阀。图5-9为活塞式压力控制阀工作示意图,这种调节阀工作原理与球阀相同,只不过把球阀换成了活塞。与球阀状态一样,当液压超出系统规定压力时活塞下移。活塞向下移动至规定位置时,泄油口开启,工作液从系统中排出,主油道内的液压得到控制,不会超出规定值。

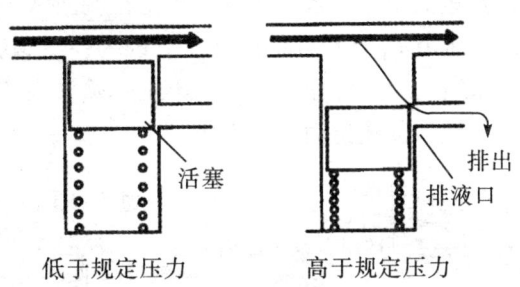

图5-9 活塞阀的结构与工作原理

在球阀和活塞阀中,通过改变球阀弹簧或活塞弹簧的张力可以调节系统的工作油压。增加弹簧张力可以使系统油压升高,减小弹簧张力则可以使系统油压降低。

③滑阀式压力调节阀。滑阀式压力调节阀的调节原理如图5-10所示,当系统油压正好与弹簧弹力平衡时,排油口封闭。系统油压过高时,此时较大的油压力会推动阀芯左移,打开排油口泄油,使系统油压降低;当油压降低后阀芯会右移,逐渐关闭排油口,系统油压则保持在规定数值范围内。

常见的滑阀式压力调节阀结构如图5-11所示,当油压低于规定值时,作用在端面A上的液压力F_1小于作用在端面B上的弹簧力F_2,使排油口关闭,此时油压不变。当油压超出规定值时,液压将滑阀推下,开启排油口,以此来调节油压。

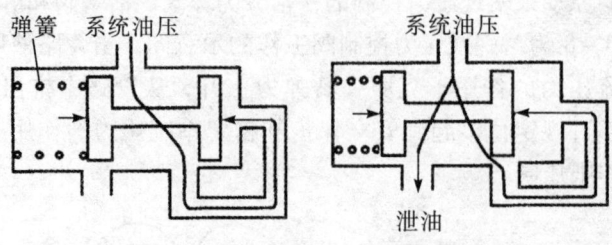

图 5-10 滑阀式压力调节阀

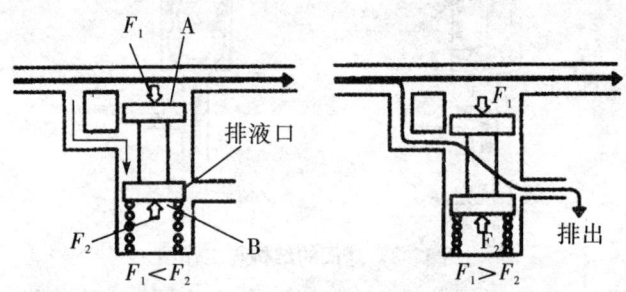

图 5-11 滑阀式压力调节阀

对上述滑阀进行改进，如图 5-12 所示，在滑阀的不同端面施加两个独立油压，根据外压力升高或降低来操纵油压，可获得更好的调节效果。

来自油泵的工作液从进液口①进入，将油压作用在端面 A 和 B 上，因为端面 B 大于 A，相当于有等效的液压力 F_1 作用在端面 B 上。因为在滑阀底部有向上作用的弹簧力 F_2，在液压低于系统规定压力时，液压力 F_1 小于弹簧弹力 F_2，使排液口③保持关闭。因此，工作液通过排液口②流出而压力不变。

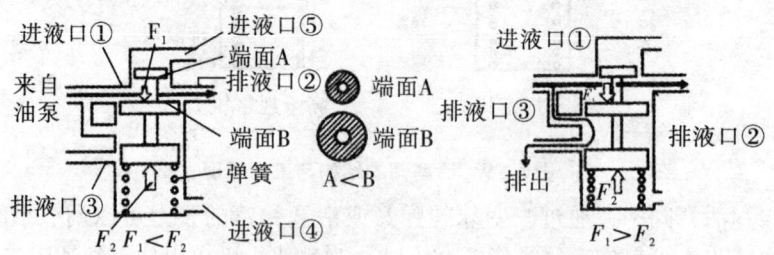

图 5-12 改进滑阀式调节阀

当被调节的油压超出系统规定压力时，油压力 F_1 大于弹簧弹力 F_2，将滑阀推下并开启排液口③，部分工作液从排液口③排出，从排液口②排出的油压力比从进液口①流入的油压力低。

滑阀的两端还可以通过进液口④和进液口⑤引入两个互相独立的液压，根据外压力暂时升高或降低，系统液压可以改变排液口②的液压。

当要升高系统液压时，将油压引入进液口④增加油压力 F_3（图 5-13（a）），F_3 加上弹簧弹力 F_2，这种合力将滑阀向上推，减少了排液口③的面积和流经排液口③工作液的流量，使得排液口②排出的工作油液压力升高。

当要降低系统液压时，将油压引入进液口⑤（图5-13（b）），将滑阀推下，使排液口③开启，增大流经排液口③的工作液流量，减小了排液口②的出口液压。

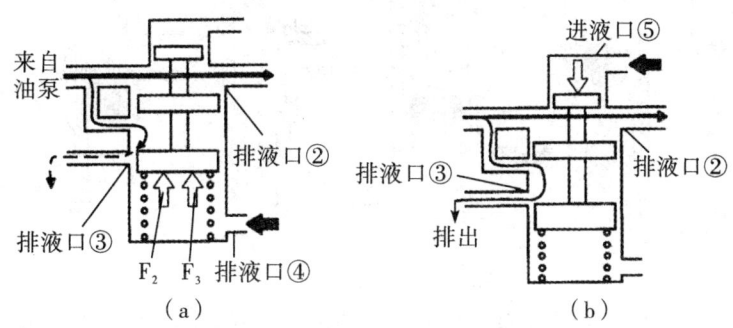

图5-13 改良滑阀升高、降低液压示意图

④调压阀实例。自动变速器的液压是由调压阀控制的。首先，液压必须足够大以防止离合器和制动器打滑。但过大的液压会使变速器油温升高、产生大量的乳化泡沫，使发动机负荷增加。液压马力的产生有两个条件：一是液压力，二是循环流动。多数变速器，调压阀装在油泵出口处，调压阀的原理是液压作用在一侧，弹簧作用在另一侧。此外还有一个与油泵连通的油道通到调压阀的一个环槽处，在这个环槽旁边有一个回到油泵入口处的回油通道，如图5-14所示。

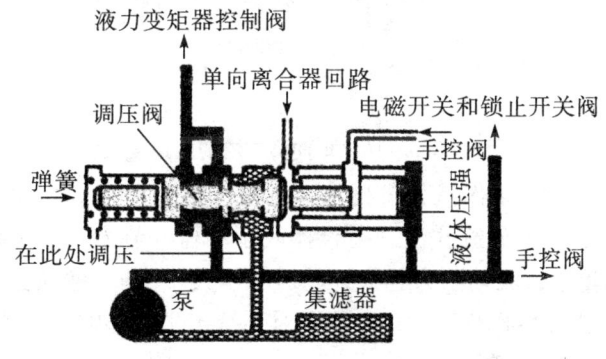

图5-14 调压阀

当油泵液压乘以阀的作用面积的乘积大于弹簧的弹力时，调压阀就向弹簧侧移动，一部分液压油流回到油泵的入口处。调压阀始终处于一个平衡位置以保持系统内的液压，这个平衡位置使作用在阀上的液压力和弹簧的弹力相平衡。

（5）方向控制阀

方向控制阀是用来控制液压系统中液流方向和流经通道的，用来改变执行机构的运动方向和工作顺序。在自动变速器中，方向控制阀将液压油引导到相应的换挡执行元件，改变自动变速器传动比。常见的方向控制阀有单向阀和换向阀。

①单向阀。单向阀的作用是只允许油液向一个方向流动，不能反向流动。图5-15所示为两种不同形式的单向阀。

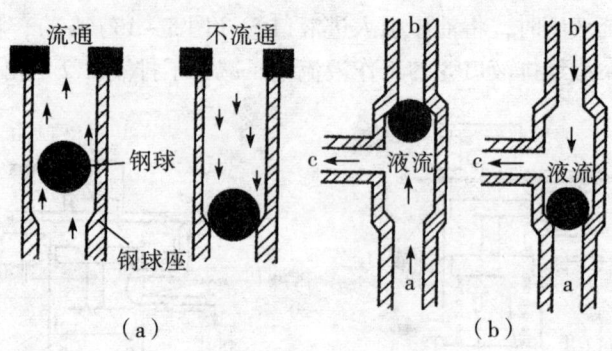

图 5-15 单向阀工作原理

在自动变速器中单向阀常用于控制换挡执行元件的充油速度。如果离合器或制动器的充油速度过快，会形成较大的换挡冲击，在油路中增加单向阀（如图 5-16）可以有效地降低换挡冲击。

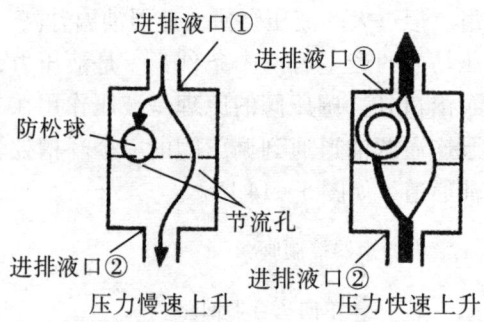

图 5-16 单向阀节流的应用

在执行升挡动作时，工作液从进排液口①流向进排液口②，油压将单向阀压在阀座上，油液只能通过一个节流孔流进离合器或制动器，节流孔产生阻力，进而引起压力下降。（节流孔越小，流动阻力越大，总压降越大。）油压增加比较慢，有效地缓和了换挡冲击。当液压油停止流动时，节流孔对系统不再有影响，节流孔两侧液压相等。液压变化实例见图 5-17 所示。

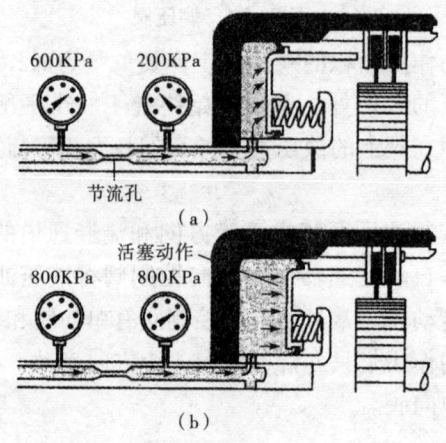

图 5-17 在油液通过节流孔时和停止流动时，液压变化实例

而在降挡时,油液流动的方向相反,使离合器或制动器中的油液快速排出,以便顺利进入其他挡位。

②换向阀。在液压系统中如果需要同时控制数个油道的接通或封闭来改变液流时,就要采用换向阀,在自动变速器中也称作换挡控制阀(简称换挡阀)。换向阀的作用是利用阀芯和阀体间的相对运动来变换油液流动的方向以及接通或关闭油路,换向阀有转阀式和滑阀式。自动变速器中常用滑阀式换向阀,也叫线轮式滑阀。

a. 手控式换向阀 手控式换向阀如图5-18所示。这种换向阀通过人工方法直接操纵阀芯的移动来实现油路的转换。自动变速器中换挡手柄的操作就属于手控式。借助联杆或缆绳用手控方式水平移动滑阀,实现油路转换,进而实现挡位的设定。

b. 液压和弹簧式换向阀 液压和弹簧式换向阀的结构如图5-19。这种换向阀是利用液压和弹簧弹力的相互作用使阀芯移动来完成油路转换的,常用作自动操作的机构。滑阀的一端或被弹簧推动或同时受弹簧和油压作用,而另一端则受到油压作用。在需要对工作液流实现管路转换时,可通过升高或减小油压使阀芯做水平移动来实现,自动变速器的换挡阀和锁止换向阀均属于此类。

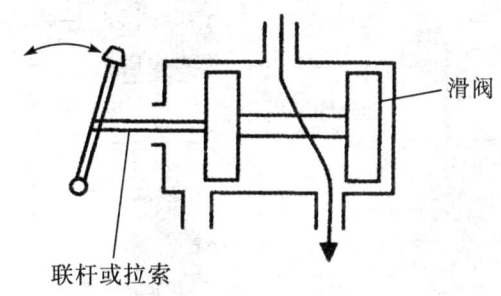

图5-18 手控式换向阀

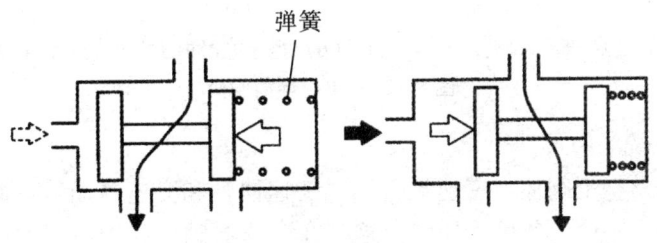

图5-19 液压和弹簧式换向阀结构与工作原理

通过改进后的液压和弹簧式换向阀的结构如图5-20所示。油压力F_1从进液口①将滑阀推至右端,使工作油液流向油路A。从进液口②施加相同的油压,使滑阀两端所受的油压力相等,此时滑阀在弹簧力F_2的作用下被推至左端,工作油液流向从A转换至油路B。

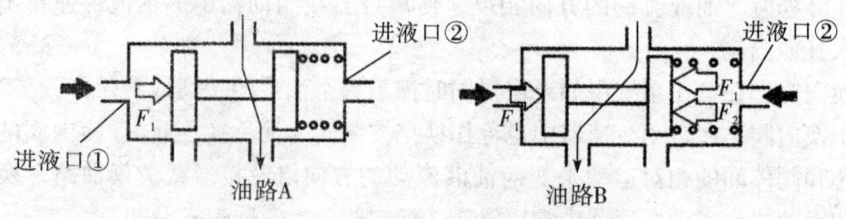

图 5-20 改进后的液压和弹簧式换向阀

c. 电磁换向阀　用电磁铁操纵阀芯移动换向的换向阀叫电磁换向阀,这种电磁阀也叫开关式电磁阀。电磁换向阀操纵方便,布置灵活,易于实现动作转换的自动化,应用广泛。见图 5-21,当需要阀芯移动时,可接通电磁铁的线圈,通电的线圈产生磁力,该磁力可吸拉阀芯,实现阀芯的移动。当切断线圈的电源时,磁力消失,阀芯在复位弹簧的作用下恢复原位。

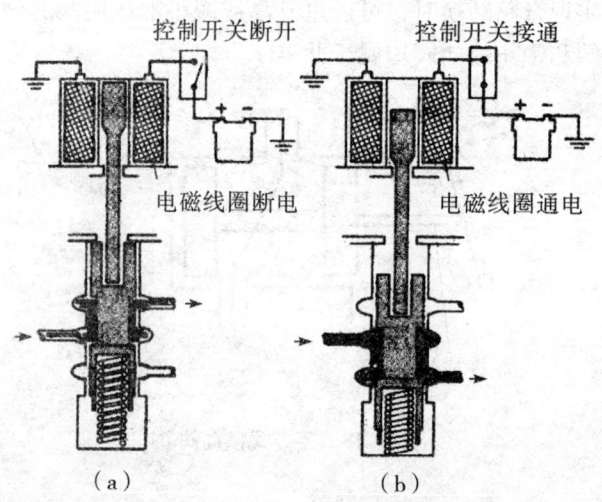

(a) 电磁阀不通电,阀门关闭;(b) 当通电时电磁阀处于开启状态

图 5-21 电磁换向阀阀

(6) 液压系统的密封

液压通道遍及整个阀体、变速器壳体、变速器轴和变速器油管。液体的特性是内部各处压强相等,不论容器尺寸如何。这些在变速器阀体和壳体间的液压通道看上去就像虫子爬过的轨迹。如图 5-22 所示,阀体包括上下两部分,中间由分离钢片隔开。分离钢片是作为一个节流孔来限制阀体上下部分间的油路的。在变速器壳体上,这些液压通道可以是虫形轨迹或是直接钻的简单的孔道形成的,如把一些不用的工艺孔用销子堵住,在液压通道转弯的地方通常使用这种方式。有些变速器轴的内部相当复杂,有好几个通道,且每个通道有不同的作用,如图 5-23 所示,中间轴上有液压油通道,润滑行星齿轮机构的润滑油从中流过。为了防止泄漏导致压力降低,在液压油流过两个不同元件的连接处用垫圈和密封圈密封。密封分为静态密封和动态密封两种。

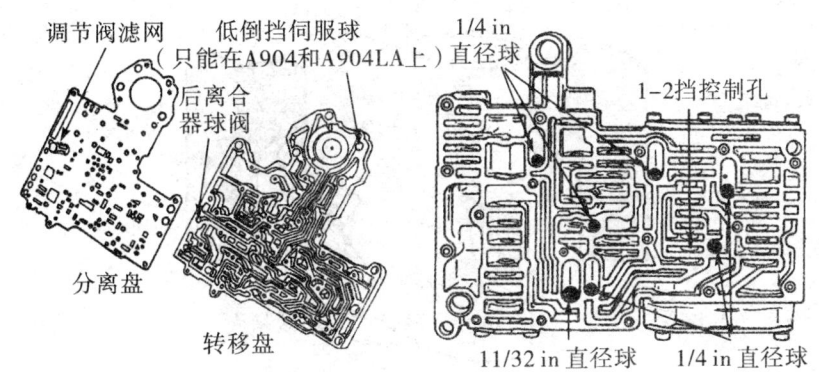

图 5-22 阀体

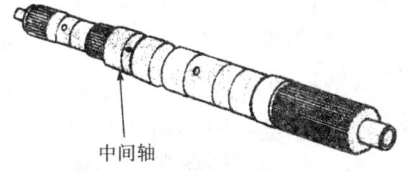

图 5-23 中间轴上的液压油通道

静态密封通常用在两个相对位置固定不变的元件之间,用以防止液压油从两个相对位置不变的表面泄漏。静态密封类型包括垫圈和 O 形密封圈。密封圈和相连接的两个元件紧紧压装在一起,就像固定在一起一样。静态密封必须有一定的弹性和压缩量填满两元件间的间隙以确保密封,如图 5-24 所示。对于一个特定的表面,需要多大的压缩量取决于这两个元件表面的粗糙度和刚度。过于粗糙的表面需要一个厚的、有弹性的密封圈或垫圈。铝制变速器壳体在受热和冷却时尺寸变化很大,因此就需要一个弹性垫圈和密封材料。

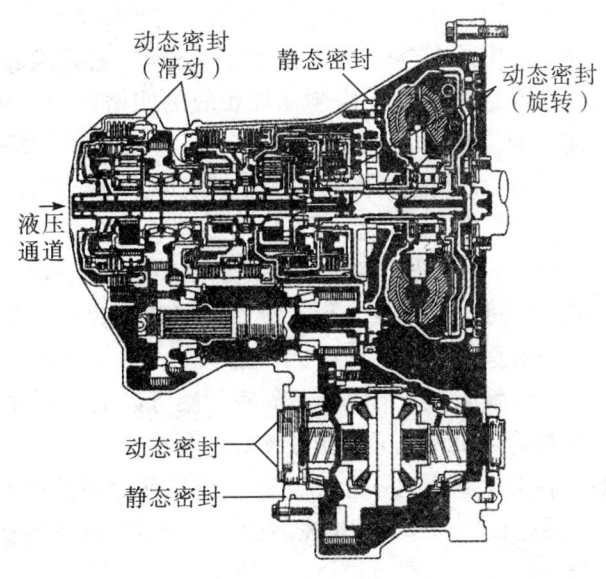

图 5-24 静态密封和动态密封在变速器上的应用

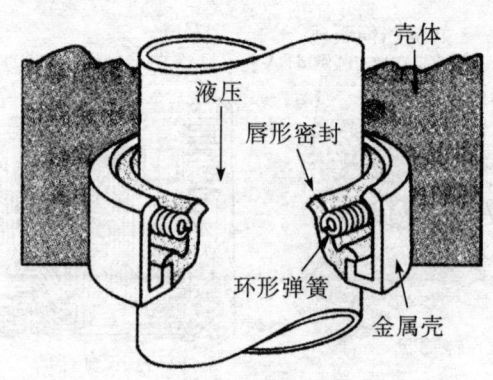

图 5-25 一个密封部件起到的两个动态密封

而动态密封是可以防止液压油从相对位置改变的两个表面间泄漏，动态密封的工作条件十分苛刻，因为其中一个密封面相对于密封件是运动的。这个运动可能是旋转（例如液力变矩器和变速器输入轴之间或从油泵来的液压油流入离合器组件时），也可能是滑动（例如离合器活塞被液压油推出时的情况）。如图 5-25 所示，金属覆层唇形密封圈和转轴形成一个动态密封，其金属外壳和变速器壳体形成动态密封。

变速器的两端，一端是输入轴，另一端是输出轴。在这两个转轴和壳体之间需要密封以防止壳体内的变速器油泄漏和外面的灰尘和水进入。在输入轴端，液力变矩器连接油泵前端。在输出轴端，输出轴从壳体延伸端伸出。两端都使用带金属覆层的唇形密封圈。唇形密封圈有一种有韧性的橡胶密封唇，它可以产生足够的压紧力以防止液压油从转轴和壳体间泄漏。唇形密封圈通常还有一个环状螺旋弹簧以提高其密封压力。密封唇被压进密封处的壳体或壳体延伸端，这样它就和变速器壳体或壳体延伸端形成了一个静态密封。

当液压油从一个固定元件流入一个旋转元件时相应的液压通道就需要密封，这又是另一种密封形式，如涡轮轴、前离合器组件或速控阀支架都属于这一种，如图 5-26 所示。这种密封方式通常采用一个金属圈或聚四氯乙烯圈，密封圈的外表面和外孔压紧以实现密封，同时其内端还要保证和内侧元件相应的凹槽密封，如图 5-27 所示，压使密封环在两个方向上向外压紧，一个是阀孔外径，一个是阀上环槽的侧面。密封处有时允许泄漏少量液压油以润滑密封圈附近受压的表面。金属密封圈可以是环形的，钩在一起像个圆圈，也可以是带少量间隙的直切口圆圈。聚四氯乙烯密封圈可以有一个斜切口（切口有一个角度，所以切口两端有一定的重叠量）、直切口或没有切口，如图 5-28 所示。聚四氯乙烯可以有弹性变形，故而可以伸长套在一个轴上，或压缩以适应一个凹槽。安装或调整这种密封圈需要专用工具。

装在离合器和制动器伺服活塞上来回滑动的密封圈可以是 O 形密封圈、矩形密封圈或唇形密封圈。O 形圈是截面为圆形的橡胶圈；矩形密封圈，也称方形密封圈，是截面为矩形的橡胶圈；唇形密封圈有一个密封唇，很像前面描述的金属覆层密封圈，如图 5-29 所示。一个活塞使用何种类型的密封圈是由密封环槽的形状和尺寸决定的。

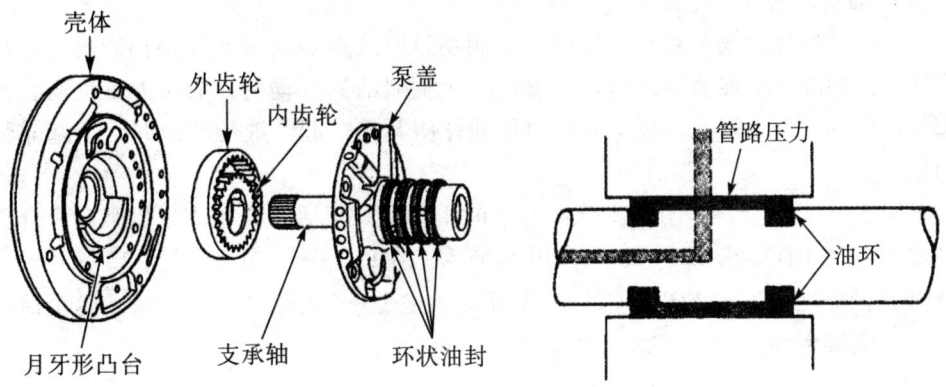

图 5-26 油泵上的密封件　　　图 5-27 液压对密封环压紧作用

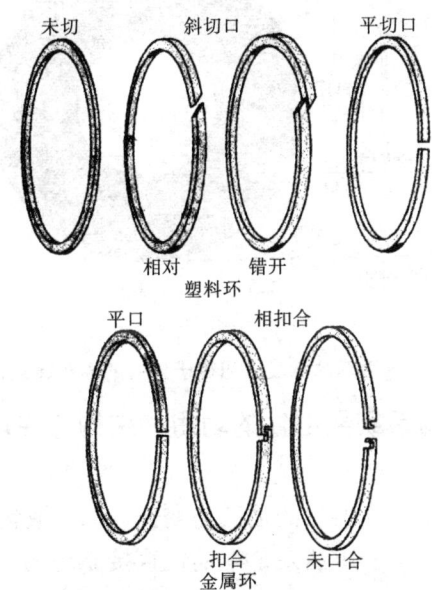

图 5-28 金属与聚四氯乙烯密封圈种类

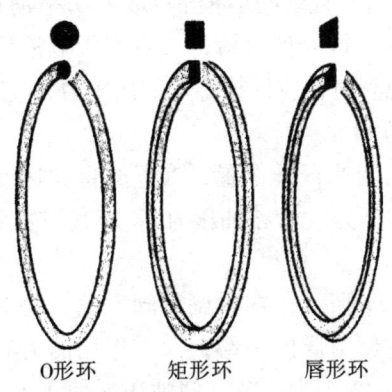

图 5-29 离合器和伺服活塞通常使用的密封圈

(7) 油缸活塞及液体压力的应用

当利用液压接合或释放某一离合器或制动带时变速器就可实现换挡。离合器是由离合器组件中的活塞推动的，制动带是由一个伺服活塞推动的。液压力推动离合器或伺服活塞移动，消除间隙，使主动件和从动件压紧在一起。液压释放时，活塞靠弹簧弹力回位。

见图5-30所示，作用在离合器片上的压紧力等于活塞面积乘以压强。离合器活塞外端直径（OD）为大约15cm，内端直径（ID）5cm，其面积为157cm^2。一个600kPa的液压能产生9420N（942kg）的压力，这是一个相当大的作用力。这个活塞移动0.3cm需要大约47.1ml的液压油。

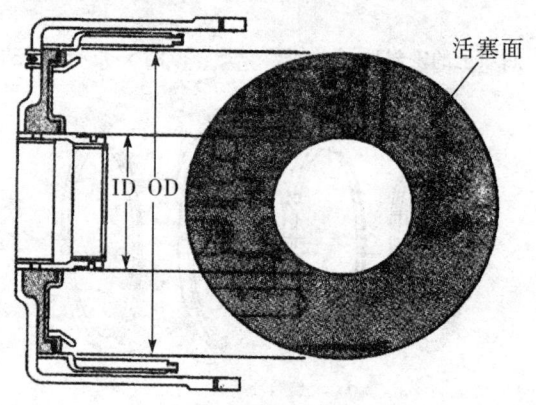

图5-30 离合器活塞的承压面积等于外圆的面积减去内圆的面积

（二）ECT液压控制系统要部件的功用、结构与原理

1. 油压控制系统

自动变速器油液（自动变速器中的油液为变速器油，或称ATF）从液压油泵输出后，即进入主油路系统。由于液压油泵是发动机直接驱动的，故其输出流量和压力均受发动机运转状况的影响。发动机怠速工作时，转速仅1000r/min左右，而在最高车速时，发动机转速在5000r/min以上，从而使得液压系统输出的油液流量和压力变化很大。当主油路压力过高时，会引起换挡冲击和增加功率消耗；而主油路压力太低时，又会使得离合器、制动器等执行元件打滑，二者均影响液压控制系统的正常工作。同时油液在进入换挡系统其他阀时也应保持稳定的油压力，使系统工作平顺。

（1）机械式主油路调节阀

主调节阀的作用是根据变速杆的位置、汽车的行驶速度和节气门开度的变化，自动调节流向各液压系统的油压力（管路油压力），使其与发动机功率相符，以防止液压油泵功率损失。

主调节阀结构如图5-31所示，在主调节阀上端，向下的作用力有：管路油压力（管路油压×面积A）。在主调节阀的下端，向上作用的力有：弹簧力、节气门油压力（或称加速踏板控制油压力，大小为：节气门油压×面积C）、在变速杆处于R位置时的油压力（大小为：[面积B-面积C]×管路油压）。

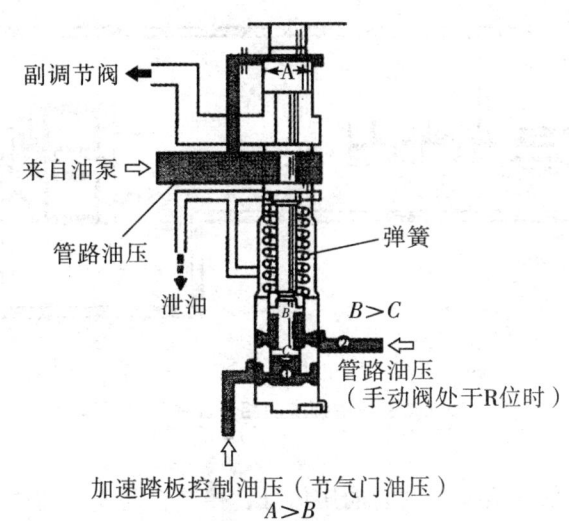

图 5-31 主调节阀

来自油泵的压力油进入主调节阀并使柱塞作用一向下的力，此力克服弹簧力，打开出油口泄油；当向下的作用力与弹簧力平衡时保持管路油压一定，与此同时输出一定油压力给副调节阀。

如果管路油压升高（发动机转速升高），向下的作用力增大，阀体下移，开大出油口，泄油量增大，保持管路油压不变，反之亦然。

踩下加速踏板时，从节气门阀来的油压作用在主调节阀下端，向上的作用力增大，关小出油口，使泄油减少，当向上的作用力与向下的作用力达到新的平衡时，管路油压在新的状态下保持平衡。即管路油压的高、低是与节气门位置（加速踏板位置）相关的，节气门开大，向上的力增加，从而使得管路油压增加；反之，节气门关小，向上的力减小，从而使得管路油压下降。这样使得离合器、制动器传递的动力与节气门位置相适应。

变速杆处于 R 位置时，从手控阀 R 位置来的油压也作用在主调节阀的下端，使向上的作用力进一步增加，关小出油口，管路油压进一步升高，以适应倒挡的需要。

油泵产生的压力由主调节阀调节后产生管路压力，管路压力是用于控制自动变速器的最基本、最重要的压力，因为它用于操作变速器内所有的离合器和制动器，同时它也是自动变速器内所有其他压力的压力源（如节气门油压、速控油压等）。

如主调节阀不能正常工作，管路油压就会过高或过低。压力过高，会产生换挡冲击，发动机功率损失；压力过低，会引起离合器、制动器打滑，严重时车辆停驶。

(2) 电磁式主油路调压阀

它与液压控制系统中的主油路调压阀相似，只是将原来来自节气门阀的反馈油压改为由油压电磁阀控制的油压（图 5-32）。油压电磁阀的占空比决定了反馈的油压。节气门开度越大，占空比越小，电磁阀开度也越小，作用在主油路调压阀的反馈油压越大，从而使主油路油压随着节气门开度的增大而升高。

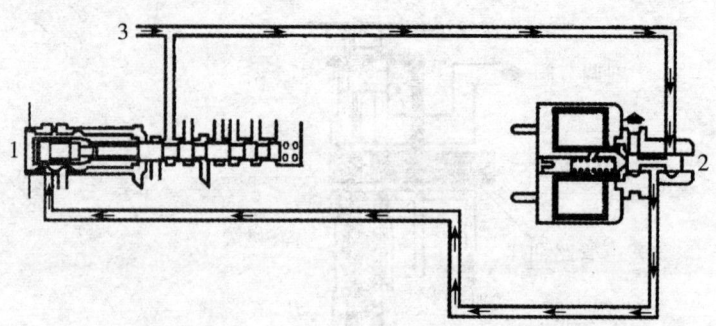

1—主油路调压阀；2—油压电磁阀；3—主油路压力油

图5-32 电液式控制系统主油路调压阀工作原理示意图

2. 换挡阀组

换挡阀根据换挡信号系统提供的油压信号，控制自动变速器中液压控制油路的方向，由此决定所处的不同挡位。换挡阀组主要由手动阀、换挡阀等组成。

（1）手动阀

手动阀由变速杆通过联动装置控制，通过手动阀可对自动变速器液压控制系统的油路进行切换，对不同的换挡执行元件进行控制，实现不同的换挡需要。

手动阀结构如图5-33所示，在阀体上有多条油道，其中第四条为与主管路相连的进油道，其余为出油道，分别通往"P""R""D""2"和"L"位相应的滑阀或直接通往换挡执行元件。

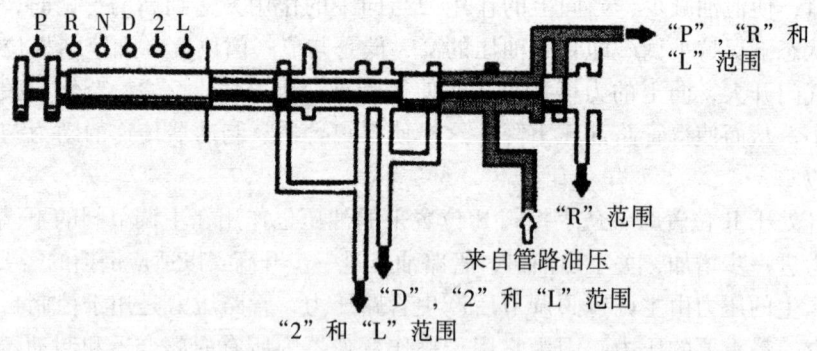

图5-33 手动阀

手动阀是安装在控制系统阀板总成中的多路换向阀，由驾驶室内的自动变速器变速杆控制。变速杆的作用与普通手动变速器的变速杆不同。手动变速器变速杆的工作位置就是变速器的挡位，变速器有几个挡位，变速杆就有几个工作位置。而自动变速器变速杆的位置是自动变速器的工作方式，与挡位数并不对应。如变速杆置于前进挡（D）位置时，对四挡自动变速器而言，变速器则可根据换挡信号在1-4挡之间自动变换。当变速杆置于前进低挡2位（或S位）时，自动变速器只能在1-2挡间自动变换。当变速杆置于前进低挡1位（或L位）时，自动变速器被限制在1挡工作。手动阀还提供倒挡（R）、空挡（N）、停车挡（P）等功能。

（2）换挡阀

换挡阀通过控制换挡执行元件进油通道是否开通而实现自动变速器的升降挡，挡位变换由执行器控制离合器和制动器完成。

换挡阀是一种由弹簧和液压力作用式的方向控制阀，有两个工作位置，可以实现升挡或降挡的自动变换。因为每个换挡阀只有两个位置，只能在两个挡位之间切换，故对对四挡变速器而言要有三个换挡阀。

换挡阀的控制完全由换挡电磁阀控制。其控制方式有两种：一种是施压控制，即通过开启或关闭换挡阀控制油路的进油孔来控制换挡阀的动作；另一种是泄压控制，即通过开启或关闭换挡阀控制油路的泄油孔来控制换挡阀的动作。施压控制方式的工作原理如图5-34。换挡阀的左端通过油路和换挡电磁阀相通。当电磁阀关闭时，无油压作用在换挡阀左端，换挡阀在右端弹簧弹力的作用下移向左端（图5-34（a））；当电磁阀开启时，主油路压力油经电磁阀作用在换挡阀左端，使换挡阀克服弹簧弹力移向右端（图5-34（b））。在换挡阀动作时，油路产生变化，实现换挡。

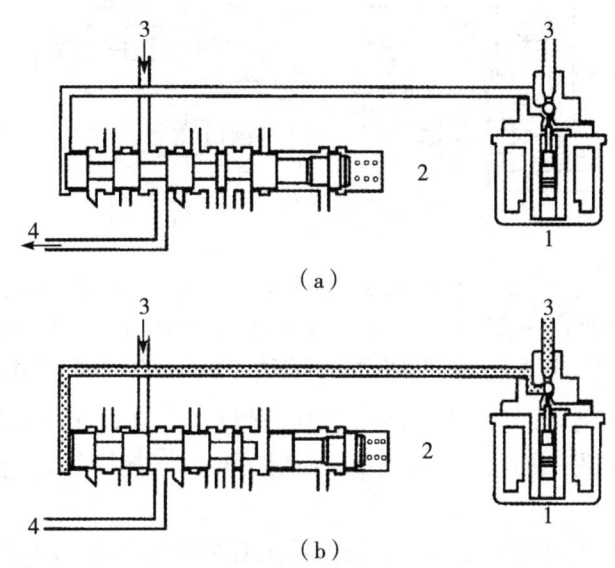

1—换挡电磁阀；2—换挡阀；3—主油路压力油；4—至换挡执行元件

图5-34 电液式控制系统换挡阀工作原理示意图

目前大部分电子控制自动变速器采用2个或3个换挡电磁阀来实现4个前进挡的控制。这种换挡控制的工作原理如图5-35。它采用泄压控制的方式。电磁阀通电情况和自动变速器所处的挡位见表5-1。

由图5-35知，电磁阀A控制1-2挡换挡阀和3-4挡换挡阀，电磁阀B只控制2-3换挡阀。电磁阀不通电，泄压孔关闭，来自手动阀的主油路压力油通过节流孔后作用在换挡阀的右端；通电，泄油孔开启，换挡阀右端压力油被泄空。

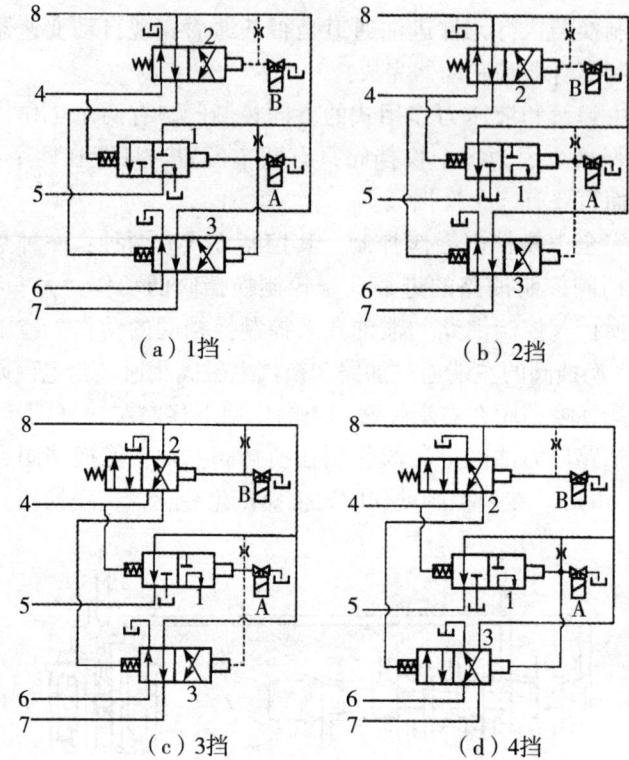

1—1-2换挡阀；2—2-3换挡阀；3—3-4换挡阀；4—3挡油路；5—2挡油路；
6—超速制动器油路；7—直接离合器油路；8—来自手动阀的主油路；A、B—换挡电磁阀

图5-35　有4个前进挡的电子控制自动变速器换挡控制原理示意图

①1挡时，A不通电，B通电，1-2挡换挡阀左移，关闭2挡油路；2-3挡换挡阀右移，关闭3挡油路。同时使主油路油压作用在3-4挡换挡左端，让3-4挡换挡阀锁止在右端位置。

②2挡时，A和B同时通电，1-2挡换挡阀右端油压下降，阀芯右移，打开2挡油路。

③3挡时，A通电，B不通电，2-3挡换挡阀右端油压上升，阀芯左移，打开3挡油路。同时使主油路油压作用在1-2挡换挡阀左端，并让3-4挡换挡阀左端控制压力泄空。

④4挡时，A和B均不通电，3-4挡换挡阀右端控制压力上升，阀芯左移，关闭直接离合器油路，打开超速制动器油路。此时由于1-2挡换挡阀左端作用着主油路油压，虽然右端有控制压力，阀芯左端在弹簧作用下仍保持在右端不能左移。

表5-1　换挡电磁阀工作规律

换挡电磁阀	工作状态（×-不通电；○-通电）			
	1挡	2挡	3挡	4挡
A	×	○	○	×
B	○	○	×	×

换挡电磁阀的布置可参见图5-36。

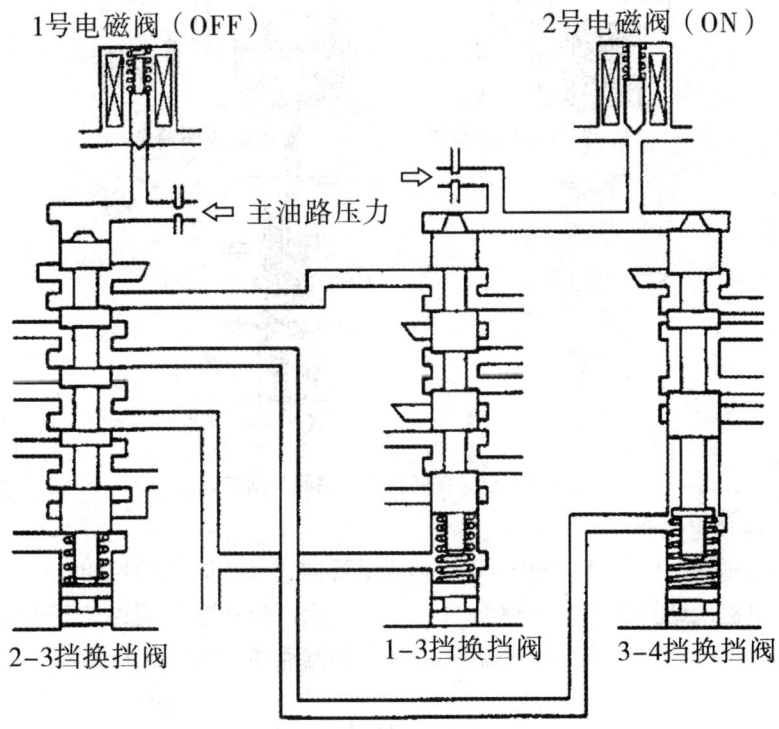

图5-36 自动变速器换挡阀和电磁阀

（3）强制降挡阀

在车辆行驶过程中，如果将加速踏板踩到底（节气门开度＞85%），变速器会在原来挡位的基础上自动降低一个挡位，这个过程叫强制降挡。一般在以下两种情况下，驾驶员会将加速踏板踩到底：一是在较高车速时要超车，二是在较低车速时需要很大的驱动力。对于自动变速器的车辆来讲，驾驶员能够操作的只有加速踏板，无论是高转速还是大转矩都只能通过控制加速踏板来实现。另外，我们已经知道，变速器挡位的变换只能通过换挡阀的移动来实现。

在节气门的开度较小时，强制降挡电磁阀不通电，见图5-37（a）所示，阀芯将锁止油压的进油口与出油口隔开，锁止油压不能进入换挡阀的油道。

当节气门的开度超过85%时，强制降挡电磁阀通电，见图5-37（b）所示，强制降挡阀芯上移使锁止油压的进油口与出油口相通，锁止油压进入各换挡阀的油道。力图各使换挡阀向降挡方向移动。

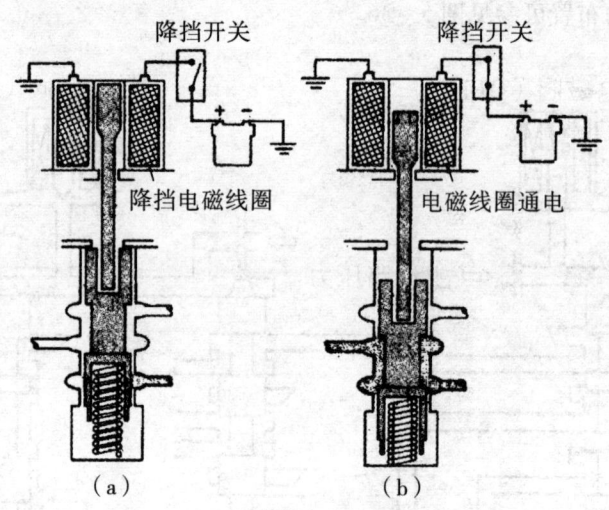

图5-37 强制降挡电磁阀及阀芯

(4) 超速挡电磁阀

超速挡电磁阀的作用是控制3-4换挡阀的油路，实现降挡的目的。

超速挡电磁阀结构和工作原理如图5-38所示，超速电磁阀由位于变速杆上的控制开关（O/D OFF 开关）控制，电磁阀的针阀控制泄油口的开启和关闭。

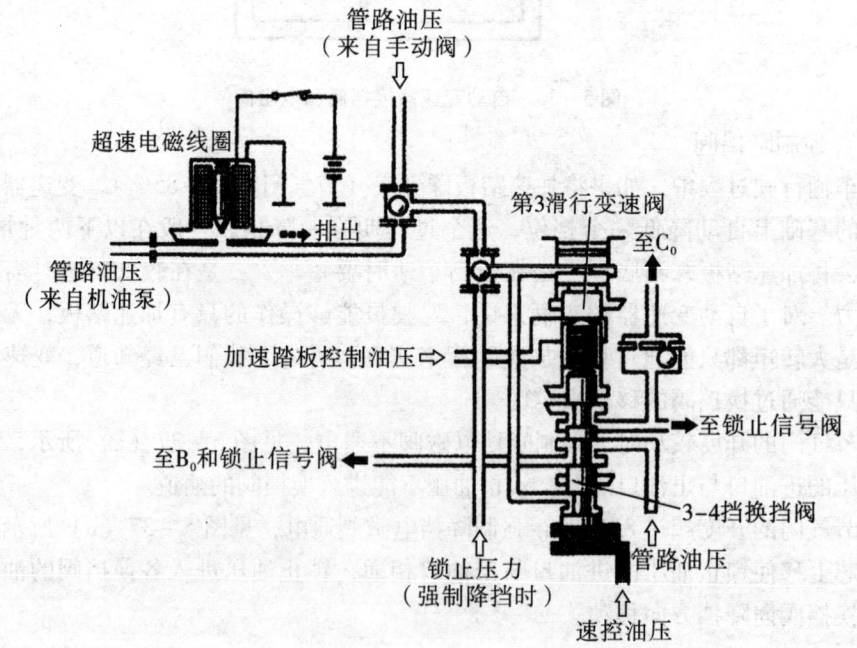

图5-38 超速电磁阀结构和工作原理

断开 O/D OFF 开关，电磁线圈通电，产生磁场引力将针阀吸起，如图示，泄油口开启，泄油口右侧通向3-4换挡阀的油路泄压。由于3-4换挡阀上方无油压作用，达到相应车速时自动变速器可以升入四挡。

在四挡行驶时，若驾驶员接通 O/D OFF 开关，电磁引力消失，针阀被弹簧复位，泄油口关闭，经节流后的管路油压进入3-4换挡阀的上方和下方环槽内，将换挡阀强制压下，自动变速器将降至三挡。

3. 缓冲安全系统

为防止自动变速器在换挡时出现冲击，装有许多起缓冲和安全作用的液压阀和减振器。这类装置统称为缓冲安全系统。

（1）蓄压减振器

蓄压减振器也称为储能减振器或蓄压器，常用来缓冲换挡冲击，一般由减振活塞和弹簧组成，如图5-39所示。它与离合器或制动器并联安装，压力油进入离合器或制动器活塞工作腔A的同时也进入减振器，将减振器活塞压下，以此方式降低A腔压力，防止离合器或制动器片快速接合时引起的冲击。

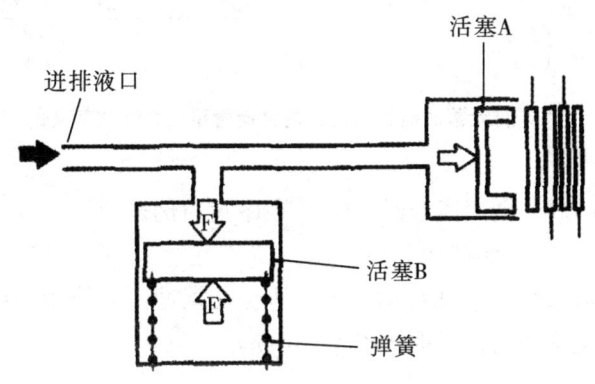

图5-39 蓄能减振器工作原理图

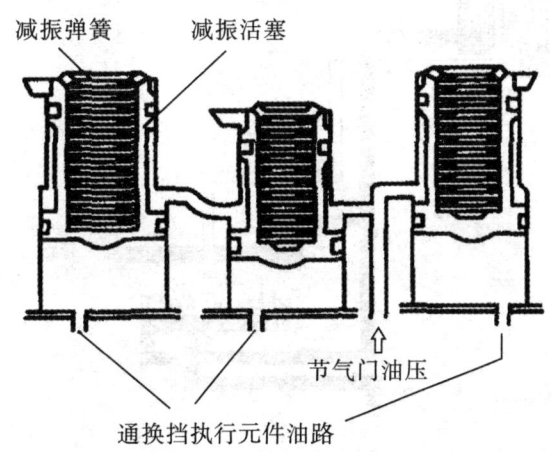

图5-40 蓄压减振器

图5-40所示为自动变速器中所备有的三个蓄压减振器，分别与三个前进挡换挡执行元件的油路相通，对应于各挡动作时起作用。当变速器换挡时，主油路在进入离合器等换挡执行元件的同时也进入减振器的活塞下部。在压力油通入执行元件的初期，油压不是很高，主要作用是消除离合器、制动器这些执行元件摩擦片间的间隙，使其

开始接合。此后，压力迅速增大，若没有减振器，摩擦片将在瞬间接合并被加载，从而造成较大的换挡冲击。有减振器以后，情况就不一样了；油压的升高使减振器活塞克服弹簧力上升，容积增大，油路中部分压力油进入减振器工作腔，延长了换挡执行元件液压缸的充油时间，油压的增长速度减缓，摩擦片逐渐接合，因而减小了换挡冲击。有无蓄压器工作时管路油压变化见图 5-41 所示。

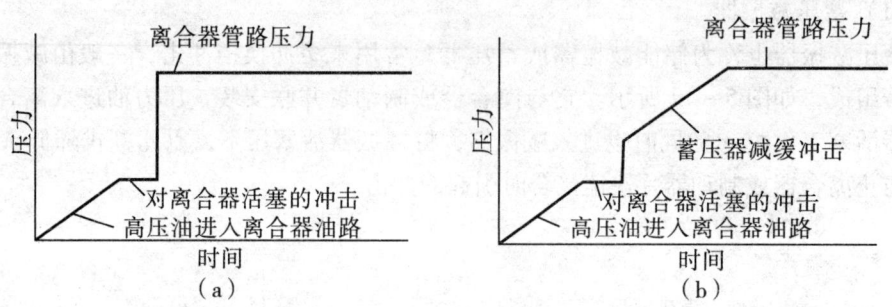

图 5-41　有无蓄压器工作时，离合器管路压力变化变化的对比

(2) 顺序阀

现以某变速器的高、倒挡离合器（C2）顺序阀为例来说明，其作用是控制进入离合器 C_2 的油压力，以减小换挡冲击。

高、倒挡离合器采用双活塞结构，为了避免换挡冲击，使用顺序阀来控制两个活塞的进油顺序，其结构和工作原理如图 5-42 所示。

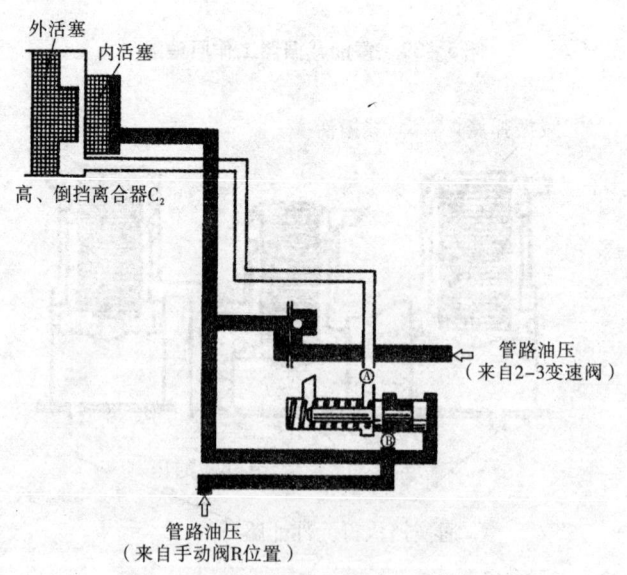

图 5-42　高、倒挡离合器顺序阀结构和工作原理

手动阀处于 R 位置时，离合器和制动器要提供比在前进挡时更大的接合力，因此需要使离合器和制动器的内、外活塞都工作。

来自 2-3 换挡阀的工作油压进入内活塞油腔的同时，还作用于顺序阀柱塞的右端，而来自手动阀 R 位置的工作油液在进入进油口 B 时因顺序阀柱塞的阻隔，不能通过 A 进入离合器 C_2 的外活塞。

在离合器 C_2 内活塞充油接触后，顺序阀右侧的油压升高，顺序阀左移，A 与 B 相通，液压油进入外活塞提供更大的夹紧力，由于此前摩擦片与盘之间的间隙已经消除，可以有效减小换挡冲击。

如果手动阀处于 D 位置，则只有来自 2-3 换挡阀的工作油液，而没有来自手动阀 R 位置的工作液，因此只有内活塞动作，传递转矩便小于倒挡转矩。

4. 液力变矩器控制装置

自动变速器中的液力变矩器工作时，其内部的工作油液要传递发动机的大部分功率，而由于液力变矩器效率不够高，损失的功率转化成热的形式，使得油液的温度升高，过高的油温会加速油液的老化变质，破坏密封，甚至产生沸腾，影响正常工作。另外，变矩器工作轮中有些区域，工作液体的流速高，压力低，往往出现气蚀，使得传递的转矩减小。因此，液力变矩器控制装置的作用就是把变矩器中的高温油引出加以冷却，然后加压送回到变矩器进行补偿。如果是锁止式液力变矩器，控制装置则还要控制变矩器中的锁止离合器。

(1) 开关式锁止离合器控制阀

早期的电液式自动变速器的锁止电磁阀为开关式电磁阀，主油路压力油经节流孔作用在锁止离合器控制阀的右端（图 5-43），锁止离合器控制阀的左端作用着弹簧弹力。当车速、节气门开度等因素未达到锁止条件时，锁止电磁阀不通电，电磁阀的排油孔开启，使作用在锁止离合器控制阀右端的控制油压下降，阀芯在弹簧的作用下右移，来自变矩器阀的压力油经锁止离合器控制阀同时作用在变扭器内的锁止离合器活塞两侧，从而使锁止离合器处于分离状态（图 5-43 (a)）。当车速、节气门开度等因素满足锁止条件时，电控单元 ECU 向锁止电磁阀发出电信号，电磁阀的排油孔关闭，使作用在锁止离合器控制阀右端的控制油压上升，阀芯在右端控制油压的作用下左移，此时锁止离合器活塞右侧的液压油经锁止离合器控制阀泄空。活塞左侧的变扭器油压将活塞压紧在变扭器壳上，使锁止离合器处于接合状态（图 5-43 (b)）。

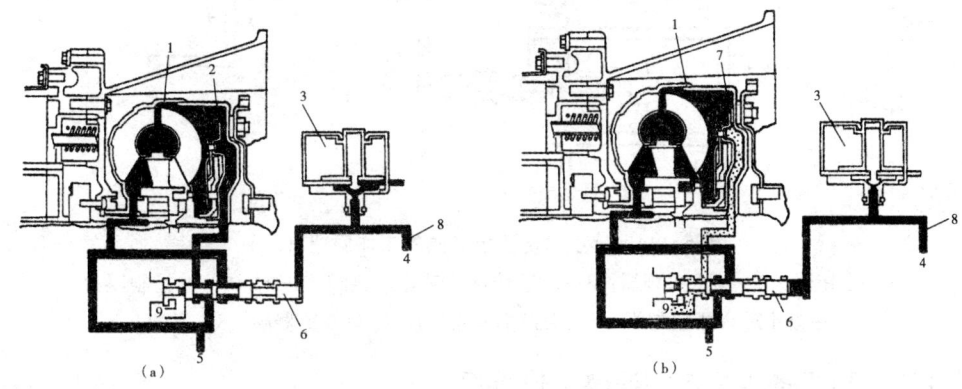

(a) 分离；(b) 接合

1—变矩器；2—处于分离状态的锁止离合器；3—锁止离合器；4—来自主油路；5—来自变矩器阀；
6—锁止离合器控制阀；7—处于接合状态的锁止离合器；8—节流孔；9—泄油孔

图 5-43 锁止离合器控制阀工作原理（一）

（2）脉冲线性式锁止离合器控制阀

目前许多新型电液式自动变速器的锁止电磁阀采用脉冲线性式电磁阀，使电控单元 ECU 可以利用脉冲电信号占空比的大小来调节锁止电磁阀的开度，以控制作用在锁止离合器控制阀右端的油压和锁止离合器控制阀向左移动时所打开的排油孔开度，并由此控制锁止离合器活塞右侧油压的大小（图5-44）。当作用在锁止电磁阀上的脉冲电信号的占空比为0时，电磁阀关闭，没有油压作用在锁止离合器控制阀右端，此时锁止离合器活塞左右两侧的油压相同，锁止离合器处于分离状态；当作用在锁止电磁阀上的脉冲电信号的占空比较小时，电磁阀的开度和作用在锁止离合器控制阀右端的油压以及锁止控制阀左移打开的排油孔开度均较小，锁止离合器活塞左右两侧油压差以及由此而产生的锁止离合器接合力也较小，使锁止离合器处于半接合状态。脉冲电信号的占空比愈大，锁止离合器左右两侧的油压差以及锁止离合器的接合力也愈大。当脉冲电信号的占空比达到一定数值时，锁止离合器即可完全接合。这样，电控单元 ECU 在控制锁止离合器接合时，可以通过电磁阀来调节其接合力和接合速度，让接合力逐渐增大，使接合过程更加柔和。有些车型的自动变速器电控单元 ECU 还具有滑动锁止控制程序，即在汽车的行驶条件已接近但尚未达到锁止控制程序所要求的条件时，先让锁止离合器处于滑动锁止状态（即半接合状态），以提高变扭器的传动效率，减少燃油消耗。

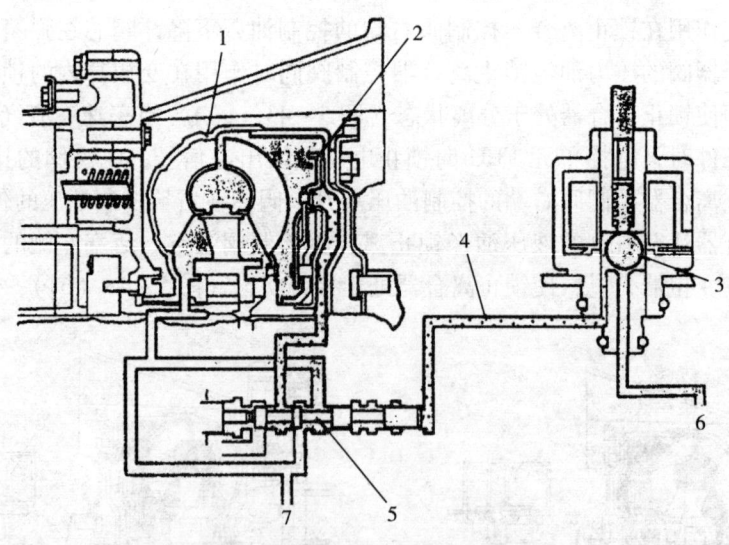

图5-44 锁止离合器控制阀的工作原理（二）

1—变矩器；2—锁止离合器；3—脉冲线性式锁止电磁阀；4—可调节的控制压力；
5—锁止离合器控制阀；6—来自主油路；7—来自变矩器阀；8—泄油孔

（三）ECT各挡位控制油路工作情况

这里以大众01M电子控制自动变速器为例，分析其各挡位油路。

大众01M变速器变速杆有P、R、N、D、3、2、1七个位置，在各个不同位置时，各元件和电磁阀工作状况如表5-2所示。

表 5-2 大众 01M 电子控制自动变速器不同挡位时各元件工作情况

电磁阀 \ 挡位	N	R	D1	D2	D3	D4
N88	○	×	×	×	×	○
N89	×	×	×	○	×	○
N90	○	○	○	×	×	×
N91	×	○	○	○	○	○
N92	×	×	×	×	×	×
N93	○	○	○	○	○	○
N94	×	×	×	×	○	○

注：○——工作，使工作油压作用在液压阀上；×——不工作，卸除作用在液压阀上的工作油压。

1. N 位油路分析

变速杆位于 N 位置时，变速器 ECU 根据挡位信号、车速信号、节气门位置信号确认自动变速器处于空挡。

电磁阀 N93 工作，使液压油进入主调节阀左端，使主油压得到调整。电磁阀 N88、N89、N90、N91、N92、N94 都不工作。N91 不工作，是使液压油从变矩器前端流入，后端流出，解除变矩器锁止。

手动阀处于空挡位置，从油泵来的主油压送入手动阀后不能被送到其他液压阀，离合器和制动器均不工作，变速器输入轴处于空转状态。

N 位油路如图 5-45 所示，手动阀处于 N 位时，进油路为第三道（共七道，第六道为常通泄油，第三道为进油，其余为控制出油道），第四道出油送到 N92 换挡平顺阀上端。

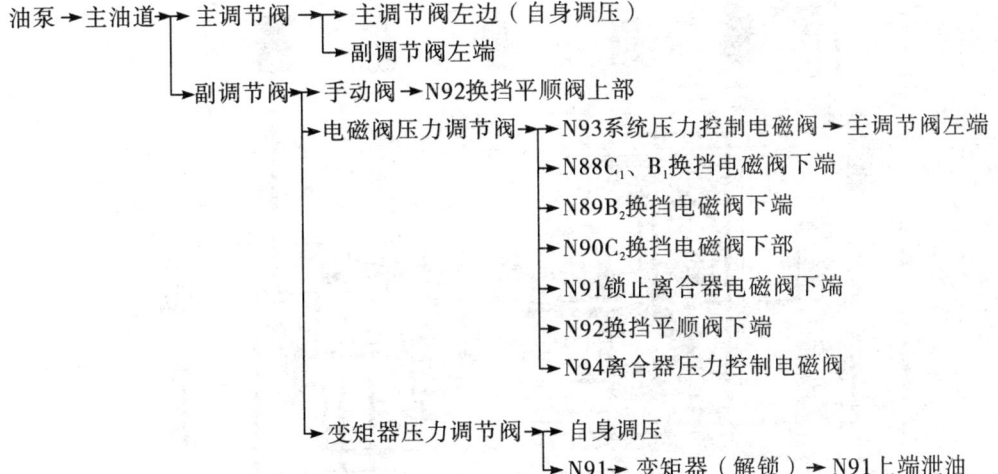

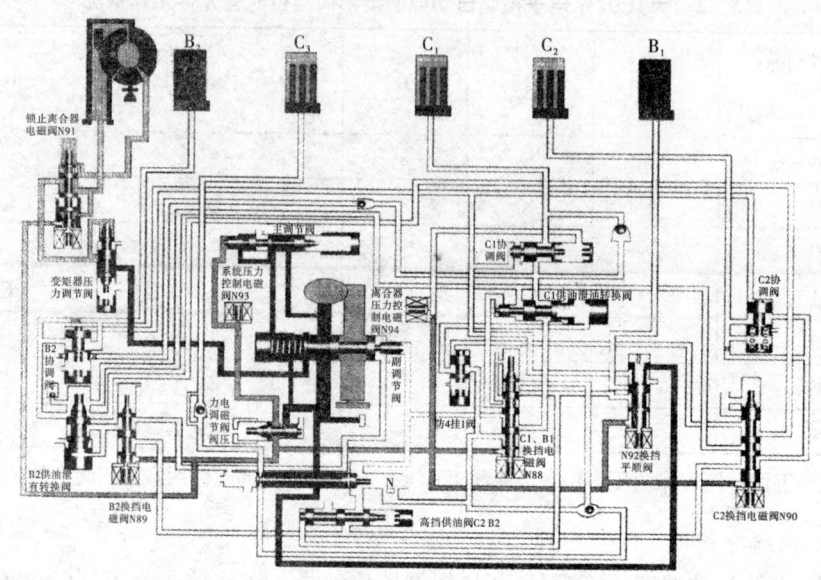

图 5-45　01M 型 ECT 的 N 位油路

2. P 位油路分析

变速器变速杆位于 P 位时，手动阀第三道进油，第六道泄油，无液压油送到各换挡阀，电磁阀油路与 N 位时相同，在此不赘述。

3. R 位油路分析

变速杆置于 R 位时，离合器 C_3、制动器 B_1 工作。手动阀第三道进油，第四道、第五道出油，直接控制倒挡离合器 C_3 及 1、倒挡制动器 B_1。其油路如图 5-46 所示（由于其他部分油路与 N 位相同，在此只叙述不同部分）。

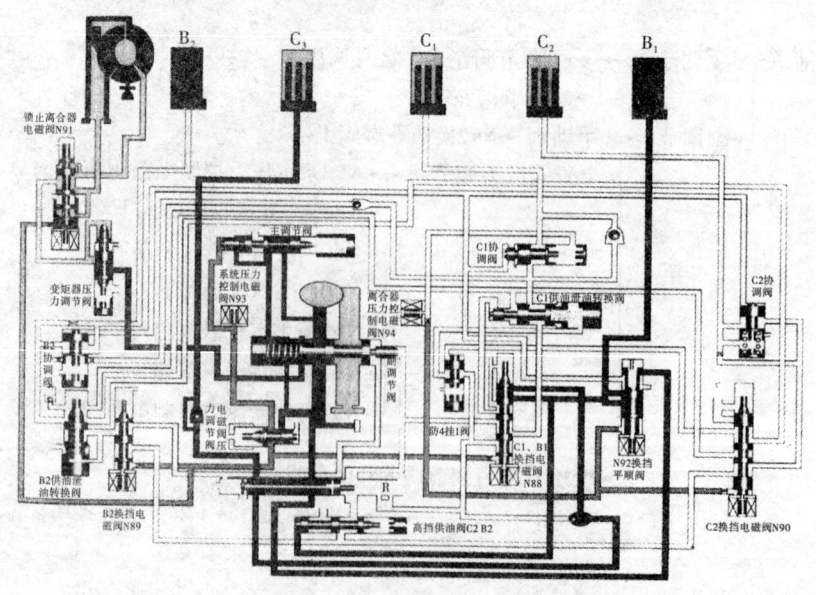

图 5-46　01M 型 ECT 的 R 位油路

当速度足够高时,锁止电磁阀 N91 工作,使液压油从变矩器后端流入,前端流出,变矩器进入锁止工况,以减速少发动机功率损失。

油泵→主油道→副调节阀→手动阀→┬─N88C_1、B_1换挡电磁阀上端─┬─N92换挡平顺阀中部→1、倒挡制动器B_1
　　　　　　　　　　　　　　　　└─倒挡离合器C_3　　　　　　　└─高挡供油阀C_2、B_2左端

4. D 位油路分析

变速器变速杆处于 D 位时,变速器可根据手动阀接通的油路和电磁阀控制的油路自动变换从 D1–D4 四个不同的挡位。

手动阀处于 D 位时,第三道为进油路,第二道、第四道为出油路。电磁阀 N91、N93 在各挡均工作,作用与前述相同。

(1) D1 挡(离合器 C_1 工作)。

D1 挡时,N90 电磁阀工作,使通往直接挡离合器 C_2 的液压油处于待命状态。从手动阀第二道出油经 N88(C_1、B_1 换挡电磁阀)、C_1 供油泄油转换阀、C_1 协调阀、送到前进挡离合器 C_1。自动变速器处于 D1 挡时,其油路如图 5–47 所示。

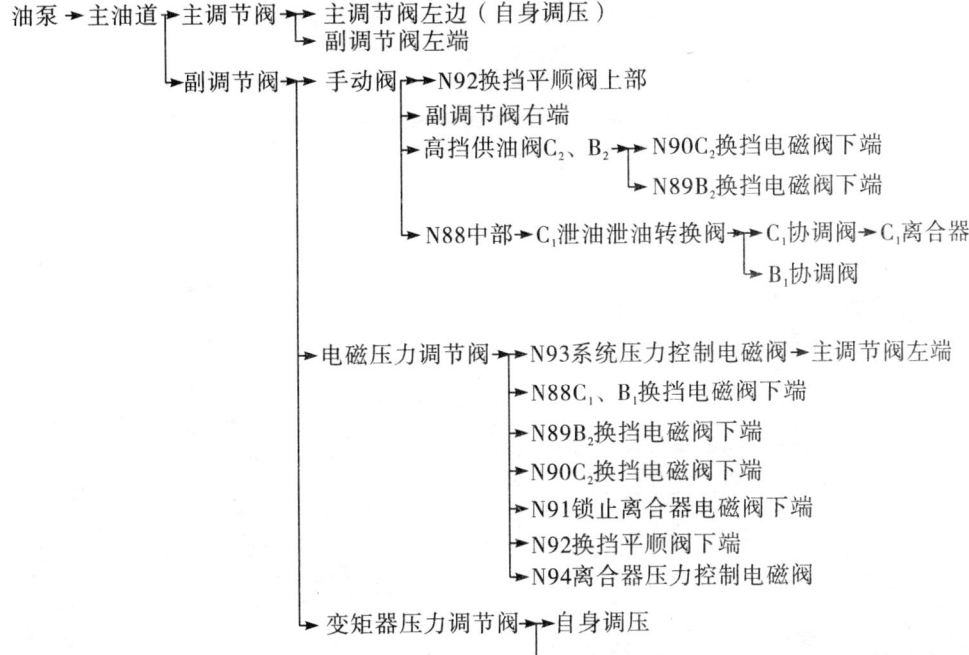

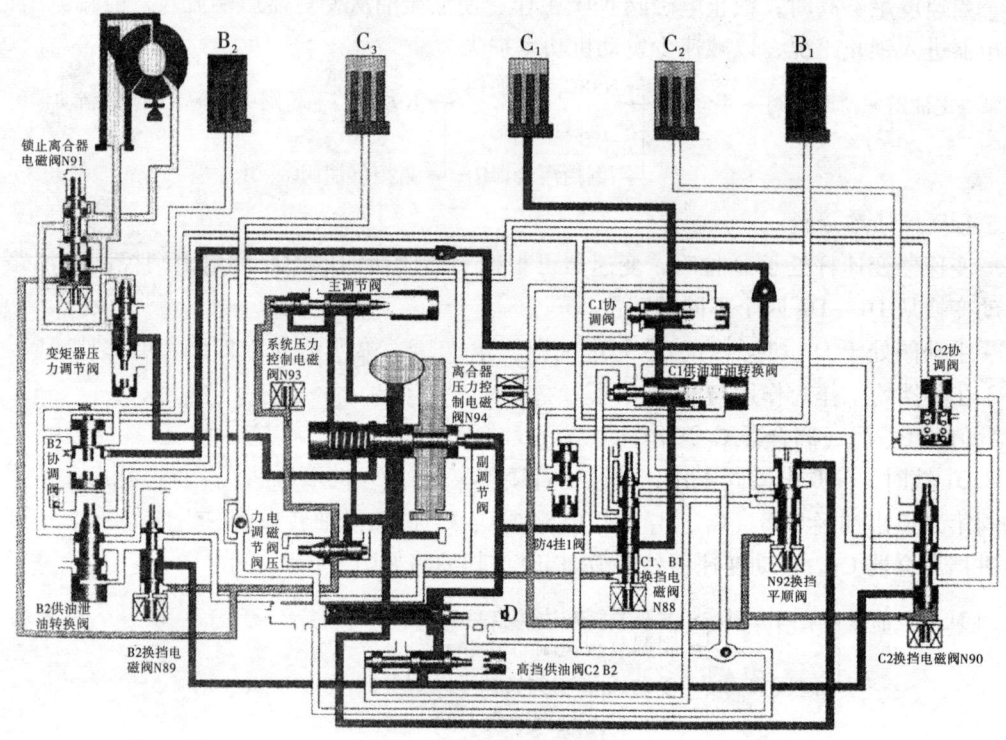

图 5-47 01M 型 ECT 的 D 位 1 挡油路

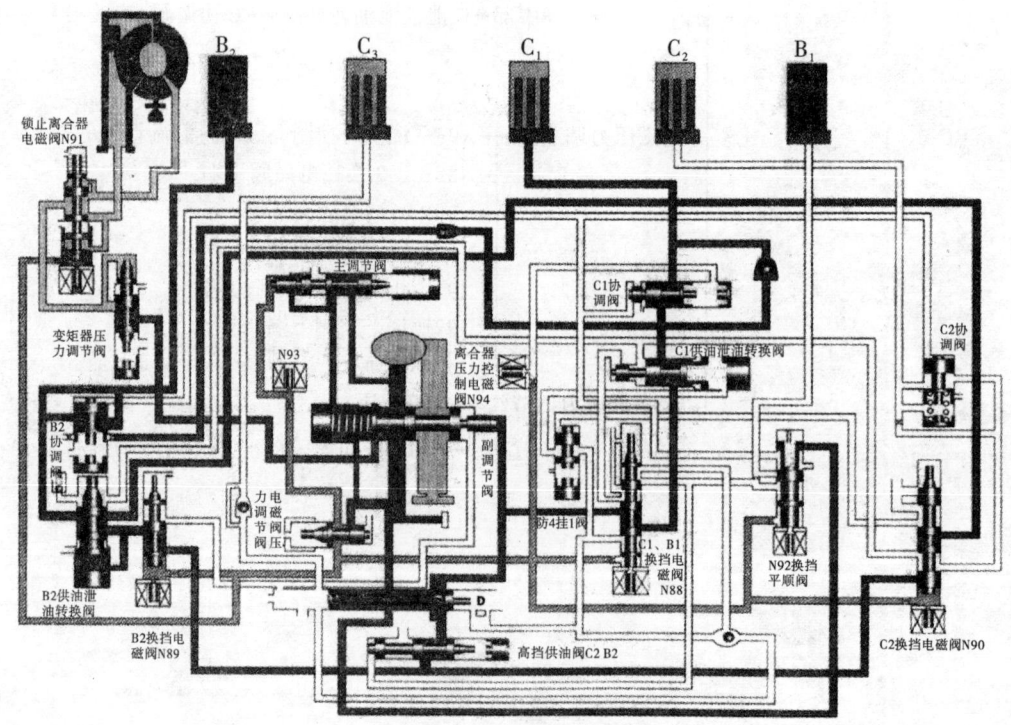

图 5-48 01M 型 ECT 的 D 位 2 挡油路

D1挡时，从C_2、B_2高挡供油阀来的油液被送到电磁阀N89（B_2换挡电磁阀）下部，由于N89不工作，油液不能通过B_2供油泄油转换阀、B_2协调阀送到制动器B_2，但为变速器更换D2挡做好了准备。

（2）D2挡（离合器C_1、制动器B_2工作）。

D2挡时，电磁阀N89工作，从C_2、B_2高挡供油阀来的油液可以被送到制动器B2，变速器升高一个挡位。

在从D2－D4的挡位变换过程中，从主调节阀、电磁压力调节阀和变矩器压力调节阀出来的液压油与D1挡位时的一致，在此不再赘述。自动变速器处于D2挡时，其油路如图5－48所示。

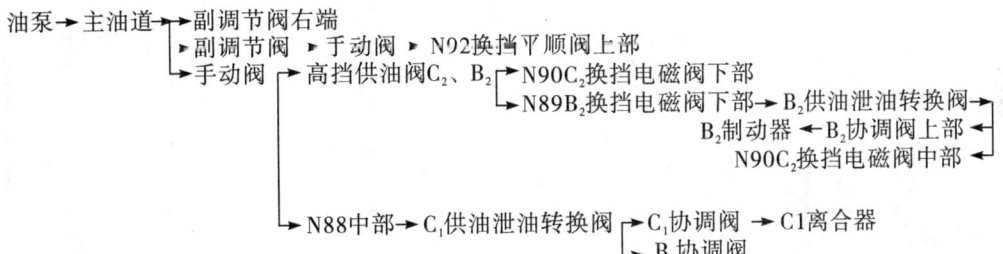

（3）D3挡（离合器C_1、离合器C_2工作）。

D3挡时，电磁阀N89不工作，切断从C_2、B_2高挡供油阀送到制动器B_2的油路，同时电磁阀N90也不工作，使阀芯下移，接通从C_2、B_2高挡供油阀到离合器C_2的油路，使变速器升高一个挡位。自动变速器处于D3挡时，其油路如图5－49所示。

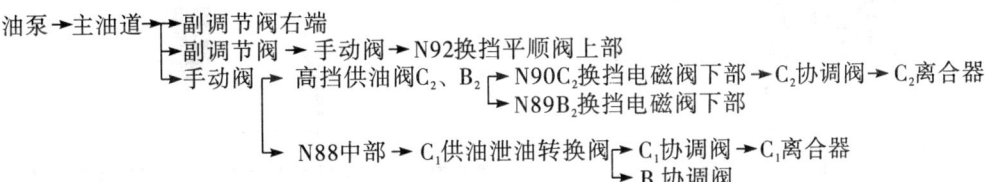

（4）D4挡（离合器C_2、制动器B_2工作）。

D4挡时，电磁阀N89工作，打开从C_2、B_2高挡供油阀送到制动器B_2的油路，同时电磁阀N88工作，切断从手动阀通向离合器C_1的油路，使变速器升至D4挡，其油路如图5－50所示。

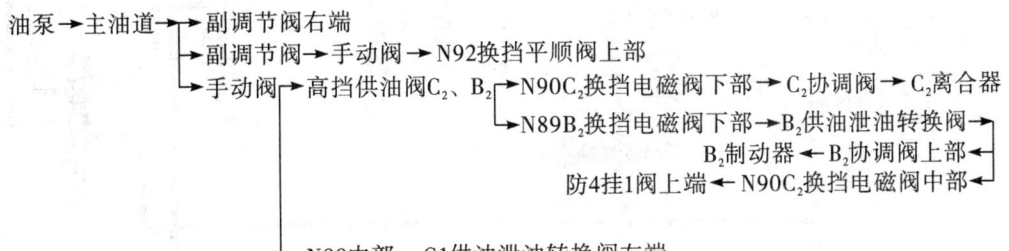

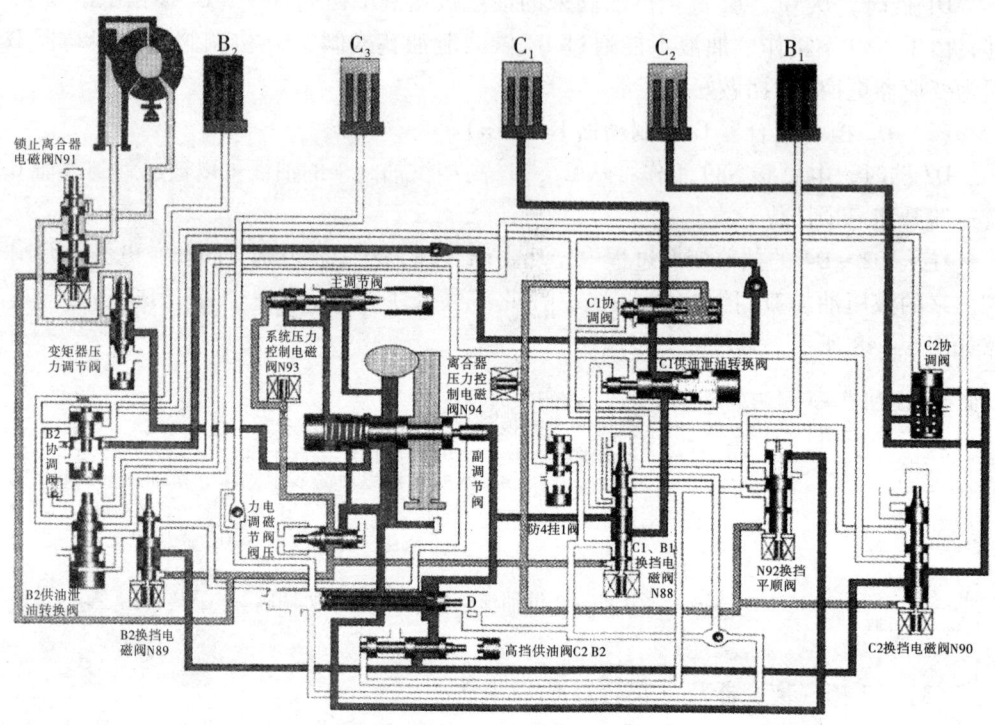

图 5-49 01M 型 ECT 的 D 位 3 挡油路

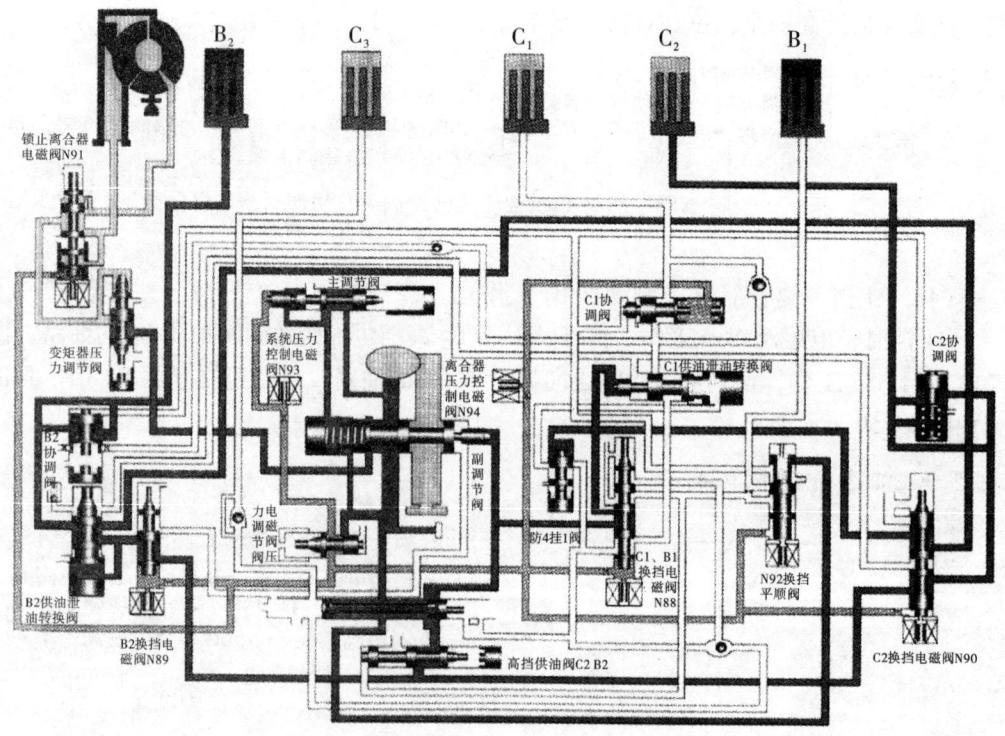

图 5-50 01M 型 ECT 的 D 位 4 挡油路

(四) 失速试验

变速杆置于 D 或 R 位置时，踩下制动踏板不动。当完全踩下加速踏板时，发动机处于最大转矩工况，而此时自动变速器的输出轴及输入轴均静止不动，即液力变矩器的涡轮不动，只有液力变矩器壳及泵轮随发动机一同转动，此工况称为发动机失速工况，此时的转速称为发动机的失速转速，这种试验称为失速试验。

1. 失速试验的目的

失速试验的目的是在不拆卸自动变速器的情况下，通过测量自动变速器变速杆在 D 和 R 位置时发动机的最高转速，来分析判断发动机的输出功率、液力变矩器和自动变速器中的离合器、制动器等换挡执行元件的工作是否正常。

另外，修复后的自动变速器，也要进行失速试验以检查故障是否已经排除。

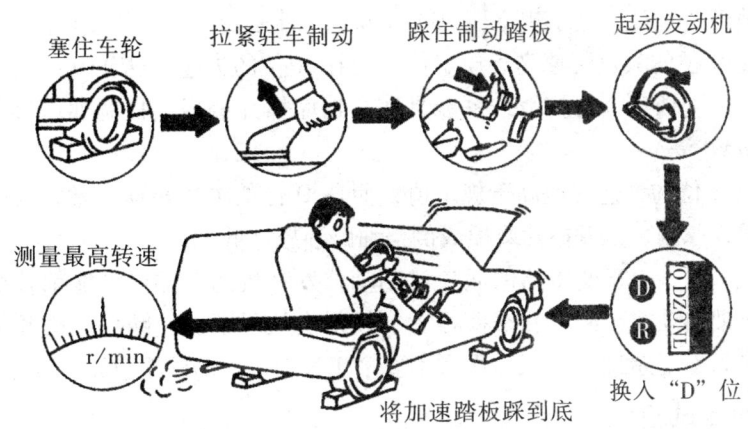

图 5－51　自动变速器失速试验

2. 失速试验的方法

失速试验的程序如图 5－51。

①将自动变速器油液温度升至 50℃～80℃。

②用三角木固定前、后车轮，拉紧驻车制动器，将车辆制动。

③保持发动机怠速运转，将变速杆置于 D 位测试。

④测试时，左脚踩紧制动踏板，右脚将加速踏板踩到底，迅速读出发动机转速达到最高并稳定时的转速，该转速称为失速转速。

⑤读取发动机转速后立即松开加速踏板。

⑥将变速杆拨至 P 位或 N 位使发动机怠速运转 1min。以防止油液温度过高而变质。

⑦将变速杆拨入其他挡位（R 位、L 位或 2 位、1 位），做同样的试验。

3. 试验结果分析

①将所测得的失速转速与《自动变速器维修手册》数据进行对比，看是否符合规定。大部分轿车自动变速器的失速转速标准为 2300r/min 左右。典型车辆发动机失速转速见表 5－3 所示。

表5-3 典型车辆发动机失速转速

车型	变速器型号	发动机失速转速标准
上海大众桑塔纳	01N	2350~3050 r/min
一汽丰田花冠	U341E	2100~2700 r/min
一汽丰田威驰	U540E	2150~2550 r/min
广汽丰田凯美瑞	2AZ-FE	2160~2460 r/min

②如果D位和R位的失速转速相同，且都低于规定值，表明发动机功率不足。如果失速转速比规定值低600r/min，表明液力变矩器导轮的单向离合器打滑。

③如果D位和R位的失速转速都超过规定值，可能是油量不足、油质过差、主油路压力过低、离合器和制动器打滑。

如果失速转速过高，高于规定值500r/min，可能是变矩器叶片损坏。

④如果在D位的失速转速高于规定值，而在R位的失速转速正常，表明前进挡油路油压过低或前进挡离合器打滑，可能是离合器摩擦片磨损或控制油压过低、油泵或调压阀故障所致。

⑤如果在R位的失速转速高于规定值，而在D位的失速转速正常，表明倒挡及高挡离合器打滑，原因也是摩擦片磨损或倒挡油路油压过低。

做上述试验时，由于变矩器的涡轮已制动，发动机的全部机械能都转变为变矩器内自动变速器油的动能，冲击和摩擦很大，故每次从踩下加速踏板到松开加速踏板的整个过程的时间不要超过5s，试验次数不要多于3次，以防油温急剧升高损坏变矩器。

（五）油压试验

油压过高，会造成自动变速器换挡时冲击过大，液压系统也容易损坏；油压过低，会使离合器、制动器等换挡执行元件打滑，影响自动变速器的正常工作，且加速离合器和制动器摩擦片的磨损，严重时会导致摩擦片烧坏。

1. 油压试验的目的

油压试验的目的是检测液压控制系统的故障。通过测试油压可以判断油泵、主调压阀（电磁阀）、制动器、离合器及相关油路工作是否正常。油压试验对诊断换挡粗暴、换挡时刻错误等故障有重要意义。

2. 油压试验前的准备

①驾驶被检汽车，使发动机及自动变速器达到正常工作温度（50-80℃）。

②检查发动机怠速和自动变速器油的液面高度，并使其达到规定标准。

准备一个量程为2MPa的压力表。

3. 判断自动变速器各个油路测压孔位置

①通常测压孔在自动变速器外壳上用几个方头螺塞堵住，在《自动变速器维修手册》上以图示的方法标有自动变速器测压孔的位置。

②如果没有资料确定各油路的测压孔时，可用举升器将汽车升起，在发动机怠速运转时分别将各个测压孔螺塞松开少许，观察各测压孔在变速杆位于不同位置时是否有压力油流出，以此区分和确定各油路测压孔的位置。即：

变速杆位于 D 或 R 位置时都有压力油流出，为主油路测压孔。

变速杆位于 D 位置时才有压力油流出，为前进挡油路测压孔。

变速杆位于 R 位置时才有压力油流出，为倒挡油路测压孔。

变速杆位于 D 位置，并且在驱动轮转动后才有压力油流出，为速控阀油路测压孔。

4. 主油路油压测试程序

测试主油路油压时，在变速器油压测试孔上接一油压表，见下图 5-52 所示，按图 5-53 所示方法分别测出前进挡和倒挡的主油路油压。

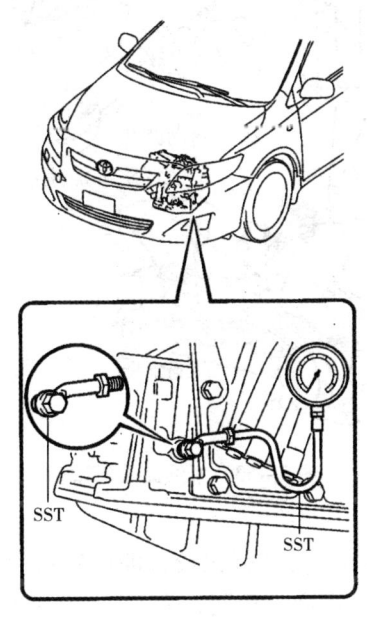

图 5-52　一汽丰田卡罗拉轿车变速器油压测试孔位置

（1）前进挡（D）、怠速工况主油路油压的测试

①拆下变速器壳体上主油路测压孔或前进挡油路测压孔螺塞，接上油压表。

②起动发动机，将变速杆放在前进挡 D 位置，读出发动机怠速运转时的油压，该油压即为怠速工况下的前进挡主油路油压。

（2）前进挡（D）失速工况下的主油路油压的测试

用左脚踩紧制动踏板，同时用右脚将加速踏板完全踩下，在失速工况下读取油压。该油压即为失速工况下的前进挡主油路油压。

将变速杆放在 N 或 P 位置，使发动机怠速运转 1min 以上。将变速杆放在 S、L 位置（或 2、1 位置），重复上述步骤，读出各个前进低挡位在怠速工况下和失速工况下的主油路油压。

（3）倒挡（R）怠速工况主油路油压的测试

①拆下自动变速器壳体上的主油路测压孔螺塞或倒挡油路测压孔螺塞，接上油压表。

②起动发动机，将变速杆放在倒挡位置。在发动机怠速运转工况下读取油压值，即怠速工况下的倒挡主油路油压。

(4) 倒挡（R）失速工况下的主油路油压的测试

用左脚踩紧制动踏板，同时用右脚将加速踏板完全踩下，在发动机失速工况下读取油压，即失速工况下的倒挡主油路油压。

将变速杆放在 N 位置，让发动机怠速运转 1min 以上，以保证离合器和制动器完全分离，以及 ATF 油液的冷却。

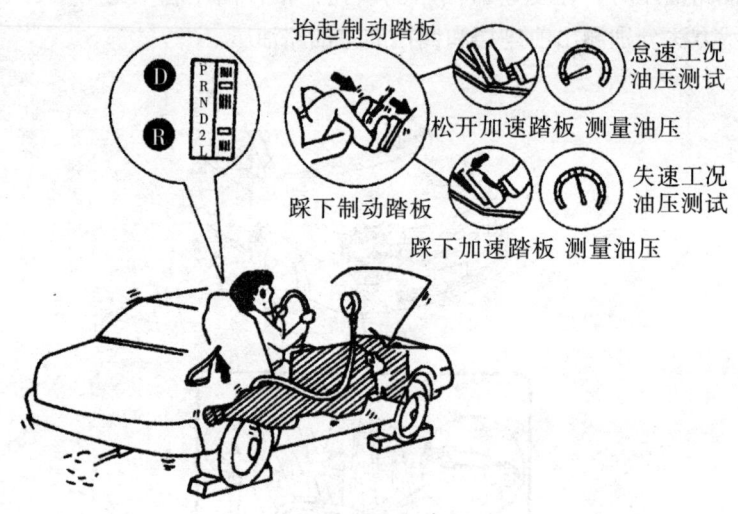

图 5-53　主油路油压试验

5. 测试结果分析

将测得的主油路油压与标准值进行比较，即可确定所测油压是否符合要求。不同车型自动变速器的主油路油压不完全相同，表 5-4 为几种常见车型自动变速器主油路油压标准。如果主油路油压不正常，表明油泵或液压控制系统有故障。表 5-5 列出了主油路油压不正常的可能原因。

表 5-4　自动变速器主油路油压标准

车型	自动变速器型号	发动机型号	换挡手柄位置	主油路油压（kPa）	
				怠速工况	失速工况
宝来	01M	AUM	D	340~380	1240~1320
			R	500~600	2300~2400
丰田威驰	U540E	5AFE	D	440~460	980~1079
			R		1706~1844
蓝鸟	RL4F03A (03V)		D	D=637；S，L=1147	1275
			R	883	1765
马自达 M6	FN4A-EL	B3	D、S、L	330~470	1160 以上
			R	490~710	1600~1820

续表

车型	自动变速器型号	发动机型号	换挡手柄位置	主油路油压（kPa） 怠速工况	主油路油压（kPa） 失速工况
赛欧	AF13	1B	D	370～430	1100～1280
			R	540～630	1470～1690
一汽丰田卡罗拉	U341E	1ZR-FE	D	372～412	1120～1230
			R	553～623	660～1870
广汽丰田凯美瑞	U250E	2AZ-FE	D	372～412	931～1031
			R	672～742	1768～1968

表 5-5 主油路油压不正常的原因

试验项目	试验结果	故障原因
怠速主油压	所有挡位的主油压均低于标准值	①油泵故障 ②主油路调压阀卡死 ③主油路调压阀弹簧过软 ④主油路电磁阀故障 ⑤节气门位置传感器或节气门拉索调整不当 ⑥节气门阀卡滞 ⑦主油路泄漏 ⑧ATF 滤清器堵塞
	前进挡和前进低挡的主油路油压均过低	①前进挡离合器活塞漏油 ②前进挡油路泄漏
	前进挡的主油路油压正常，前进低挡的主油路油压过低	①1 挡离合器或 2 挡离合器活塞泄漏 ②前进低挡制动器油路泄漏
	D 位主油路油压正常 R 位主油路油压过低	①倒挡离合器活塞泄漏 ②低挡、倒挡制动器油路泄漏
	D 位和 R 位的主油路油压均过高	①节气门拉索调得过紧或节气门位置传感器调整不当 ②主油路调压阀卡滞 ③节气门拉索卡滞在节气门开启较大的位置 ④ATF 油液温度传感器损坏（信号超限） ⑤主油压电磁阀卡滞或内部短路
失速主油压	D 位和 R 位失速油压均低	①ATF 油液滤清器堵塞 ②ATF 油液冷却器堵塞
	个别挡位失速油压较低	与失速油压低的挡位相关的离合器、制动器油路内部泄漏

（六）时滞试验

在急速状态将变速杆从 N 位置换入 D 或 R 位置，从开始换挡直到感到汽车出现振动（即变速杆换入某一挡位瞬间，液压控制系统发生作用，动力经行星齿轮、传动装置到达驱动轮时）存在一定的时差，称为时滞。时差大小取决于自动变速器油路油压高低、油路密封情况、离合器和制动器磨损情况。测量自动变速器时差大小的试验称为时滞试验。

1. 时滞试验的目的

时滞试验的目的是判断主油路油压和离合器、制动器等换挡执行元件的工作是否正常。

2. 时滞试验的方法

时滞试验的程序如图 5-54。

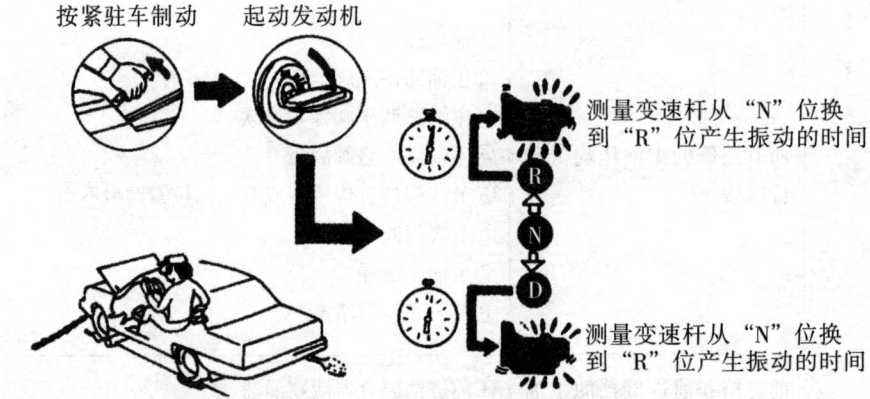

图 5-54 自动变速器时滞试验

① 将自动变速器油液温度升至 50℃ ~80℃。

② 拉紧驻车制动器。

③ 使发动机保持标准急速运转，将变速杆位置分别从 N 位置换入 D 和 R 位置。

④ 用秒表测量从 N 位置换入 D 和 R 位置后、直至有振动感时所经历的时间。每次试验间隔时间为 1min，取 3 次试验时间的平均值。

标准值：N→D 时滞不大于 1.2s，N→R 时滞不大于 1.5s。

3. 试验结果分析

影响时滞时间长短的因素有：油液是否脏污、控制油压的高低、执行元件的间隙、蓄压器工作行程等。

① 试验中测得的时间在规定值范围内时，表明自动变速器部件正常。

② 如果从 N 位置换入 R 和 D 位置，时滞时间都过长，则原因可能为油液脏污，控制油液的压力过低，或超速挡离合器、直接挡离合器间隙过大。

③ 如果换入 R 位正常，而换入 D 位时滞时间过长，则原因可能为前进挡控制阀阻滞；前进挡位油路或换挡执行元件活塞有泄漏，使压力降低；前进挡离合器等元件间隙过大；D 位或相应执行元件的液压蓄压器背压泄漏或弹簧变软及折断。

④如果换入 D 位正常，而换入 R 位时滞时间过长，则原因可能为倒挡控制阀有阻滞；倒挡油路或倒挡执行元件活塞及蓄压器等有泄漏，使压力降低；倒挡离合器、制动器、直接挡离合器等摩擦元件间隙过大；倒挡蓄压器背压泄漏或弹簧过软与折断。

（七）手动换挡试验

所谓手动换挡试验就是将电控自动变速器所有换挡电磁阀的线束插接器全部脱开，此时自动变速器 ECU 不能通过换挡电磁阀来控制换挡，自动变速器的挡位只取决于变速杆的位置。通过手动换挡试验可以确定故障发生在控制电路还是变速器内部机械、液压系统故障。不同车型的电子控制自动变速器在脱开换挡电磁阀线束插接器后的挡位和变速杆的关系不完全相同。丰田卡罗拉轿车的 U341E 自动变速器在手动换挡试验时，变速杆位置和挡位的关系见表 5-6。

表 5-6 丰田卡罗拉轿车 U341E 自动变速器手动换挡试验时变速杆位置和挡位的关系

变速杆位置	P	R	N	D
挡位	停车挡	倒挡	空挡	3 挡

手动换挡试验的步骤。

①脱开电子控制自动变速器的所有换挡电磁阀线束插接器。卡罗拉轿车换挡电磁阀线束插接器位置见下图 5-55 所示。

②起动发动机，将变速杆拔至不同位置，进行道路试验（将驱动轮悬空进行台架试验）。

③观察发动机转速和车速的对应关系以判断自动变速器所处的挡位。不同挡位时，发动机转速与车速的关系可以参考表 5-7，由于变矩器的减速作用与传递的转矩有关，因此表中的车速仅作为参考，实际车速将随着节气门开度的不同而有一定的变化。

表 5-7 变速杆置不同位置时发动机转速与车速

变速器的挡位	发动机转速/r/min	车速/km/h
1 挡	2000	18~22
2 挡	2000	30~35
3 挡	2000	50~55
4 挡	2000	75~80

④若变速杆置于 L、2、D 位置时，发动机转速和车速与表 5-6、5-7 相同，则表明电子控制自动变速器的阀板及换挡执行元件基本上工作正常。否则表明自动变速器的阀板或换挡执行元件有故障。

⑤试验结束后接上电磁阀线束插接器。

⑥清除自动变速器 ECU 存储器中的故障代码，防止因脱开电磁阀线束插接器而产生的故障代码保存在自动变速器 ECU 存储器中，影响自动变速器的故障自诊断。

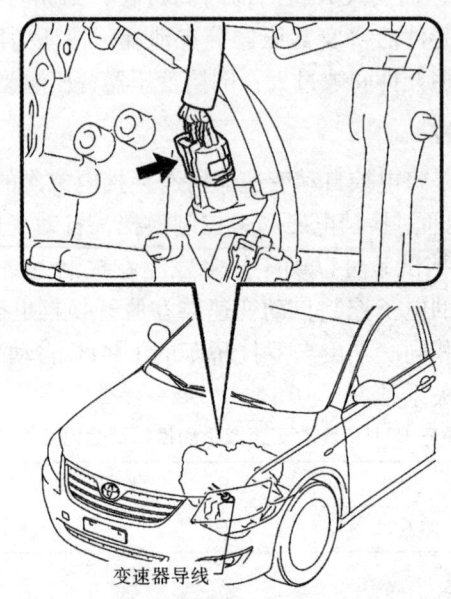

图5-55 卡罗拉轿车换挡电磁阀线束插接器位置

（八）道路试验

自动变速器道路试验的目的是对自动变速器各项性能进行综合性测试，以确定自动变速器工作是否正常及其故障部位。自动变速器内部的各离合器、制动器是否打滑，换挡手柄在各位置时换挡点的速度是否正确，换挡时车辆的平顺性，行驶时自动变速器内有无异常响声，各种行驶模式时车辆的行驶性能，液力变矩器的锁止离合器工作状况和发动机制动作用等。

1. 试验前的准备

①发动机、底盘等各总成或系统的技术状态完好，自动变速器已通过基本检查，车辆以中低速行驶约10min，使发动机和自动变速器都达到正常工作温度（50℃~80℃）。

将超速挡开关置于ON位置（故障指示灯熄灭），并将模式开关置于常规模式。

准备被试车型《自动变速器维修手册》（内有如图5-56所示的换挡规律图或换挡点表），以便对照检查。

②因为道路试验只能凭感觉以及车速表、转速表检查其性能，所以试车人员应具有驾驶多种自动变速器汽车的经验，以便能敏锐地感觉换挡冲击。

道路试验是检验自动变速器的工作性能和诊断常见故障的有效手段，只要车辆还能行驶应尽量做道路试验。

2. 自动变速器道路试验的内容

1) 连续升挡的试验

自动变速器自动升挡时发动机转速会瞬时地下降，同时车身有轻微顿挫。试验者凭此现象可判定自动变速器是否升挡。试验时将变速杆置于D位置，打开O/D挡开关，踩下加踏板使节气门开度保持在50%左右，试验自动变速器由汽车起步加速连续升挡情况。

自动变速器正常时，起步后随着车速的升高，试验者应能感觉到自动变速器顺利地逐级由一挡升二挡、二挡升三挡、三挡升四挡（超速挡）。如果自动变速器不能升入三挡或超速挡，表明电液控制系统或换挡执行元件（离合器、制动器）有故障。

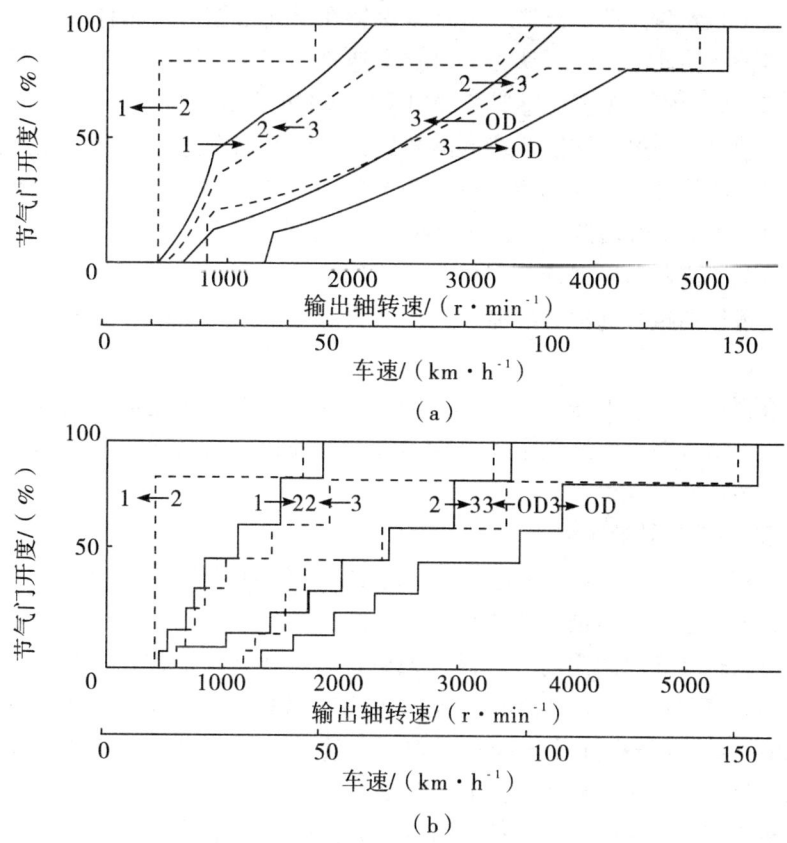

图 5-56 丰田 A43DE 自动变速器换挡图

2) 升挡车速（换挡点）的试验

升挡车速的试验是指在汽车道路试验中，变速杆在 D 位置，节气门保持在某一固定开度时，测定各挡位的升挡和降挡时的车速（即换挡点）是否正确。换挡点的试验是道路试验的重要内容。

(1) 升挡车速试验的内容

升挡车速试验主要包括以下两方面的内容：

①升挡车速是否正常，是否出现提前换挡（即升挡时车速低于和降挡车速高于规定值）换挡滞后（即升挡车速高于和降挡车速低于规定值）。

②换挡时是否平顺，是否出现冲击、打滑或异响。

(2) 升挡车速试验的方法

将变速杆置于 D 位置，打开 O/D 挡开关，踩下加速踏板将节气门稳定在某一开度，使汽车起步加速。当觉察到自动变速器自动换挡（车身有轻微地冲动感）时，记录下各升挡时的车速，然后与被测车自动变速器换挡图中的有关数据对照，看其是否在规定的范围之内。

(3) 升挡试验结果的分析

①一般四挡自动变速器在节气门开发保持50%时，由一挡升二挡的升挡车速为25～35km/h，二挡升至三挡的升挡车速为55～70km/h，三挡升至四挡（超速挡）的升挡车速为90～120km/h。只要升挡车速基本保持在上述范围内，而且试车行驶中加速良好，无明显的换挡冲击，就可认为其升挡车速基本正常，则可初步判定节气门位置传感器或节气门阀拉索、车速传感器及控制系统基本正常。

若升挡车速过低一般是控制系统的故障所致，而升挡车速过高时可能是控制系统或换挡执行机构的故障所致，则应重点检查节气门位置传感器、车速传感器、节气门阀拉索和控制阀中的节气门调压阀、速控阀和主油路调压阀。

②电控自动变速器的换挡冲动十分微弱，如果感觉换挡冲动过大，表明自动变速器的控制系统或换挡执行机构有故障，其原因可能是主油路油压过高或换挡执行机构打滑。

③升、降挡点车速是不一样的，降挡的车速比升挡点的车速低，但自动变速器降挡时不易察觉，所以在道路试验中无法检验降挡车速，一般只通过升挡车速判断自动变速器有无故障。

3) 升挡时发动机转速试验

在进行升挡车速试验的同时，应注意观察试验中发动机转速的变化情况，发动机转速是判断自动变速器工作是否正常的重要依据之一。

升挡时发动机转速的测定与升挡试验同时进行，在记录下各升挡车速的同时，记下发动机转速，通常汽车由起步加速直至升入高速挡的整个行驶过程中，发动机转速将低于3000r/min。通常在加速至即将升挡时，发动机转速可达到2500～3000r/min；在刚升挡后的短时间内发动机转速将下降至2000r/min左右。

如果在整个行驶过程中发动机转速始终过低，加速至升挡时仍低于2000r/min，说明升挡时间过早或发动机动力不足；如果在行驶过程中发动机转速始终偏高，升挡前后的转速2500～3000r/min之间，而且换挡冲击明显，说明换挡时间过迟；如果在行驶过程中发动机转速过高，经常高于3000r/min，在加速时达至4000～5000r/min，甚至更高，则说明自动变速器的换挡执行元件（离合器或制动器）严重打滑，应拆检自动变速器。

4) 锁止离合器工作状况的试验

道路试验中可以对液力变矩器的锁止离合器工作质量进行检查，将汽车加速至超速挡并以高于80km/h的速度行驶，节气门保持在低于50%开度的位置，使变矩器进入锁止状态。

此时快速将加速踏板踩下，使节气门至2/3开度，同时检查发动机转速的变化情况。如果发动机转速没有太大变化，表明锁止离合器处于接合状态；若发动机转速升高很多，则表明锁止离合器没有接合，其原因是锁止控制系统有故障。

5) 发动机制动作用的试验

将自动变速器换挡手柄置于低挡S、L（或2、1）位置，在汽车以二挡或一挡行驶时，突然松开加速踏板。如果车速立即随之下降，表明有发动机制动作用，否则表明控制系统锁止电磁阀、锁止离合器或前进强制离合器有故障。

6）强制降挡功能的试验

将自动变速器操纵手柄置于D位置，保持节气门开度为1/3左右，在汽车以二挡、三挡或超速挡行驶时，突然将加速踏板踩到底，自动变速器应能立即强制降低一个挡位。在强制降挡时，发动机转速会突然升高至4000r/min左右，并随着加速升挡，转速逐渐下降。如果没有出现强制降挡，表明强制降挡功能失效；如果强制降挡时发动机转速过高，并在升挡时出现换挡冲击，表明换挡执行机构打滑，应分解维修自动变速器。

四、自我测试题

（一）概念题

1. 失速转速：
2. N→D时滞时间：

（二）填空题

1. 驾驶员拨动换挡手柄时，将带动变速器内阀板中的_____阀的移动。（填换挡阀、节气门阀或手动阀）
2. 搭载U341E型ECT、2ZR-FE发动机的失速转速标准范围是_____，若失速转速过低，则可能的原因主要有发动机_____或变矩器中_____。
3. 失速试验是自动变速器的一项重要试验，其规范要求加速踏板和制动踏板要_____，试验运作时间应保持在_____s以内。换挡手柄在D位置失速工况时，变速器内的挡位是_____挡。若失速转速过高，则可能的原因有自动变速器油压_____。
4. 手动换挡试验的目的是_____，U341E型ECT在做该试验时，当换挡手柄处于1位，发动机转速2000rpm，车速为41Km/h，则变速器内部挡位为_____挡，而标准的手动换挡模式下：换挡手柄处于1位时，变速器内部挡位为_____挡。现结果说明_____。

（三）判断题

1. 蓄压器一般与换挡执行元件串联，目的是缓和冲击，保证换挡平顺。（　　）
2. 自动变速器阀板中一个换挡阀只能控制变速器在相邻两个挡位间升降挡。（　　）
3. 当各个换挡电磁阀接线插头脱落时，汽车将不能行驶。（　　）
4. 将车辆放置在举升机上，对其上自动变速器实施手动试验时，结果是值得商榷的，这是因为，车轮离地，车辆行驶阻力为0，不能反映真实的工况。（　　）

（四）单项选择题

1. 在电控自动变速器中，不存在的部件是_____。

A. 手动阀 B. 单向节流阀
C. 速控阀 D. 制动带

2. 对于自功变速器的手动换挡阀，正确的说法是_____。
   A. 由手选换挡杆带动手动换挡阀
   B. 手动换挡阀独立存在，不在阀体中
   C. 手动换挡阀由加速踏板连动
   D. 手动换挡阀直接控制前进挡的挡位

3. 关于自动变速器液压控制主油路油压，下列说法错误的是_____。
   A. 主油压要随节气门开度变化而变化
   B. 前进挡的主油压要比倒挡的主油压要低
   C. 节气门开度越大，主油压越低
   D. 节气门开度一定，变速器内部挡位越高，主油压可以减小

4. 自动变速器的挡域，是根据_____来确定的。
   A. 发动机的动力状况 B. 行驶车速
   C. 发动机和变速器当前的工况 D. 驾驶员的驾驶操作

5. 丰田卡罗拉轿车 U341E 自动变速器 R 挡位时，在急速和失速工况下主油压分别是____。
   A. 0.4 MPa　1.2MPa B. 0.6 MPa　1.6 MPa
   C. 4 个大气压　16 个大气压 D. 6 个大气压　18 个大气压

6. 在做自动变速器时滞试验时，下列说法错误的是_____。
   A. 时滞时间越长越好
   B. N→D 时滞时间应小于 1.2 s
   C. N→R 时滞实践应小于 1.5 s
   D. 磨损严重的变速器时滞时间会增长

7. 测试自动变速器的主油道油压过高，说明_____。
   A. 油泵的吸滤器堵塞 B. 伺服机构存在内部泄漏
   C. 主油压调节阀不良 D. 储压器背压过高

8. 搭载 U341E 型 ECT 的丰田卡罗拉轿车在 D 位行驶时，发动机转速为 2000r/min，车速为 55km/h 左右，则变速器内部齿轮机构在_____挡工作。
   A. 1 B. 2 C. 3 D. 4

9. 判别电控自动变速器的故障在电控系统还是在其他系统，须做_____。
   A. 失速试验 B. 时滞试验
   C. 油压试验 D. 手动换挡试验

10. 以下_____不是对自动变速器的机械系统测试主要做的试验。
    A. 失速试验 B. 油压试验
    C. 变速器拆检试验 D. 时滞试验

（五）简答题

1. 简述电液式控制系统主油路调压阀工作原理。
2. 简述电液式控制系统换挡阀工作原理。
3. 简述蓄压减振器工作原理。
4. 关于大众01M电磁阀。简述N88、N89、N90的功用及在D位何挡通电，说明N91、N93的功用。

（六）综合题

1. 写出搭载2ZR－FE发动机、U341E型ECT的卡罗拉轿车主油路油压标准，并分析主油压过低和过高故障的可能原因有哪些？

（1）主油路油压标准

油压标准数值　　换挡手柄位置 发动机状态	D 位置	R 位置

（2）故障分析

故障	可能原因
在所有换挡手柄位置，油压均过高	
在所有换挡手柄位置，油压均过低	

2. 简述电控自动变速器手动换挡试验的目的及操作步骤。并结合搭载U341E型ECT的卡罗拉轿车为例进行试验结果分析。

项目六

自动变速器主要元件的检修

一、项目描述

通过本项目的学习,对自动变速器中变矩器、油泵、换挡执行元件、齿轮机构和电磁阀的测量、检查等,应达到以下要求:

1. 知识要求

①熟悉液力变矩器的检查与清洗;
②熟悉油泵的拆装与检查;
③熟悉各换挡执行元件的拆装与检查;
④熟悉行星排齿轮组的拆装与检查;
⑤熟悉电磁阀的检查与测试。

2. 技能要求

①正确使用常用和专用工具分解和组装变速器内部部件;
②通过专用工具检查变矩器好坏;
③通过测量油泵的磨损程度能判定好坏;
④正确检查离合器、制动器和单向离合器,并能检查调整离合器、制动器的自由间隙;
⑤能对电磁阀的性能测试。

3. 素质要求

①整理整顿拆装工具、量具,保持实训场地清洁,及时清扫垃圾,树立团队意识,培养协作精神;
②安全文明生产,保证设备和自身安全;
③操作规范,技术要求符合维修手册。

二、项目实施

 任务一　变矩器的清洗和单向离合器性能检查

1. 训练目标与要求

能正确规范地清洗液力变矩器，并检查其中的单向离合器好坏。

2. 训练设备

丰田 U431E 型自动变速器的液力变矩器、专用工具。

3. 训练步骤

（1）液力变矩器的外观检查和清洗

①检查液力变矩器外部应无损坏和裂纹，轴套外径无磨损、驱动油泵的轴套缺口无损伤。

②倒出液力变矩器中残余的液压油。

③向液力变矩器内加入 2L 干净的液压油，摇动液力变矩器以清洗其内部，然后将液压油倒出。

④再次向液力变矩器内加入 2L 干净的液压油，清洗后倒出。

（2）液力变矩器中单向离合器性能检查

将专用工具插入液力变矩器毂缺口和单向离合器的外座圈中，转动定子齿面，检查单向离合器工作是否正常，在逆时针方向转动时应锁住，而在顺时针方向应能自由转动。

任务二　油泵的检查

1. 训练目标与要求

能正确规范地分解、组装油泵，并能检测油泵的磨损程度。

2. 训练设备

丰田 U431E 型自动变速器的油泵、常用拆装工具、厚薄规（或塞尺）等。

3. 训练步骤

①按照对称交叉的顺序依次松开油泵的连接螺栓，打开油泵。用油漆在小齿轮和齿圈在啮合处作一记号，取出小齿轮及内齿轮。

②用塞尺分别测量油泵内齿轮外圆与油泵壳体之间的间隙、小齿轮与内齿轮的轮齿之间的间隙、小齿轮及内齿轮端面与端盖平面的端隙。

③检查油泵小齿轮、内齿轮、泵壳端面，应无肉眼可见的磨损痕迹、裂纹等。

④按分解时相反的顺序组装油泵各零件，按照对称交叉的顺序，依次按规定力矩拧紧油泵盖紧固螺栓。

任务三 换挡执行元件的检查

1. 训练目标与要求

能正确规范地分解、组装各换挡执行元件,并能检测其自由间隙或状态等。

2. 训练设备

丰田U341E型自动变速器的换挡执行元件、专用拆装工具、厚薄规(或塞尺)等。

3. 训练步骤

(1) 离合器的检查

①分解离合器,检查离合器的钢片、摩擦片;检查离合器鼓;检查离合器活塞;检查回位弹簧和密封圈等。

②装合好离合器后,使用厚薄规(或塞尺)测量离合器的自由间隙。

(2) 制动器的检查

①检查制动器的钢片、摩擦片;检查制动器鼓;检查制动器活塞;检查回位弹簧和密封圈等。

②装合自动变速器过程中,使用厚薄规(或塞尺)测量制动器的自由间隙。

(3) 单向离合器的检查

①分解单向离合器,检查锲块、保持架、内外圈等状况。

②装合好单向离合器后,检查其单向锁止情况。

 任务四 行星排齿轮组的检查

1. 训练目标与要求

能正确规范地分解、组装行星齿轮组,并检测其磨损或损坏程度。

2. 训练设备

丰田U341E型自动变速器的行星齿轮组、厚薄规(或塞尺)等。

3. 训练步骤

①分解行星齿轮组,检查太阳轮、行星轮、齿圈等状况。

②使用厚薄规(或塞尺)测量行星齿轮与行星架间的间隙。

 任务五 电磁阀的检查和测试

1. 训练目标与要求

能正确规范地检查和测试自动变速器中电磁阀的性能。

2. 训练设备

丰田U341E型自动变速器的电磁阀、万用表、蓄电池、导线、压缩空气、气枪等。

3. 训练步骤

（1）使用万用表测量电磁阀的电阻值。

（2）检查电磁阀阀门情况

①在电磁阀进油口端施加 490kPa 的压缩空气。

②电磁阀不通电（关断）时，应不漏气；电磁阀通电（接通）时，电磁阀动作并发出声响，此时，气应畅通。

（3）检查电磁阀与发动机和 ECT 的 ECM 之间的配线和连接器。

三、相关知识

（一）液力变矩器的检查与清洗

1. 液力变矩器的检查

（1）检查液力变矩器外部有无损坏和裂纹、轴套外径有无磨损、驱动油泵的轴套缺口有无损伤，如有异常，应更换液力变矩器。

（2）检查单向离合器

如图 6-1 所示，将专用工具插入液力变矩器毂缺口和单向离合器的外座圈中，转动定子齿面，检查单向离合器工作是否正常，在逆时针方向转动时应锁住，而在顺时针方向应能自由转动。如有异常，说明单向离合器损坏，应更换液力变矩器。

（3）测量驱动盘（飞轮后端面）的端面圆跳动

安装百分表如图 6-2 所示，测量驱动盘的端面圆跳动，其最大值不超过 0.20mm。

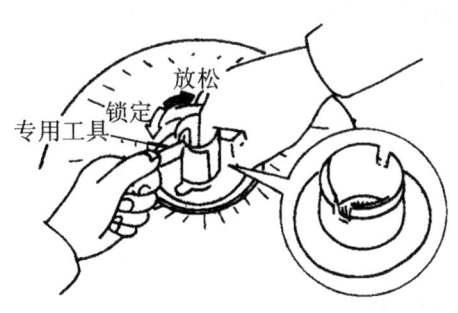

图 6-1 单向离合器的检查

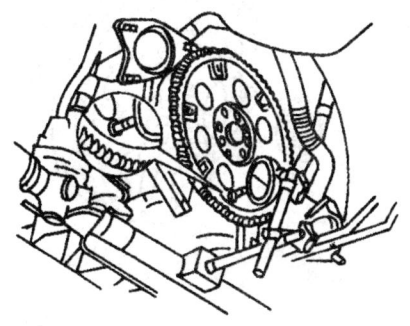

图 6-2 检查驱动盘的端面圆跳动

（4）测量液力变矩器轴套径向圆跳动

暂时将液力变矩器装在驱动盘上，安装百分表如图 6-3 所示。径向圆跳动最大值超过 0.30mm，可通过重新调整液力变矩器的安装方位进行校正，并在校正后的位置上作一记号，以保证安装正确，若无法校正，应更换液力变矩器。

（5）检查液力变矩器的安装情况

用游标卡尺和直尺测量液力变矩器安装面至自动变速器壳体正面的距离，应为 17.7 mm，若距离小于标准值，则应检查是否由于安装不当所致。

2. 液力变矩器的清洗

①倒出液力变矩器中残余的液压油。

②向液力变矩器内加入2L干净的液压油，摇动液力变矩器以清洗其内部，然后将液压油倒出。再次向液力变矩器内加入2L干净的液压油，清洗后倒出。

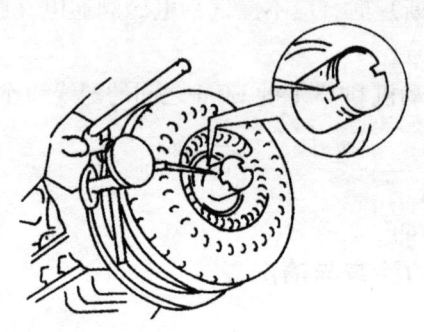

图6-3 测量液力变矩器轴套径向圆跳动

（二）油泵的分解、检查与装配

1. 油泵的分解

油泵的分解如图6-4所示。

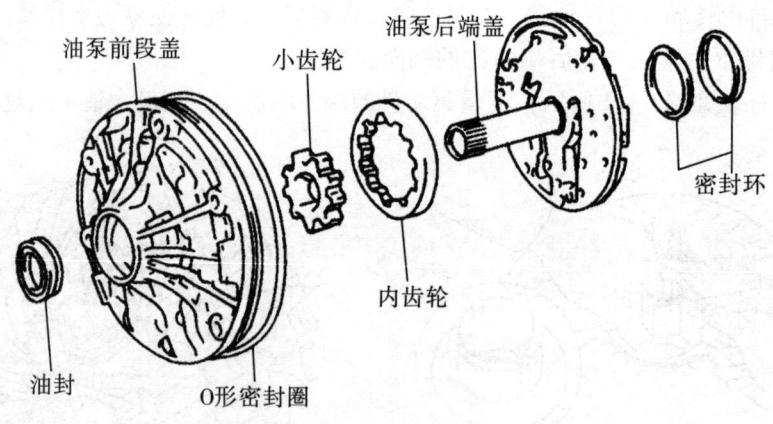

图6-4 油泵的分解

①拆下油泵后端轴颈上的密封环。

②按照对称交叉的顺序依次松开油泵的连接螺栓，打开油泵。

③用油漆在小齿轮和内齿轮上作一记号，取出小齿轮及内齿轮。

④拆下油泵前端盖上的油封。

在分解油泵时应注意不要损伤油泵前端盖，不可用冲子在油泵齿轮和油泵壳上作记号。

2. 油泵的检查

①如图6-5所示，用塞尺分别测量油泵内齿轮外圆与油泵壳体之间的间隙、小齿轮及内齿轮的轮齿与月牙板之间的间隙、小齿轮及内齿轮端面与端盖平面的端隙。将

测量结果与表6-1的数值对照，如不符合标准，应更换齿轮、泵壳或油泵总成。

②检查油泵小齿轮、内齿轮、泵壳端面有无肉眼可见的磨损痕迹，如有应更换新件。

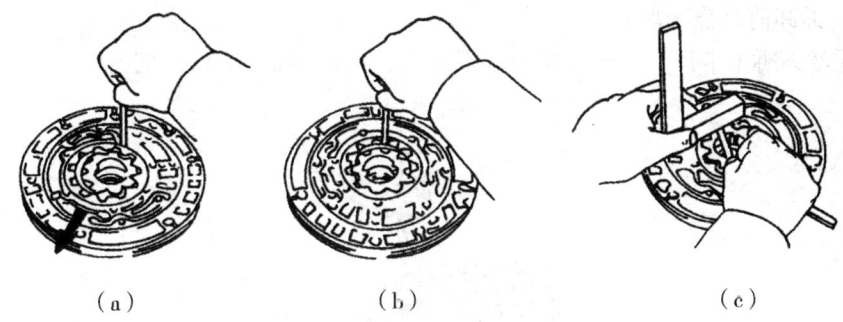

（a） （b） （c）

图6-5 油泵各间隙的检查

表6-1 油泵各间隙标准

检查项目	标准间隙/mm	最大间隙/mm
油泵内齿轮外圆与油泵壳体之间	0.10~0.15	0.15
齿轮与月牙板之间	0.07~0.15	0.15
齿轮端面与端盖平面	0.02~0.05	0.05

3. 油泵的装配

用干净的煤油清洗油泵的所有零件，并用压缩空气吹干，再在清洁的零件上涂少许自动变速器用液压油（ATF）按下列步骤组装：

①在油泵前端盖上装入新的油封；

②更换所有的O形密封圈，并在新的O形密封圈上涂ATF油；

③按分解时相反的顺序组装油泵各零件；

④按照对称交叉的顺序，依次拧紧油泵盖紧固螺栓，拧紧力矩10N·m。

⑤在油泵后端轴颈上的密封环槽内涂上润滑脂，安装新的密封环；

⑥检查油泵运转性能：将组装后的油泵插入液力变矩器中，如图6-6所示，转动油泵，油泵齿轮转动应平顺，无异响。

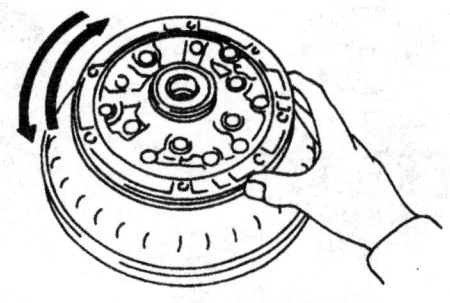

图6-6 油泵性能的检查

（三）离合器、制动器和单向离合器的分解、检查与装配

1. 离合器、制动器的拆卸（以 U3414E 型自动变速器为例）

1）拆卸前进档离合器

（1）拆卸前离合器盘

用螺丝刀拆下卡环，从输入轴上拆下法兰、4 个盘和 4 个片，见图 6-7。

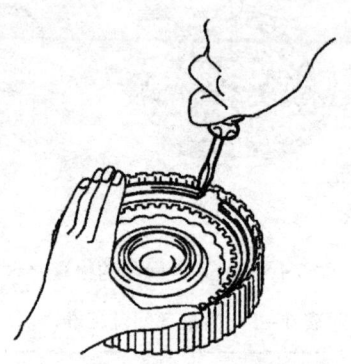

图 6-7　拆下前进档离合器卡环

（2）拆卸前进档离合器回位弹簧分总成

①在离合器平衡器上使用 SST，用压力机压缩回位弹簧，用卡环扩张器拆下卡环，见图 6-8。

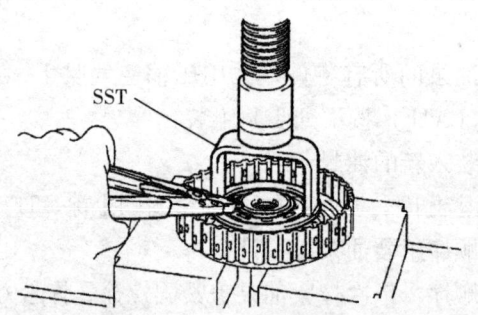

图 6-8　用压力机压缩前进档离合器回位弹簧，用卡环扩张器拆下卡环

②拆下离合器平衡器和活塞回位弹簧，见图 6-9。

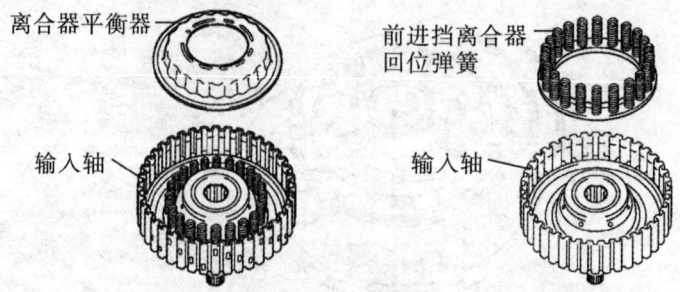

图 6-9　拆下前进档离合器平衡器和活塞回位弹簧

(3) 拆卸前进档离合器活塞

①将输入轴放置到机油泵上。

②用手固定前进档离合器活塞,向机油泵施加压缩空气(392kPa),以拆下前进档离合器活塞。注意:如果因为活塞倾斜而不能拆下,在保持活塞水平时再次施加压缩空气,或用尖嘴钳拆下活塞,尖嘴钳顶部应缠绕保护性胶带,见图6-10。

(4) 拆卸前进档离合器活塞O形圈,见图图6-11。

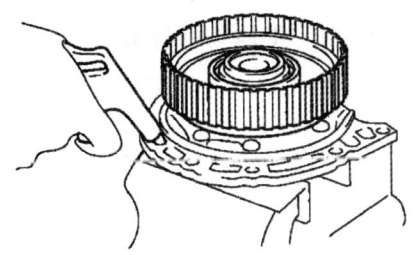 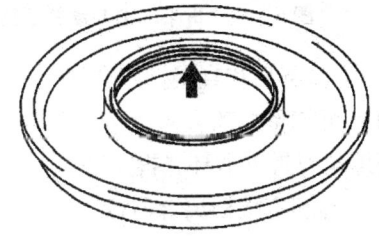

图6-10 拆下前进档离合器活塞　　图6-11 拆卸前进档离合器活塞O形圈

2) 拆卸二档制动器活塞

(1) 拆卸二档制动器活塞回位弹簧分总成

①用SST和压力机从二档制动器活塞上拆下卡环,见图6-12。

②从二档制动缸上拆下二档制动器活塞回位弹簧分总成,见图6-13。

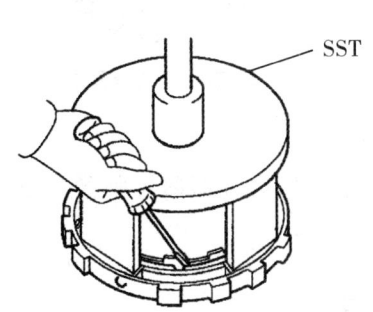 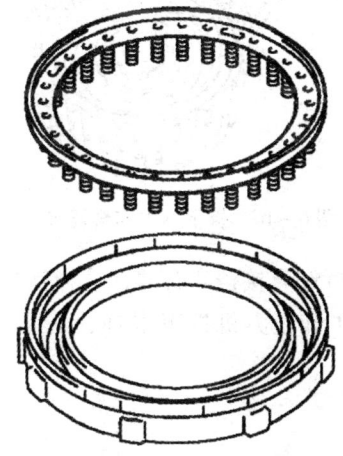

图6-12 从二档制动器活塞上拆下卡环　　图6-13 从二档制动缸上拆下二档制动器活塞回位弹簧分总成

(2) 拆卸二档制动器活塞

固定二档制动器活塞,向二档制动缸施加压缩空气(392kPa),以拆下二档制动器活塞,见图6-14。

(3) 拆卸二档制动缸O形圈,见图6-15。

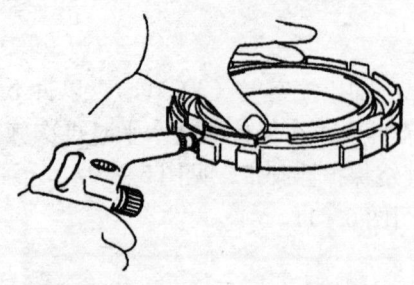
图6-14 拆下二档制动器活塞

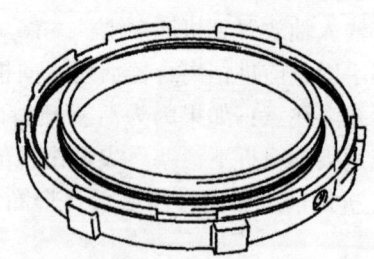
图6-15 拆卸二档制动缸O形圈

3）拆卸倒档和直接档离合器

（1）拆卸倒档离合器盘

用螺丝刀拆下卡环，拆下法兰、3个盘和3个片，见图6-16。

（2）拆卸直接档离合器盘

用螺丝刀拆下卡环，拆下直接档离合器法兰、3个片和3个后离合器法兰，见图6-17。

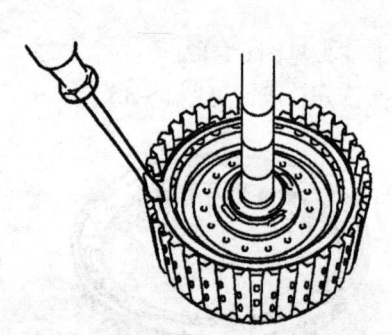
图6-16 拆下倒档离合器卡环

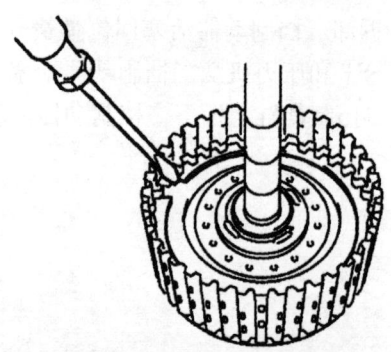
图6-17 拆下直接档离合器卡环

（3）拆卸直接档离合器回位弹簧分总成

用SST和压力机拆下卡环，从中间轴上拆下直接档离合器回位弹簧分总成，见图6-18。

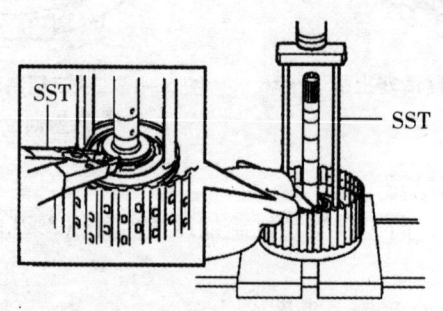
图6-18 从中间轴上拆下直接档离合器回位弹簧分总成

（4）拆卸直接档离合器活塞分总成

①将中间轴安装至传动桥后盖。
②如图 6-19 所示，向机油孔施加压缩空气（392kPa），并从中间轴上拆下直接档离合器活塞。

注意：吹入空气可能导致活塞跳出。拆下活塞时，用抹布或布条将其握住。使用压缩空气时切勿将 ATF 溅出。（下同）

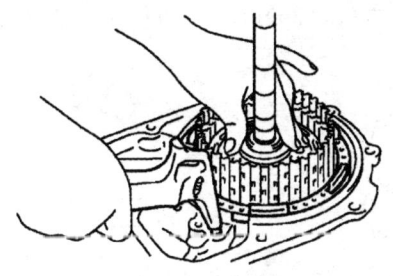

图 6-19　从中间轴上拆下直接档离合器活塞

（5）拆卸直接档离合器鼓分总成
①将中间轴安装至传动桥后盖。
②按中间轴总成切口的同一位置，在直接档离合器鼓上做好装配标记。
③如图图 6-20，所示，向机油孔施加压缩空气（392kPa），并从中间轴上拆下直接档离合器鼓。

（6）拆卸直接档离合器活塞和离合器鼓 O 形圈

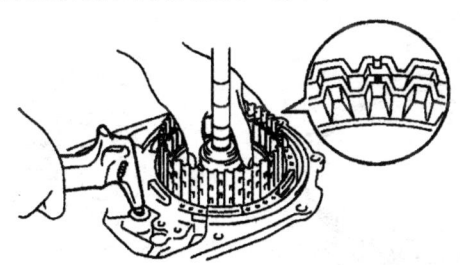

图 6-20　从中间轴上拆下直接档离合器鼓

4）拆卸超速档制动器
（1）拆卸传动桥后盖螺塞
从传动桥后盖上拆下 4 个传动桥后盖螺塞，用螺丝刀从 4 个传动桥后盖螺塞上拆下 4 个 O 形圈，见图 6-21。

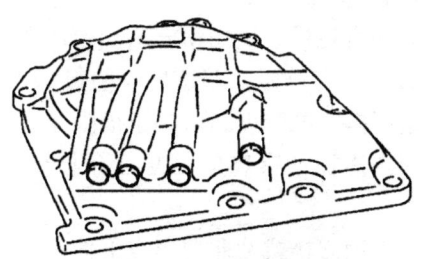

图 6-21　拆卸传动桥后盖螺塞

(2)拆卸超速档制动器回位弹簧分总成

①用 SST、压力机和螺丝刀拆下卡环。注意:当超速档制动器活塞低于卡环槽 1 至 2 mm 时,停止施压,以防超速档制动器活塞变形。

②从传动桥后盖上拆下超速档制动器回位弹簧,见图 6-22。

(3)拆卸二档滑行和超速档制动器活塞

向传动桥后盖施加压缩空气(392kPa),以拆下超速档制动器活塞,见图 6-23。

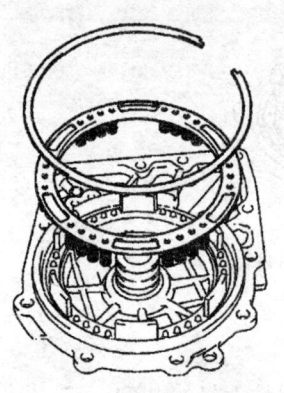 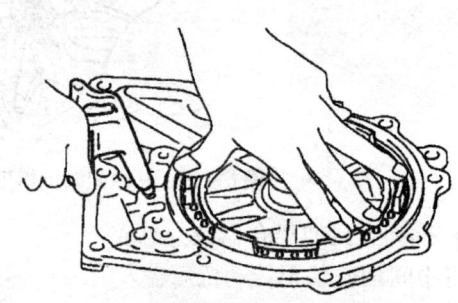

图 6-22 拆卸超速档制动器回位弹簧分总成　　图 6-23 拆卸二档滑行和超速档制动器活塞

(4)拆卸二档滑行和超速档制动器活塞 O 形圈,见图 6-24。

(5)拆卸离合器鼓护油环,见图 6-25。

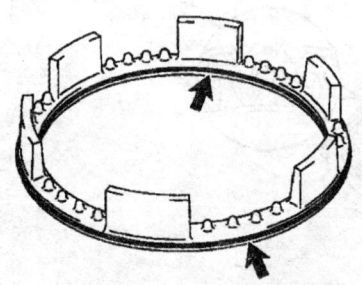 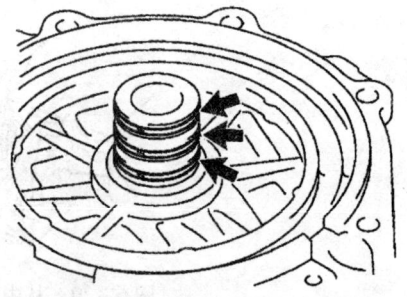

图 6-24 拆卸二档滑行和超速档 O 形圈　　图 6-25 拆卸离合器鼓护油环

2. 离合器、制动器的检查

离合器、制动器的检修应包括:摩擦片、钢片、制动带的检查,离合器鼓、制动器鼓的检查,离合器和制动器活塞的检查,回位弹簧的检查等内容。

(1)检查离合器、制动器摩擦片和钢片

①离合器、制动器表面如有烧焦、表面粉末冶金层脱落或翘曲变形,应予以更换。许多自动变速器摩擦片表面上印有符号,若这些符号已被磨去,说明摩擦片已磨损至极限,应更换。也可以测量摩擦片的厚度,若小于极限厚度,应更换。

②带式制动器的制动带内表面如有烧焦、表面粉末冶金层脱落或表面符号已被磨去也应更换。

③检查钢片如有磨损,表面起槽或翘曲变形应更换。

④检查挡圈的摩擦面,如有磨损,应更换。

(2) 检查离合器、制动器鼓

检查离合器、制动器鼓的液压缸内表面应无损伤或拉毛，与钢片配合的花键槽应无磨损。如有异常应更换新件。带式制动器鼓的外表面应无损伤、拉毛或起槽，如有异常应更换新件。

(3) 检查离合器、制动器活塞

①检查离合器、制动器的活塞，其表面应无损伤、拉毛或起槽否则应更换新件。

②检查离合器活塞上的单向阀，其阀球应能在阀座内活动自如。用压缩空气或煤油检查单向阀的密封性（从液压缸一侧往单向阀内吹气，见如图 6-26，密封应良好）。如有异常应更换活塞。

③更换所有离合器、制动器及制动带液压缸活塞上的 O 形密封圈及轴颈上的密封环。新密封圈或密封环上应涂上少许自动变速器油或凡士林后装入。

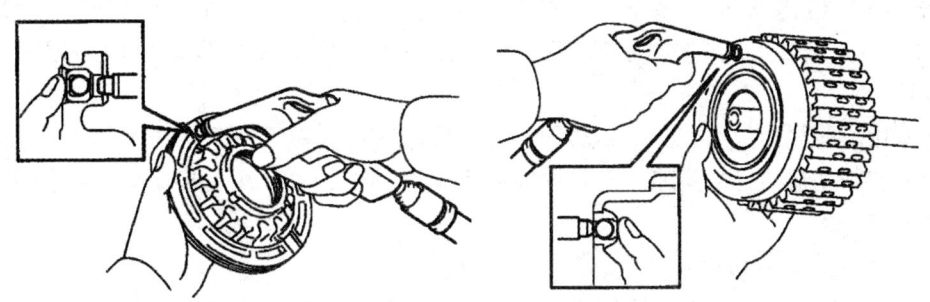

图 6-26　直接档离合器活塞分总成单向阀密封性检查（U341E 变速器）

(4) 检查回位弹簧和密封圈

测量活塞回位弹簧的自由长度，并与制动器维修手册比较。若弹簧自由长度过小或有变形，应更换新弹簧。

3. 离合器、制动器的装配

在装配离合器、制动器之前，应将所有零件用清洁的煤油清洗干净，油道、单向阀孔等处要用压缩空气吹干净，以免被脏物堵塞。

按照与分解相反的顺序装配各个离合器和制动器。在装配时应注意以下几点。

①装配前应在所有配合零件表面上涂少许自动变速器油。

②更换摩擦片时，应将新摩擦片放在干净的自动变速器油中浸泡 15min 后安装。

③安装回位弹簧座圈的卡环时，应确认卡环已落在弹簧座圈上的凸凹槽内，保证安装要到位。

④摩擦片和钢片要按拆卸时的顺序交错排列。摩擦片和钢片原则上没有方向性，正反面都可安装，但在重新安装使用过的钢片和摩擦片时，应按拆装前的顺序安装。在安装挡圈时有台阶的一面应朝上，让平整的一面与摩擦片接触。有碟形环的离合器或制动器应将碟形环放置在下面第一片的位置上，使之与活塞接触并使碟形的凹面向上。

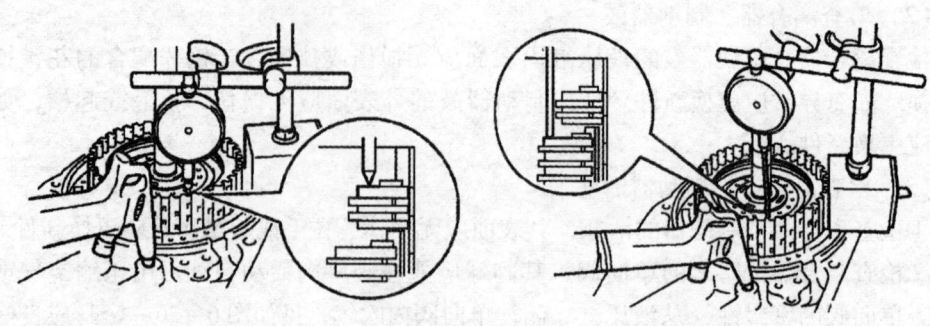

a-倒档离合器； b-直接档离合器

图 6-27 检查离合器活塞移动情况（U341E 变速器）

⑤每个离合器或制动器装配后，都应检查活塞的工作是否正常。可按照分解时的方法，向油道内吹入压缩空气，检查活塞能否向上移动，将钢片和摩擦片压紧（图 6-27）。若吹入压缩空气后活塞不能移动，则应检查漏气的部位，分解修复后再重新安装。

⑥用厚薄规测量离合器和制动器的自由间隙，或用图 6-27 的方法用百分表测量离合器和制动器的自由间隙。若自由间隙不符合标准，可采用更换不同厚度挡圈的方法来调整。

4. 单向离合器的检查

检查单向离合器，如滚柱破裂、滚柱保持架断裂或内外圈滚道磨损起槽应更换新件。如果在锁止方向上有打滑或在自由转动方向上有卡滞，（可见前图 2-36 和 2-40 所示，丰田 U341E 自动变速器中 1 号和 2 号单向离合器的检查），也应更换。

（四）行星排齿轮组的检查与装配

1. 检查太阳轮、行星轮、齿圈的齿面如有磨损或疲劳剥落，应更换整个行星排。

2. 检查行星轮与行星架之间的间隙（如图 6-28），其标准间隙为 0.2~0.6 mm，最大不得超过 1.0 mm，否则应更换止推垫片、行星架和行星轮组件。

3. 检查太阳轮、行星轮、齿圈等零件的轴颈或滑动轴承处有无磨损。如有异常磨损应更换新件。

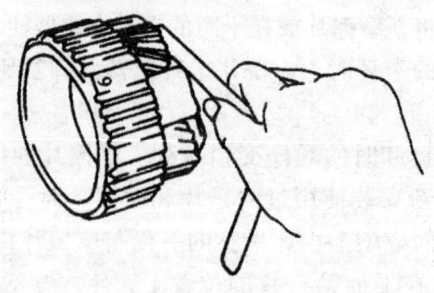

图 6-28 行星齿轮与行星架之间的间隙检查

（五）电磁阀的检查和测试

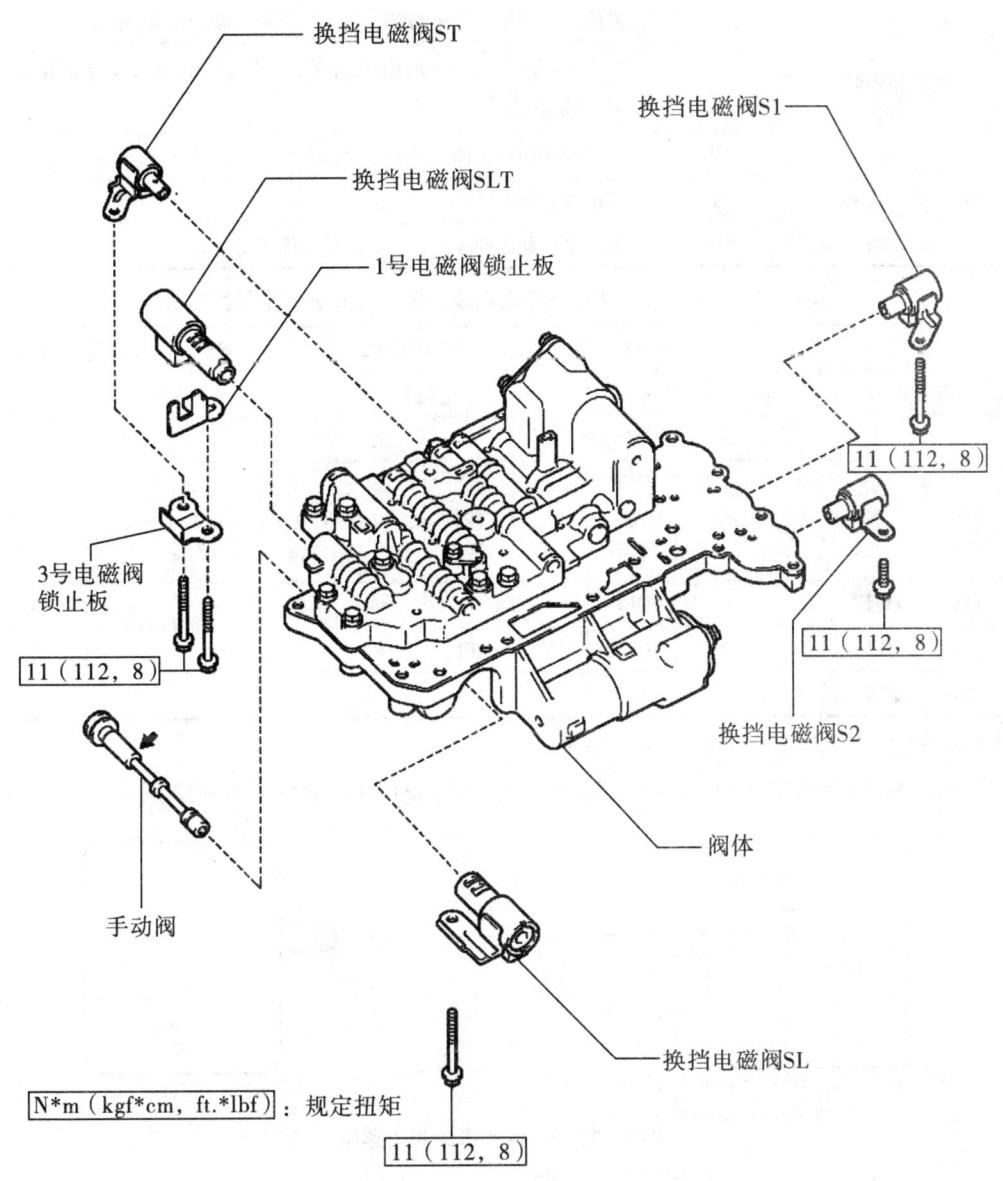

图 6-29　U341E 型自动变速器中电磁阀安装位置

丰田 Corolla 轿车 U341E 型自动变速器采用 5 个电磁阀，其安装位置见图 6-29 所示，各自的功用见下表 6-2 所示。当两个换挡电磁阀中任一个出现故障后，ECT 的 ECM 便会对另一个正常的电磁阀进行控制，从而使车辆平稳运行（安全保护功能），见表 6-3 所示。

表6-2　U341E型自动变速器5个电磁阀的功用

电磁阀		功用
换档电磁阀	S1	切换2-3档换档阀阀芯，控制C2离合器结合与分离
	S2	切换1-2档、3-4档换档阀阀芯，控制C1、C2离合器和B1、B2制动器结合与分离
	ST	3→4档和4→3档换档时，离合器压力控制
占空比（线性）电磁阀	SL	锁止离合器压力优化控制
	SLT	主油路、第二油路压力和蓄压器背压的控制

表6-3　换档电磁阀中任一个出现故障后，ECM的安全保护功能

正常			S1电磁阀故障			S2电磁阀故障			S1、S2电磁阀均故障		
电磁阀		档位	电磁阀		档位	电磁阀		档位	电磁阀		档位
S1	S2		S1	S2		S1	S2		S1	S2	
ON	ON	1	×	OFF↓ON	3	ON	×	2	×	×	3
ON	OFF	2	×	OFF	3	ON	×	2	×	×	3
OFF	OFF	3	×	OFF	3	OFF	×	3	×	×	3
OFF	ON	4	×	ON	4	OFF	×	3	×	×	3

1. S1、S2、SL和ST电磁阀的检查

S1、S2电磁阀的电路如图6-30和图6-31，ST电磁阀的图6-32所示。

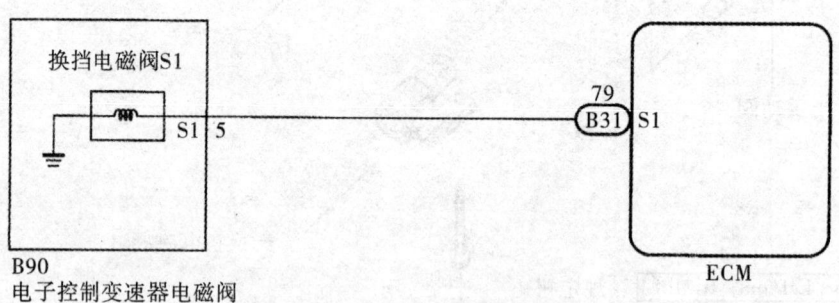

图6-30　S1换档电磁阀电路图

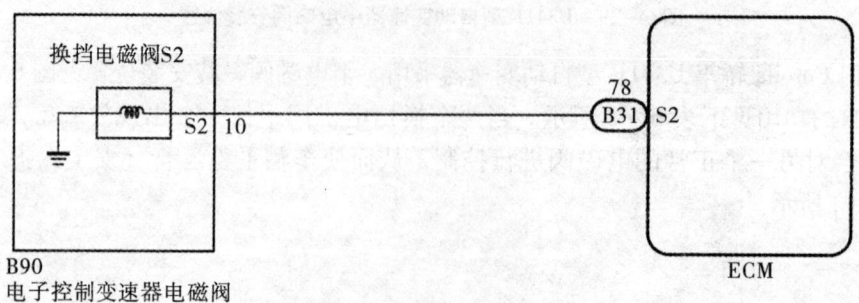

图6-31　S2换档电磁阀电路图

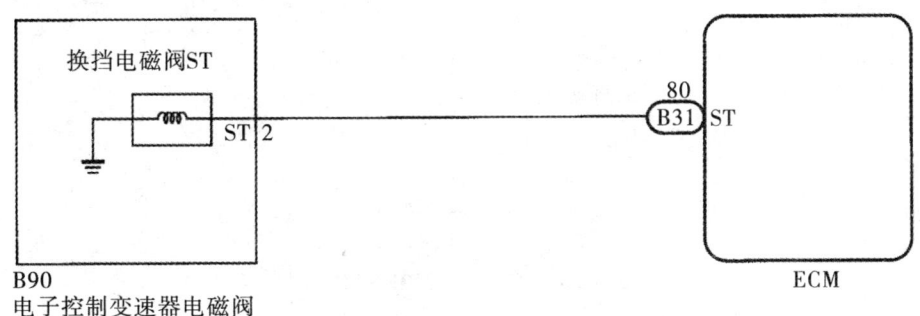

图6-32 ST变矩器锁止离合器控制电磁阀电路图

(1) 检查电磁阀的电阻值

用万用表电阻档测量电磁阀与车身接地之间的电阻值,如图6-33(a)。在20℃时,电阻值应为11~15Ω。

若不正常,更换电磁阀;若正常,进行下一步检查。

(2) 检查电磁阀阀门情况

见图6-33(b)。

①在电磁阀进油口端施加490kPa的压缩空气。

②电磁阀不通电(关断)时,应不漏气;电磁阀通电(接通)时,气应畅通。

若不正常,更换电磁阀;若正常,进行下一步检查。

(3) 检查电磁阀与发动机和ECT的ECM之间的配线和连接器

若有不良,修理或更换线束或接线器;若均良好,检修或更换发动机和ECT的ECU。

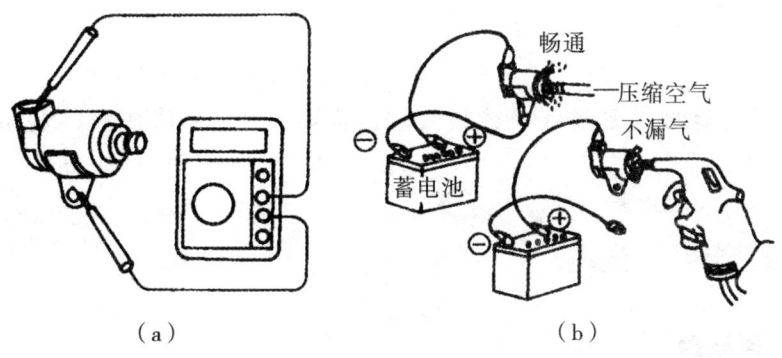

图6-33 检查1、2号电磁阀

2. SLT电磁阀的检查

SLT电磁阀是占空比(电磁阀导通时间与一个导通、切断周期时间之比)电磁阀,是根据节气门开度(检测发动机动力输出)和车速来准确、及时地调节并产生管路压力,使变速器平稳工作。ECM控制SLT电磁阀的占空比,来调节合适的管路压力,确保在不同工况下平稳换挡。占空比越大,流向电磁阀的电流越大,管路压力和控制压力就越小。SLT电磁阀的工作特性见图6-34所示,电路如图6-35所示。

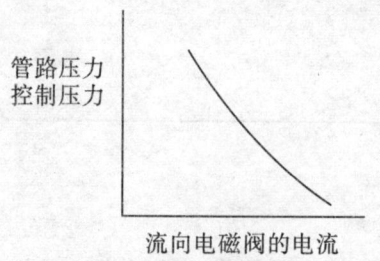

图 6-34 SLT 电磁阀特性

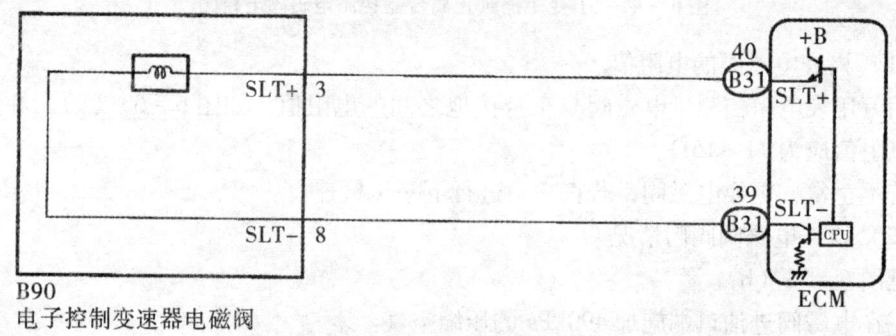

图 6-35 SLT 电磁阀电路图

（1）检查电磁阀电阻

用万用表电阻档测量电磁阀两端子之间的电阻。在20℃时，正常值为：5～5.6Ω。若不正常，更换电磁阀；若正常，进行下一步检查。

（2）检查电磁阀动作情况

同前 S1、S2 和 SL 电磁阀的检查。

（3）检查3号电磁阀与发动机和 ECT 的 ECM 之间的配线和连接器

若有不良，修理或更换线束或接线器；若均良好，检修或更换发动机和 ECT 的 ECM。

四、自我测试题

（一）填空题

1. 在检测电磁阀时，应检测 ＿＿＿＿＿＿、＿＿＿＿＿＿ 和 ＿＿＿＿＿＿。

2. 在检测 U341E 型 ECT 油泵时，需要测量三处间隙，包括 ＿＿＿＿＿＿、＿＿＿＿＿＿、和 ＿＿＿＿＿＿。

3. 见图 6-27，在检查 U341E 型自动变速器时，减速传动单向离合器的功用是 ＿＿＿＿＿＿，现判定该单向离合器锁止情况，现固定单向离合器外圈，则减速排太阳轮沿箭头方向所指应 ＿＿＿＿＿＿ 方向能自由转动（填顺时针或逆时针），而反方向转不动，则说明单向离合器良好。

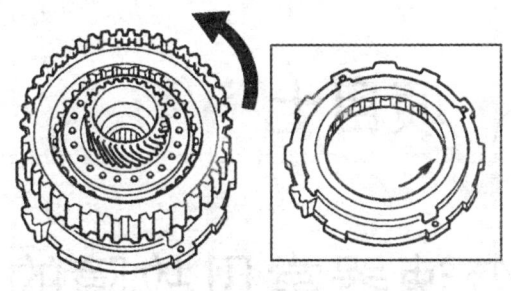

图 6-27 检查减速传动单向离合器

（二）判断题

1. U341E 型自动变速器阀板上有七个电磁阀，其中 S1、S2 是用于控制换挡的，而开关式电磁阀 SLT 是用于控制主油路油压的。（　　）
2. 用清洗剂将阀板洗净后用棉纱擦干，涂上 ATF 后即可装合。（　　）
3. 将离合器中的两个钢片叠放在一起，对着光，发现有明显的缝隙，说明钢片扭曲变形了。（　　）
4. 装配自动变速器时，对一些零件，如：O 形圈、油封等，只要没有变形或损坏就可以重复使用的。（　　）
5. 装配自动变速器前，新的摩擦片不需要在洁净的 ATF 中浸泡一段时间。（　　）
6. 在检查换挡执行元件 B.C 自由间隙时，厚薄规不能塞入钢片与摩擦片之间。
（　　）

（三）单项选择题

1. U341E 型自动变速器阀板中 SLT 电磁阀是用于控制_____。
   A. 换挡　　　　　　　　　B. 锁止离合器
   C. 主油路油压　　　　　　D. 3 挡与 4 挡切换时离合器压力控制

2. 在维修自动变速器时，对离合器或制动器的摩擦片自由间隙，调整的办法是_____。
   A. 选择弹性不向的标准弹簧　　B. 选择标准厚度不同的压板
   C. 增减摩擦钢片　　　　　　　D. 增减摩擦盘片

3. 在自动变速器的液压控制系统中，当离合器或制动器的摩擦盘片产生过多的磨损时首先将出现_____现象。
   A. 换挡拖滞　　　　　　　B. 尖锐的啸叫
   C. 较明显的振动　　　　　D. 啸叫与振动

4. 组装自动变速器的液控系统，在安装油缸活塞密封件时，应对密封件作出_____的处理。
   A. 涂抹粘合剂　　　　　　　B. 保持清洁并干燥状况
   C. 首先浸入自动变速器油液中　D. 涂抹密封胶

（四）简答题

简述多片湿式离合器或制动器中摩擦片更换的依据。

项目七

自动变速器常见故障的诊断

一、项目描述

通过本项目的学习,对自动变速器常见故障进行诊断、排除,应达到以下要求:

1. 知识要求

①掌握自动变速器故障诊断原则和程序;

②熟悉自动变速器打滑的故障诊断与检修;

③熟悉自动变速器换挡冲击的故障诊断与检修。

2. 技能要求

①正确使用常用工具和专用工具;

②能正确使用各种检测设备,快速准确排除教师设置的自动变速器打滑故障和换挡冲击故障,正确记录相关数据,并准确叙述诊断分析思路。

3. 素质要求

①整理整顿拆装工具、量具,保持实训场地清洁,及时清扫垃圾,树立团队意识,培养协作精神;

②安全文明生产,保证设备和自身安全;

③操作规范,技术要求符合维修手册。

二、项目实施

 任务:自动变速器电控系统故障诊断

1. 训练目标与要求

能正确规范地使用各设备、资料等,对丰田 U341E 型自动变速器电控系统故障进行诊断排除。

2. 训练设备

搭载 U341E 型自动变速器的丰田卡罗拉轿车、IT-Ⅱ检测仪、万用表、常用拆装工、量具等。

3. 训练步骤

①车辆进入车间，记录并分析客户所述故障。见图7-1所示为客户对故障描述的记录表。

②将电脑诊断仪IT-Ⅱ连接至车辆故障诊断插座，检查并清除故障码。

③对车辆、发动机、自动变速器进行目视外观检查。

④试车，确认故障症状。

若故障症状出现，进行第⑪步骤。

若故障症状不出现进行第⑤步骤。

⑤症状模拟。采用抖动电气元件接线及插头、水淋法来模拟故障发生条件。

⑥使用电脑诊断仪IT-Ⅱ读取故障码。

若有故障码，则根据维修手册中所提供的"诊断故障码表"进行检测并排除故障点。

若无故障码，进行第⑦步骤。

⑦自动变速器的基本检查。（包括发动机怠速、自动变速器油液位油质、电气元件检查等）。

若异常，进行更换或修理故障部位。

若正常，进行第⑧步骤。

⑧对自动变速器机械系统进行测试。（实施失速、油压、时滞试验等）

若异常，进行第⑪步骤。

若正常，进行第⑨步骤。

⑨对自动变速器机械系统手动换挡试验。

若异常，进行第⑪步骤。

若正常，进行第⑩步骤。

⑩按照维修手册中提供的"故障症状表"参考进行检测。

⑪修理或更换故障部位。

变速器控制系统检查表	检查员	姓名：	

客户姓名		登记号码		
		登记年份		
		车架号码		
车辆进厂日期		里程表读数		km

故障发生日期	
故障产生频率	□经常发生　　□有时发生（次/天）

症状	☐ 车辆不能起步（☐任意挡　☐特定挡）		
	☐ 不能升挡（☐第1挡→第2挡☐第2挡→第3挡☐第3挡→O/D挡）		
	☐ 不能降挡（☐O/D挡→第3挡☐第3挡→第2挡☐第2挡→第1挡）		
	☐ 锁止故障		
	☐ 换挡点太高或太低		
	☐ 换挡冲击（☐N→D ☐锁止 ☐任何行驶挡）		
	☐ 滑动或抖动		
	☐ 无降挡		
	☐ 其他 (　　　　　　　　　　　　　　　　)		
检查项目	故障指示灯	☐ 正常	☐ 持续发亮
DTC 检查	第1次	☐ 正常码	☐ 故障友（DTC　　　）
	第2次	☐ 正常码	☐ 故障友（DTC　　　）

图7-1　客户对故障描述的记录表

三、相关知识

（一）故障诊断原则和程序

1. 故障诊断原则

电控自动变速器的故障诊断是一项非常复杂的工作，必须按照一定的原则和程序进行。

①分清故障引起的部位。故障是由发动机还是自动变速器液压自动操纵系统、电子控制系统引起的，亦或是液力自动变速器本身引起的，只有分清了故障部位，才能针对性地去查找故障根源，少走弯路。

②坚持先简后难、逐步深化的原则。按故障的难易程度，先从最简单、最容易检查的地方开始检查，如开关、拉索、油液状况等，从那些最易于接近的部位、易于忽视的部位和影响因素开始，最后再深入实质性故障。

③区别故障的性质。故障是机械性质的、液压系统的，还是电子控制系统的；是需要维护方面的，还是需拆卸自动变速器彻底修理的。

④充分利用自动变速器各检验项目（基础检验、手动换挡试验、失速试验、时滞试验、油压试验、道路试验），为查找故障提供思路和线索。通过这些检验项目的试验，一定可以发现自动变速器的故障所在。

⑤充分利用电子控制自动变速器的故障自诊断功能。电子控制自动变速器 ECU 内部有一个故障自诊断电路，它能在汽车行驶过程中不断地监视自动变速器控制系统各部分的工作情况，并能检验出控制系统中大部分故障，将故障以代码的形式记录在 ECU 中。维修人员可以按照特定的方式将故障码从 ECU 中读出，为自动变速器控制系

统的检修和故障排除提供依据。

⑥必须在拆检后才能确诊的故障，应是故障诊断的最后程序，电子控制自动变速器是绝不要轻易分解的。

⑦在进行故障诊断与排除前，最好先阅读有关故障指南、使用说明书和该车型的维修手册，掌握必要的结构原理图、油路图、电子控制系统电路等有关技术资料。

2. 故障诊断程序

虽然各国厂商所生产的自动变速器千差万别，但是它们的基本原理是一致的，所以检修时也有一定的规律可循。一般情况下，自动变速器的检修过程按照由简单到复杂的程序，一步一步地进行。检修内容包括基本检查、故障自诊断测试、手动换挡试验、机械系统试验、电控系统测试及按故障诊断表检测等几部分。检修程序可按图7-2进行。

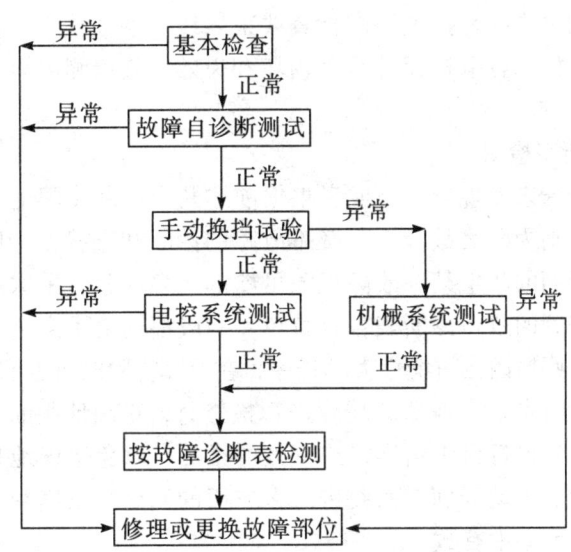

图7-2 电子控制自动变速器故障诊断程序

（1）基本检查

这一步用于检查自动变速器是否在正常前提条件下进行工作。通过这一步的检查，常常可以解决许多故障，因此这一步必不可少。这一步包括：节气门的检查，怠速的检查，自动变速器油的检查，电子控制自动变速器控制开关的检查，电子控制自动变速器传感器的检查等。

（2）故障自诊断测试

电子控制自动变速器在进行基本检查后仍存在故障，可通过电脑自诊断系统进行故障自诊断测试，调出故障代码，帮助寻找故障发生部位。排除故障以后要记得清除故障代码。不同公司生产的不同车型，其故障自诊断测试方法不尽相同，详见"电子控制自动变速器故障诊断举例"。

（3）手动换挡试验

为了确定故障存在的部位，区分故障是由机械系统（包括齿轮变速系统和液压控制系统）还是由电子控制系统引起的，应当进行手动换挡测试。手动换挡测试是人为地使电子控制自动变速器脱离车上 ECT 的 ECU 控制，由测试人员手动进行各挡位的试验。

手动换挡试验可在试验台上做，也可以进行路试来做，若每一挡位动作都正常，则说明故障出现在电子控制系统，应进行电控系统的测试，若有某一挡位动作异常或各前进挡很难区分，则说明故障在变速器机械系统，包括液力变矩器、齿轮变速系统和液压控制系统部分，应进行机械系统的测试。

（4）机械系统的测试

机械系统的测试包括失速试验、时滞试验、油压试验、道路试验等几项内容，因厂家不同内容又有一定的差异。通过这几项试验，可以准确地判断出变速器械系统的故障发生部位。

（5）电控系统测试

电控系统的的测试主要是按电路图检查线束导线及各插接件是否断路、短路以及搭铁接触不良问题，检测各电控元件是否损坏和失效，其检测内容和内容方法根据车型各不相同。

（6）按故障诊断表检测

当按前述诊断步骤未发现异常，或者根据前述几个诊断步骤的结果很难准确判断具体的故障部位时，则为疑难故障。对疑难故障的诊断和查找，一般应用维修手册上提供的故障诊断表所列的产生某一故障现象可能的诸多因素，采取逐项排除法查找故障部位。不同厂家编制的故障诊断表各具特色，一般都列出了产生某一故障现象的各可能的原因，并将这些原因按可能性大小排序，在故障排除时可参照表中顺序进行。

在此强调一点：对自动变速器的故障进行检修时，正确地判断非常重要。千万不能盲目、轻率地下结论，盲目听信客户或旁人的推测，以免错误地将完好的自动变速器解体造成越修越糟的被动局面，而要进行多方面的测试，正确判断故障性质和故障部位，确实做到拆修前心中有数。

3. 检修注意事项

自动变速器检修注意事项可分为检修前、检修中、检修后三部分。

（1）检修前应注意

①在将故障自动变速器汽车拖回修理厂时，应把驱动轮抬起后用牵引车拖回。对于装有由输出轴驱动的辅助油泵的自动变速器的汽车，在因故被牵引时，则可以不必抬起驱动轮，但牵引距离不得超过 50km，时速不得超过 30km/h。

②举升车辆时一定要注意安全；若只是顶起车辆的前端或后端，要用三角木将车轮抵住，以确保安全；若是要将整车举起，一定要使举升器的支撑点与车架相接触。

③修理自动变速器的场地应清洁无尘（环境粉尘颗粒小于 0.009mm），并在分解自动变速器前，应彻底清洁自动变速器外壳，以防灰尘或其他杂质污染解体后的自动变速器内部精密液压元件，而影响修复质量。

（2）检修中应注意

①拆检电气元件时，应先拆下蓄电池负极接线；检查电气元件最好采用数字式万用表；换新熔断器时，绝不使用超过或低于规定数值的熔断器。

②拆卸自动变速器时，一定要将零件按拆卸顺序排放在零件架上，必要时做好标记，这样可以避免混淆同时放在工作台上看起来相似而实际不同的零件，以便能正确、快捷地将所有零件装回原位，防止个别零件漏装或错装。

③对不可重复使用的零件（如开口销、垫片、O形圈、油封等），在相应的汽车《自动变速器维修手册》中均用特殊符号标出，在重新装配时，这类零件一定要使用新品。

④磨损的衬套必须连同带衬套的零件一起更换，推力轴承和座圈滚道若已磨损或损坏时必须更换。

⑤在修理装配时，对新换的密封油环、摩擦片、钢片、零部件各摩擦副之间的旋转或滑动表面，都应涂抹自动变速器油液；新的摩擦片在装配前，还应在自动变速器油液中浸泡30min以上。在换用新的离合器或制动器总成时，装用前也要在自动变速器油液中至少浸泡30min。

⑥螺栓、螺母在原厂装配前已涂好一层密封紧固胶。如果预涂件被重新以任何方式拧动过，在重新装配时，都必须按规定重新涂抹密封紧固胶。重新涂时，应首先清除掉螺栓、螺母或其他安装零件螺纹上的旧密封紧固胶，并用压缩空气吹干后再涂新胶。预涂件在《自动变速器维修手册》中也用特殊符号标示。所有螺栓、螺母都应按规定力矩拧紧。

⑦在重新组装自动变速器之前，应用普通的非易燃熔剂仔细地清洗所有的零件，然后用风吹的方法吹干，不能用普通的棉纱擦拭零件，以防棉纱留下棉绒影响自动变速器的修复质量。

⑧在组装自动变速器时，应在所有零件涂上一层自动变速器油。为了暂时使轴承、垫圈和O形圈定位，以便于装配，可在其上涂凡士林，但不得使用其他的润滑脂。在装配过程中，注意不要损伤O形圈和衬垫等密封零件。

⑨在组装自动变速器时，推荐使用专用工具。装配时，应在确定卡簧两端没有对准任一切口后再将之装入定位槽中，凡是滚针轴承和座圈滚道都要保证装在正确的位置和方向。

（3）检修后应注意

自动变速器检修后，应在自动变速器检测台（如ATC-3型自动变速器试验台架、ZDC-1型电磁阀检测仪）上进行油压测试和电磁阀检查，测试没有问题后再行装车。装车后，还应进行基本检查和机械系统的测试以确保自动变速器正常使用。

（二）自动变速器常见故障的诊断与检修

1. 自动变速器打滑的故障诊断与检修

（1）故障现象

①起步踩下加速踏板时，发动机转速上升很快但车速上升缓慢。

②加速时，发动机转速很高但车速不能很快提高。

③上坡时，汽车行驶无力，但发动机的转速却很高。

（2）故障原因

①自动变速器油面过低造成主油路的油压过低，导致离合器和制动器打滑。

②离合器或制动器摩擦片（或制动器制动带）磨损严重或已烧焦而引起打滑。
③油泵磨损严重或主油路有泄漏而造成主油路的油压过低。
④自动变速器中单向离合器打滑。
⑤离合器或制动器活塞密封圈损坏而漏油，导致油压过低。
⑥故障诊断与排除

故障诊断可按图7-3所示进行。

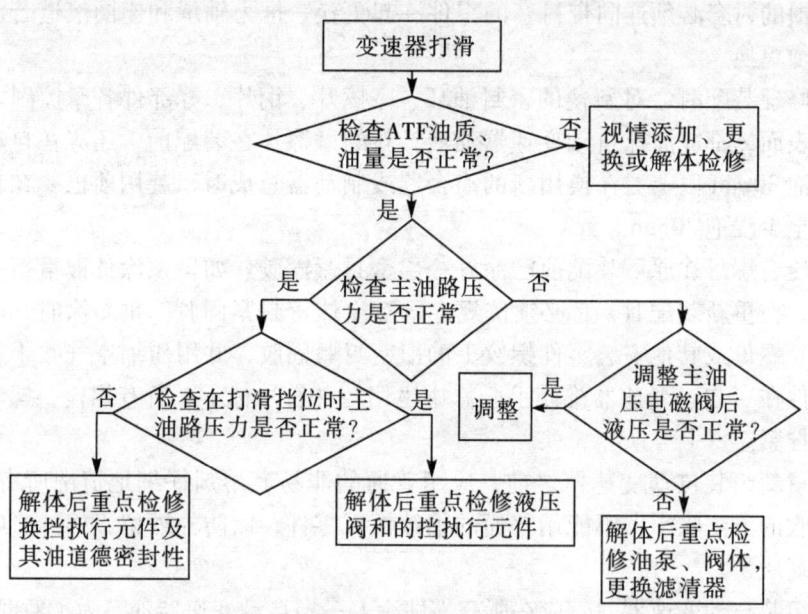

图7-3　变速器打滑故障诊断流程图

（3）首先检查变速器油面和油的品质
①如果只是油面过低，添加变速器油至油面适当后，再检查自动变速器是否打滑。
②如果变速器油呈棕黑色或有烧焦味，则可能是离合器或制动器摩擦片已烧坏，应拆修自动变速器。
③如果油面和油品质均正常，则进行进一步检查。

（4）检查主油路的油压

如果油压正常，再检查打滑时主油路压力是否正常。若打滑时主油路压力正常，自动变速器解体后应重点检修液压阀和换挡执行元件；若打滑时主油路压力不正常，解体后应重点检查油道密封性。

如果油压过低，应对主油压电磁阀进行调整。如不能调整正常，解体后应检查油泵滤网、油泵、主油路油压调节阀等。

在判断自动变速器打滑故障时，还可进行道路试验，并根据其打滑的规律判断故障的大致所在。以4前进挡辛普森式行星齿轮变速器为例，打滑的规律和可能的故障部位如下：
①若在前进挡时都有打滑现象而在倒挡时不打滑，则为前进挡离合器打滑；
②若在D位时的1挡打滑而在L位时的1挡不打滑，则为前进单向离合器打滑；

③若在 D 位和 L 位下的 1 挡都打滑,则为低、倒挡制动器打滑;

④若在 D 位时的 2 挡打滑而在 2（S）位时的 2 挡不打滑,则为 2 挡单向离合器打滑;

⑤若只是在 3 挡时有打滑现象,则为高挡离合器打滑;

⑥若只是在超速挡时有打滑现象,则为超速挡制动器打滑;

⑦若在倒挡和 1 挡时有打滑现象,则为低、倒挡制动器打滑;

⑧若在前进挡和倒挡时均有打滑现象,则可能是主油路的油压过低。

2. 自动变速器换挡冲击的故障诊断与检修

（1）故障现象

①汽车起步时,自动变速器变速杆从停车挡或空挡挂入前进挡或倒挡时,汽车会有明显的振动。

②汽车行驶时,自动变速器升挡的瞬间,汽车也会有明显的冲击。

（2）故障原因

①汽车起步换挡冲击大,是由发动机怠速过高引起的。

②所有挡位换挡冲击大,是由于节气门位置传感器调整不当而使主油路的油压过高导致换挡冲击。

③主油路油压调节阀不良而使主油路的油压过高导致换挡冲击。

④油压电磁阀或其线路不良而使主油路油压异常。

⑤减振器不良（如活塞卡住）而使换挡瞬间油压过高导致换挡冲击。

⑥单向阀损坏或单向阀钢球漏装而导致换挡执行元件接合过快。

⑦换挡执行元件打滑。

⑧升挡过迟而引起换挡冲击。

⑨电子控制自动变速器电脑故障。

（3）故障诊断与排除

故障诊断可按图 7-4 所示进行。

①检查发动机的怠速。正常的发动机怠速一般为 750r/min 左右。如果怠速过高,应将其调整至规定的怠速,再检验换挡冲击是否消失。

②检查节气门位置传感器的位置,如果不当,予以调整。

③进行路试,以判断自动变速器有无打滑或升挡过迟故障。

④检查发动机怠速时的主油路油压。如果怠速时的主油路油压过高,应拆检主油路油压调节阀;如果怠速时主油路油压正常,则应拆检前进挡离合器或倒挡及高挡离合器的进油单向阀是否损坏。

⑤检查换挡时的主油路油压。正常情况下,在换挡时,主油路的油压会有瞬间的下降。如果在换挡时主油路的油压有瞬时的下降,但有换挡冲击,可能是换挡执行元件的间隙太小而造成换挡冲击;如果换挡时主油路的油压没有下降。则应:

检查油压电磁阀的线路有无松脱。若正常,进行下一步检查。

检查油压电磁阀能否正常工作。若正常,进行下一步检查。

检查在换挡时,电脑有无向油压电磁阀输出信号。若换挡时电脑无信号输出,则

需更换电脑再试;若电脑有信号输出,进行下一步检查。

拆检自动变速器减振器有无损坏。

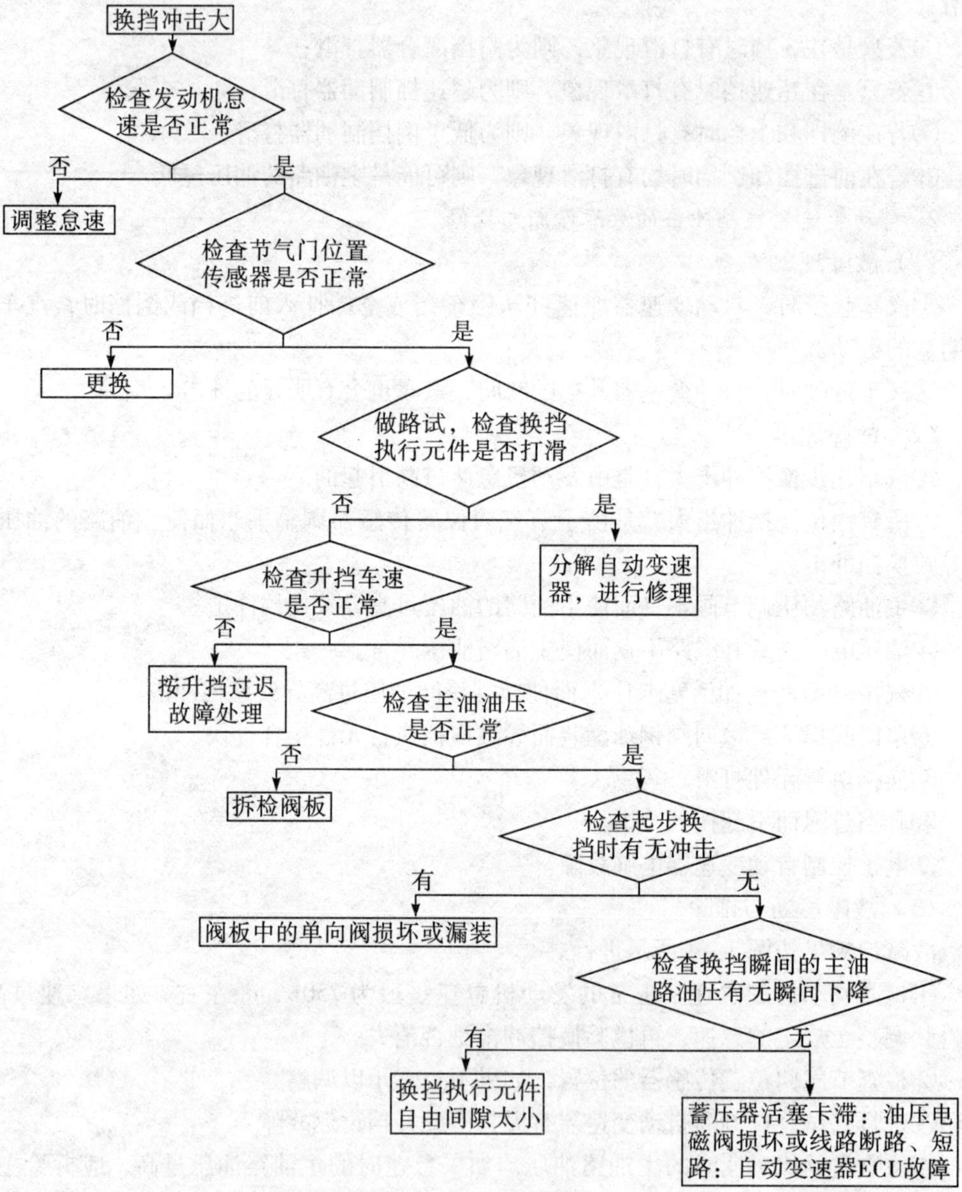

图7-4 换挡冲击大故障诊断流程图

3. 汽车不能行驶

(1) 故障现象

①变速杆置于任一前进挡或倒挡汽车均不能行驶。

②汽车冷起动后可以行驶一段时间,但自动变速器油温度升高后汽车就不能行驶。

(2) 故障原因

①因泄漏而使自动变速器油过少或漏光,从而导致变矩器不能传递动力或变速器

换挡执行机构不能正常工作。

②油泵损坏或油泵进油滤网严重堵塞,导致自动变速器主油路不能建立正常油压而使汽车不能行驶。

③变速杆与手动阀之间的连接杆或拉索松脱,使得换挡手柄置于前进挡或倒挡时,手动阀仍然在空挡或停车挡位置。

④液压控制系统中的主油路或主油路油压调节器有堵塞,导致变矩器不能传递动力或变速器换挡执行机构不能正常工作。

⑤变速器损坏而不能传递动力。

⑥变矩器损坏而不能传递动力。

(3) 故障诊断与排除

故障诊断可按图7-5所示进行。

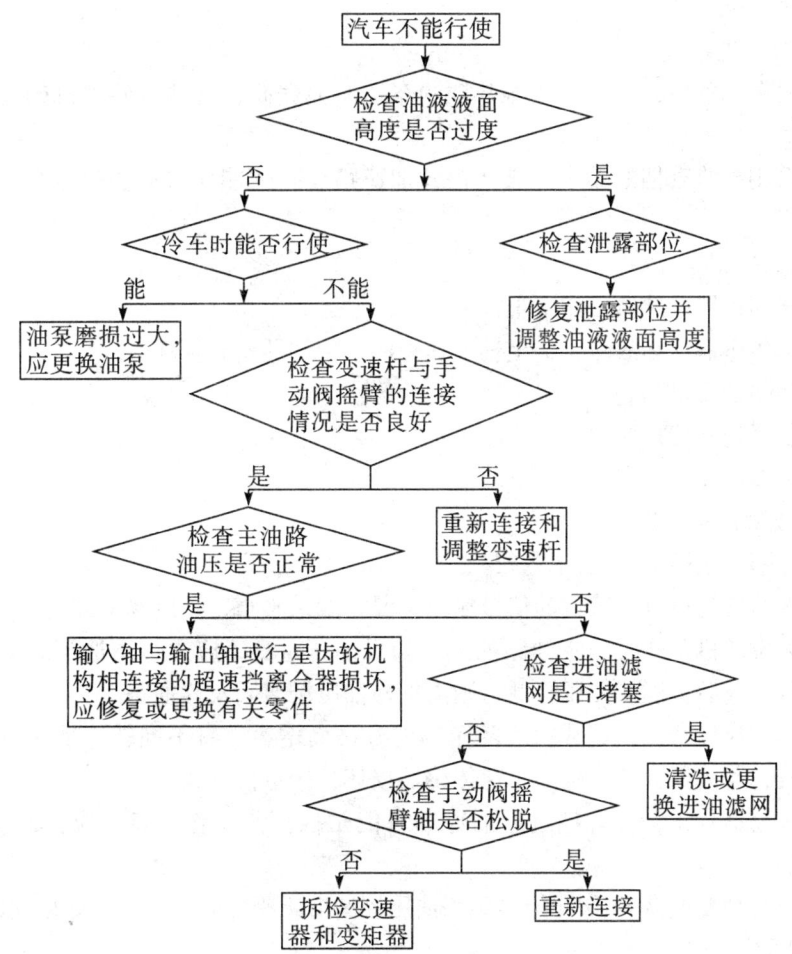

图7-5 汽车不能行驶故障诊断流程图

①检查自动变速器的油面高度。如果油面过低或无油,应检查变速器油底壳、液压油散热器及油管等处有无破损漏油;如果油面正常,进行下一步检查。

②检查自动变速器换挡手柄与手动阀摇臂之间有无松脱。如果有松脱,应予以装

复并调整好手柄的位置；如果无松脱，进行下一步检查。

③检查主油路的油压。拆下主油路测压孔上的螺塞，起动发动机。将变速杆置于前进挡或倒挡，看测压孔有无液压油流出。

a. 如果测压孔无液压油流出，或虽有油流出但流量很小（油压很低），应打开变速器油底壳，检查油泵的滤网有无堵塞、若滤网无堵塞，则需拆开变速器检查油泵、油压调节器及有关的油路。

b. 如果在冷车起动时有一定的油压，而在温度上升后油压明显下降，则说明是油泵磨损严重，应更换油泵。

c. 如果测压孔有大量油喷出，说明变速器不传递动力不是由于主油路无油压造成的。这时，可拆下变速器油底壳，检查手动阀摇臂轴与摇臂之间是否松脱，若没松脱，则需拆检齿轮变速器。如果齿轮变速器无故障，则需检查或更换液力变矩器。

4. 升挡过迟

（1）故障现象

①在汽车行驶中，自动变速器升挡的车速明显偏高，升挡时发动机的转速也明显高于正常值。

②需采用提前升挡的操作方法（松开加速踏板）才能使自动变速器升入高挡或超速挡。

（2）故障原因

①节气门位置传感器工作不正常。

②车速传感器存在故障，输出轴上速控阀进出油孔密封损坏。

③主油路油压过高。

④强制降挡开关短路。

⑤传感器故障。

（3）故障诊断与排除

故障诊断可按图7-6所示进行。

①检查节气门位置传感器的信号输出情况。如果不当，予以调整或更换。

②检测发动机怠速时的主油路油压。如果油压过高，应通过主油压调节电磁阀进行调整。若调整后不能使油压降低，则需拆检油压调节阀及其油路。

③检测车速传感器，其数据应随车速的升高而增大。将不同转速下测得的数据与规定值比较，若数据太低，说明车速传感器损坏，应更换。

如果车速信号正常，升挡过迟的原因可能是换挡阀工作不良。应拆卸阀体检查，必要时更换。

④检查自动变速器ECU与传感器和油压控制电磁阀之间的线路。如果线路均良好，则需更换ECU再试。

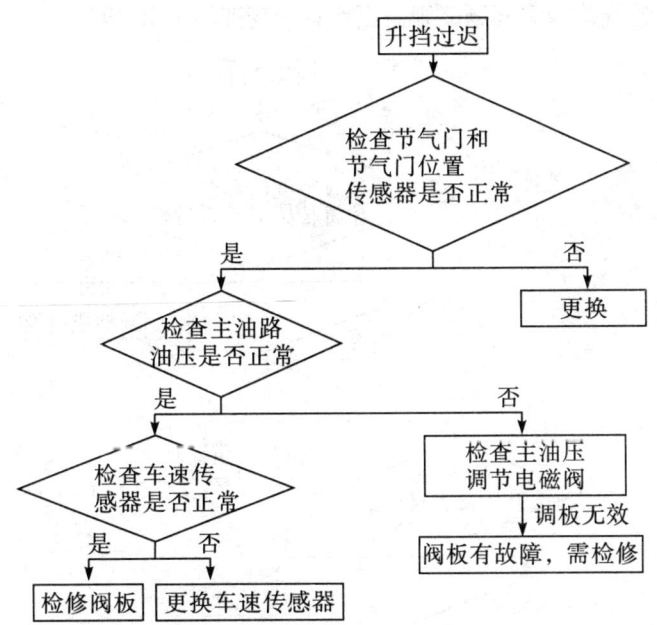

图 7-6 升挡过迟故障诊断流程图

5. 不能升挡

（1）故障现象

汽车行驶中，自动变速器始终在一挡，不能升入二挡，或虽能升入二挡；但不能升入三挡和超速挡。

（2）故障原因

①节气门位置传感器位置不当。

②车速传感器不良。

③二挡制动器或高、倒挡离合器有故障。

④强制降挡阀卡滞。

⑤换挡阀卡滞。

⑥挡位开关不良。

⑦换挡执行元件打滑。

⑧自动变速器 ECU 不良。

（3）故障诊断与排除

故障诊断可按图 7-7 所示进行。

①进行故障自诊断操作，如果有故障码输出，则按所显示的故障码检修故障；如果无故障码输出或故障码所显示的故障排除后故障现象仍未消除，则进行下一步检查。

②检查节气门位置传感器的调整情况。如果不当，予以调整。

③检查车速传感器及其线路。如果不良，应予以更换。

④检查挡位开关是否良好。如果有故障，予以调整或更换。

⑤如果上述检查均为良好，则需拆检自动变速器，检查换挡执行元件是否磨损严重或有无泄漏而引起打滑。

⑥如果上述检查均为无问题，则需更换自动变速器 ECU 再试。

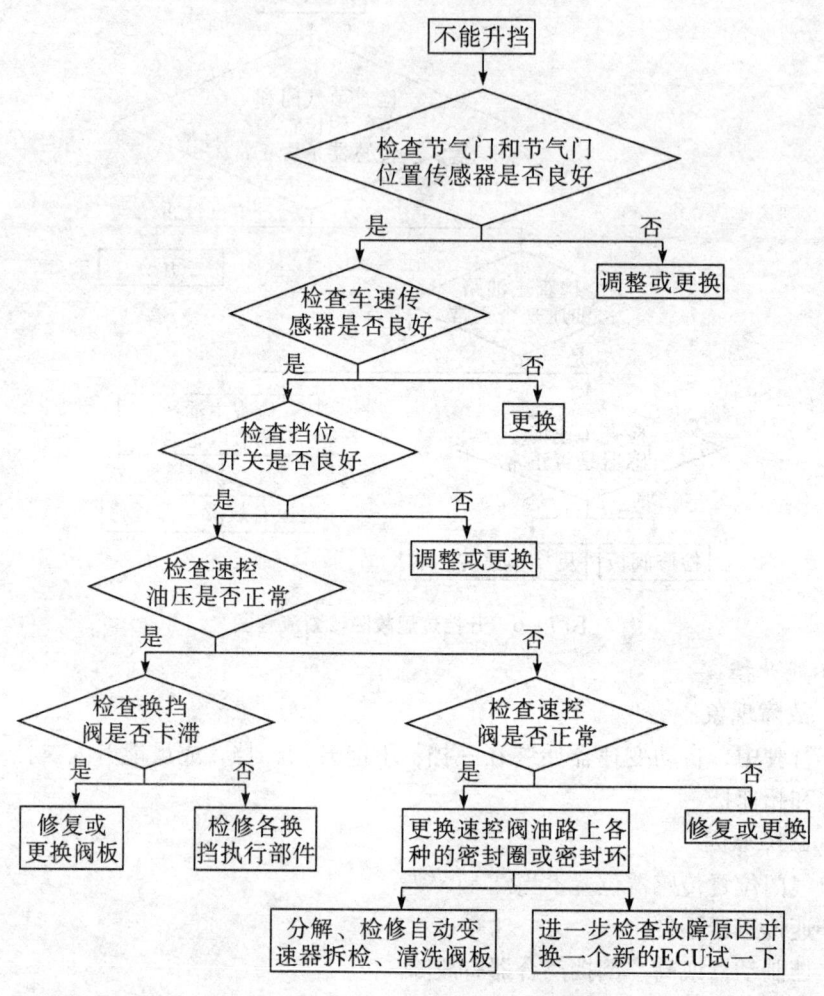

图 7-7　不能升挡故障诊断流程图

6. 频繁跳挡

（1）故障现象

汽车在行驶中，加速踏板没有动，自动变速器会出现突然降挡现象，降挡后发动机转速升高，并产生换挡冲击。

（2）故障原因

①节气门位置传感器不良或其线路连接不良。

②车速传感器不良或其线路连接不良。

③换挡电磁阀或其线路连接不良。

④自动变速器 ECU 有故障。

（3）故障诊断与排除

故障诊断可按图 7-8 所示进行。

①进行故障自诊断操作，如果有故障码输出，则按所显示的故障码检修故障。如果无故障码输出或故障码所显示的故障排除后故障现象仍未消除，则进行下一步检查。

②检查节气门位置传感器与 ECU 之间的线路及节气门位置传感器。若有异常，予以修理或更换。

③检查车速传感器与 ECU 之间的线路及车速传感器。若有异常，予以修理或更换。

④检查换挡电磁阀线束插接器有无松动。若有，予以修理或更换。

⑤检查自动变速器 ECU 电源插脚的工作电压。若有电压低或无工作电压，检查有关的线路；如果线路无不良现象，则需更换 ECU。

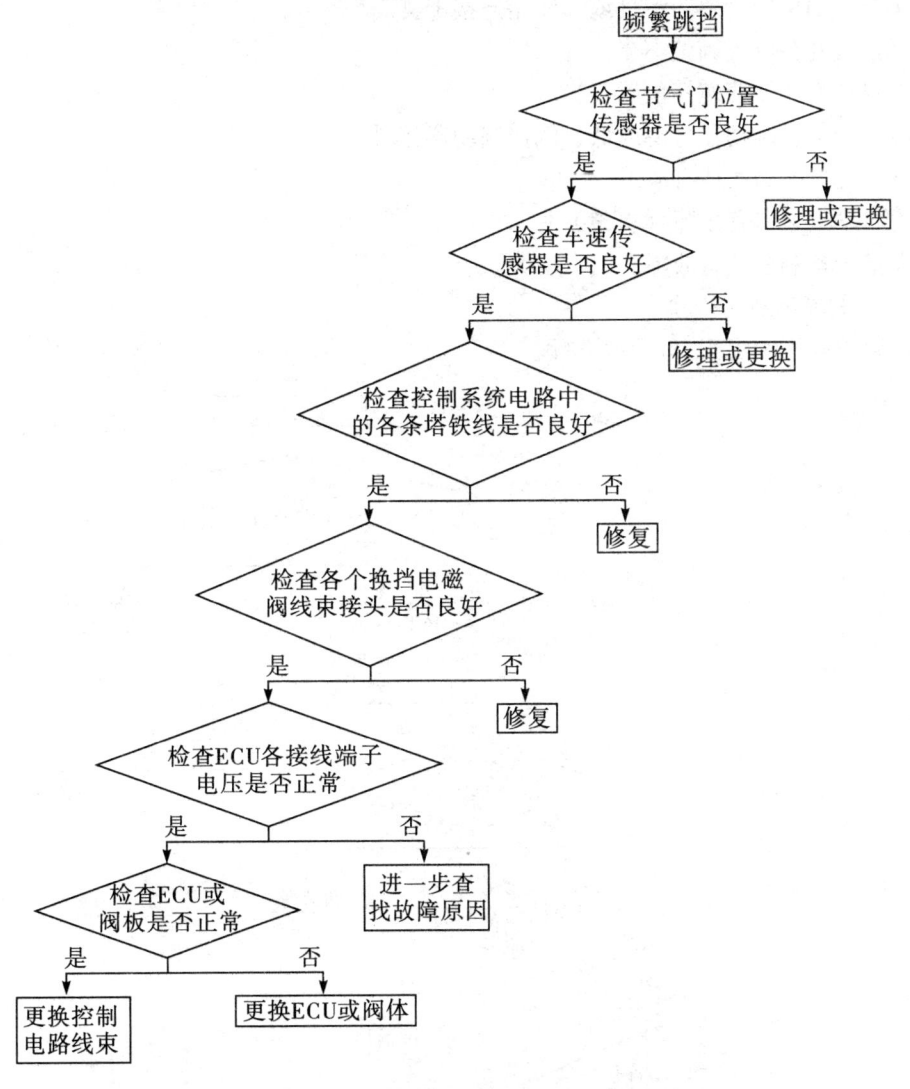

图 7-8　频繁跳挡故障诊断流程图

7. 无发动机制动

（1）故障现象

①汽车在行驶中，自动变速器变速杆由 D 位换入 2（S）或 L 位时，松开加速踏板，发动机转速降至怠速，但汽车减速不明显。

②下坡时，自动变速器在前进低挡位，无发动机制动作用。

（2）故障原因

①节气门位置传感器不良或其线路连接不良。

②挡位开关位置调整不当。

③自动变速器变速杆位置不当。

④二挡滑行制动器打滑或低、倒挡制动器打滑。

⑤自动变速器阀体有故障。

⑥自动变速器有故障（打滑）。

⑦电子控制系统有故障。

（3）故障诊断与排除

故障诊断可按图 7-9 所示进行。

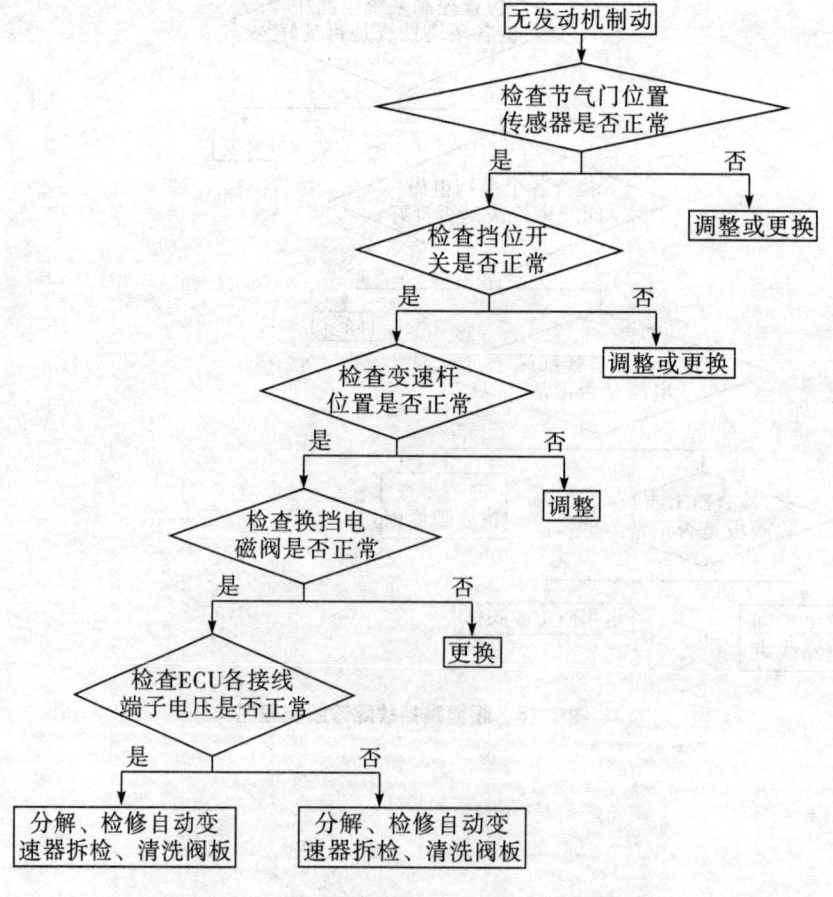

图 7-9　无发动机制动效果故障诊断流程图

①进行故障自诊断操作。如果有故障码输出，则按所显示的故障码检修故障；如果无故障码输出或故障码所显示的故障排除后故障现象仍未消除，则进行下一步检查。

②进行自动变速器路试，检查变速器有无打滑和无发动机制动的故障情况。

如果自动变速器有打滑现象，应拆检自动变速器。

如果变速杆在 L 位时无发动机制动作用，而在 2（S）位时有发动机制动，则说明是低、倒挡制动器打滑，应拆修自动变速器。

如果变速杆在，2（S）位时无发动机制动作用，而在 L 位时有发动机制动，则说明二挡滑行制动器打滑，应拆修自动变速器。

③检查换挡电磁阀线束插接器有无松动，电磁阀线圈电阻是否正常，电磁阀加上电压后，换挡电磁阀有无工作的响声。如果有异常，修理或更换线束和电磁阀。

④检查 ECU 与传感器之间的线路有无松脱，检测 ECU 的工作电压是否正常。如果有异常，进一步检查有关的传感器和线路；若均良好，则需更换 ECU 再试。

⑤如果更换 ECU 后故障依旧，则需拆开自动变速器，清洗所有的控制阀。

8. 不能强制降挡

（1）故障现象

汽车在高挡行驶时，突然将加速踏板踩到底不能使自动变速器立即降低一个挡位，导致汽车加速无力。

（2）故障原因

①节气门位置传感器调整不当。

②强制降挡开关接触不良或位置不当。

③换挡电磁阀损坏或其线路不良。

④强制降挡阀卡滞。

（3）故障诊断与排除

故障诊断可按图 7-10 所示进行。

①检查节气门位置传感器的安装是否正常。若有异常，予以调整。

②检查强制降挡开关、在加速踏板踩到底时，强制降挡开关触点应闭合。一松开加速踏板，强制降挡开关就断开。

如果在加速踏板踩到底时强制降挡开关触点不能闭合。而用手直接按下强制降挡开关时其触点能够闭合，则说明强制降挡开关安装位置不当，应予以调整。

如果在加速踏板踩到底时强制降挡开关触点不能闭合，用手直接按下强制降挡开关时其触点也不能够闭合，则说明强制降挡开关触点接触不良，应更换强制降挡升关。

③检查换挡电磁阀线路的连接情况，检测电磁阀的电阻、如果有异常，检修线束或更换电磁阀。

④拆开自动变速器，检查和清洗强制降挡控制阀。

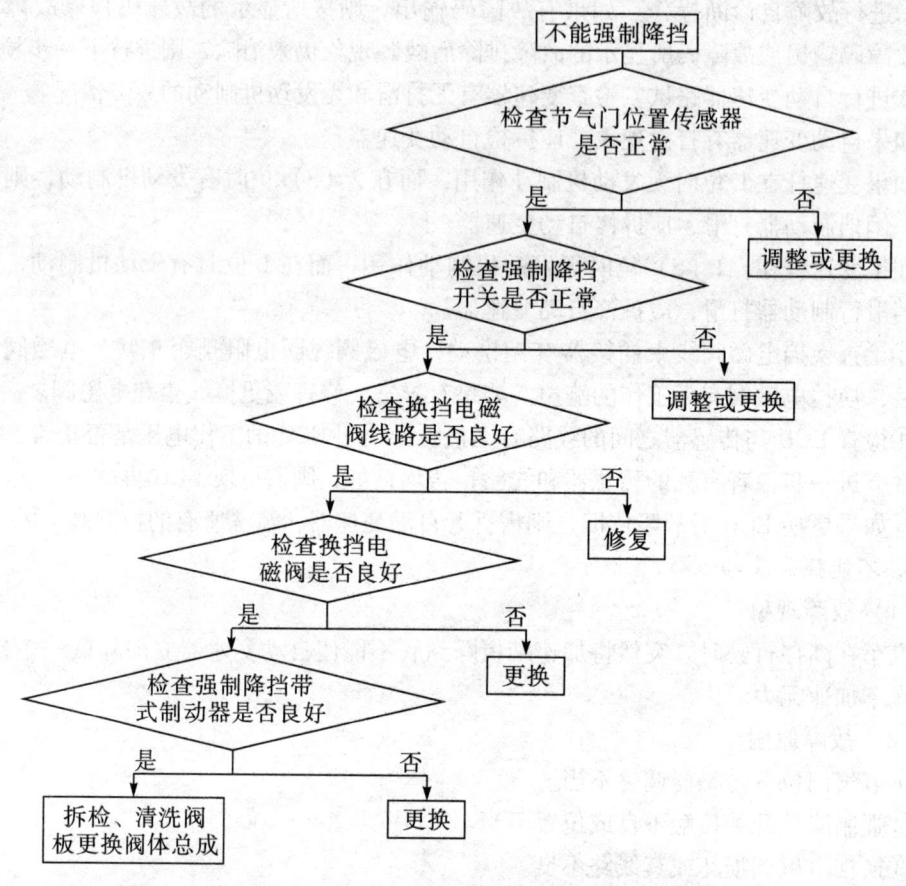

图 7-10 不能强制降挡故障诊断流程图

9. 自动变速器油易变质

(1) 故障现象

更换后的变速器油在较短的时间里就会变质。

(2) 故障原因

①使用不当造成油温过高而导致变速器油过早变质，如过于频繁地急加速、经常超负荷行驶、经常超速行驶等。

②变速器油本身质量不佳，使用的变速器油质量达不到使用要求或受到了污染。

③变速器至变速器油散热器通道堵塞，如通向散热器的油管堵塞、散热器的限压阀卡滞等，使变速器油得不到及时的冷却而温度过高。

④变速器中离合器或制动器的间隙过小，在不工作时摩擦打滑，造成油温过高而变质。

⑤主油路的油压过低，使得离合器和制动器在工作时打滑而造成油温过高。

(3) 故障诊断与排除

①使汽车以中低速行驶 5~10min，当自动变速器达到正常工作温度时，在发动机运转的情况下检查自动变速器油散热器的温度，散热器正常的温度应为 60℃ 左右。

如果散热器温度过低，说明变速器至变速器油散热器通道有堵塞，应检修其油管、散热器和限压阀。

如果散热器的温度过高，说明离合器和制动器的间隙太小。

如果散热器的温度正常，则需检测主油路的压力是否正常。

②若上述检查均为正常，则可能是自动变速器使用不当或变速器油本身的问题，应将变速器油全部放出，加入规定牌号的变速器油。

四、自我测试题

（一）填空题

1. 自动变速器的液位过_____或主油压过_____，将导致变速器打滑。
2. 发动机在怠速时，自动变速器由空挡（N或P位）挂入前进挡或倒挡时，车辆"爬行"严重，可能表明发动机的怠速转速_____。

（二）判断题

1. 油压过低的可能原因有油泵磨损、主油路调压阀故障、主油路泄漏等。（　　）
2. 车辆行驶但自动变速器打滑，表现之一是加速时，发动机转速很高但车速不能很快提高。（　　）
3. 加速时离合器打滑是由于主油压过高或制动器、离合器间隙过大所致。（　　）
4. 换挡冲击的可能原因有主油路油压过高、换挡执行元件打滑、蓄压减振器不良等。（　　）

（三）单项选择题

1. 某自动变速器的车辆经常跑高速，但耗油量近日增大，检查发动机基本正常，车辆起步及高、低速未见异常，最大的可能原因是_____。
   A. 车速传感器损坏　　　　　　B. 节气门位置传感器不良
   C. 液力变矩器锁止离合器的故障　D. 自动变速器控制液压偏高

2. 检查自动变速器电磁阀时，用电压表并接在电磁阀正极接座与变速器壳两端检测电压正常，但电流比标准值偏小，这说明_____。
   A. 电磁阀工作正常　　　　　　B. 电磁阀阀芯被卡
   C. 电磁阀已经老化应予更换　　D. 电磁阀搭铁不良

3. 在自动变速器的液力变矩器中，当导轮单向离合器损坏被卡滞时，将会造成汽车_____的结果。
   A. 低速性能优良而高速时性能不良　B. 起步十分困难
   C. 高速换挡困难　　　　　　　　　D. 低速时性能不良而高速时性能优良

4. 造成自动变速器换挡延迟故障，其原因是_____。
   A. 换挡电磁阀线圈开路　　　B. 节气门位置传感器信号不良
   C. 换挡电磁阀阀芯卡滞　　　D. 液压系统的主油压偏高

5. 讨论检查ATF（自动变速器油）的情况时，技师甲说如果ATF呈深褐色并有烧焦的味道，那么ATF已经过热了；技师乙说若ATF呈乳白色，这说明发动机冷却液已泄漏到 ATF 的冷却器中。则_____。

  A. 甲正确   B. 乙正确

  C. 两人均正确   D. 两人均不正确

（四）简答题

1. 简述 ECT 故障诊断的程序。
2. 简述自动变速器打滑的现象。
3. 简述自动变速器行车中换挡冲击的原因。

项目八

本田 CVT 变速箱的认识与拆装

一、项目描述

通过本项目的学习,对本田 CVT 变速箱进行拆卸、装配,应达到以下要求:

1. 知识要求

①掌握飞度无级变速器行星齿轮变速器机构的结构与原理;

②熟悉飞度无级变速器内行星齿轮变速机构各部件的连接安装关系。

2. 技能要求

①能正确使用维修资料及工具,并按操作规范进行飞度无级变速器拆卸和组装;

②会熟练壳体外装合飞度无级行星齿轮变速机构。

3. 素质要求

①整理整顿拆装工具、量具,保持实训场地清洁,及时清扫垃圾,树立团队意识,培养协作精神;

②安全文明生产,保证设备和自身安全;

③操作规范,技术要求符合维修手册。

二、项目实施

 任务一　无级变速器的拆卸

1. 训练目标与要求

能掌握拆卸本田飞度无级变速器的顺序,正确规范地拆卸变速器。

2. 训练设备

本田飞度无级变速器台架、常用拆装工具和量具、专用拆装工具。

3. 训练步骤

本田飞度无级变速器的分解图见下图 8-1 所示。

①拆下 ATF 冷却器管路。

②拆下 ATF 油尺导管。
③拆下 CVT 主动带轮转速传感器。
④拆下限制装置电磁阀。
⑤拆下变速器挡位开关、CVT 转速传感器和 CVT 从动带轮转速传感器。
⑥拆下控制阀体，拆下 ATF 管、定位销和垫圈。
⑦拆下固定飞轮壳体的 21 个螺栓，拆下飞轮壳体、定位销和垫圈。
⑧拆下 ATF 管：11×230.5mm（有 O 形圈，单管）、11×134.5mm（有 O 形圈，三管）、8×133.5mm（双管）。
⑨拆下差速器总成。

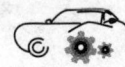

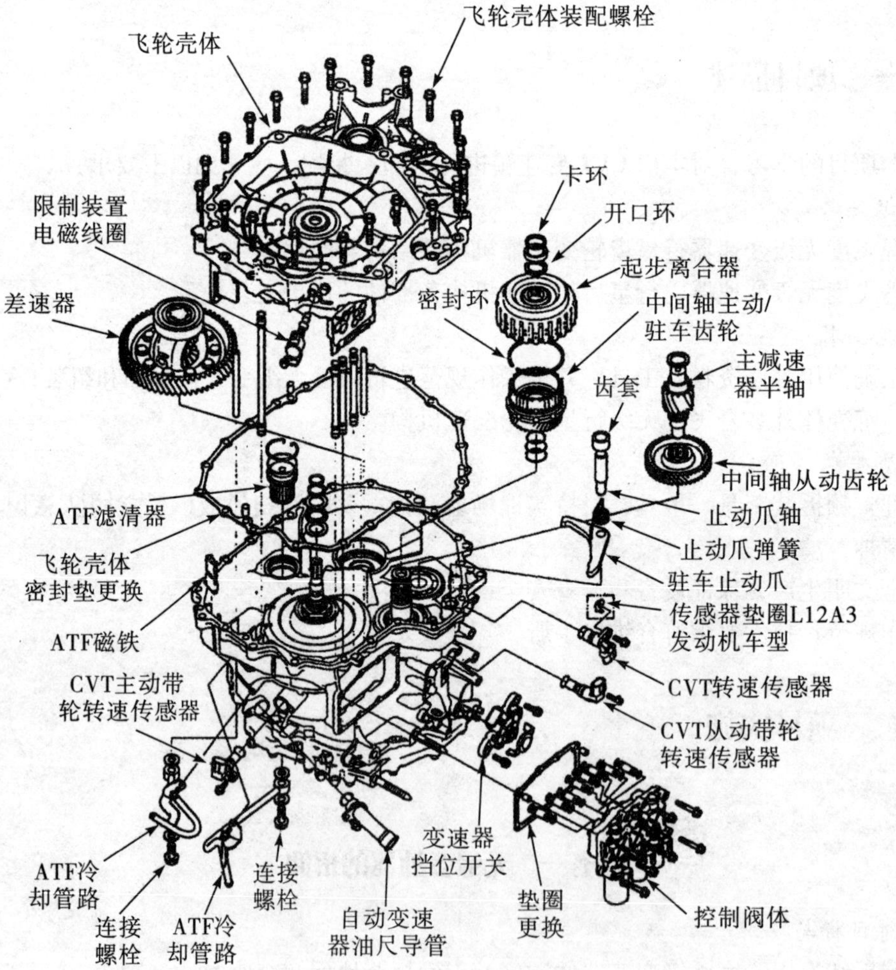

图 8-1　无级变速器的分解图

⑩拆下主减速器半轴，然后拆下中间轴从动齿轮。
⑪拆下驻车止动爪轴和齿轮，然后拆下驻车止动爪弹簧和止动爪。
⑫拆下固定起步离合器的卡环，然后拆下开口环护圈和开口环。
⑬将专用工具安装到起步离合器上，并牢固地将专用工具的卡爪卡到驻车挡齿轮

上，如图8-2所示。不要将专用工具的卡爪卡到起步离合器导向装置上。如果卡爪卡到离合器导向装置上，则会损坏离合器导向装置。不要让灰尘或其他异物进入从动带轮轴。

⑭使用专用工具拆下起步离合器和中间轴主动/驻车挡齿轮，如图8-3所示。

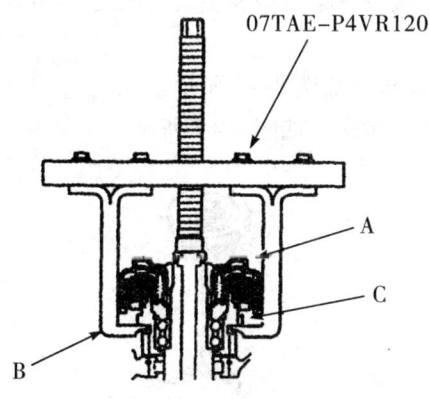

A—起步离合器；B—专用工具的卡爪；
C—驻车挡齿轮

图8-2 将专用工具安装到起步离台器上

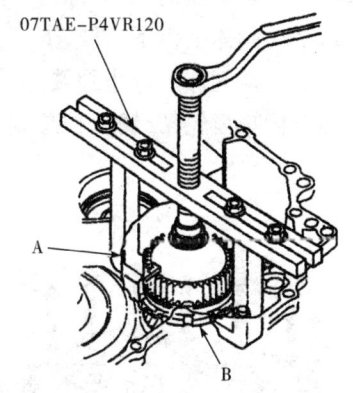

A—起步离合器；B—中间轴主动/驻车挡齿轮

图8-3 拆下起步离合器和中间轴主动/驻车挡齿轮

⑮拆下固定输入轴的卡环，然后从输入轴上拆下止推垫片、止推垫圈、推力滚针轴承和止推垫圈，如图8-4所示。

⑯从起步离合器上拆下中间轴主动/驻车挡齿轮。

⑰从中间轴主动/驻车挡齿轮上拆下密封圈，并将其清洁干净，在组装变速器时，将其重新安装到新的中间轴主动/驻车挡齿轮上，如图8-5所示。

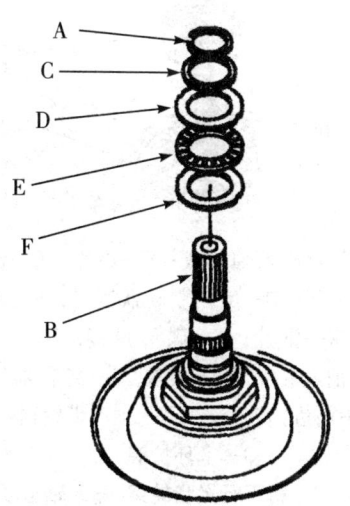

A—卡环；B—输入轴；C—止推垫片；
D、F—止推垫圈；E—推力滚针轴承

图8-4 拆下固定输入轴的卡环

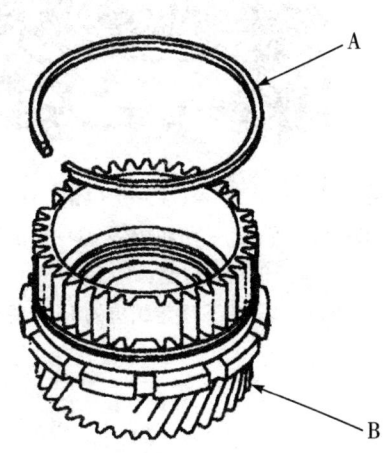

A—密封圈；B—中间轴主动/驻车挡齿轮

图8-5 从中间轴主动/驻车挡齿轮上拆下密封圈

⑱取下 ATF 磁铁，然后将其清洁干净，并重新安装到变速器上。

⑲拆下紧固 ATF 滤清器的卡环，拆下 ATF 滤清器。检查 ATF 滤清器是否被污染。如果 ATF 滤清器污染严重，则将其更换。重新将 ATF 滤清器安装到变速器上。

⑳将变速器放置在工作台上（端盖朝上），以防损坏输入轴。

㉑拆下固定端盖的 15 个螺栓，然后拆下端盖、定位销和垫圈，如图 8-6 所示。

㉒从手动阀体上拆下 ATF 管。

㉓拆下手动阀体、锁止弹簧、定位销和隔板，如图 8-6 所示。

㉔拆下行星齿轮架/输入轴总成，然后拆下齿圈，如图 8-7 所示。

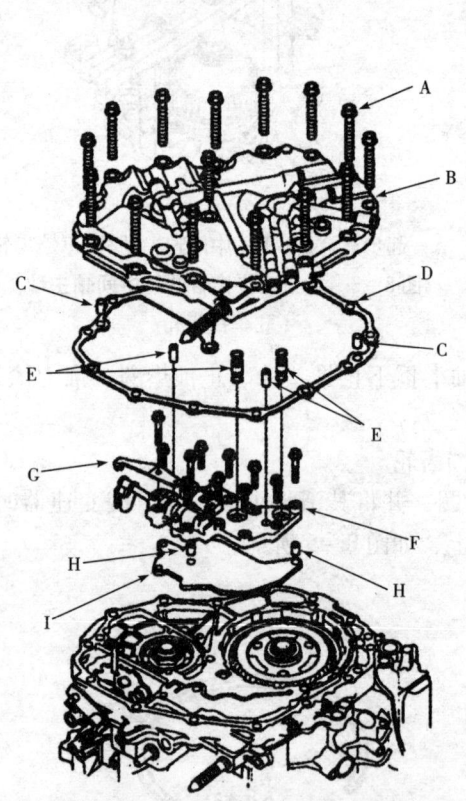

A—螺栓；B—端盖；C—定位销；D—垫圈；
E—ATF 管；F—手动阀体；G—锁止弹簧；
H—定位销；I-隔板

图 8-6 拆下固定端盖的 15 个螺栓

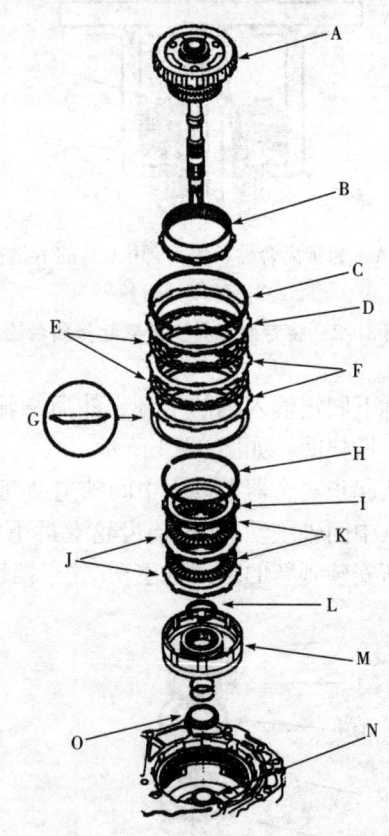

A—行星架/输入轴总成；B—齿圈；C—倒挡制动器卡环；D—倒挡制动器压盘；E—摩擦片；F、K—钢片；G—碟形弹簧；H、L—卡环；I—前进挡离合器压盘；J—离合器摩擦片；M—前进挡离合器；N—主动带轮轴；O—卡环护圈

图 8-7 拆下行星齿轮架/输入轴总成

㉕拆下倒挡制动器卡环和倒挡制动器压盘，拆下摩擦片和钢片以及碟形弹簧，如图 8-7 所示。

㉖拆下固定前进挡离合器压盘的卡环，然后拆下前进挡离合器压盘、离合器摩擦

片和钢片，如图 8-7 所示。

㉗拆下将前进挡离合器固定到主动带轮轴上的卡环，然后拆下前进挡离合器，并拆下卡环护圈，如图 8-7 所示。

㉘安装专用工具，拆下固定倒挡制动器回位弹簧护圈的卡环，如图 8-8 所示。

㉙使用专用工具压缩回位弹簧，拆下卡环，如图 8-9 所示。

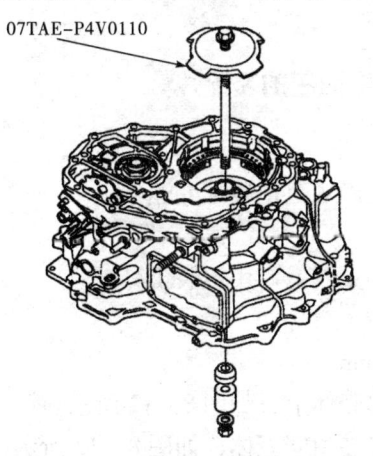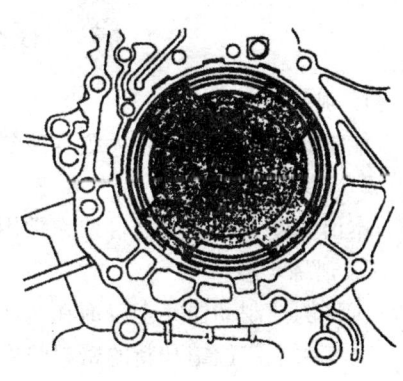

图 8-8　拆下固定倒挡制动器回位弹簧护圈的卡环　　图 8-9　拆下卡环

㉚拆下专用工具，拆下弹簧护圈/回位弹簧总成。

㉛从倒挡制动器压力检查孔上拆下密封螺栓，由螺栓孔施加空气压力拆下倒挡制动器活塞，如图 8-10 所示。

㉜使用新的密封垫圈重新安装密封螺栓。

㉝拆下滚柱，如图 8-11 所示。

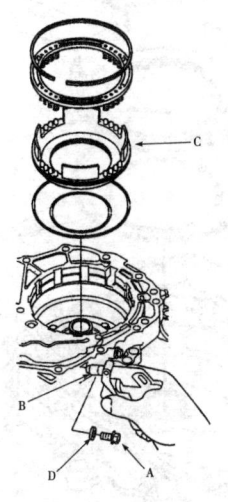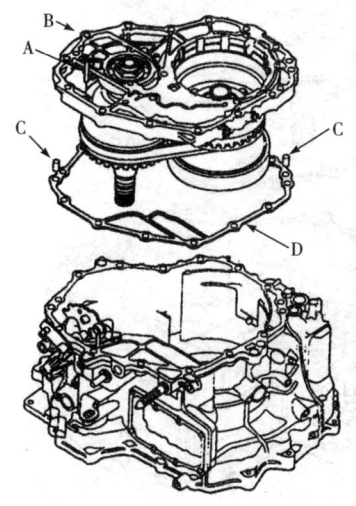

A—密封螺栓；B—倒挡制动器压力检查孔；
C—倒挡制动器活塞；D—密封垫圈
图 8-10　拆下倒挡制动器活塞

A—滚柱；B—中间壳体；C—定位销；D—垫圈
图 8-11　拆下滚柱

㉞拆下中间壳体、定位销和垫圈，如图 8-1 所示。

㉟检测倒挡制动器摩擦片、钢片和压盘是否磨损、损坏或变色。如果摩擦片磨损或损坏，则整套更换摩擦片。如果钢片磨损、损坏或变色，则整套更换钢片。如果压盘磨损、损坏或变色，则在重新组装变速器时，应检测制动压盘与钢片之间的距离，并更换压盘。

任务二　无级变速器的装配

1. 训练目标与要求

能掌握装配本田飞度无级变速器的顺序，正确规范地装配变速器。

2. 训练设备

本田飞度无级变速器台架、常用拆装工具和量具、专用拆装工具。

3. 训练步骤

①将倒挡制动器完全浸泡在 ATF 内至少 30min。

②将两个定位销和新的密封垫安装到变速器壳体上，如图 8-12 所示。

③将控制轴朝变速器壳体的外侧推，然后安装中间壳体，如图 8-12 所示。

④将控制轴向后推，然后对准控制轴上的槽将滚柱安装到中间壳体上，如图 8-12 所示。

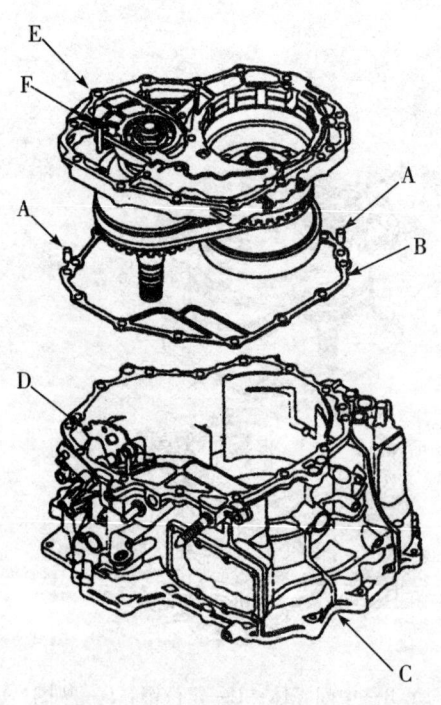
A—定位销；B—密封垫；C—变速器壳体；
D—控制轴；E—中间壳体；F—滚柱
图 8-12　安装定位销和密封垫

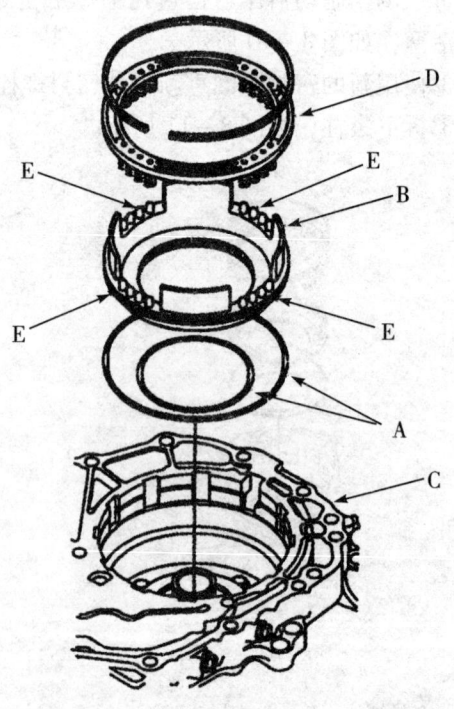
A—O 形圈；B—倒挡制动器活塞；C—中间壳体；
D—弹簧座圈/回位弹簧总成；E—弹簧座
图 8-13　将活塞安装到中间壳体上

⑤将新的O形圈安装到倒挡制动器活塞上,然后将活塞安装到中间壳体上,如图8-13所示。

⑥安装弹簧座圈/回位弹簧总成,将弹簧座圈/回位弹簧总成安装到倒挡制动器活塞上。

⑦穿过主动带轮轴安装专用工具,如图8-14所示。

⑧用专用工具压缩回位弹簧,确保专用工具压在回位弹簧上,而不是压在活塞上,如图8-15所示。

⑨将卡环安装到弹簧座圈上方的中间壳体内,拆下专用工具。

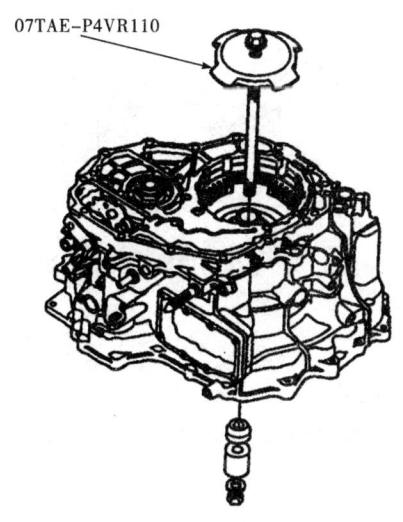

图8-14 安装回位弹簧压缩专用工具

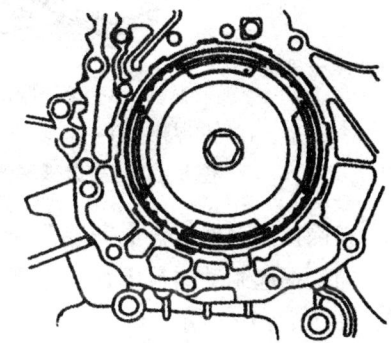

图8-15 用专用工具压缩回位弹簧

⑩确认卡环开口间隙 A 为15mm或以上,如图8-16所示。

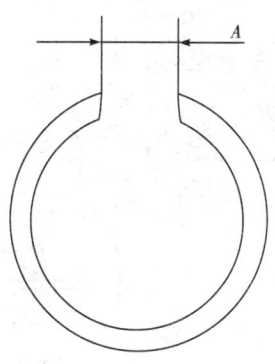

图8-16 卡环开口间隙

⑪按图8-17所示的方向将碟形弹簧安装到倒挡制动器上。

⑫从倒挡制动器钢片开始,交替安装钢片和摩擦片,然后安装倒挡制动器压盘和卡环,如图8-17所示。

⑬确认卡环内径 A 为143.5mm或更大,而且卡环的开口间隙 B 为18mm或更大,如图8-18所示。

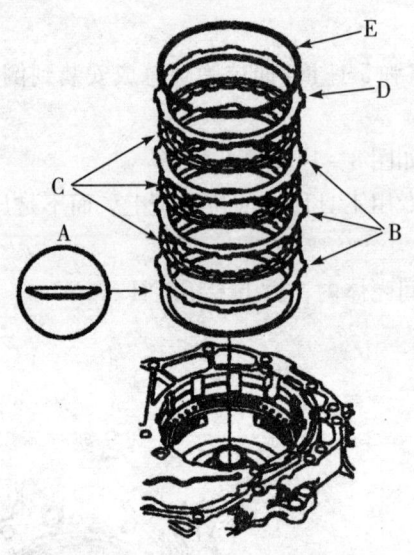
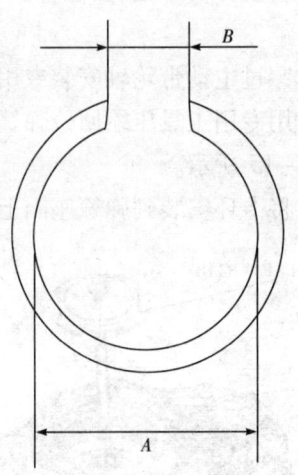

A—碟形弹簧；B—倒挡制动器钢片；
C—摩擦片；D—压盘；E—卡环

图8-17 安装碟形弹簧

图18 卡环的内径和开口间隙

⑭在倒挡制动器压盘上安装百分表，如图8-19所示。

⑮向上提起制动器最上面一个摩擦片，使倒挡制动器压盘与卡环接触，将百分表调零，如图8-19所示。

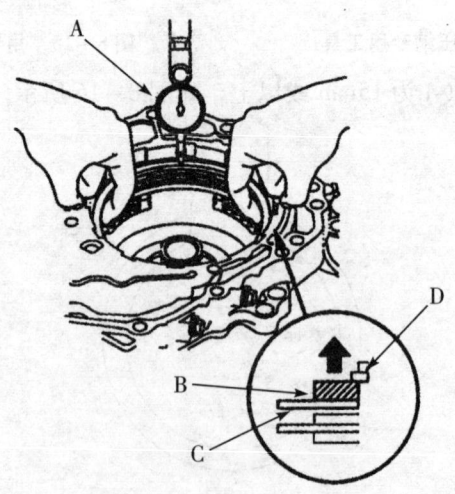

A—百分表；B—倒挡制动器压盘；C—摩擦片；D—卡环

图8-19 在倒挡制动器压盘上安装百分表

⑯放松制动器钢片，然后在制动器压盘上放置一块长度合适的钢板。

⑰使用测力计，用39 N·m的力压下钢板，读取百分表的读数。该数值为制动器压盘与摩擦片之间的间隙，如图8-20所示。至少应测量3个位置，取平均值作为实际

间隙。标准间隙为 0.55～0.70 mm。

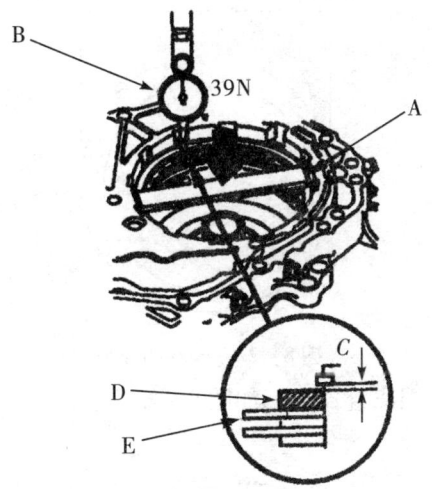

A—钢板；B—百分表；C—压盘与卡环之间的间隙；D—制动器压盘；E—摩擦片

图 8-20　测量制动器压盘与钢片之间的间隙

⑱如果间隙超出标准范围，则选择厚度合适的倒挡制动器压盘。

⑲如果更换倒挡制动器压盘，则确认间隙在公差范围内。

⑳将卡环座圈安装到主动带轮轴上，如图 8-21 所示。

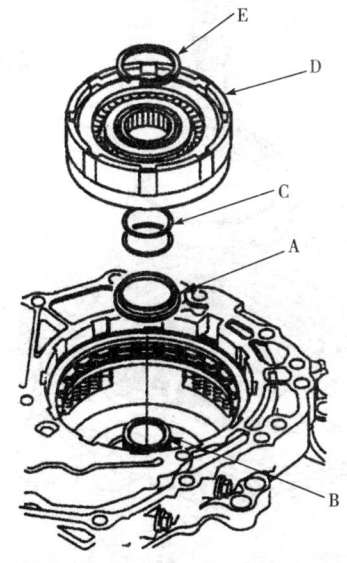

A—卡环座圈；B—主动带轮轴；C—O 形圈；D—前进挡离合器；E—卡环

图 8-21　将卡环座圈安装到主动带轮轴上

㉑用胶带包住主动带轮轴花键，以防止损坏 O 形圈。将新的 O 形圈安装到主动带轮轴的 O 形圈槽内，然后拆下胶带。

㉒将前进挡离合器安装到主动带轮轴上，然后安装卡环固定前进挡离合器。

㉓确认卡环的外径 A 为 41.4mm 或更小，如图 8-22 所示。

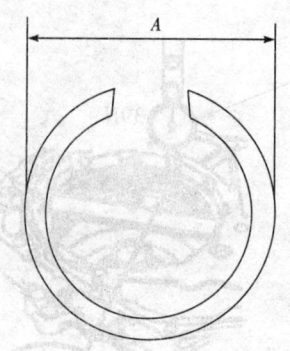

图 8-22 卡环的外径

㉔将齿圈安装到前进挡离合器上，如图 8-23 所示。

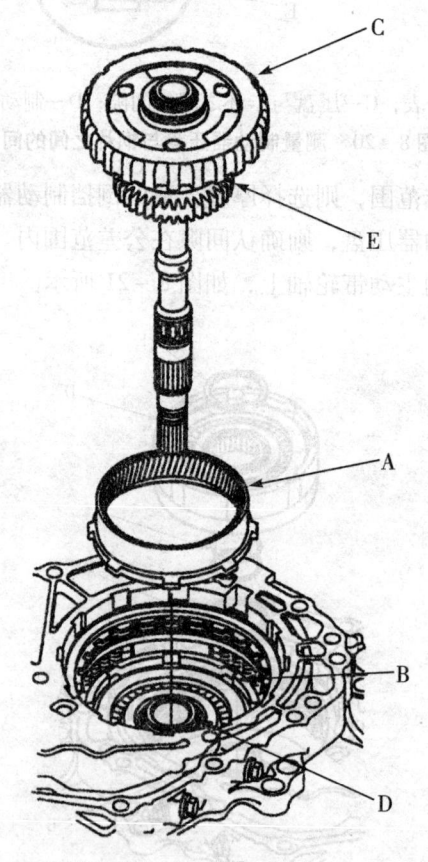

A—齿圈；B—前进挡离合器；C—输入轴/行星架总成；D—主动带轮轴；E—太阳轮

图 8-23 将齿圈安装到前进挡离合器上

㉕将太阳轮与前进挡离合器片对正，行星架与倒挡制动器片对正，穿过主动带轮轴安装输入轴/行星架总成。

㉖将手动阀隔板和两个定位销安装到中间壳体上，然后安装手动阀体和锁止弹簧，如图 8-24 所示。

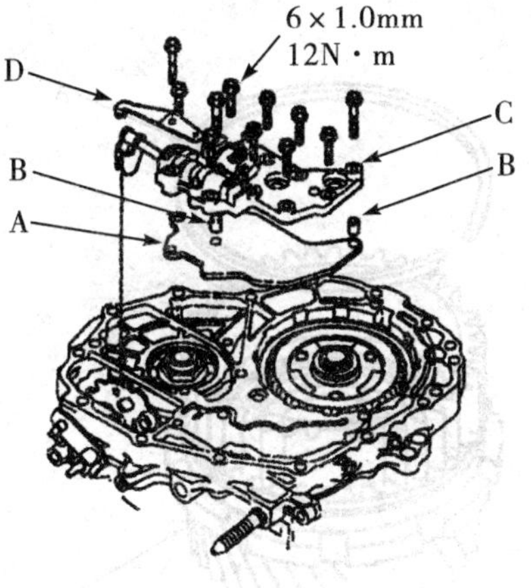

A—手动阀隔板；B—定位销；C—手动阀体；D—锁止弹簧

图8-24 将手动阀隔板和定位销安装到中间壳体上

㉗将新的O形圈安装到两根10.9mm的ATF管上，然后将ATF管安装到手动阀体上，如图8-25所示。

㉘将两根8mm的ATF管安装到手动阀体上，如图8-25所示。

㉙将两个定位销和新的密封垫安装到中间壳体上，然后安装端盖，如图8-25所示。

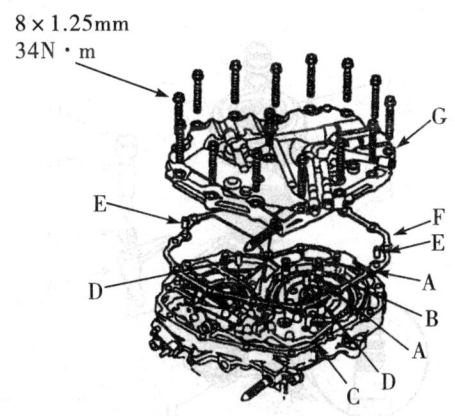

A—O形圈；B—10.9mmATF管；C—手动阀体；D—8mmATP管；
E—定位销；F—密封垫；G—端盖

图8-25 将ATF管安装到手动阀体上

㉚将变速器端盖翻转朝下。

㉛将新的密封环安装到中间主动齿轮/驻车挡齿轮上，如图8-26所示。

㉜将驻车止动爪、止动爪弹簧、止动爪轴和轴套安装到变速器壳体上，如图8-27所示，然后将控制杆换至P位置以外的其他位置。

217

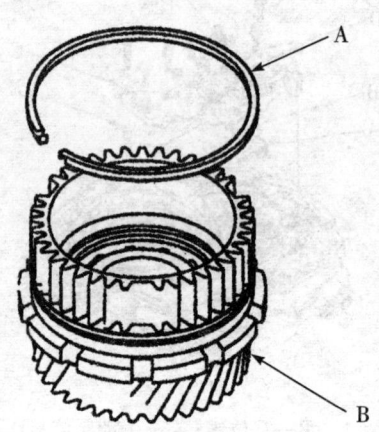

A—密封环；B—中间主动齿轮/驻车挡齿轮

图8-26 将新的密封环安装到中间主动齿轮/驻车挡齿轮上

㉝用胶带包住从动带轮轴花键，以防止损坏O形圈。将新的O形圈安装到从动带轮轴上，拆下胶带。

㉞将中间轴主动/驻车挡齿轮安装到起步离合器上，然后将它们安装到从动带轮轴上，如图8-27所示。

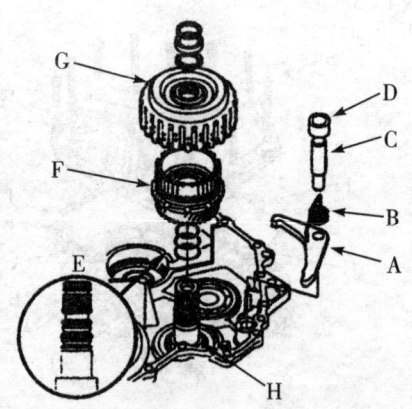

A—驻车止动爪；B—止动爪弹簧；C—止动爪轴；D—轴套；E—O形圈；
F—中间轴主动/驻车挡齿轮；G—起步离合器；H—从动带轮轴

图8-27 将驻车止动爪安装到变速器壳体上

㉟将专用工具的把手向上拉，然后将其锥头安装到从动带轮轴输油管孔内，并将专用工具安装到起步离合器上，如图8-28所示。不得让灰尘或其他异物进入变速器内。

㊱推动专用工具的把手，然后拧紧螺母，将中间轴主动/驻车挡齿轮安装到主动带轮轴上，如图8-29所示。

项目八 本田CVT变速箱的认识与拆装

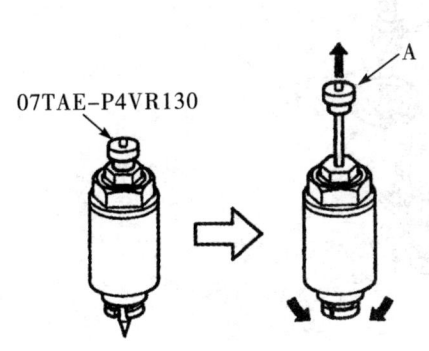
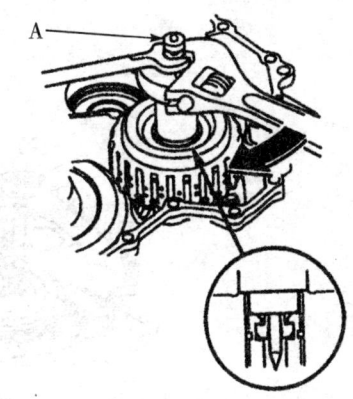

A—专用工具把手
图8-28 安装专用工具

A—专用工具把手
图8-29 将中间轴主动/驻车挡齿轮安装到主动带轮轴上

㊲将专用工具的把手向上拉,拆下专用工具。

㊳将22.5 mm的卡环安装到从动带轮轴的卡环槽内,然后用塞尺测量卡环与起步离合器导向套之间的间隙,如图8-30所示。至少应测量3个位置,取平均值作为实际间隙值。标准间隙为0~0.13 mm。

㊴如果间隙超出标准范围,则拆下卡环,测量其厚度。

㊵选择厚度合适的卡环,安装新卡环后重新检查间隙是否符合标准。

㊶安装卡环护圈和卡环。

㊷确认卡环外径A为33.9 mm或更小,如图8-31所示。

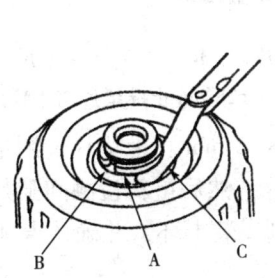
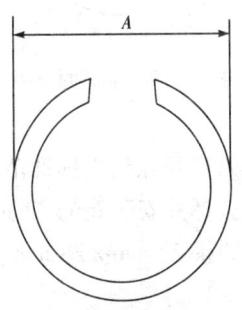

A—卡环 B—起步离合器导向套 C—塞尺
图8-30 测量卡环与起步离合器导向套之间的间隙

图8-31 测量卡环外径

㊸将中间轴从动齿轮安放在变速器壳体上,将其与中间轴主动齿轮对正,然后穿过第二轴从动齿轮,将主减速器半轴安装到变速器壳体上,如图8-32所示。

㊹将止推垫、推力滚针轴承、止推垫圈和22 mm×28 mm止推垫片安装到输入轴上,并安装卡环将其固定,如图8-32所示。

㊺确认卡环的外径A为26.3 mm或更小,如图8-33所示。

㊻使用塞尺,测量22 mm×28 mm止推垫片与卡环之间的间隙,如图8-34所示。至少测量3个位置,取平均值作为实际间隙值。标准间隙值为0.37~0.65 mm。

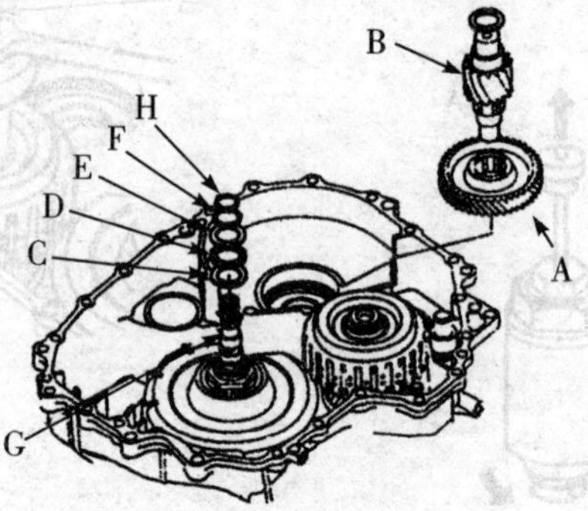

A—中间轴从动齿轮；B—主减速器半轴；C—止推垫；D—推力滚针轴承；
E—止椎垫圈；F—止推垫片；G—输入轴；H—卡环

图 8－32　将主减速器半轴安装到变速器壳体上

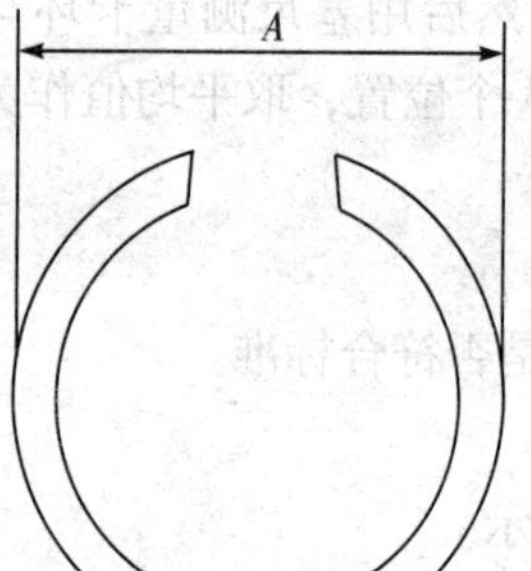

图 8－33　卡环的外径

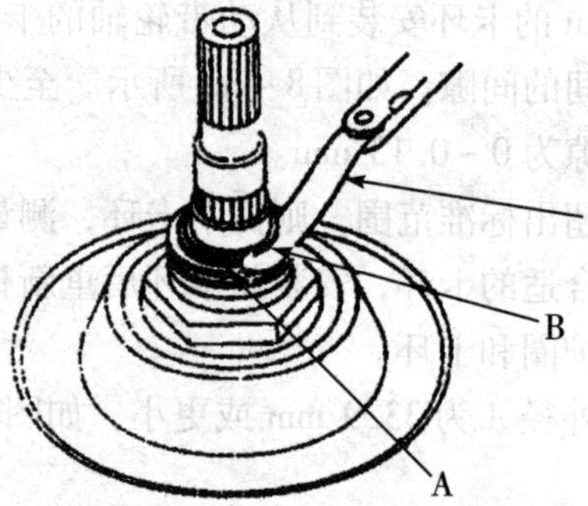

A－止推垫片；B－卡环；C－塞尺

图 8－34　测量 22 mm×28 mn 止推垫片与卡环之间的间隙

㊼如果间隙超出标准范围，则拆下 22 mm×28 mm 止推垫片，测量垫片厚度。

㊽选择并安装新的 22 mm×28 mm 止推垫片，然后重新检测间隙是否符合标准。

㊾如果 22 mm×28 mm 止推垫片被更换，则安装卡环，并确认卡环外径在公差范围之内。

㊿安装差速器总成，如图 8－35 所示。

(51)将 3 个定位销和新的垫圈安装到变速器壳体上，如图 8－35 所示。

(52)将新的 O 形圈安装到 11×230.5 mm ATF 管和 11×134.5 mm ATF 管上，然后将它们安装到变速器壳体上。将 8×133.5 mmATF 管安装到变速器壳体上，如图 8－35 所示。

(53)组装飞轮壳体。

(54)将飞轮壳体安装到变速器壳体上。

(55)将两个定位销和新的密封垫安装到变速器壳体上，如图 8－36 所示。

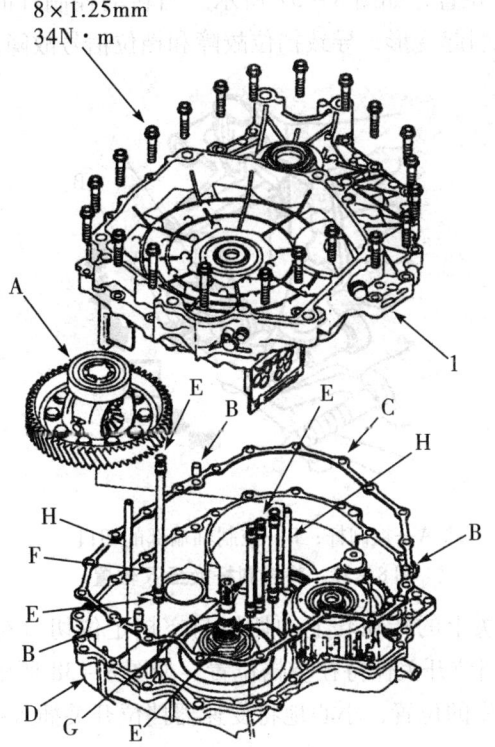

A—差速器总成；B—定位销；C—垫圈；D—变速器壳体；E—O形圈；F—11×230.5 mm ATF管；
G—11×134.5 mm ATF管；H—8×133.5 mm ATF管；I—飞轮壳体

图8-35 安装差速器总成

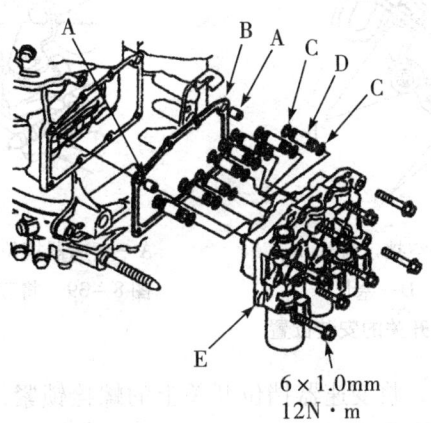

A—定位销；B—密封垫；C—O形圈；D—ATF管；E—控制阀体

图8-36 将新的O形圈安装到ATF管上

㊺将新的O形圈安装到8根ATF管上，然后将它们安装到变速器内的管路集流体上，如图8-36所示。

㊻将控制阀体安装到变速器壳体上。

㊸将控制杆换至 N 位置,如图 8-37 所示。当转动控制杆时,不要夹紧控制轴端部有切口的部位,以免引起变形,导致挡位故障和挡位信号故障。

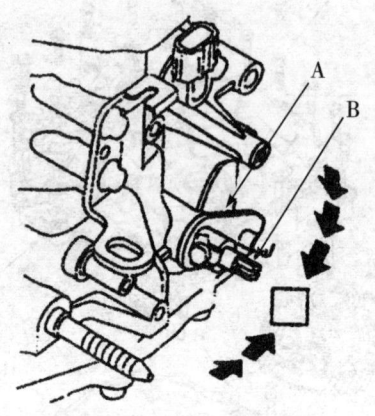

A—控制杆;B—控制轴端部的切口
图 8-37 将控制杆换至 N 位置

㊹使变速器挡位开关上的转动套上的切口与空挡定位切口对正,然后在切口内放置 2 mm 厚的塞尺,使挡位开关保持在空挡位置,如图 8-38 所示。

㊺保持塞尺在切口中的位置,小心地将变速器挡位开关插入控制轴内,如图 8-39 所示。

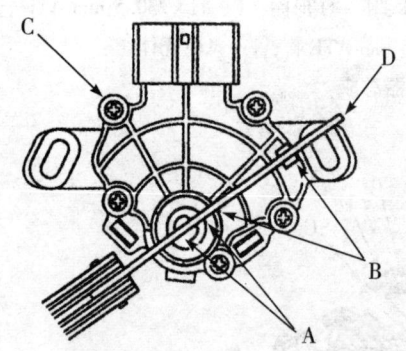

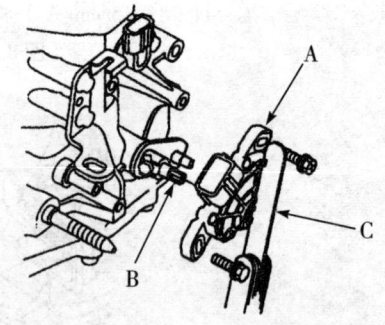

A—传动套上的切口;B—空挡定位切口;
C—变速器挡位开关;D—塞尺
图 8-38 确定变速器挡位开关的安装位置

A—变速器挡位开关;B—控制轴;C—塞尺
图 8-39 将变速器挡位开关插入控制轴内

㊻继续保持在 N 位置,将变速器挡位开关上的螺栓锁紧,如图 8-40 所示。拧紧螺栓时不要移动变速器挡位开关。

㊼取下塞尺,安装转动套罩,如图 8-40 所示。

㊽将通风口朝向通气管的前侧(与变速器挡位开关相对),安装通气帽,如图 8-41 所示。

㊾使用新的 O 形圈,安装 CVT 主动带轮转速传感器、CVT 从动带轮转速传感器、CVT 转速传感器、限制装置电磁阀和 ATF 油尺导管。对于 L12A3 发动机车型,安装

CVT转速传感器和传感器垫圈。

㉕使用连接螺栓和新的密封垫圈,安装ATF冷却器管路。

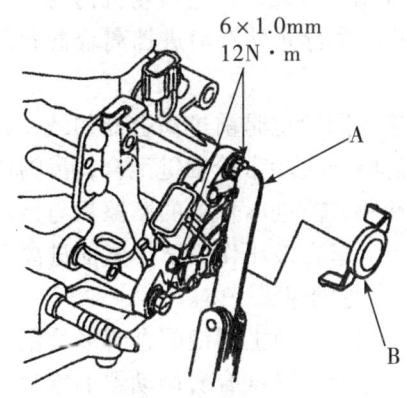

A—塞尺;B—转动套罩

图8-40 将变速器挡位开关上的螺栓锁紧

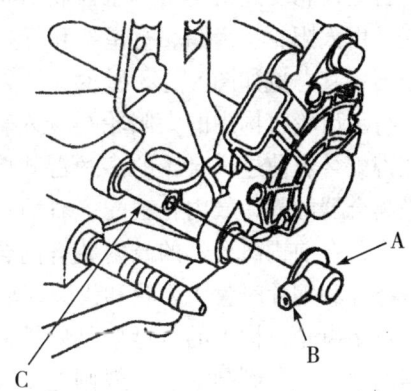

A—通气帽;B—通风口;C—通气管

图8-41 安装通气帽

(一) 机械传动系统

本田飞度轿车无级变速器主要由机械传动部分、液压控制系统、电子控制系统和换挡执行机构等四部分组成。机械传动机构的主要作用是将动力由发动机飞轮传至汽车驱动轴,液压控制系统的主要作用 是驱动执行机构实现挡位变换和变速器传动比的连续改变,电子控制系统的主要作用是根据汽车行驶条件控制液压系统,改变变速器传动比。

无级变速器的换挡手柄共有6个位置:P(驻车)、R(倒挡)、N(空挡)、D(行车挡)、S(中速挡)和L(低速挡)。各位置说明见表8-1所示。

表8-1 变速器换挡杆位置说明

换挡手柄位置	说明
P:PARK	驻车挡:变速器内为空挡,输出轴锁止,车辆不能移动。
R:REVERSE	倒挡。
N:NEUTRAL	空挡:变速器内为空挡,输出轴可以转动,车辆可以移动。
D:DRIVE	行车挡:变速器传动比自动无级调整,以便在各条件下行驶,保持发动机最佳转速。
S:SECOND	中速挡:变速器选择较窄范围传动比,以取得更佳的加速效果。
L:LOW	低速挡:变速器变换至最低传动比范围,具有较强发动机制动和爬坡动力性能。

飞度轿车CVT的机械传动部分,包括4根平行布置变速器轴、带轮、V形钢带、

行星齿轮机构、前进挡离合器、倒挡制动器、起步离合器等，其结构如图8-42所示。

1. 行星齿轮变速机构

行星齿轮变速机构由行星齿轮机构和换挡执行元件组成，行星齿轮机构为单行星轮式，由太阳轮、齿圈、行星架和行星轮组成，换挡执行元件有前进挡离合器和倒挡离合器，其总成如图8-43所示。

行星齿轮机构中的太阳轮与输入轴键配合，该太阳轮也是前进离合器的毂，毂外的花键配合着前进离合器的多片湿式摩擦片，而齿圈与主动带轮轴键配合，齿圈便是前进离合器的鼓，鼓内花键配合着前进离合器的钢片，前进离合器的摩擦片与钢片相间装合，在前进离合器的鼓内装有离合器活塞。当活塞在液压作用下压紧前进离合器的摩擦片和钢片时，太阳轮和齿圈即输入轴和主动带轮轴连成一体。

行星齿轮机构中的行星架是倒挡制动器中的制动毂，毂上的键配合着多片湿式制动器的摩擦片，而制动器的鼓则是变速器壳体，壳体上的键配合着制动器的钢片，壳体内装有制动器的活塞。当活塞在液压作用下压紧制动器的摩擦片和钢片时，行星架被固定。

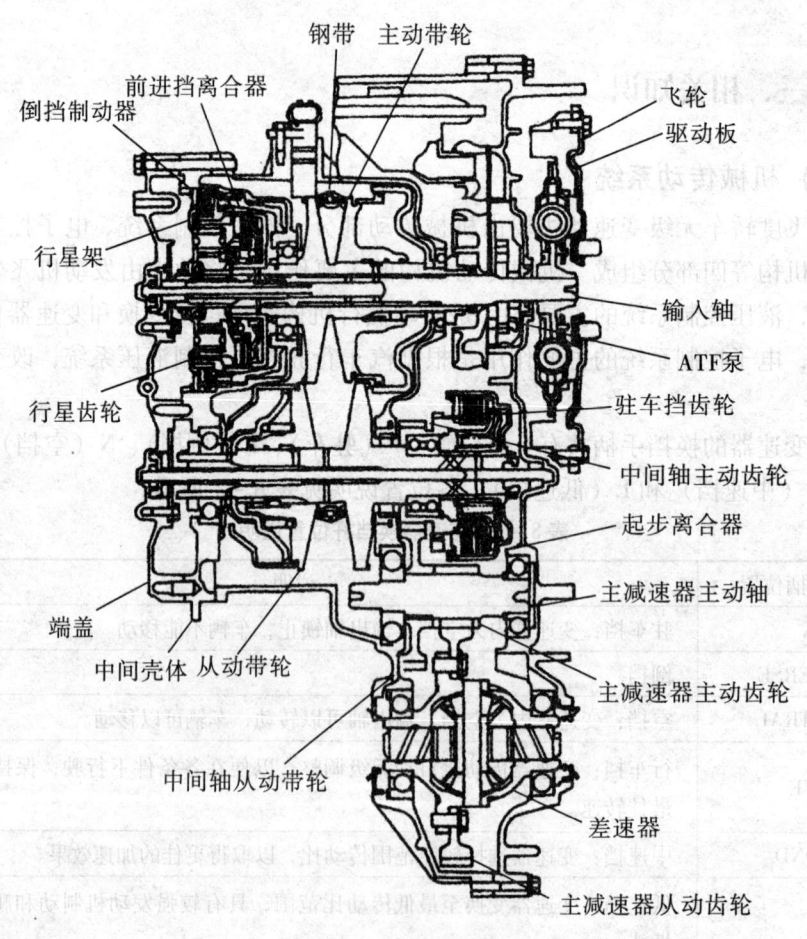

图8-42 无级变速器机械传动结构图

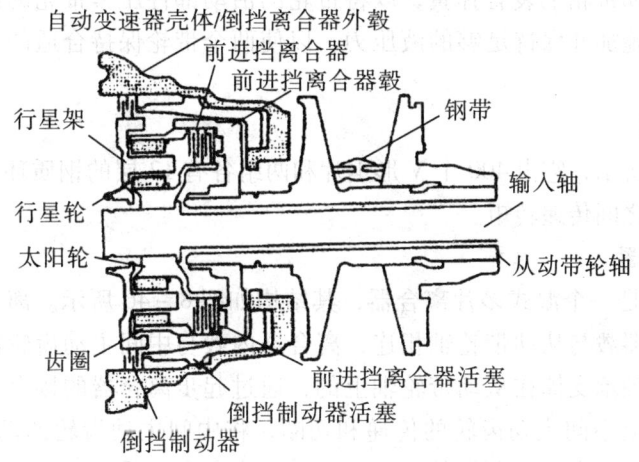

图8-43 行星齿轮机构总成

2. 变速器轴

变速器轴包括输入轴、主动带轮轴、从动带轮轴和主传动轴。

输入轴一端与飞轮相连，另一端与行星齿轮机构的太阳轮相连，将发动机的动力传给行星齿轮机构。

主动带轮轴空套在输入轴的一端，主动带轮轴的一端与行星齿轮机构的齿圈以及前进挡离合器毂相连，另一端装有主动带轮。

从动带轮轴上装有从动带轮、起步离合器和中间主动齿轮。

主传动轴上装有中间从动齿轮和主减速器主动齿轮。

3. 带轮和V形钢带

如图8-44所示，主从动带轮装在各自带轮轴上，通过V形钢带连接在一起，实现动力传递。

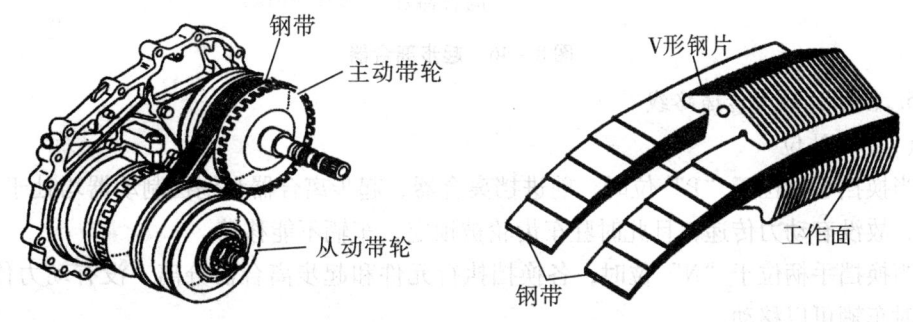

图8-44 CVT的带轮　　　　　　　　图8-45 CVT的钢带

1) 带轮

主、从动带轮都是由活动部分和固定部分两部分组成，V形钢带装在这两部分之间，如图8-44所示。带轮活动部分一侧是液压油腔，当具有一定压力的液压油充入液压油腔时，液压油的压力作用于带轮的活动部分，使其移向带轮固定部分。当带轮的活动部分靠近固定部分，带轮的传动直径将增大；反之亦然。

此外，主从动带轮上装有弹簧，以将带轮的活动部件压紧带轮的固定部分。液压系统向主从带轮施加并保持足够的液压力，以使两个带轮保持合适的传动直径，防止带轮与钢带打滑。

2）V形钢带

如图8-45所示，它由400个V形钢片和两组各有12层的钢质环形带组成，其作用是在两个带轮之间传递转矩。

4. 起步离合器

起步离合器是一个湿式多片离合器，其结构如图8-46所示。离合器安装在从动带轮轴上，离合器毂与从动带轮轴相连，离合器内毂与中间主动齿轮制成一体，中间主动齿轮是通过轴承支撑在从动带轮轴上的，通过起步离合器的接合和分离，实现动力由从动带轮轴至中间主动齿轮的传递和切断，将中间主动齿轮的动力传递至车轮，也可以切断中间主动齿轮至车轮的动力传递。起步离合器采用大流量压力润滑，离合器毂上钻制的孔道允许大流量液体流出。

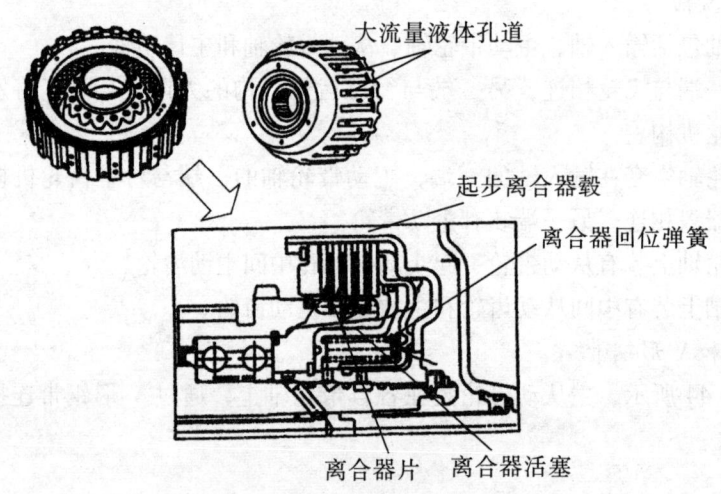

图8-46 起步离合器

5. 各挡位动力传递路线

（1）P/N位

当换挡手柄位于"P"位时，前进挡离合器、起步离合器和倒挡制动器均处于分离状态，故没有动力传递，且此时驻车齿轮被锁定，车辆不能移动。

当换挡手柄位于"N"位时，各换挡执行元件和起步离合器分离，没有动力传递，但此时车辆可以移动。

（2）D、S和L位

当换挡手柄位于"D"、"S"、"L"位时，前进挡离合器和起步离合器接合，倒挡制动器分离，其动力传递路线如图8-47所示。

（3）R挡位

当换挡手柄位于"R"位时，倒挡制动器、起步离合器接合，前进挡离合器分离，此时动力传递路线如图8-48所示。

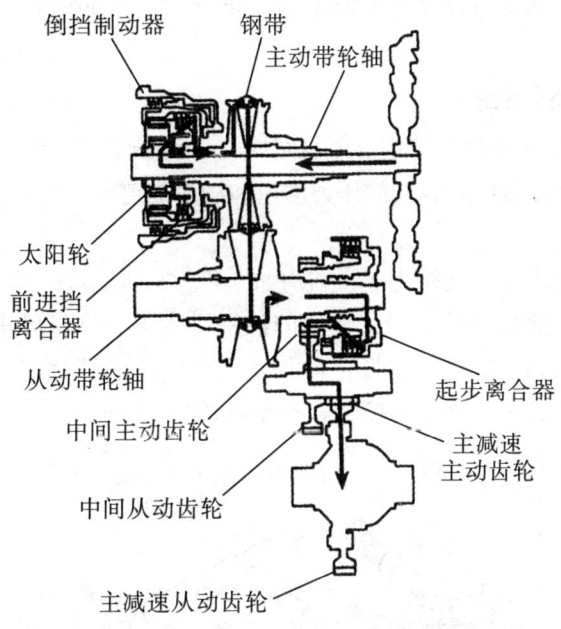

图 8-47　D 位、S 位和 L 位动力传递路线

动力传递路线：

输入轴→太阳轮→前进挡离合器→内齿圈（同向等速输出）→主动带轮→钢带→从动带轮→从动带轮轴→起步离合器→中间主动齿轮→中间从动齿轮→主减速器主动齿轮→主减速器从动齿轮。

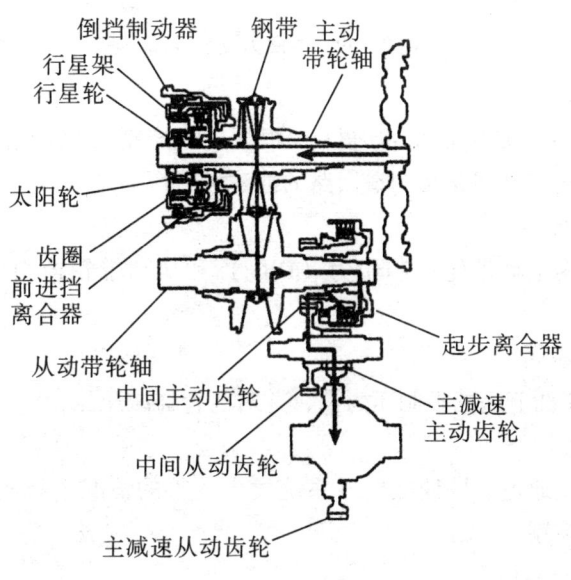

图 8-48　R 挡位动力传递路线

动力传递路线：

输入轴→太阳轮→行星齿轮→内齿圈（反向减速输出）→主动带轮→钢带→从动

带轮→从动带轮轴→起步离合器→中间主动齿轮→中间从动齿轮→主减速器主动齿轮→主减器从动齿轮。

(二) 液压控制系统

某型轿车CVT液压控制系统主要由主阀体、手动阀体、油泵、控制阀体、滤清器、变速器油（ATF）冷却器以及相应的压力油道和润滑油道等组成。

1. 主阀体

主阀体通过螺栓固定在飞轮壳上，结构如图8-49所示。

发动机运转时，油泵开始运转，输出的油液进入PH调节阀并形成PH油压，PH压力传递至带轮控制阀，最终传至带轮。PCM通过电磁阀进行液压力控制，最终实现带轮传动比的变换及起步离合器的接合。各控制阀的作用如下：

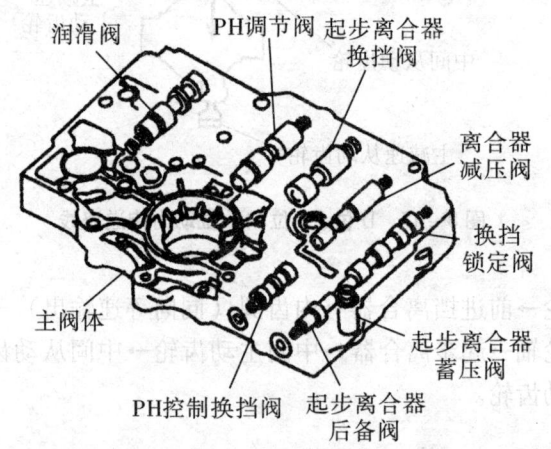

图8-49 主阀体及各滑阀

（1）PH调节阀

它的功用是保持油泵输出的液压力，根据PH控制换挡阀提供的PH控制压力（PHC），对流向液压控制回路及润滑回路的油液进行压力调节。

（2）控制换挡阀

它的功用是根据主动带轮控制压力（DRC）和从动带轮控制压力（DNC），控制PH调节阀。

（3）离合器减压阀

它接收来自PH调节阀的控制压力油，并对离合器减压压力（CR）进行调节。

（4）换挡锁止阀

它用于切换油液通道，以便在电气系统发生故障的情况下将起步离合器控制从电子控制切换到液压控制。

（5）起步离合器蓄压阀

其对提供供给起步离合器的液压具有稳定作用。

（6）起步离合器换挡阀

在电子控制系统发生故障的情况下，换挡锁止压力（SI）作用起步离合器换挡阀，将润滑压力（LUB）直接引至起步离合器后备阀。

（7）起步离合器后备阀

它提供离合器控制 B 压力（CCB），以便在电子控制系统发生故障情况下，对起步离合器进行控制。

（8）润滑阀

用于稳定内部液压回路的润滑压力。

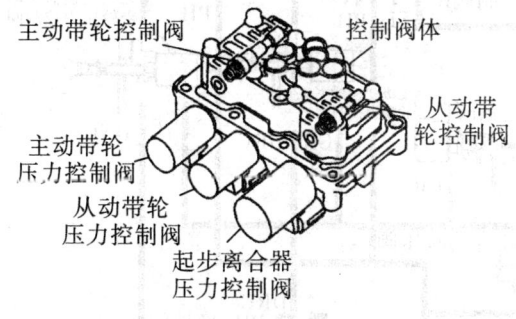

图 8-50　控制阀体及各滑阀

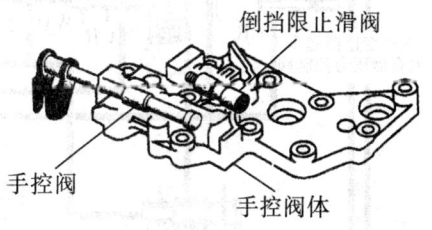

图 8-51　手动阀体

2. 控制阀体

控制阀体位于变速器箱体外部，结构如图 8-50 所示。

主/从动带轮压力控制阀都是由线性电磁阀和滑阀组成，受动力系统控制模块控制，功用是向主/从动带轮控制阀提供主动带轮控制压力（DRC/DNC）。

起步离合器压力控制阀也是由线性电磁阀和滑阀组成，受动力系统控制模块控制，功用是根据节气门开度的大小调节起步离合器压力（SC）的大小。

主/从动带轮控制阀的功用是对主/从动带轮压力（DR/DN）进行调节，并向主/从动带轮提供压力。

3. 手动阀体

手动阀体固定在中间壳体上，结构如图 8-51 所示，其上装有手动阀和倒挡限制阀。

手动阀的作用是根据换挡手柄的位置开启或关闭相应的油道。

倒挡限制阀由限制装置电磁阀提供的倒挡锁定压力（RI）进行控制。当车辆前行车速大于 10km/h 时，倒挡限制阀将切断通向倒挡制动器的液压回路。

4. 油泵

油泵固定在主阀体上，其作用是为液压系统提供具有一定压力和流量的变速器油。

5. 液压油路

液压油路如图 8-52 所示，油路图中各油路代码的含义见表 8-2。

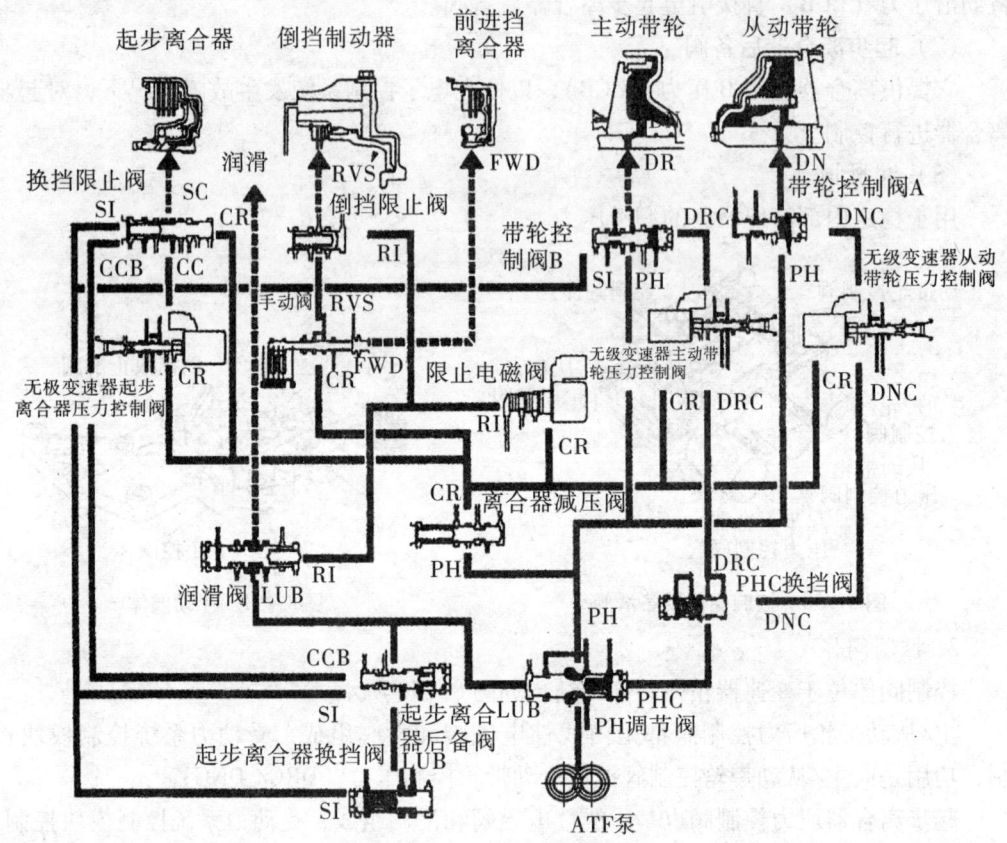

图 8-52 液压控制系统油路图

表 8-2 各油路的代码及其含义

油路代码	含 义	油路代码	含 义
CC	离合器控制	PH	高压
CCB	离合器控制 B	PHC	高压控制
COL	变速器油冷却器	RCC	循环
CR	离合器减压	RI	倒挡限制装置
DN	从动带轮	RVS'	倒挡制动器
DNC	从动带轮控制	RVS	倒挡制动器
DR	主动带轮	SC	起步离合器
DRC	主动带轮控制	SI	换挡锁定装置
FWD	前进挡离合器	X	排放
LUB	润滑	HX	高位排放
LUB	润滑	AX	排气

（三）电控系统

1. 电控系统的组成

本田飞度轿车 CVT 电控系统由电控单元（PCM）、控制开关与传感器、执行器（电磁阀和控制阀）组成，PCM 接收各传感器和控制开关的输入信号，改变主、从动带轮的传动比，并采用电子控制换挡模式，保证了变速器在各种条件下的驾驶舒适性。电控系统结构简图如图 8-53 所示。

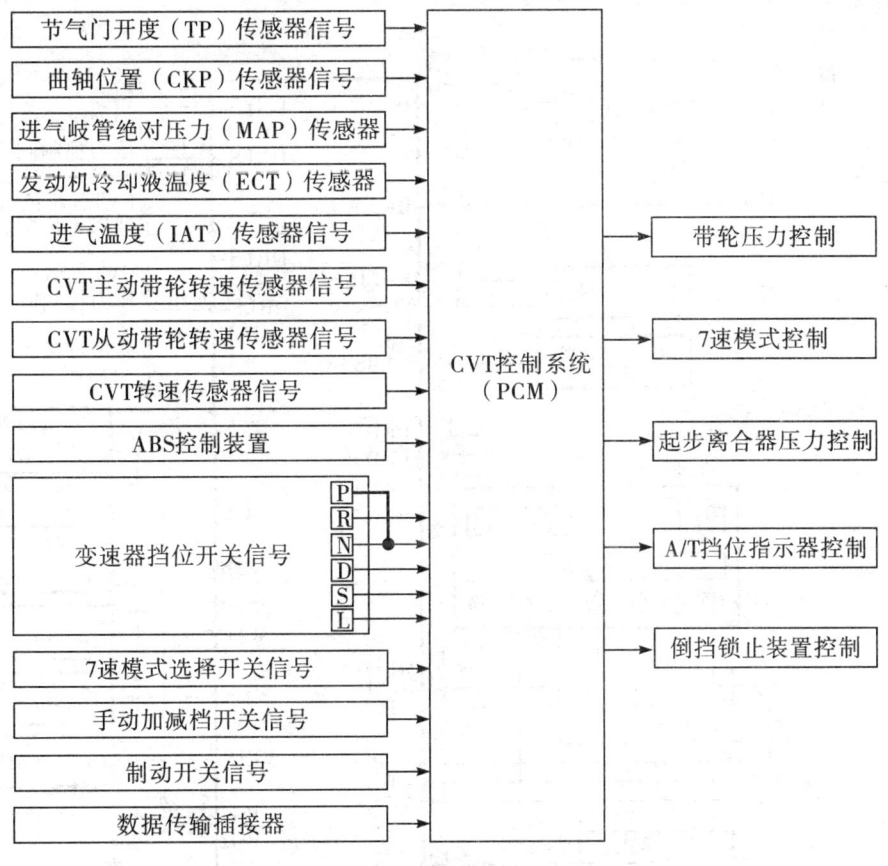

图 8-53 电控系统简图

CVT 电气部件包括传感器和执行器。传感器主要有变速器转速传感器、主动带轮转速传感器和从动带轮转速传感器，执行器包括挡位开关、主/从动带轮压力控制线性电磁阀、起步离合器压力控制阀和限制电磁阀等。

此外，电气部件还有 PCM、7 速模式选择开关、手动加减挡开关（与模式选择开关一起安装在转向盘上）、制动开关和仪表挡位显示器等，这些都未安装在 CVT 上。

PCM 根据各开关和传感器的输入信号及发动机的运转状况对变速器进行控制，同时，PCM 也要控制发动机的工作。

2. 电路图

带 7 速模式的无级变速器电路如图 8-54 所示。

3. 电控系统的工作原理

CVT的动力控制模块（PCM）对变速器的控制内容有：换挡速度控制、主从动轮钢带侧压力控制、起步离合器控制、倒挡锁定控制、失效保护控制和自诊断等。

（1）带轮压力控制（换挡控制）

PCM根据各开关和传感器输入的信号所反映的实际行驶条件，与存储的行驶条件进行对比，通过控制主、从动带轮压力控制阀，改变带轮的传动直径，进而改变变速器的传动比。换挡控制原理如图8-55所示。

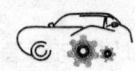

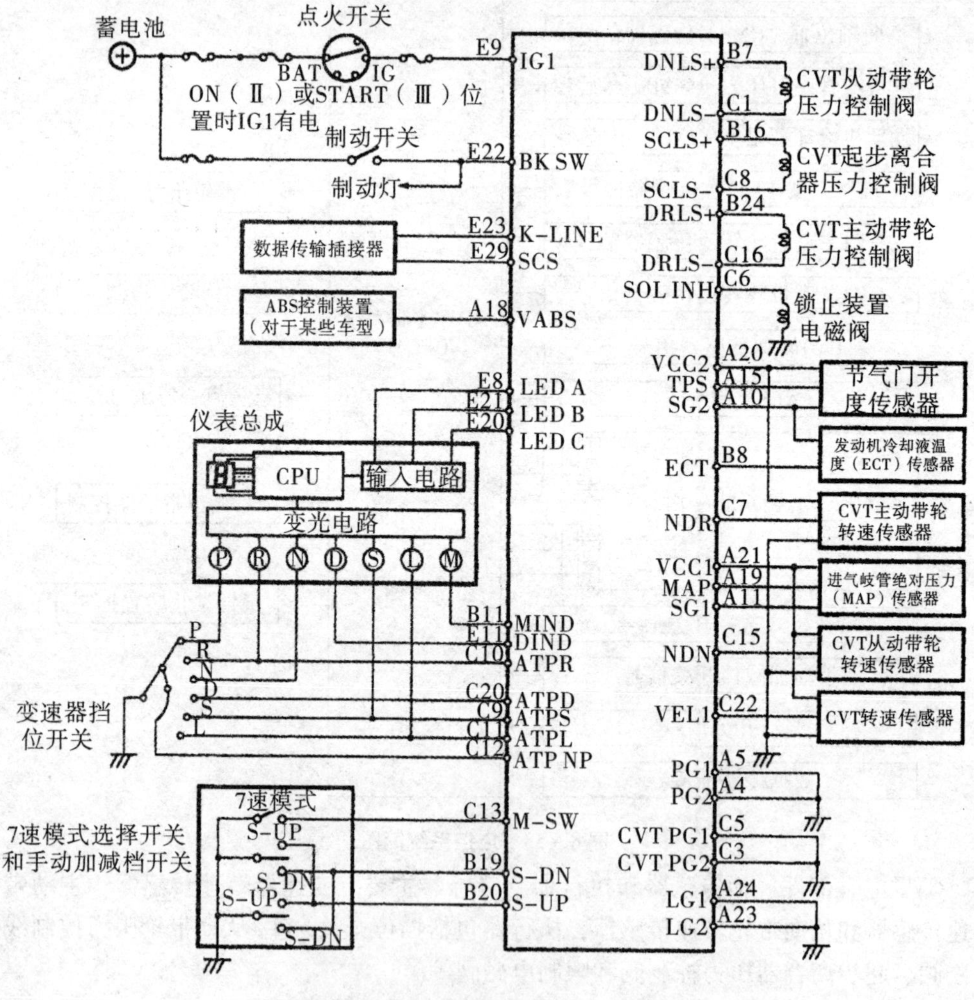

图8-54 带7速模式无级变速器的电路图

当换挡手柄置于"D"位和"S"位时，主动带轮通过联接钢带在2.367~0.407的传动比范围内以无级方式驱动从动带轮。

在换挡手柄置于"R"位时，如果踩下加速踏板，传动比被设定为1.326，此时，从动带轮承受高压，以使其保持大传动直径，而主动带轮受到低压作用，以保持与从动带轮成比例的传动直径，车速较高。反之（松开加速踏板），则传动比设定为2.367，车速较低。

（2）带轮侧压力控制

PCM 根据压力传感器信号确认发动机的负荷状况，并根据节气门位置信号来确定钢带的侧压力。

当车辆爬坡，发动机处于大负荷的状态下，PCM 控制带轮有更高的侧压力，以防止带与带轮打滑。

在巡航中速低负荷的状态下，节气开度小而进气管真空度高的信号被电控单元确认后，PCM 将控制低负荷时的带轮侧压，以减小带轮摩擦和改善燃油经济性。

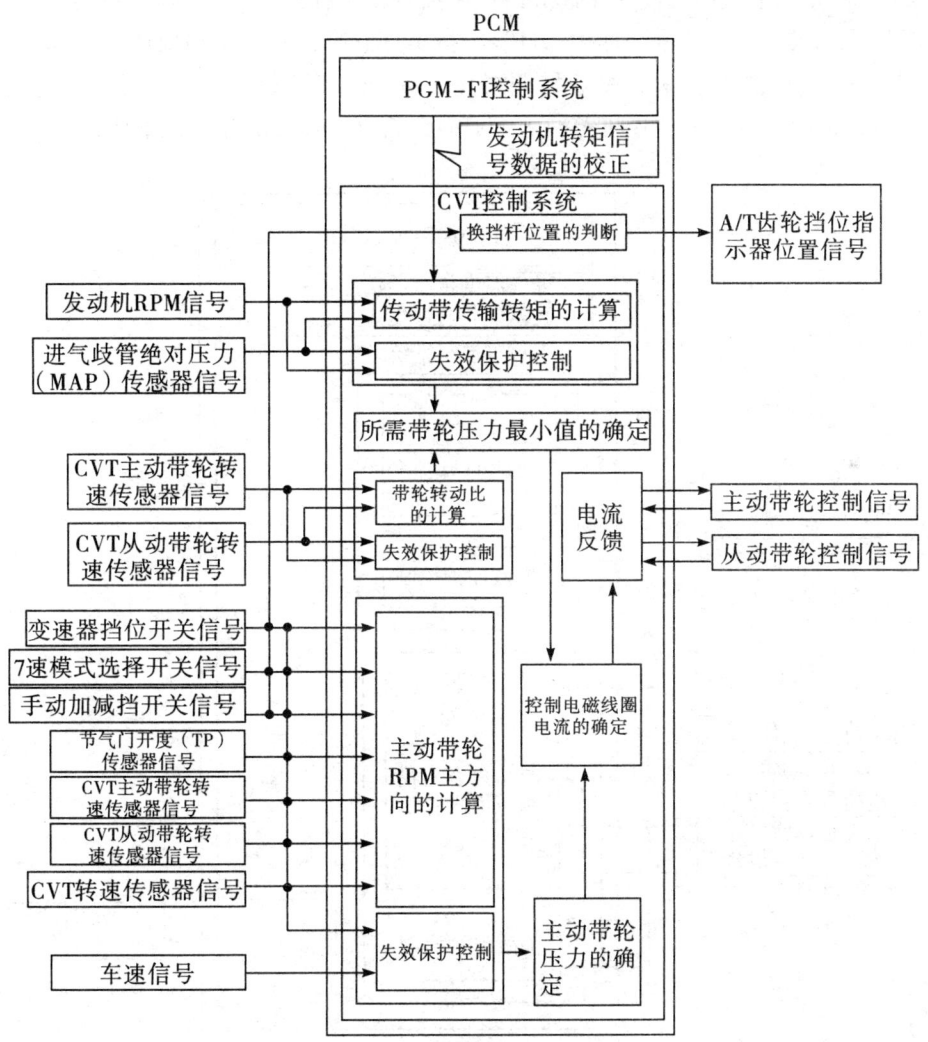

图 8-55 带轮压力控制流程图

（3）起步离合器控制

见图 8-56 所示控制原理简图，PCM 接收来各传感器、开关信号，确定施加于起步离合器的正确压力值，然后控制 CVT 起步离合器压力控制阀。

（4）7 速模式控制

当换挡手柄置于"D"位和"S"位时，CVT 具备 7 速模式（有自动和手动之分）。

按下转向盘上的"7速模式选择开关",变速器切换至7速自动模式,在此模式下,变速器可在7级速比范围内上下变换。如此时,再拨动"手动加减挡开关",则7速自动模式被取消,进入7速手动模式。在该模式下,可通过操作手动加减挡开关以人工方式控制变速器在7级速比范围内变换(与手动变速器相似)。再按"7速模式选择开关"或将换挡手柄移至其他挡位,7速模式取消。

变速器的模式和内部工作挡位(速度等级)在仪表板上有显示。若变速器在7速自动模式下,仪表板中背景字样为"M"指示灯不亮,并显示当前的速度等级,且CVT的PCM根据节气门开度和车速等换挡参数自动选择最佳的速度等级;若变速器工作在7速手动模式下,背景字样为"M"的指示灯点亮,并显示当前所选的速度等级。按加号"+"手动加挡开关,变速器调至高一级的速度等级;反之亦然。只有换挡车速达到允许的范围内,所选速度等级才会有效,否则变速器的速度比不变化。

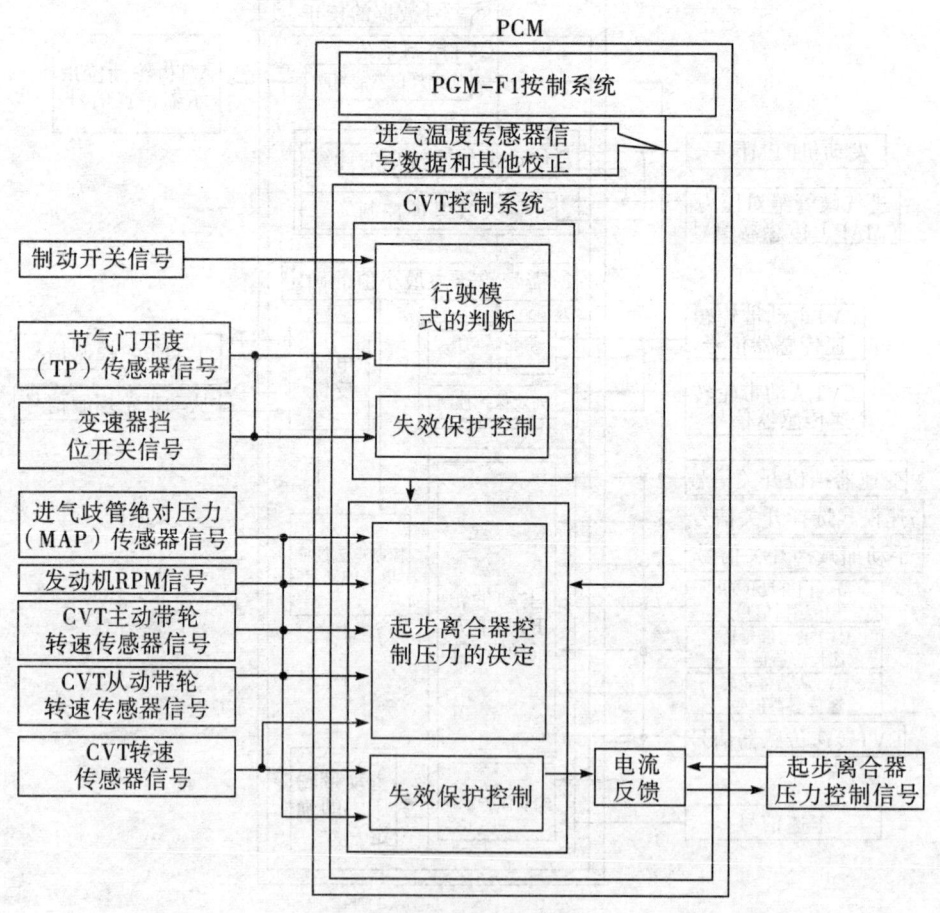

图8-56 起步离合器控制流程图

(5) 倒挡控制

PCM根据变速器转速和车速传感器信号,通过控制限制电磁阀的通/断电来控制倒挡制动器是否接合。在较高前行车速下行驶时,如果换挡手柄拨至"R"位,PCM控制限制电磁阀通电泄油,则倒挡限制滑阀移至停靠位置,从手动阀来的油液不能进入倒挡制动器油缸，倒挡制动器不能接合。反之，当车速降至10km/h以下时，PCM控制倒挡限制电磁阀断电，使倒挡制动器接合。

（6）故障自诊断

PCM对电控系统的传感器和执行器进行检测，如果发现故障，仪表板上的"D"挡位指示灯会闪烁报警，并且将相应的故障码存储在PCM以供检修时查阅。

此外，PCM还可通过一些传感器提供的数据判断出某些机械故障，例如，通过对比变速器转速和从动带轮转速传感器的输入信号，可确定起步离合器是否打滑。通过对比主从动带轮转速传感器的输入信号，可分析钢带与带轮之间是否出现打滑。

（7）失效保护控制

当电控部件出现故障后，电控系统提供了备用的失效保护模式，以使汽车能继续行驶。例如，当变速器转速传感器出现故障时，PCM会将ABS系统的车速信号引用。各电磁阀一般被设计在一个默认的工作位置（断电状态），以便在电控系统的输入与输出故障时允许变速器继续工作，如果PCM检测到电控系统故障，则电子控制系统停止工作，失效保护模式启用。在失效保护模式下，变速器倒挡的传动比范围缩小为1.0~2.37，而前进挡的传动比范围缩小仅为1.0~1.8。

四、自我测试题

1. 判断

（1）为了无级自动变速器顺利起步，在其内都装有液力变矩器。

（2）无级自动变速器是通过其内行星齿轮变速机构来实现倒车的。

（3）无级变速器中带传动可以实现反向传动。

（4）改变主从动带轮的传动直径即可改变传动比

2. 填空

CVT的动力控制模块（PCM）对变速器的控制内容有：_____、_____、起步离合器控制、倒挡锁定控制、失效保护控制和自诊断等。

3. 问答

（1）叙述本田飞度无级变速器挡位在D位置时的换挡执行元件工作情况和动力传递路线。

（2）叙述本田飞度无级变速器挡位在R位置时的换挡执行元件工作情况和动力传递路线。

项目九

大众 DSG 的认识与拆装

一、项目描述

通过本项目的学习，对大众 DSG 进行拆卸、装配，应达到以下要求：

1. 知识要求

①掌握双离合器式自动变速器齿轮变速器机构的结构与原理；
②掌握双离合器式自动变速器控制系统的结构与原理；
③熟悉双离合器式自动变速器内行星内各部件的连接安装关系。

2. 技能要求

①能正确使用维修资料及工具，并按操作规范进行大众 DSG 拆卸和组装；
②会熟练壳体外装合大众 DSG 齿轮变速机构。

3. 素质要求

①整理整顿拆装工具、量具，保持实训场地清洁，及时清扫垃圾，树立团队意识，培养协作精神；
②安全文明生产，保证设备和自身安全；
③操作规范，技术要求符合维修手册。

二、项目实施

 任务一　大众 DSG 的拆卸

1. 训练目标与要求

能掌握拆卸大众 DSG 的顺序，正确规范地拆卸变速器。

2. 训练设备

大众 DSG 台架、常用拆装工具和量具、专用拆装工具。

3. 训练步骤

(1) 识别 DSG 壳体上标识的基本信息

见图 9-1 所示，MSX 表示 变速箱标识字母；26.08.10 表示 2010 年 08 月 26 日生产；14 表示制造厂代号；11：18 表示生产时间；0743 表示生产序列号。

图 9-1 识别 DSG

DSG 主要部件分解图见下图 9-2 所示。

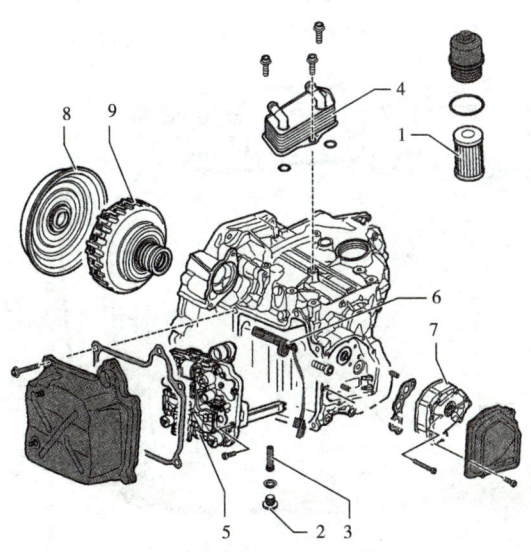

1—齿轮油滤清器；2—放油螺塞；3—溢流管；4—变速箱齿轮油冷却器；
5—双离合器变速箱机电装置 J743；6—变速箱输入转速传感器 G182/离合器
温度传感器 G509；7—齿轮油泵；8—离合器盖板（端盖）；9—多片式离合器

图 9-2 主要部件分解图

(2) 旋出放油螺塞 A（见下图 9-3 所示）

放油螺塞孔内有一根塑料溢流管（用 8 mm 内六角扳手拆卸，拧紧力矩：3 N·m）。它的长度决定变速箱中齿轮油的油位。

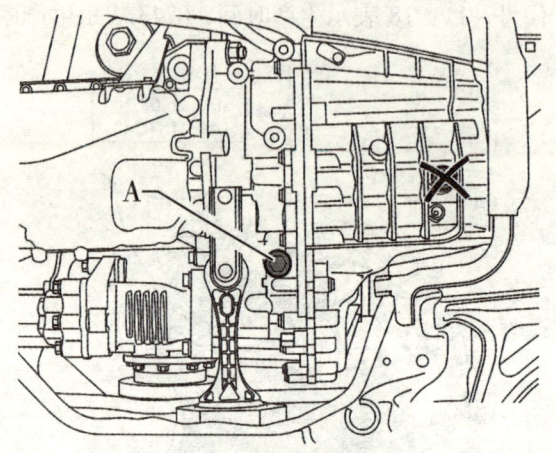

图 9-3 旋出放油螺塞 A

(3) 拆下溢流管，排放齿轮油，旋入溢流管，拧紧力矩：3 Nm。如有必要，更换齿轮油滤清器。

(4) 拆卸油底壳

见下图 9-4 所示，以对角方式旋出油底壳 A 的固定螺栓（箭头），变速箱中仍然有齿轮油，因为放油时无法排空所有齿轮油。将油底壳与密封垫一起取下。

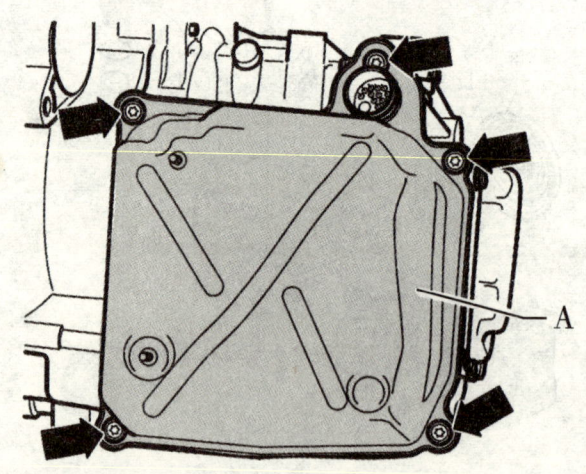

图 9-4 拆卸油底壳

(5) 拆卸齿轮油泵的盖板（小盖板）

见下图 9-5 所示，旋出螺栓（箭头），拆下齿轮油泵盖板（A）。

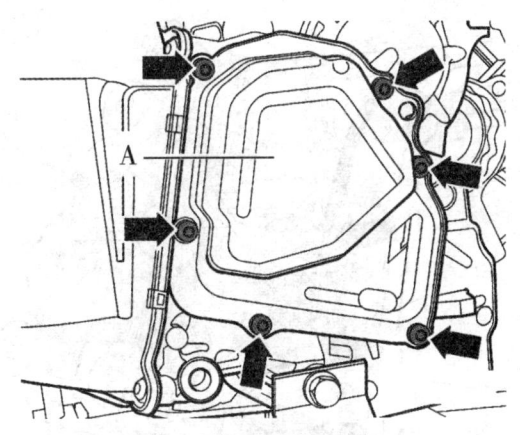

图9-5 拆卸齿轮油泵的盖板

(6) 用小螺丝刀1沿箭头方向小心地按住变速箱输入转速传感器G182／离合器温度传感器G509的插头锁止装置，再用螺丝刀2松开传感器的插头。（见下图9-6所示，只允许用螺丝刀1按住锁止装置，不要将其撬出。要非常小心，插头的锁止装置容易断裂。如果断裂，必须更换传感器。）

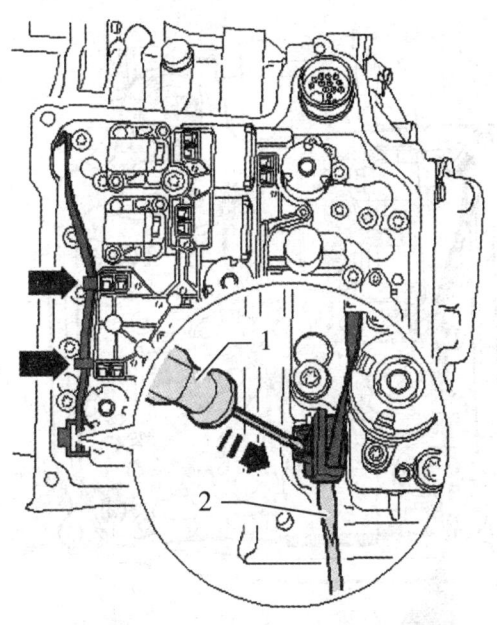

图9-6 脱开传感器线束插头

(7) 脱开插头

见下图9-7所示，首先脱开下部卡子（箭头Ⅰ）中的导线。再脱开下部卡子（箭头Ⅱ）中的导线并放置在一边。不要弯折导线。

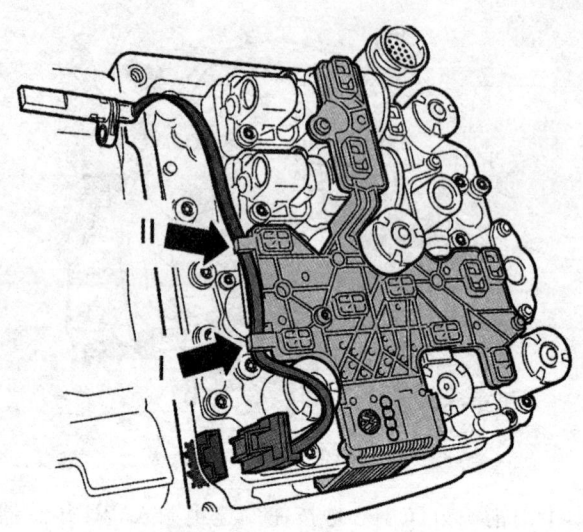

图 9-7 脱开传感器卡子

（8）按照图 9-8 所示的顺序松开并旋出螺栓 1 至 10。

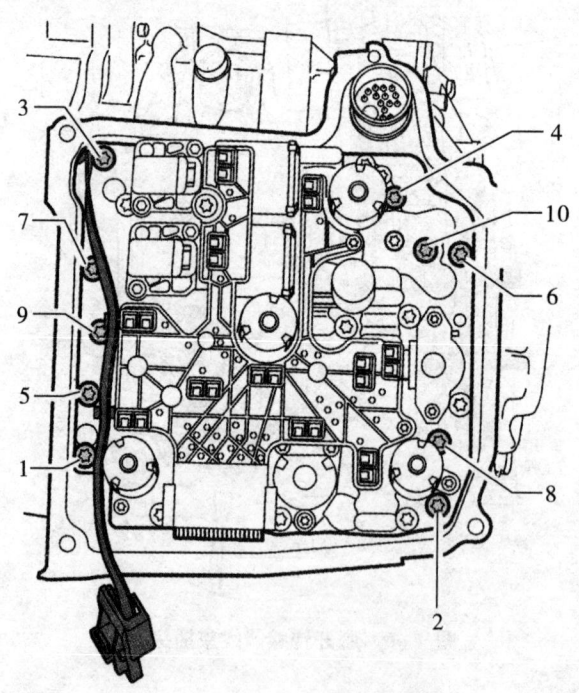

图 9-8 旋松阀板紧固螺栓

（9）小心地将双离合器变速箱机电装置 J743 从变速箱壳体中拉出。同时也要将背后的传感器臂 B 从变速箱壳体中完全拉出。（见图 9-9 所示，因为传感器臂比较长，所以在拆卸和安装双离合器变速箱机电装置 J743 时要特别注意不要触及到传感器轮、传感器臂。）

图 9-9 移出机电装置 J743

见图 9-10 所示，小心地取出双离合器变速箱机电装置 J743。

（10）将双离合器变速箱机电装置 J743 妥善地放置在一边，如图 9-11 所示。

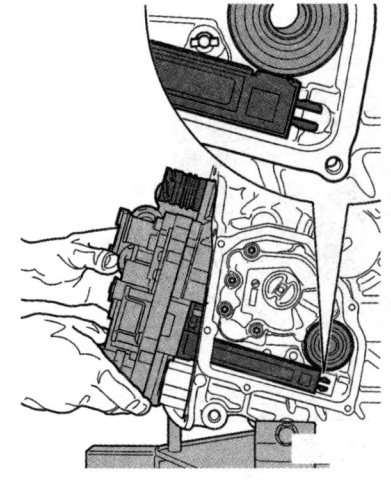

图 9-10 移出机电装置 J743-2

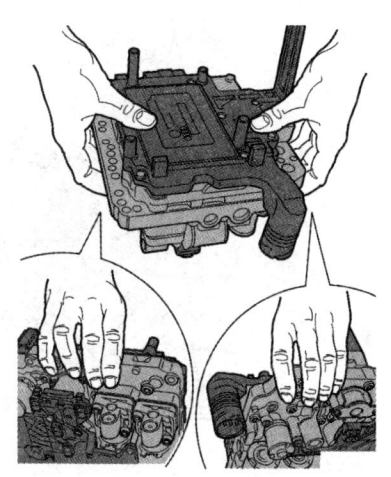

图 9-11 放置机电装置 J743

（11）拆卸离合器盖板（端盖）

见下图 9-12 所示，用螺丝刀（1）撬下盖板上的卡环（箭头）。用一字螺丝刀顶住离合器盖板（端盖）（1）并沿"箭头"方向撬出离合器盖板（端盖）（1）。

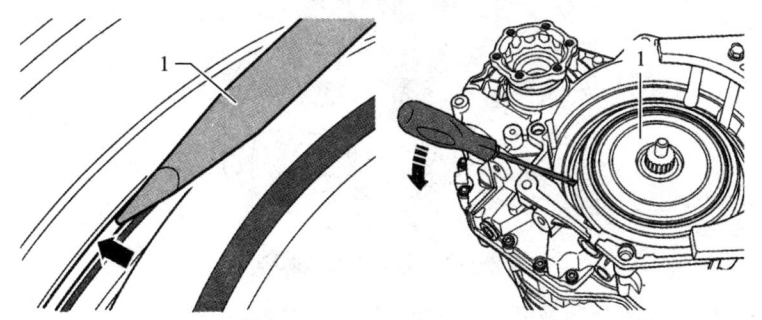

图 9-12 拆卸离合器盖板

（12）拆卸离合器

变速箱垂直向上的方式将变速箱固定在装配架上。见下图 9-13 所示，拆下卡环（下图中"箭头"）。

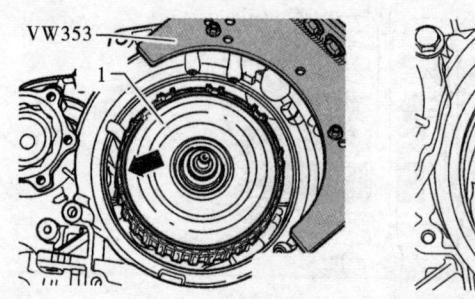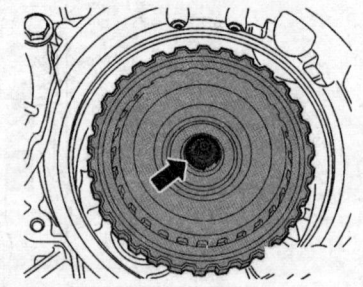

图9-13 拆卸离合器

见下图9-14所示,取出离合器。

见下图9-15所示,取出齿轮油泵轴(A)。

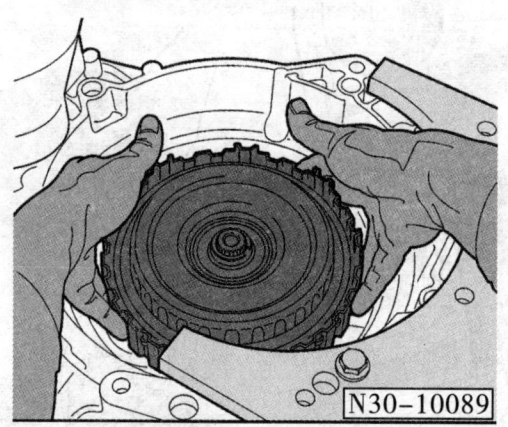

图9-14 取出离合器

图9-15 取出齿轮油泵轴

见下图9-16,在离合器及其盖之间做好相对位置标记。

离合器组件分解图见图9-17。

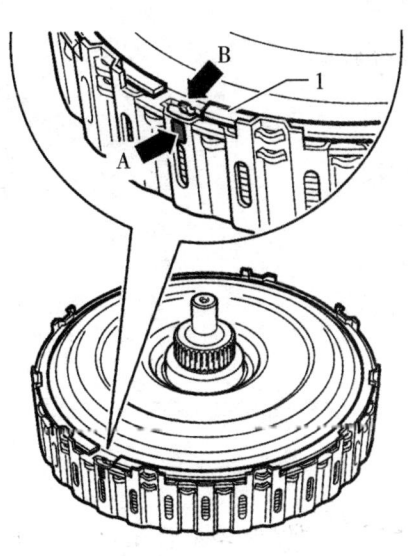
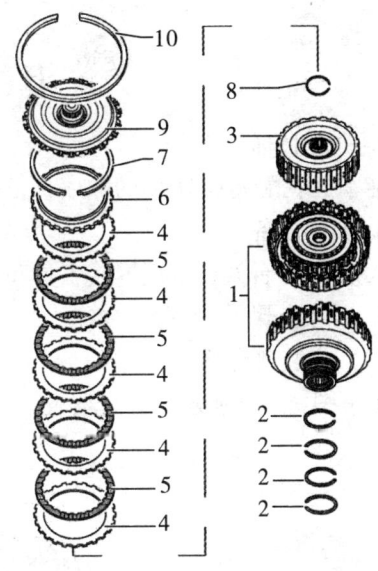

图 9-16 在离合器及其盖之间做好相对位置标记

1—多片式离合器的壳体；2—密封圈；3—大摩擦片支架；4—外板（5个）；5—内摩擦片（4个）；6—卡环垫圈；7—卡环；8—卡环；9—离合器盖板；10-卡环

图 9-17 离合器组件分解图

（13）拆卸油泵

见图 9-18 所示，用加长 12 角套筒扳手 Hazet 990Lg-6 和扭力扳手 Hazet 6280-1CT 旋出沉头螺栓（箭头）。旋出齿轮油泵的其余 3 个平头螺栓。取出齿轮油泵"1"。取出齿轮油泵轴。

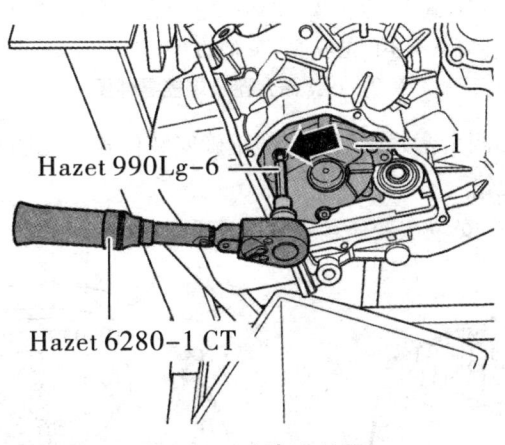

图 9-18 拆卸机油泵

任务二 大众 DSG 的装配

1. 训练目标与要求

能掌握装配大众 DSG 的顺序，正确规范地装配变速器。

2. 训练设备

大众 DSG 台架、常用拆装工具和量具、专用拆装工具。

3. 训练步骤

（1）安装离合器

见下图 9-19 所示，离合器及端盖零件图。

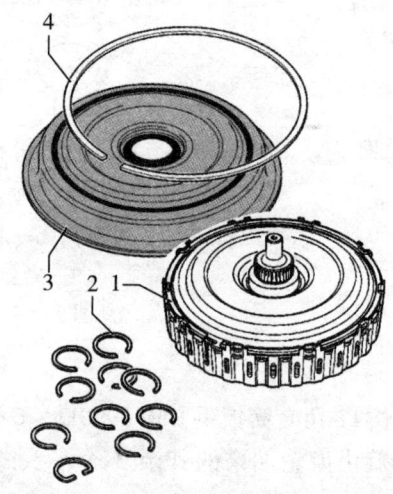

1—多片式离合器；2—卡环；3—离合器盖板（端盖）；
4—卡环（卡环具有不同的厚度。它们的厚度以 0.1 mm 为单位递增）

图 9-19 离合器及端盖零件图

①注意离合器上的四个密封圈（A）的正确安装位置。见图 9-20 所示，密封圈的安装位置必须"相互交错"。

②将定位销 T10303 安装在变速箱壳体的座圈（下图 9-21 中箭头）上。

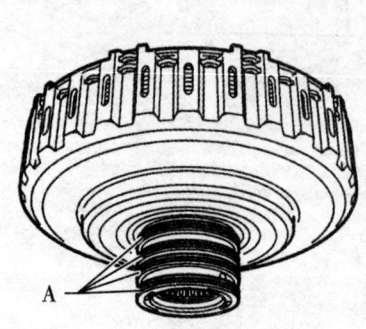 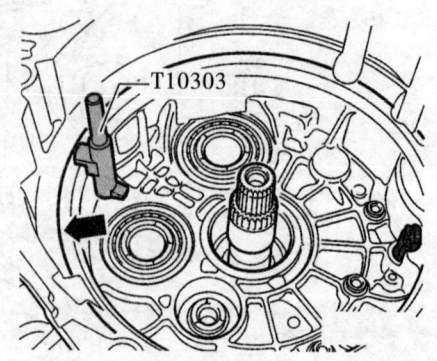

图 9-20 离合器上的密封圈　　图 9-21 将定位销 T10303 安装在变速箱壳体的座圈

③小心地装入离合器,见图 9 – 22 所示,不要让它掉落在变速箱中(在装入离合器的过程中应当由另外一人固定定位销 T10303。)。

④取下离合器盖的固定卡环,见图 9 – 23 所示。

图 9 – 22　装入离合器

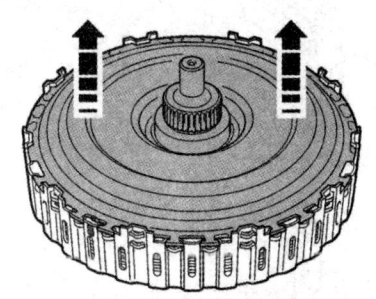
图 9 – 23　取下离合器盖的固定卡环

⑤从成套卡环中挑选出 2 mm 厚度的卡环(下图 9 – 24 中箭头)并暂时安装它。见图 9 – 24 所示。

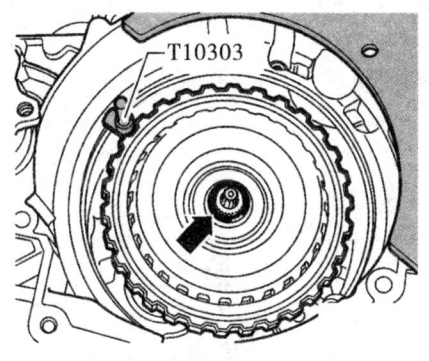
图 9 – 24　暂时安装卡环(成套卡环中挑选出 2 mm 厚度)

⑥在拆下此卡环之前,必须进行两次测量(不要拆下定位销 T10303)。

第一次测量:

见图 9 – 25 所示,将千分表支架 VW 387 安装在变速箱法兰上,将千分表的表尖放置在变速箱的输入轴上,调整千分表至 1 mm 预紧力并置 0 位,提升离合器至极限位置并记录测量的结果。

第二次测量:

见图 9 – 26 所示,将千分表的表尖放置在离合器大摩擦片支架的毂盘上。调整千分表至 1 mm 预紧力并置 0 位,提升离合器至极限位置并记录测量的结果。

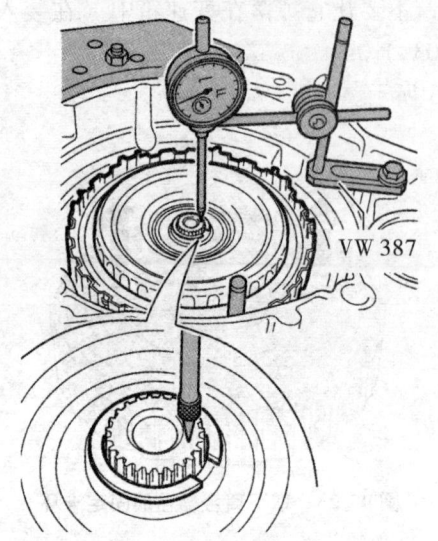
图9-25 第一次测量离合器轴向间隙

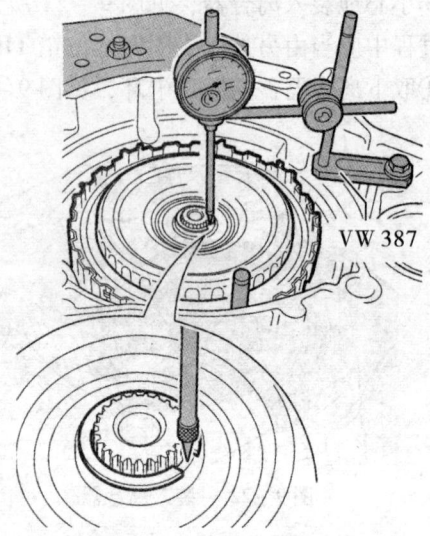
图9-26 第二次测量离合器轴向间隙

计算出应当安装卡环的厚度：

使用此公式：

第二次测量 - 第一次测量 + 1.85 mm = 被安装卡环的厚度

示例：

	0.12 mm	第二次测量
-	0.04 mm	第一次测量
+	1.85 mm	常数
=	1.93 mm	测量结果
卡环的厚度为 1.9 mm		

拆下 2 mm 厚度的卡环并装入经过测量并计算的卡环。

⑦装入齿轮油泵轴，同时沿下图9-27中"箭头"方向稍微旋转它。

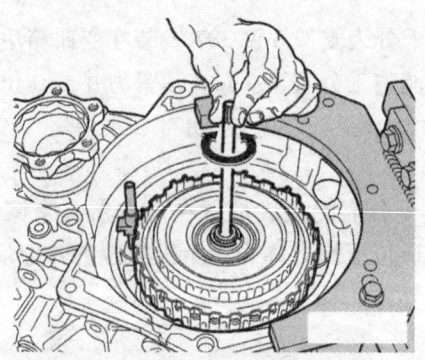
图9-27 装入齿轮油泵轴

⑧安装离合器盖，见图9-17所示，同时使得凸缘"箭头B"与标识"箭头A"对齐，将新的卡环"1"装入离合器。拆下定位销T10303。

(3) 安装离合器盖板 (端盖)。见图 9-12 所示。

(4) 安装双离合器变速箱机电装置 J743

①安装变速箱输入转速传感器 G182/ 离合器温度传感器 G509 (A),见下图 9-28。

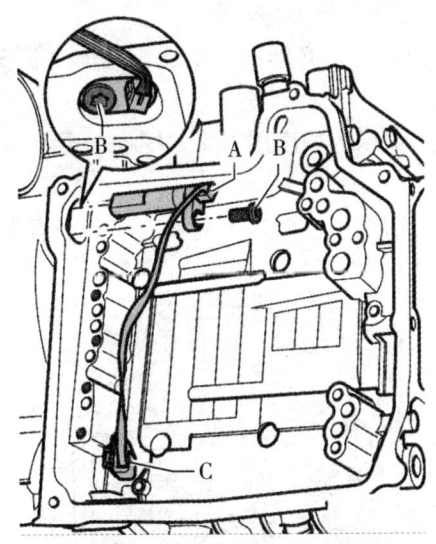

图 9-28　安装变速箱输入转速传感器 G182/ 离合器温度传感器 G509

②更换双离合器变速箱机电装置 J743 的两个 O 形圈。如果再次安装了"原来的"双离合器变速箱机电装置 J743 (一个"新的"双离合器变速箱机电装置 J743 中已经有"新的"密封圈。),则必须更换两个 O 形圈 (箭头)。用双离合器齿轮油浸润两个 O 形圈。见图 9-29 所示。

清洁密封面并去除残留的齿轮油,确保油底壳密封垫的正确定位,装上油底壳,注意不要夹住任何导线。

图 9-29　更换双离合器变速箱机电装置 J743 的两个 O 形圈

③装入机电装置 J743。小心地将双离合器变速箱机电装置 J743 装入变速箱壳体中。传感器臂不要触及到传感器轮。

双离合器变速箱机电装置 J743 和变速箱应当具有相同的温度。这样就可以避免安装时定位销会"卡住"双离合器变速箱机电装置 J743。安装时不要夹住变速箱输入转速传感器 G182／离合器温度传感器 G509 导线。

见图 9-9 所示，定位销（A）必须嵌入变速箱壳体（箭头 1），传感器臂（B）必须嵌入导向装置（箭头 2）中。

见图 9-30 所示，按照图示的顺序用手旋入螺栓 1 至 10，拧紧力矩：5 Nm + 继续旋转 90°（1/4 圈）。

将导线先卡入上部卡子箭头中，然后再卡入下部卡子箭头中。插上插头 A 并锁紧。

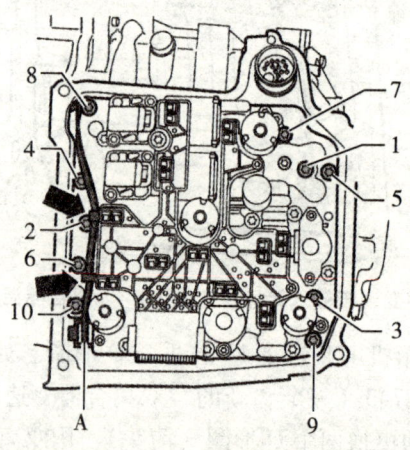

图 9-30 紧固机电装置 J743 的螺栓

(5) 安装油泵

见图 9-31 所示，将齿轮油泵轴（A）推入变速箱至止动位置。同时，稍微旋转齿轮油泵轴（A）。

每次更换新的金属密封件（B）。

2 个定位销（C）必须位于变速箱壳体中。

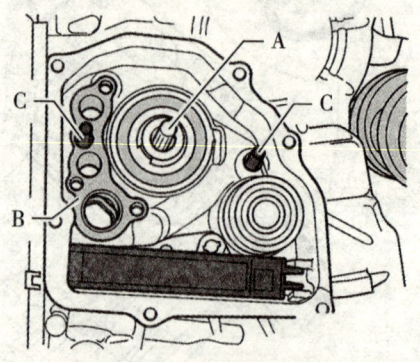

图 9-31 安装油泵轴

安装齿轮油泵时,应注意齿轮油泵轴花键的位置和定位销是否安装正确。

3个平头螺栓,最上面的螺栓(箭头)是沉头螺栓。见图9-32,拧紧力矩:沉头螺栓:8 Nm,不继续旋转(用加长12角套筒扳手 Hazet 990 Lg-6 或特殊扳手 T10054 拧紧)。平头螺栓:8 Nm+继续旋转90°(1/4圈)。

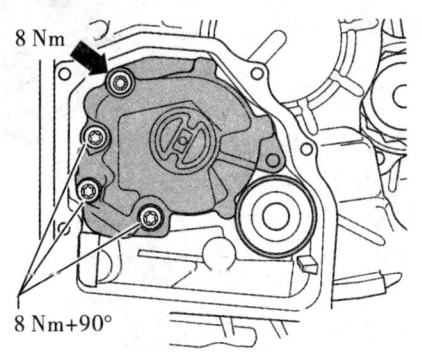

图9-32 拧紧油泵紧固螺栓

(6) 装入新齿轮油泵盖板

见图9-5所示,装入新齿轮油泵盖板(A)并以对角的方式分几次拧紧新螺栓(箭头),拧紧力矩:8 Nm。

(7) 安装油底壳

见图9-4所示,旋入油底壳新螺栓(箭头)并以对角的方式分几次拧紧螺栓,拧紧力矩:10 Nm。

(8) 旋入溢流管和放油螺塞。

三、相关知识

DSG(Direct Shift Gearbox)即直接换挡变速器,它很好地结合了手动变速器和自动变速器的优势,既具有手动变速器的经济性、高传动效率,又具有自动变速器的舒适性、易用性。DSG是大众旗下双离合变速器的商品名,双离合变速器在业内被统称为DCT(Dual Clutch Transmission)。搭载DSG变速器比搭载传统手动变速器可以获得更好的经济性、动力性和更高的车速,而其城市工况和综合工况油耗几乎与搭载手动挡的车型相同。图9-33是大众DQ250型DSG的外观,表9-1是DQ250型DSG的结构参数。

发动机转矩通过离合器1或2传递至相应的变速器,再由该挡输出至主减速器驱动车轮。由于奇数挡和偶数挡被安置在不同的子变速器中,当某挡啮合时,与其相邻的两挡齿轮处于自由状态,此时由变速箱控制逻辑判断下一挡位,提前将处于自由轴的目标挡啮合,待车辆达到最佳换挡点时,当前离合器分离,同时目标离合器闭合,从而实现不中断力矩传输的换挡。

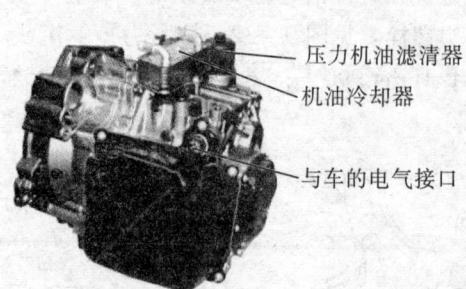
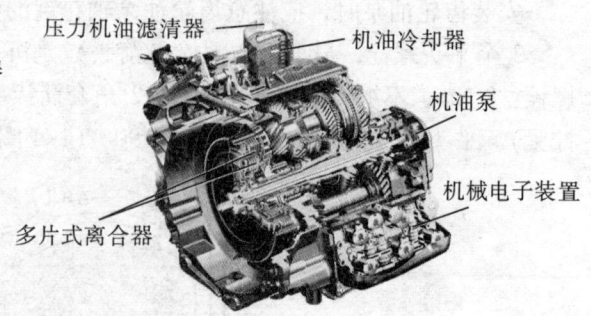

图 9-33 DQ250 型 DSG 的外观

表 9-1 DQ250 型 DSG 的结构参数

序号	参数名称	数值
1	总成总质量	94kg
2	最大转矩	350N·m
3	离合器形式	两组多片湿式离合器
4	挡位	6 个前进挡, 1 个倒挡
5	传动比	第 1 速 3.461 第 2 速 2.150 第 3 速 1.464 第 4 速 1.078 第 5 速 1.093 第 6 速 0.921
6	操作模式	自动挡位和 Tiptronic（手自一体控制）
7	油量	7.2L DSG 变速器油 G052 182
8	挡位模式	P, R, N, D, S（操作方式与自动变速器类似）

DSG 变速器主要由多片湿式双离合器、三轴式齿轮变速器、自动换挡机构、电子液压换挡控制系统等组成。其中最具创意的核心部分是双离合器和三轴式齿轮箱，如图 9-34 所示。DSG 变速器的多片湿式双离合器的结构和液压式自动变速器中的离合器相似，湿式是指双离合器安装于一个充满液压油的封闭油腔中。利用液压缸内的油压和活塞压紧离合器，油压的建立是由 ECU 指令电磁阀来控制的，2 个离合器的工作状态是相反的，不会发生 2 个离合器同时接合的状态。

如图 9-34 所示，DSG 变速器有一个由实心轴及其空心轴组合而成的变速器双输入轴机构，两个离合器 K1 与 K2 分别连接输入轴 1 和输入轴 2，离合器 K1 负责控制奇数 1、3、5 挡及倒挡，离合器 K2 负责控制偶数 2、4、6，相当于将两套变速系统合二为一。DSG 通过与变速箱控制模块和相联的电磁阀来调节控制双离合器的结合压力。发动机动力通过曲轴和一个双质量飞轮传递到双离合器。

DSG 变速器的挡位转换是由挡位选择器来操作的，挡位选择器实际上是个液压马达，推动拨叉就可以进入相应的挡位，由电子液压换挡控制系统来控制它们的工作。

在电子液压换挡控制系统中有6个油压调节电磁阀,用来调节2个离合器和4个挡位选择器中的油压压力,还有5个开关电磁阀,分别控制挡位选择器和离合器的工作。

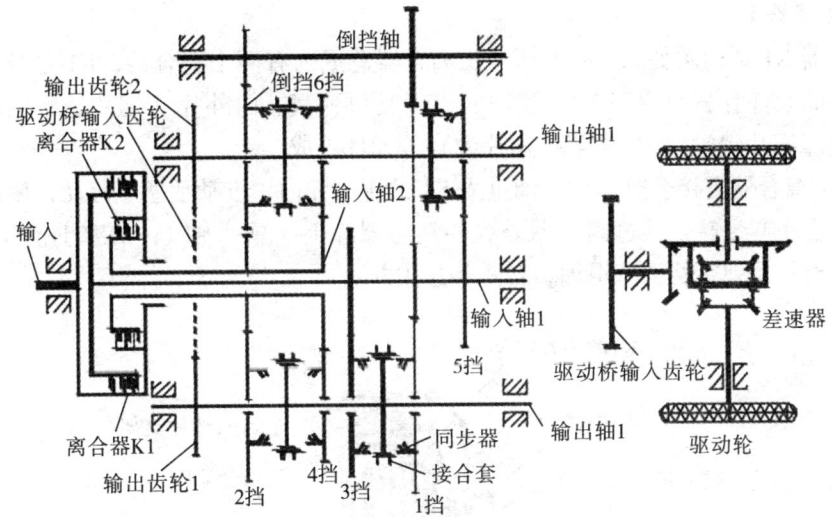

图9-34　6挡DSG双离合变速器的传动结构简图

(一) 湿式多片离合器

见下图9-35所示,湿式多片离合器整体结构示意图,两个多片式离合器浸在DSG机油中,发动机的转矩由曲轴传到双质量飞轮。飞轮与双离合器输入轴毂相连,再通过花键将转矩传到双离合器的主动盘片上。

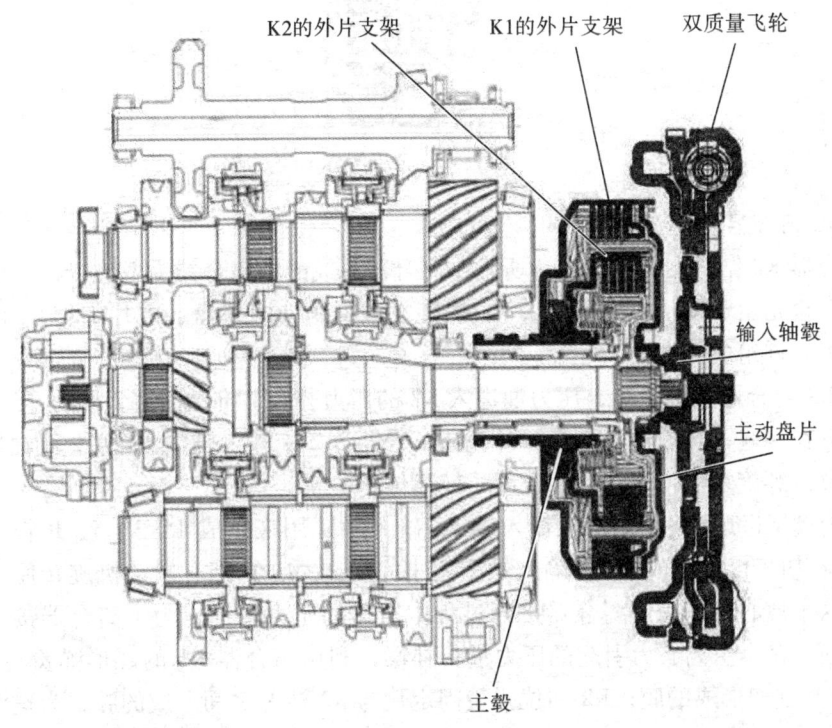

图9-35　湿式多片离合器整体结构示意图

转矩经外片(钢片)支架,被传到相应的离合器内。当离合器接合时,转矩即被传递到内片(摩擦片)支架上,再传到相应的输入轴上。

1. K1 离合器

离合器 K1 结构图如图 9-36 所示,离合器总成内有两个离合器,K1 是外离合器,其内主要的元件有驱动活塞(活塞 1)、碟形复位弹簧、内外片(钢片、摩擦片)、内片支架(摩擦片毂)、外片支架(钢片鼓)等元件组成。

当 K1 离合器需接合时,压力油进入 K1 的压力腔内,推动活塞 1 移动,使得 K1 内外片压靠在一起,转矩通过离合器外壳→离合器片 1→ 输入轴 1;活塞 1 泄油后,K1 分离,蝶形复位弹簧将活塞退回,转矩传递中断。

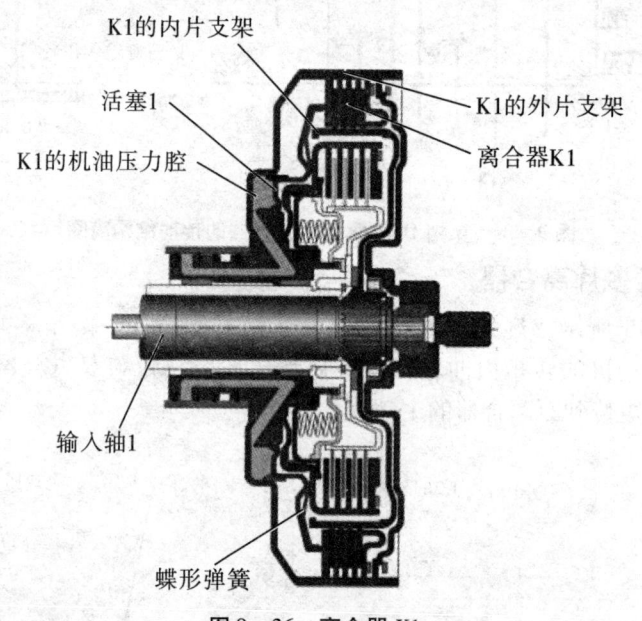

图 9-36 离合器 K1

2. K2 离合器

离合器 K2 结构图如图 9-37 所示,离合器总成的内离合器为 K2,与离合器 K1 基本一致,也是由驱动活塞(活塞 2)、螺旋复位弹簧、内外盘、内片支架、外片支架、密封圈等元件组成。

当 K2 离合器需接合时,压力油进入 K2 的压力腔内,推动活塞 2 移动,使得 K2 内外片压靠在一起,转矩通过离合器外壳→离合器片 2→ 输入轴 2;活塞 2 泄油后,离合器 2 分离,螺旋复位弹簧将活塞退回,转矩传递中断。

离合器 K1 负责将扭矩传入输入轴 1,输入轴 1 用来完成 1、3、5、R 挡,离合器 K2 负责将扭矩传给输入轴 2,输入轴 2 用来完成 2、4、6 挡。发动机旋转使油产生离心力,这个离心力作用使离合器接合过程中所需的压力增加,为了离合器接合更加顺利,必须对这个由离心力引起的压力进行补偿,利用离合器 K1 的碟形弹簧与 K1 活塞和 K2 外片支架形成的腔;K2 回位弹簧固定片与 K2 活塞之间形成的腔,为这两个空腔内充油,在发动机高速旋转过程中离心力作用下产生的平衡油压来补偿。

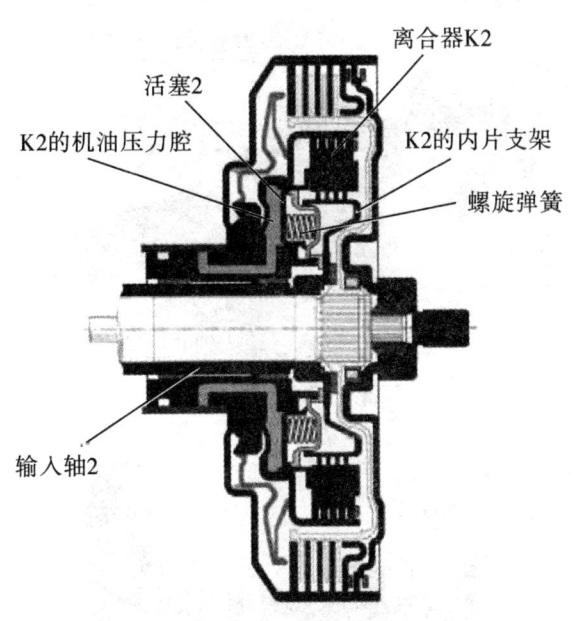

图 9-37 离合器 K2

在每种操作情况下,离合器必须被控制在一个相对稳定的状态下,并且贯穿整个使用周期。因而离合器控制阀的控制电流与离合器扭矩之间必须进行不断的调整、适应。离合器经常被控制在大约 10 r/min 的微量打滑状态,这种极低的打滑量,叫做"微量打滑",这有利于改善离合器的状态,并且用于调节离合器控制。

(二) 三轴式齿轮变速器及驱动桥

DSG 变速器上齿轮变速机构采用平行轴式齿轮箱,属于普通斜齿轮式。是由两根输入轴、两个中间轴、一根输出轴及各挡齿轮组成的。1、3、5 挡主动齿轮安装在输入轴 1 上,2、4、6 挡的齿轮安装在输入轴 2 上。同步器分别准确的安装在 1-3、2-4、5、6-R 挡各个挡位从动齿轮之间。

1. 结构

(1) 输入轴

离合器 K1 和 K2 分别将发动机转矩传递给输入轴 1 和输入轴 2。见下图 9-38 所示,输入轴 2 的内部是空心的,输入轴 1 在其内部。

输入轴 1 的结构见图 9-39 所示,1 挡/倒挡主动齿轮、3 挡主动齿轮及 5 挡主动齿轮通过花键与安装在输入轴 1 上;输入轴 1 的转速传感器 G501 的靶轮(信号轮)在 1 挡/倒挡和 3 挡主动齿轮之间。

输入轴 2 的结构见图 9-40 所示,2 挡、4 挡/6 挡齿轮通过花键与安装在输入轴 2 上面,输入轴 2 转速传感器 G502 的靶轮在 2 挡齿轮附近。

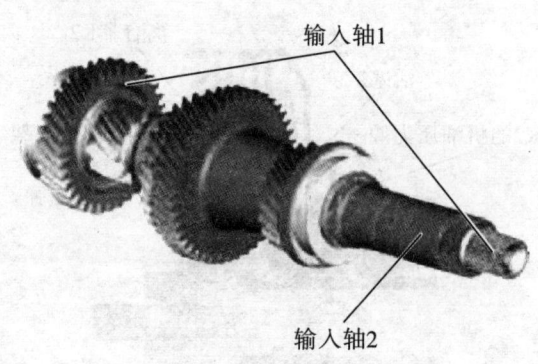

图 9-38 输入轴

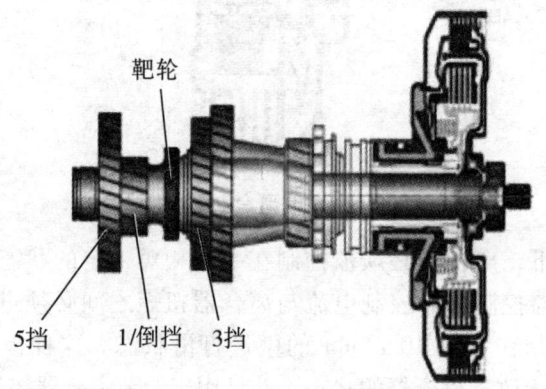

图 9-39 输入轴1

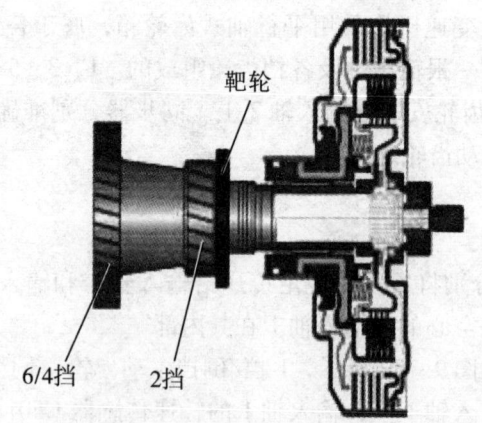

图 9-40 输入轴2

(2) 输出轴

见图 9-41 所示输出轴 1 的结构，输出轴 1 主要包括以下元件：1、2、3、4 挡换挡齿轮，1-3 挡、2-4 挡同步器及输出齿轮。

见下图 9-42 所示输出轴 2 的结构，输出轴 2 上装有变速器输出转速传感器靶轮，5、6、倒挡换挡齿轮，同步器及输出齿轮等主要部件。

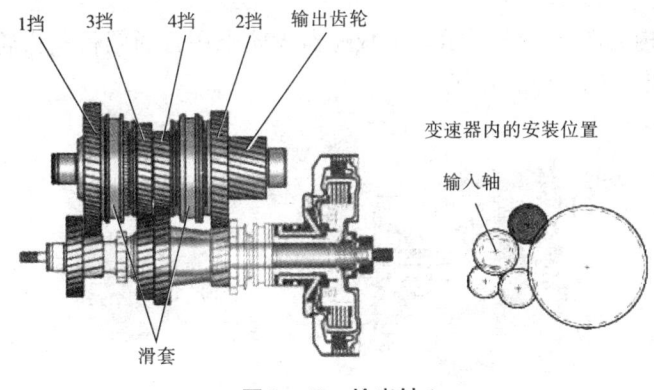

图 9-41　输出轴 1

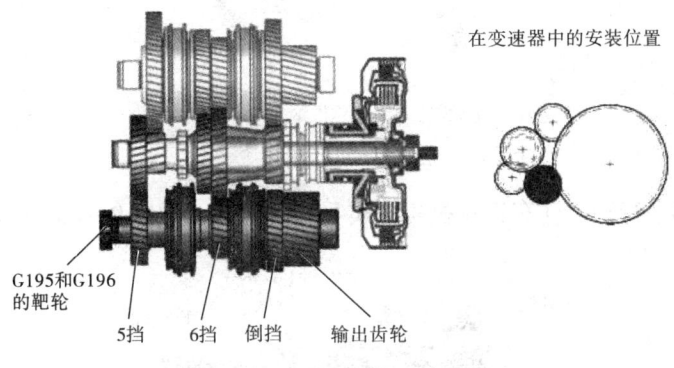

图 9-42　输出轴 2

(3) 倒挡轴

见下图 9-43 所示倒挡轴的结构，倒挡惰轮 1 和倒挡惰轮 2 安装在倒挡轴上。倒挡惰轮 1 和倒挡惰轮 2 跟着倒挡轴旋转而旋转，倒挡惰轮 1 和倒挡惰轮 2 分别与位于输入轴 1 上的 1/倒挡主动齿轮、输出轴 2 上的倒挡从动齿轮常啮合。倒挡轴齿轮改变了输出轴 2 的旋转方向，即改变了主减速器齿轮的旋转方向。

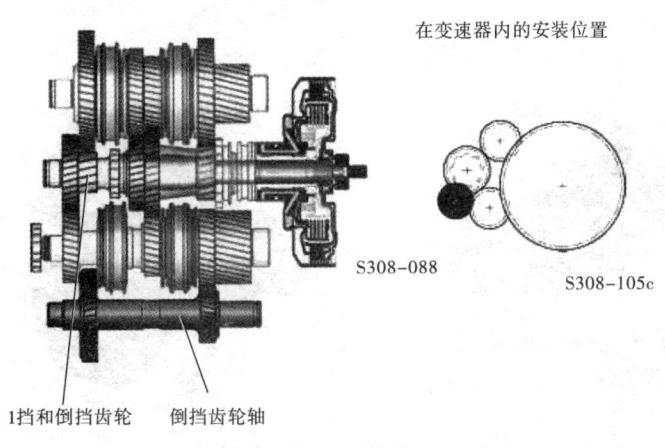

图 9-43　倒挡轴

(4) 驱动桥

驱动桥的结构见图9-44所示。主减速器齿轮采用普通圆柱斜齿轮，差速器壳与主减速器从动齿轮制成一体。

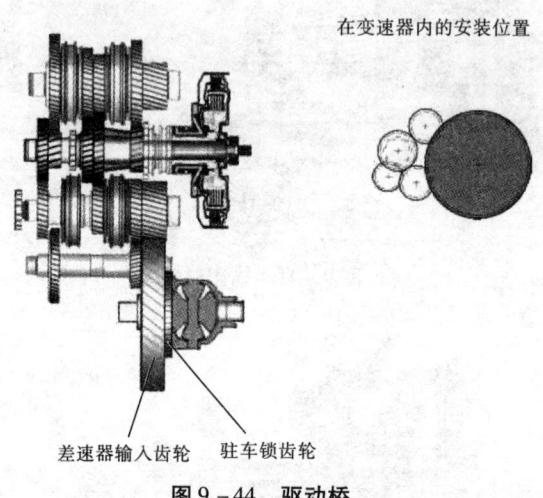

图9-44 驱动桥

变速器内部平行轴及驻车锁止机构的实物安装位置，如图9-45所示。

图9-45 平行轴及驻车锁止机构的安装位置图

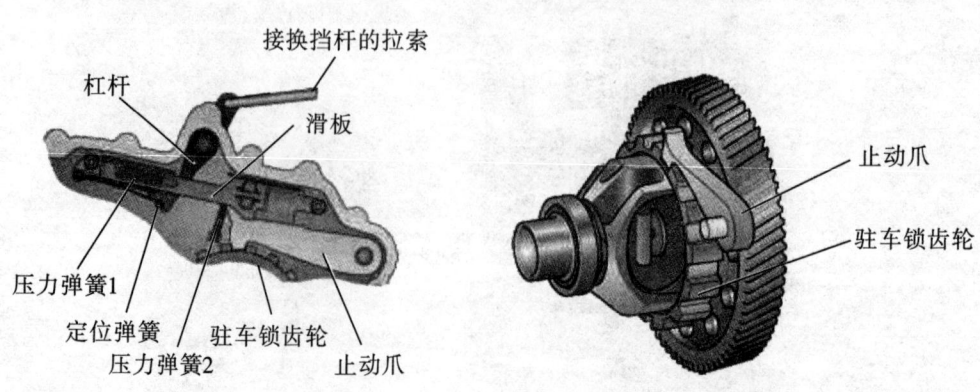

图9-46 驻车锁止机构的结构

差速器壳上制有驻车锁,该锁可在没有拉紧手刹的情况下,使得车辆能可靠驻车而不溜车。

见图9-46,止动爪以纯机械方式工作,它通过换挡杆和变速器上驻车锁杠杆之间的一条拉索来工作,该拉索只用于操纵驻车锁。

当将换挡杆推至"P",止动爪就卡在驻车锁齿轮的齿间。若止动爪卡在驻车锁齿轮的某个齿顶上,此时压力弹簧1就拉紧,在车辆移动时,压力弹簧1将止动爪压入到驻车锁齿轮最近的一个齿槽中。若将换挡杆从挡位"P"中移出,则驻车锁就松开。滑板被向右推回到初始位置,压力弹簧2将止动爪从驻车锁齿轮的齿槽中压出。

2. 传动原理

(1) 一挡动力传动路线

见图9-47所示,1挡传动路线:发动机→K1离合器→输入轴1→1挡主动齿轮→1挡从动齿轮→输出轴1→输出齿轮→主减速器→差速器→驱动车轮。

(2) 二挡动力传动路线

见图9-48示,2挡传动路线:发动机→K2离合器→输入轴2→2挡主动齿轮→2挡从动齿轮→输出轴1→输出齿轮→主减速器→差速器→驱动车轮。

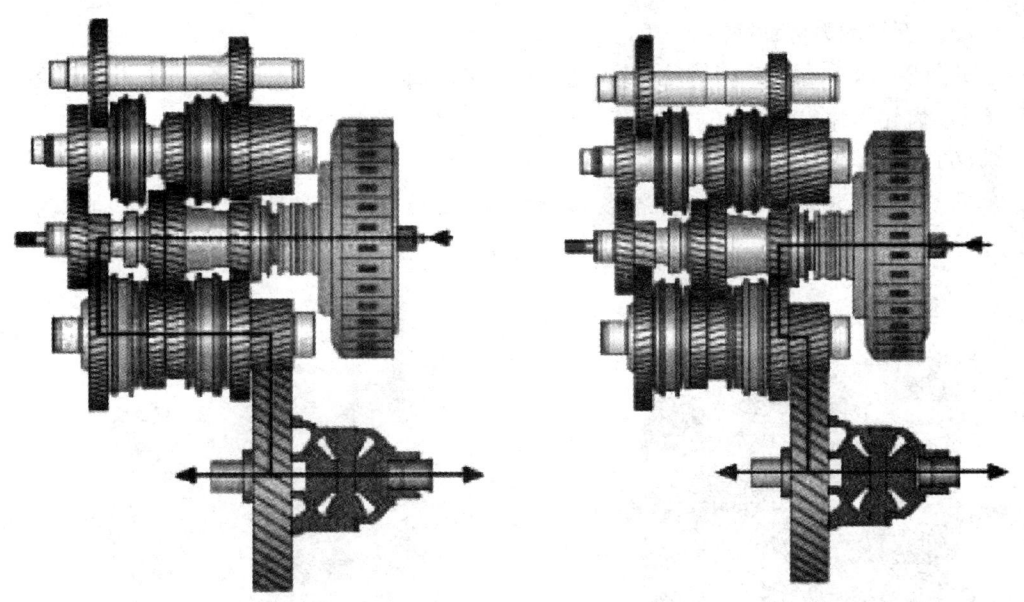

图9-47 一挡动力传递路线图　　　　图9-48 二挡动力传递路线图

(3) 三挡动力传动路线

见图9-49所示,3挡传动路线:发动机→K1离合器→输入轴1→3挡主动齿轮→3挡从动齿轮→输出轴1→输出齿轮→主减速器→差速器→驱动车轮。

(4) 四挡动力传动路线

见图9-50所示,4挡传动路线:发动机→K2离合器→输入轴2→4挡主动齿轮→4挡从动齿轮→输出轴1→输出齿轮→主减速器→差速器→驱动车轮。

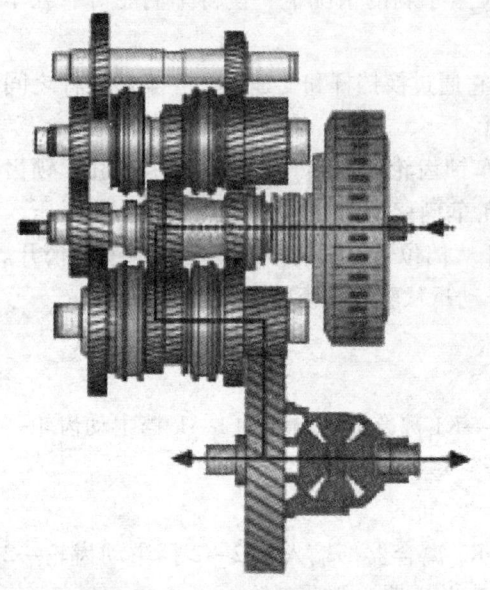

图 9-49 三挡动力传递路线图   图 9-50 四挡动力传递路线图

（5）五挡动力传动路线

见图 9-51 所示，5 挡传动路线：发动机→K1 离合器→输入轴 1→5 挡主动齿轮→5 挡从动齿轮→输出轴 2→输出齿轮→主减速器→差速器→驱动车轮。

（6）六挡动力传动路线

见图 9-52 所示，6 挡传动路线：发动机→K2 离合器→输入轴 2→6 挡主动齿轮→6 挡从动齿轮→输出轴 2→输出齿轮→主减速器→差速器→驱动车轮。

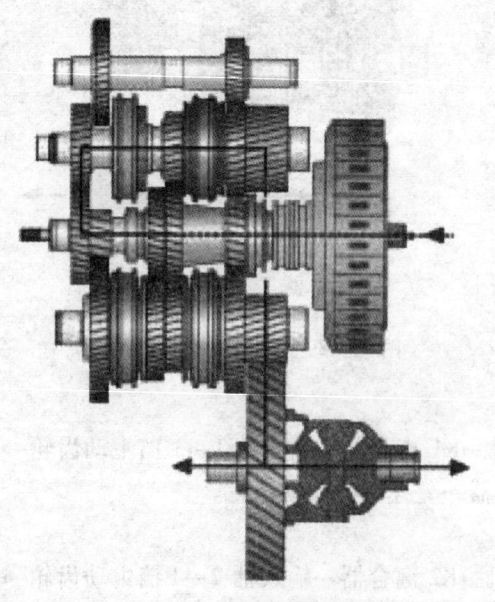
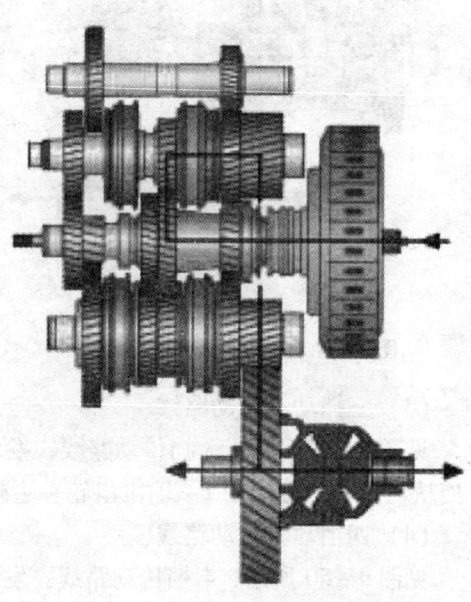

图 9-51 五挡动力传递路线图   图 9-52 六挡动力传递路线图

(7) 倒挡动力传动路线

见图 9-53 所示，倒挡传动路线：发动机→K1 离合器→输入轴 1→1/R 挡主动齿轮→倒挡轴→倒挡从动齿轮→输出轴 2→输出齿轮→主减速器→差速器→驱动车轮。

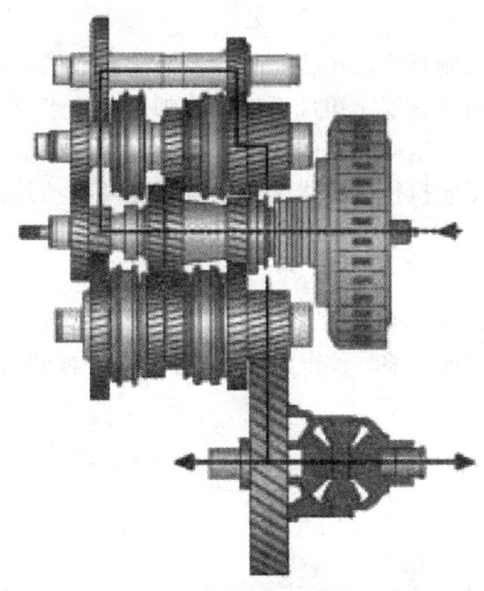

图 9-53 倒挡动力传递路线图

（三）自动换挡机构

DSG 变速器的换挡装置是挡位选择器，挡位选择器由 1 个拨叉 2 个油缸（图 9-54、55）组成，每个挡位有 1 个同步器。挡位选择器中的液压缸推动拨叉就可以进入相应的挡位，由液压操纵系统来控制它们的工作，如图 9-54 所示。

四组挡位选择器可以独立控制 4 个拨叉及每一个同步器，让相邻挡位的提前结合成为现实，为了保证换挡时拨叉到达指定位置，拨叉位置应受到精确控制。图 9-55 所示是换挡拨叉位置精确度控制装置，拨叉行程传感器把拨叉位置传给电脑确定挡位。

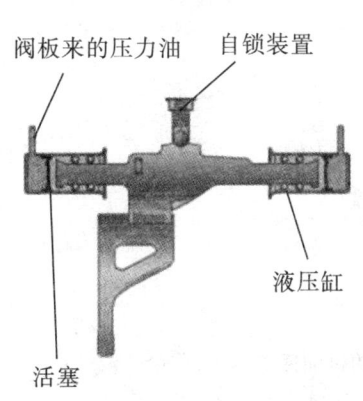

图 9-54 挡位选择器的结构图

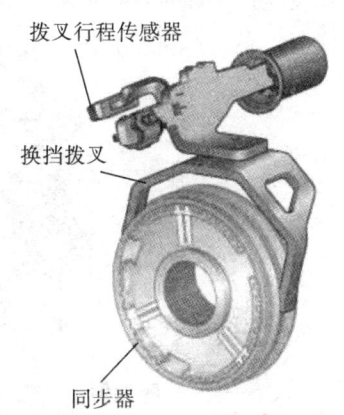

图 9-55 换挡拨叉位置精确度控制装置

（四）液压控制换挡系统

液压换挡控制系统主要负责接受电控系统的控制指令，对离合器和变速器的换挡机构进行操纵。液压换挡控制系统主要包括双离合器操纵部分、换挡机构操纵部分和冷却部分。

自动变速器的自动控制是靠液压换挡控制系统来完成的。液压换挡控制系统由动力源、执行机构和控制机构、安全缓冲系统及冷却系统等组成。动力源是由发动机飞轮驱动的油泵，它是整个液压操纵系统的工作基础。油泵的基本功用就是提供满足需求的油量和油压。它除了向执行机构供给压力油以实现换挡外，还给齿轮变速器供应润滑油。

1. 油泵

该泵的驱动方式见图 9-56 所示，安装在变速器的后方，由一根泵轴驱动，该泵轴的转速与发动机转速相同。油泵轴作为第三根轴安装在彼此插在一起的输入轴 1 和 2 之间。

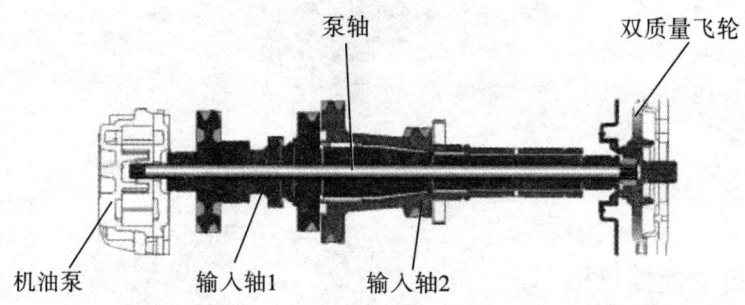

图 9-56　油泵的驱动方式

见图 9-57 所示，液压系统采用内啮合齿轮泵结构。发动机运作时，通过泵轴带到主动齿轮和从动齿轮一起沿顺时针方向旋转。在吸油腔由于主动齿轮和从动齿轮不断推出啮合，容积由小变大，产生吸力，将机油吸入泵体内，且随着齿轮的旋转，齿间的油液被带到泵油腔，在泵油腔，由于主动齿轮和从动齿轮不断进入啮合，容积由大变小，使油压升高，从而将机油以一定的压力泵出。

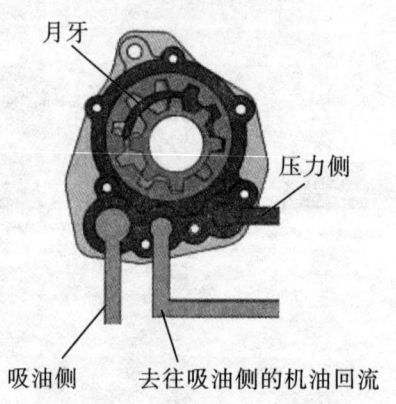

图 9-57　油泵的结构及相关油路

该油泵最大供油量为 100 L/min，主压力为 2000 KPa。

2. 冷却油路

在 DSG 中，对离合器进行滑差控制将必然产生滑磨热量，使油液温度升高。如果热量不能及时排出去，将使离合器的性能和寿命受到影响，因此系统提供冷却油路进行散热。冷却系统油路见图 9-58 所示。

机油冷却器是防止机油温度超过 135℃，机油冷却器中流过的是发动机冷却液。

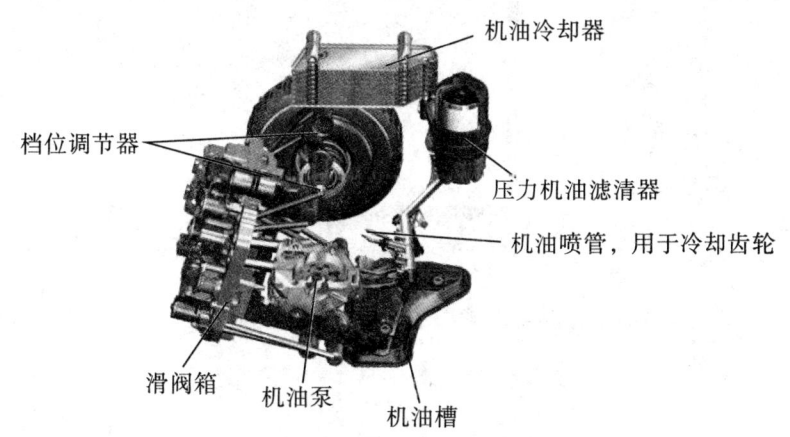

图 9-58 冷却系统主要部件布置图

3. 控制油路

液压操纵系统包括主油压阀、多路转换阀、离合器冷却滑阀等，集中安装在变速器的电液控制单元上。液压操纵系统的安全缓冲系统包括一些用于防止换挡冲击的蓄压器、单向阀等。DSG 双离合变速器电液控制系统及油路如图 9-59、9-60 所示。

DSG 变速器内所有功能都是借助油液循环来实现的，油液循环实现的两个功能，即：润滑/冷却双离合器、齿轮、轴、轴承和同步器；操作双离合器和挡位调节活塞。

机油泵经滤清器从机油槽中吸入机油，并将机油加压到朱亚丽润滑阀。在主压力滑阀损坏时，通过一个过压阀来防止主压力升得过高，过压力阀用保证机油压力不超过 3200 KPa。

主压力滑阀由压力调节阀 3（主压力阀 N217）控制。主压力阀调节变速器内的工作压力（操纵多片式离合器以及换挡）。

主压力滑阀下有一个机油道，当压力过大时，该机油道将机油送回机油泵的吸油侧。

另一个机油道分向两个方向：一个由机油道将机油送往机油冷却器，机油经冷却和润滑，再经机油喷管将机油直接喷到齿轮上，然后流回到机油槽中。另一机油道将机油送往离合器冷却机油滑阀。

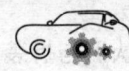

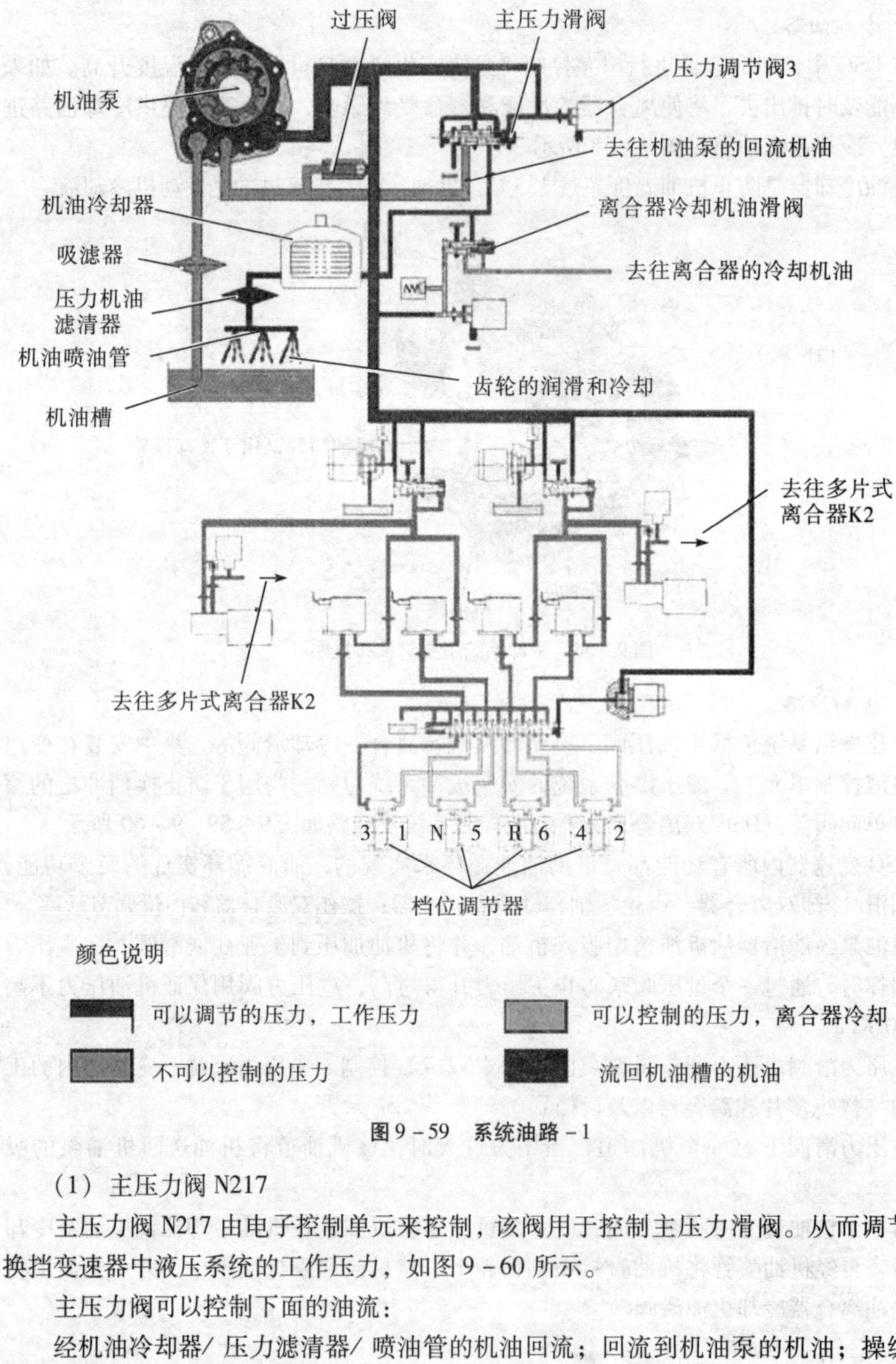

图 9-59 系统油路-1

(1) 主压力阀 N217

主压力阀 N217 由电子控制单元来控制,该阀用于控制主压力滑阀。从而调节直接换挡变速器中液压系统的工作压力,如图 9-60 所示。

主压力阀可以控制下面的油流:

经机油冷却器/压力滤清器/喷油管的机油回流;回流到机油泵的机油;操纵两个离合器阀 N215 和 N216 来使离合器 K1 和 K2 脱开或结合;操纵 4 个挡位调节阀 N88、N89、N90、N91 以便挂入某一挡位。

项目九 大众DSG的认识与拆装

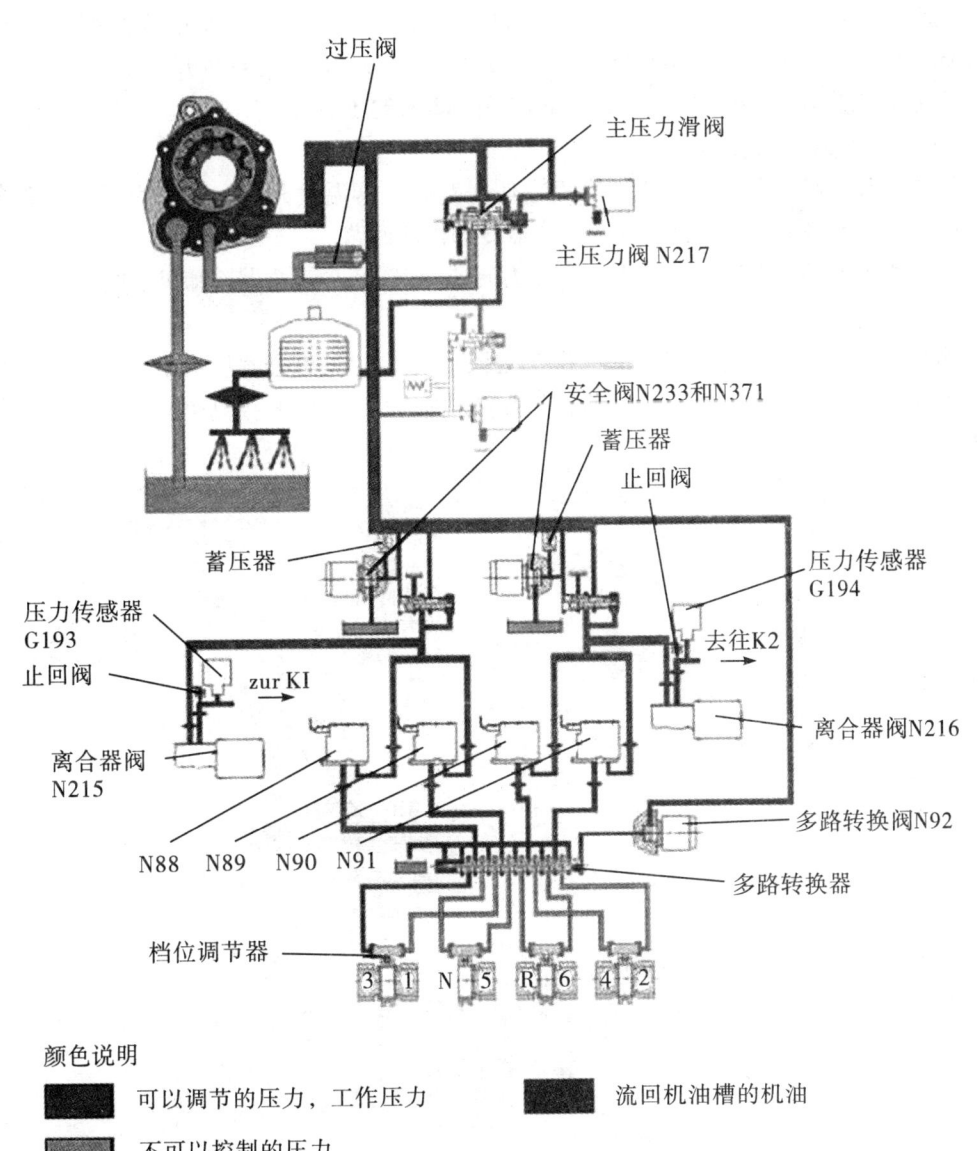

图9-60 系统油路-2

(2) 多路转换阀N92

该阀用于操纵多路转换器(倍增器)。多路转换器只用于四个电磁阀就可控制8个挡位调节油缸。

多路转换器被一个弹簧压在基本位置(也就是在不通电时),在基本位置可换入1、3、6和倒挡。

如果多路转换阀N92通上电,机油压力就会到达多路转换器,机油压力就克服弹簧的弹力将多路转换器压到另一工作位置,即可换入2、4、5和空挡。

(3) 安全阀

两个离合器各有一个安全阀，K1 对应的安全阀是 N233，K2 对应的安全阀是 N371，安全阀的作用是当离合器的实际压力超过规定值时，必须让离合器脱开。

压力传感器 G193 和 G194 用于监控 K1 和 K2 上的压力。

(4) 离合器冷却机油系统

因为多片式离合器内部的机械摩擦会使得双离合器温度升高，所以为了冷却离合器，机油循环管路中还有一个单独的离合器冷却机油回路。

冷却机油回路包括冷却机油滑阀和压力调节阀 N218（离合器冷却机油阀）。

工作过程：

多片式离合器的机油温度传感器 G509 测量的是多片式离合器机油出口处的机油温度。根据测得的温度，控制单元会激活压力调节阀 N218，N218 控制离合器冷却机油滑阀上的机油压力。

冷却机油滑阀根据机油压力来关闭或打开通向多片式离合器的机油通道，如图 9-61 所示。

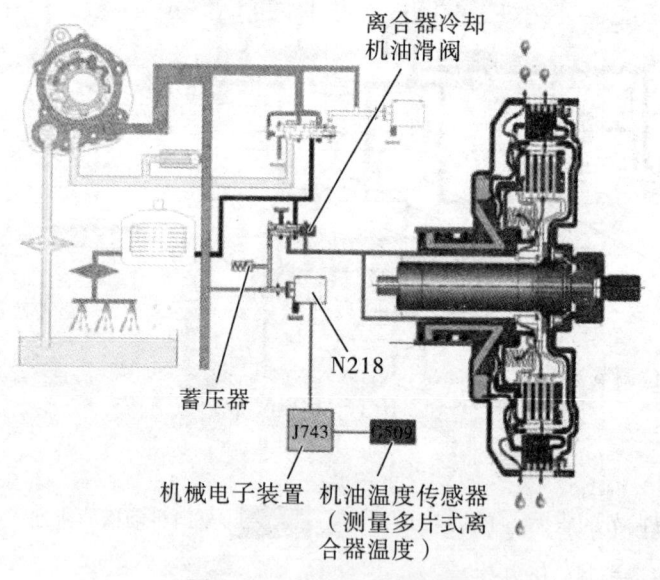

图 9-61 离合器冷却油路

(5) 换挡

DSG 变速器换挡与普通手动变速器一样，也是采用换挡拨叉，一个拨叉可控制两个挡位。但 DSG 变速器上的拨叉是采用液压方式来操纵的，不像普通手动变速器采用的是换挡拉杆。

位置：换挡拨叉装在一个油缸中球轴承上。

工作过程：

换挡：机油经挡位调节阀和多路转换阀 N92 控制的油路被引到油缸的左侧，由于油缸右侧无压力，换挡拨叉就会移动，从而带动了滑套，于是就挂上了挡。

挡位挂上后，换挡拨叉就切换到无压力状态，挡位通过换挡齿轮的倒角和换挡拨叉上的锁止机构保持在这个位置上,如图9-54所示。

空挡:如果没有操纵换挡拨叉的话,换挡拨叉就由一个安装在变速器内的锁止机构保持在空挡位置。

位置监测:每个换挡拨叉上都有一个永久磁铁,机械电子装置内的拨叉行程传感器通过这块磁铁来识别各个换挡拨叉的准确位置,如图9-55所示。

(五)电子控制换挡系统

电子控制系统主要由传感器、电子控制装置和执行器组成。

1. 电子控制装置

电子控制装置是整个DSG变速器控制系统的控制中心。它安装在变速器的内部,其根据发动机、ABS以及内部各传感器传递来的信息和运动参数,再根据控制单元内设程序,向各个执行元件发出指令,以操纵阀板中各种控制阀的工作,从而最终实现对变速器的控制。

变速器大部分传感器都集成在其内部,电动执行元件直接装在控制装置上;控制装置与车身通过一个中央插头来连接,减少了插头和导线数量,从而提高了电气方面的可靠性并降低了重量。

控制装置由一个电子控制单元和一个电动液压控制单元组成,如图9-62和图9-63所示。

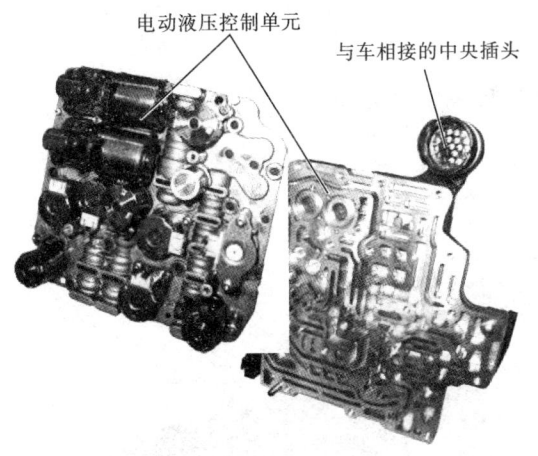
图9-62 电动液压控制单元

图9-63 电子控制单元

2. 传感器

(1)变速器输入转速传感器G182

位置:G182安装在变速器壳体内。

功能:电子方式扫描双离合器的外边并分析变速器输入转速。变速器输入转速与发动机转速相同。

原理:转速传感器按霍尔效应原理来工作。

通过导线与机械电子装置相连,如图9-64所示。

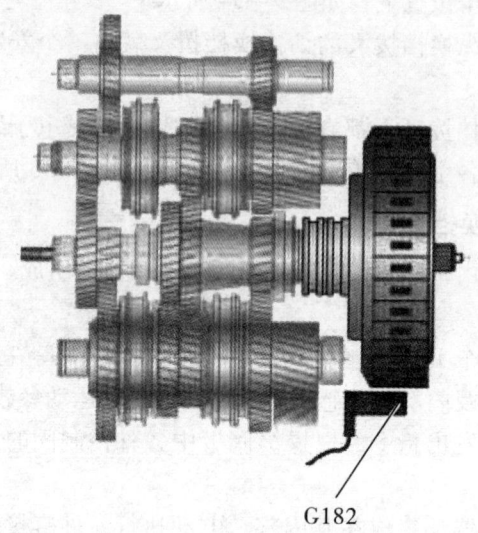

图 9-64　G182 位置

信号应用：控制单元根据 G182 信号，同时还需要 G501 和 G502 的信号，计算多片式离合器的打滑量，达到精确控制离合器的脱开和接合。

信号中断的影响：G182 信号中断后，控制单元使用来自 CAN 总线的发动机转速作为替代信号。

（2）输入转速传感器 G501、G502

位置：都安装在电子控制装置内，如图 9-65 所示。

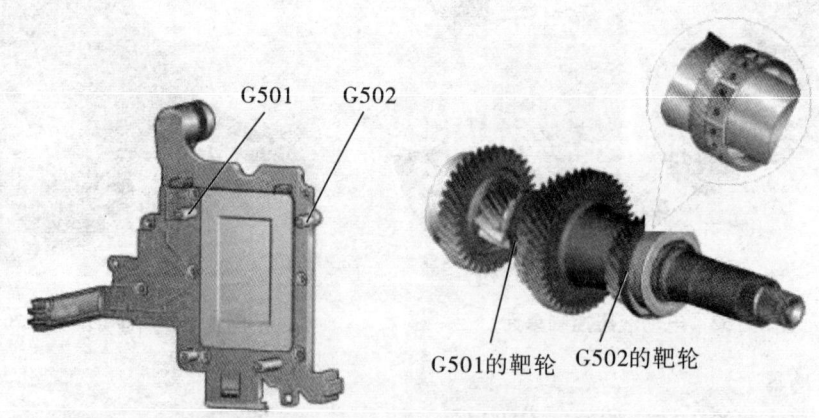

图 9-65　输入转速传感器 G501 和 G502 位置及其信号轮（靶轮）

功能：G501 测量输入轴 1 的转速；G502 测量输入轴 2 的转速。

为了识别出转速，每个传感器会扫描其轴上的靶轮。靶轮是个板件。在这个板件上有一层橡胶-金属。这个橡胶-金属层沿圆周就构成了多个带有 N、S 极的小磁铁。各个磁铁之间有气隙，如图 9-65 所示。

信号应用：控制单元利用这两个信号再加上变速器转速信号来计算多片式离合器

打滑状况。根据打滑情况，控制单元可识别出离合器的脱开和接合状况。此外，控制单元利用这两个信号，再加上变速器输出转速传感器的信号可以识别出是否已经挂入了正确地挡位。

信号中断的影响：如果这两个信号中的一个中断，那么相应的变速器挡位就被切断。即：若传感器 G501 损坏，那么就只能以 2 挡来行车；若传感器 G502 损坏，那么就只能以 1 挡和 3 挡来行车.

(3) 变速器输出转速传感器 G195、G196

位置：在电子控制装置中，并与控制单元始终连接在一起，如图 9-66 所示。

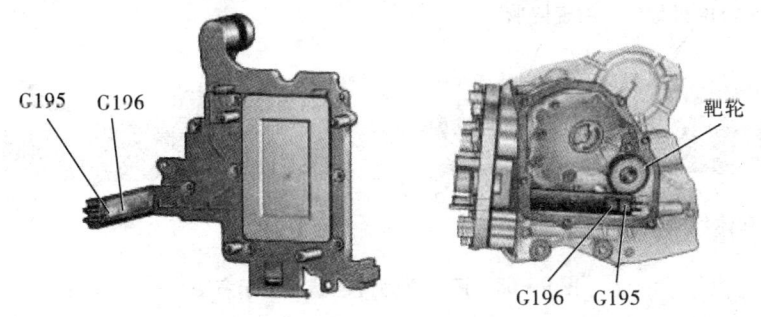

图 9-66　变速器输出转速传感器 G195 和 G196 位置及其靶轮

原理：这两个传感器是霍尔传感器，与该变速器上的所有转速传感器一样。这两个传感器彼此错开安装在一个壳体上，扫描输出轴 2 上的同一个靶轮。因而会产生两个彼此错开的信号，如果 G195 的信号为"高"，那么 G195 的信号为"低"

信号应用：控制单元根据这些信号可识别出车身和行驶方向。若果行驶方向发生变化，那么这两个信号就会以相反的顺序进入到控制单元内。

信号中断的影响：该信号中断，那么控制单元会使用 ABS 控制单元的车身信号和行驶方向信号。

(4) 液压压力传感器 G193、G194

位置：集成在电动液压单元内。

功能：G193 监测多片离合器 K1 上的压力；G194 监测多片离合器 K2 上的压力，如图 9-67 所示。

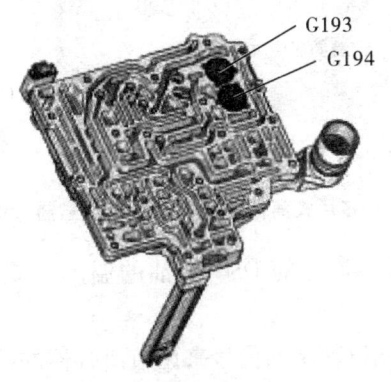

图 9-67　液压压力传感器 G193 和 G194 位置

原理：压力传感器由两个平行布置的导电极构成。上面的极板固定在陶瓷薄膜上，在压力改变时，膜片会随着弯曲。下面的极板固定在陶瓷基体刚性连接在一起，陶瓷基体不会随压力改变而变形。

只要压力变化，上面的隔膜就会弯曲，那么极板之间的距离就发生改变。因而随机油压力变化产生一个可靠信号，如图9-68所示。

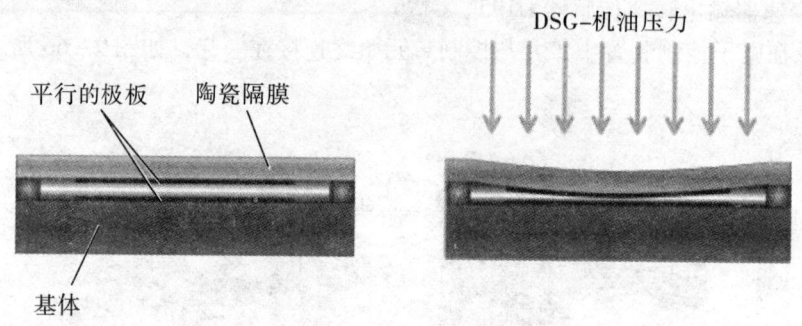

图9-68 液压压力传感器原理示意图

信号应用：这两个压力传感器把监测到的K1和K2的压力反馈给电子控制单元。控制单元来修正压力，使调节多片式离合器的压力值更精确。

信号中断的影响：如果某个压力传感器信号中断或没有建立起压力，那么相应的变速器传动部分就被切断。变速器只能以1挡或2挡来工作。

（5）多片式离合器的机油温度传感器G509

位置：传感器G509在变速器输入转速传感器G182的壳体上。如图9-69所示。

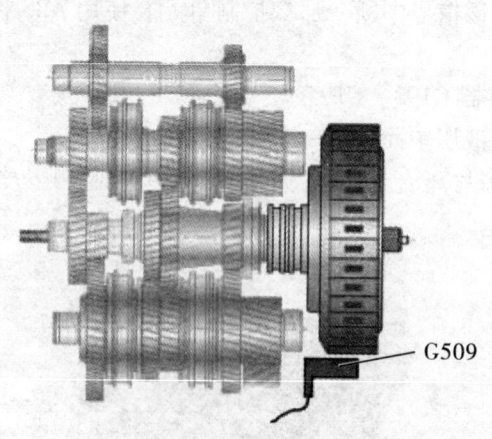

图9-69 多片式离合器的机油温度传感器G509位置

功能：测量多片式离合器流出的DSG机油的温度。该传感器的工作温度范围为-55℃~180℃。

信号应用：控制单元利用G509的信号来调节离合器的冷却机油量，并执行器他的变速器保护措施。

信号中断的影响：信号中断后，控制单元使用传感器 G93 和 G150 信号来作为替代信号。

（6）变速器机油温度传感器 G93 和控制单元温度传感器 G510

位置：直接布置在电子控制装置上。如图 9-70 所示。

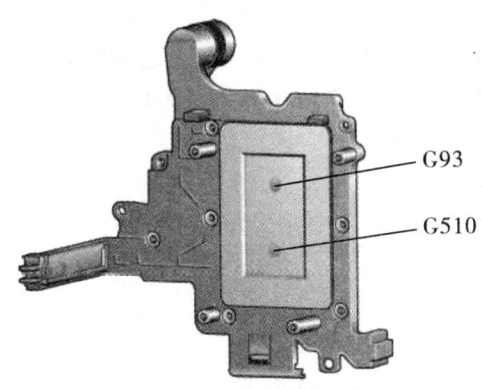

图 9-70　变速器机油温度传感器 G93 和控制单元温度传感器 G510 位置

功能：电子控制装置被机油所包围，并由机油加热，如果太热则可能影响电子装置的功能。这两个传感器直接测量危险部件的温度，这样就可提前执行相应措施来降低机油温度，避免机械电子装置过热。

信号应用：G93、G510 独立检测，各自发出信号，控制单元会进行比较，确定一精确数值。如果这两个传感器传出温度较低的信号时，控制单元会启动一个预热程序，从而让电子控制在最佳温度环境下工作。

信号中断的影响：变速器机油温度超过 138℃ 时，机械电子装置会采取措施来降低发动机扭矩。当温度超过 145℃ 时，多片式离合器就不再作用机油压力，离合器也完全脱开。

（7）挡位调节位移传感器 G487、G488、G489、G490

位置：都集成在电子控制装置内，如图 9-71 所示。

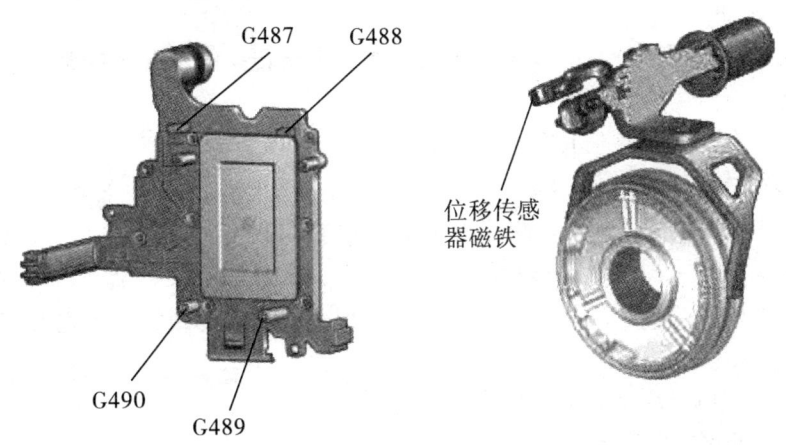

图 9-71　挡位调节位移传感器 G487、G488、G489、G490 位置

原理：霍尔传感器。

功能：由传感器与换挡拨叉上磁铁一起产生一个信号，控制单元根据该信号就可识别出挡位调节器的位置。

每个位移传感器监控一个挡位调节器/换挡拨叉，用于两个挡位之间切换。G487用于1/3挡；G488用于2/4挡；G489用于6/R挡；G490用于5/N挡；

控制单元根据精确的位置将机油压力作用到挡位调节器上，以便换挡。

信号中断的影响：如果某个位移传感器不再发送信号，那么对应的变速器部分就被切断，相对应的挡位就无法使用。

（8）换挡杆传感器控制单元J587

位置：J587集成在换挡杆上。如图9-72所示。

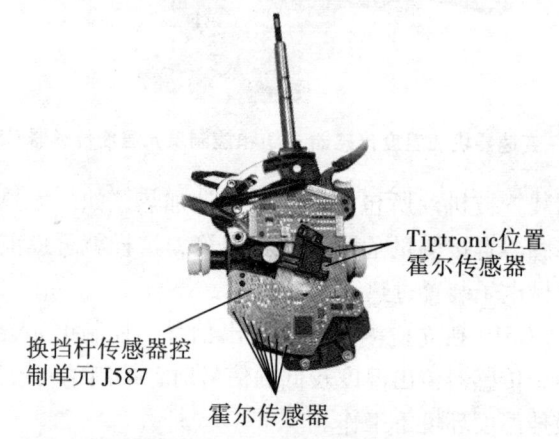

图9-72 换挡杆传感器控制单元J587

功能：J587既是控制单元也是传感器。作为控制单元，它操纵换挡杆锁止电磁铁。同时，该控制单元上还集成有用于识别换挡杆位置的霍尔传感器和用于识别手动换挡的霍尔传感器。换挡杆位置信号和Tiptronic信号通过CAN总线被发送到电子控制装置上和组合仪表控制单元上。

3. 执行元件

电磁阀、过压阀、压力调节阀、液压滑阀、多路转换阀等各类阀都安装在电动液压控制单元。

阀的功能有不同、特性也不同，上述阀可分为以下两类：

（1）开关式电磁阀

结构：由电磁线圈、衔铁、阀芯和回位弹簧等组成。

工作原理：开关式电磁阀只有两种工作状态：全开和全关。全开：当线圈不通电时，阀芯被油压推开，该油路的压力经电磁阀泄油。全关：当线圈通电时，电磁力使阀芯移动，关闭泄油孔，油路压力上升。

（2）调节式电磁阀（脉冲线性式电磁阀）

结构：与开关式电磁阀结构基本相似。

作用：控制油路中油压的大小。

工作原理：脉冲式电磁阀工作的电信号不是恒定不变的电压信号，而是一个频率固定的脉冲电信号。电磁阀在脉冲信号的作用下，不断反复地开启和关闭泄油孔。电子控制单元通过改变脉冲的占空比（宽度），从而达到控制油路压力的目的。

电动液压控制单元内部集成有以下电磁阀（见图9-73所示）：

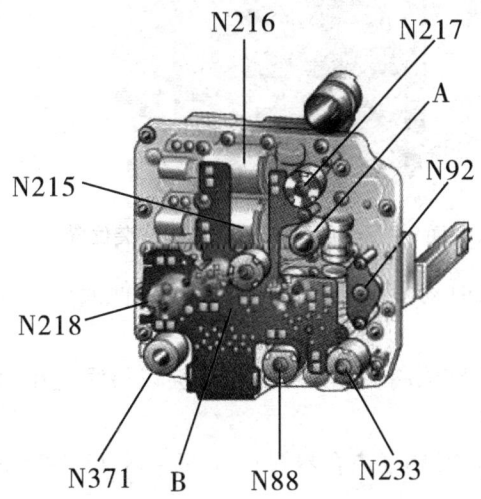

图9-73　各电磁阀在电动液压控制单元上安装位置

开关式挡位调节阀：N88电磁阀1、N89电磁阀2、N90电磁阀3、电N91磁阀4、多路转换阀N92。

调节式电磁阀：控制K1的N215、控制K2的N216、控制主压力的N217、控制冷却机油的N218、N223安全阀1、N371安全阀2、A过压阀。

拆下上图9-73中印刷电路板B，可以看到挡位调节阀N89、N90、N91、N92，如图9-74所示。

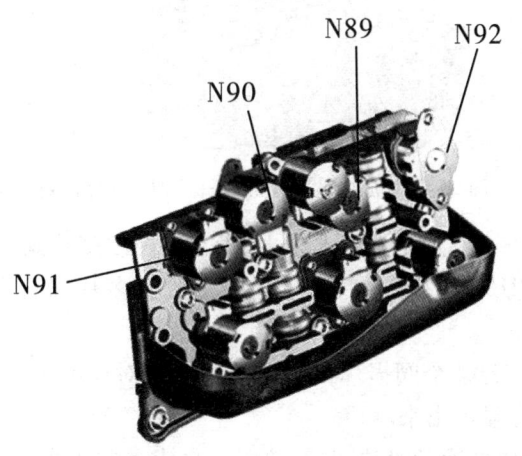

图9-74　各挡位调节阀在电动液压控制单元上安装位置

①压力调节阀N217（主压力阀）。位置：集成在电动液压控制单元内。如图9-75所示。

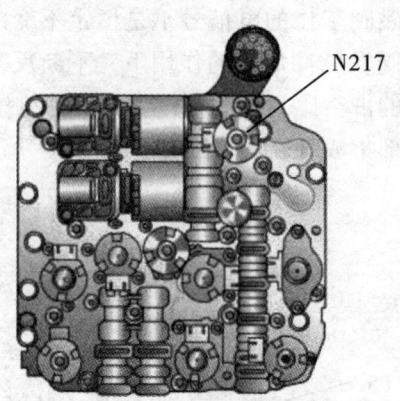

图9-75 压力调节阀 N217 安装位置

功能：电子控制单元时刻调整压力调节阀 N217，使液压系统主压力与当前实际情况相匹配。

信号中断的影响：如果该阀损坏，那么系统会以最大主压力来工作，会导致燃油消耗升高且换挡时由噪音。

②压力调节阀 N215、N216（离合器阀）。位置：N215、N216 布置在电动液压控制单元上，如图9-76所示。

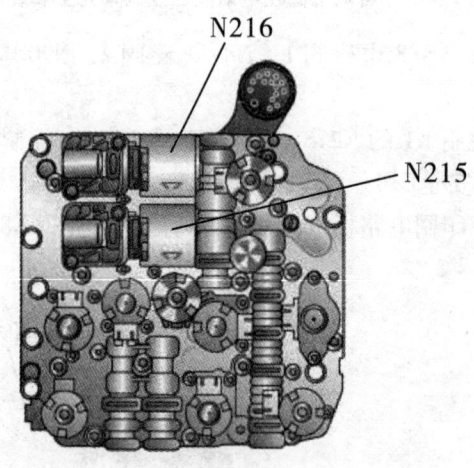

图9-76 压力调节阀 N215、N216 安装位置

功能：N215 控制多片式离合器 K1 压力，N216 控制多片式离合器 K2 压力。电子控制单元时刻调整 N215、N216，使离合器压力值与多片离合器当前的摩擦系数相匹配。

信号中断的影响：若某个阀损坏，那么变速器所对应的传动部分就被切断了。这个故障会在组合仪表上显示出来。

③压力调节阀 N218（冷却机油阀）。位置：集成在电动液压控制单元上。如图9-77所示。

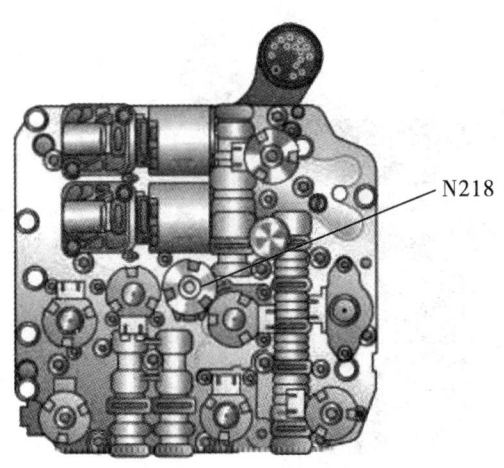

图 9-77 压力调节阀 N218 安装位置

功能：控制单元使用多片离合器机油温度传感器 G509 的信号来控制 N218。N218 通过一个液压滑阀来控制离合器冷却机油量。

信号中断的影响：如果无法控制该阀，那么冷却机油以最大流量流过多片离合器，在外部温度很低时，这会引起换挡故障以及燃油消耗的升高。

④电磁阀 N88、N89、N90、N91（挡位调节阀）。位置：各电磁阀都安装在电动液压控制单元上，如图 9-78 所示。

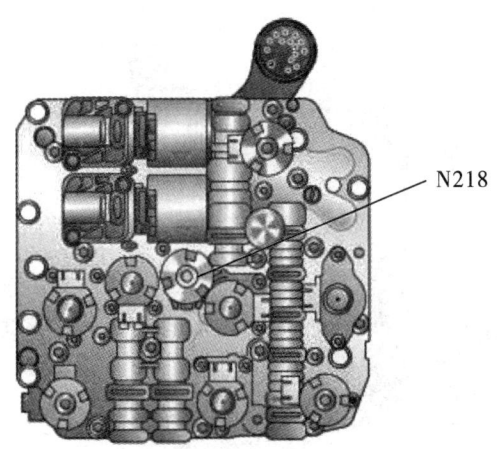

图 9-78 电磁阀 N88、N89、N90、N91 安装位置

功能：这 4 个电磁阀通过多路转换阀来控制通向挡位调节器的机油压力。

电磁阀 N88 用于控制 1 挡和 5 挡的换挡机油压力；电磁阀 N89 用于控制 3 挡和 N 挡的换挡机油压力；电磁阀 N90 用于控制 2 挡和 6 挡的换挡机油压力；电磁阀 N91 用于控制 4 挡和 R 挡的换挡机油压力。

信号中断的影响：如果某个电磁阀损坏，那么挡位调节器所对应的挡位就被切断了，车辆只能用 1 和 3 挡或 2 挡来行驶。

⑤电磁阀 N92（多路转换阀）。位置：安装在电动液压控制单元上，如图 9-79 所示。

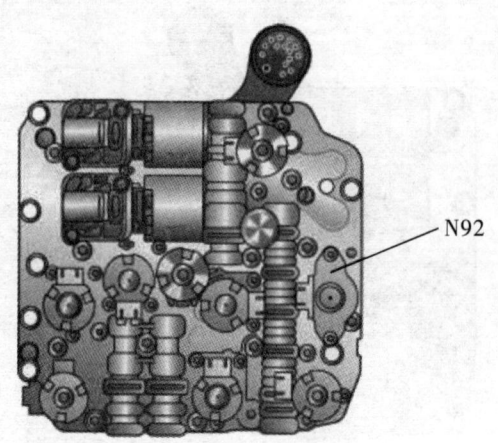

图 9-79 电磁阀 N92 安装位置

功能：该阀用于控制液压控制单元内的多路转换器。当这个电磁阀通电时，可以换 2、4 和 6 挡。如果该电磁阀没有通电，可以换 1、3、5 和倒挡。

信号中断的影响：多路转换滑阀保持在初始位置上，机油压力无法操纵多路转换滑阀。可能出现换挡错误，车辆也可能抛锚。

⑥压力调节阀 N233、N371（离合器安全阀）。安装：安装在电动液压控制单元内上，如图 9-80 所示。

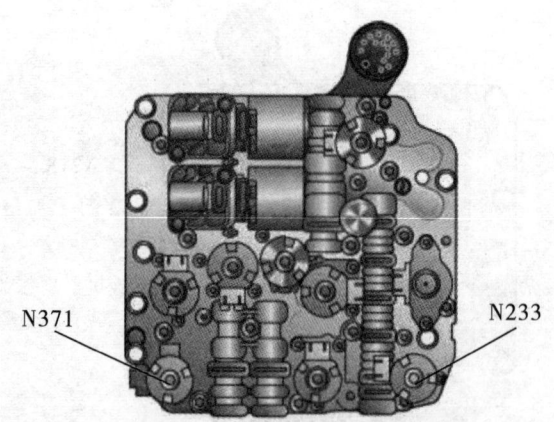

图 9-80　压力调节阀 N233、N371 安装位置

功能：当变速器内某部分出现安全方面的故障时，安全滑阀会切断相对应离合器的液压压力。

信号中断的影响：如果某个压力调节阀损坏了，那么相应变速器部分就无法切换挡位了。

如果变速器分部 1 有故障，那么只能以 1 挡和 3 挡行车。

如果变速器分部 2 有故障，那么只能以 2 挡行车。

DSG 变速器在 Touran（途安）、NewBeetle（甲壳虫）、Golf（高尔夫）、奥迪车系中首先安装。下面为途安控制系统电路框图，如图 9-81 所示。

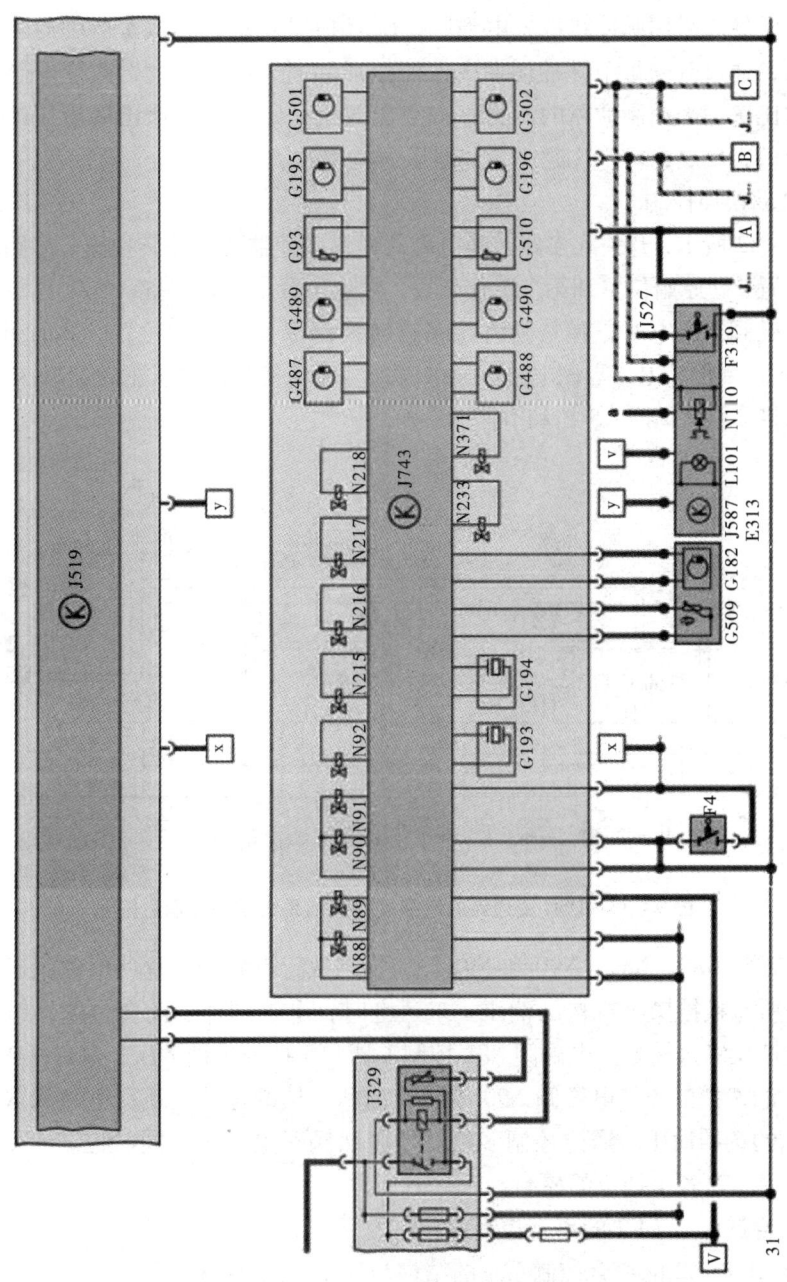

图9-81 控制系统电路简图

4. 控制系统的控制功能

（1）系统油压的调节与控制

液压油从油泵输出后，即进入主油路系统，油泵是由发动机直接驱动的，输出流量和压力均受发动机运转状况的影响，变化很大。DSG变速器的主油压是由主油压电磁阀调节与控制的。主油压电磁阀通过控制主调压阀，将油泵输出的油压调整到规定值,从而控制了液压系统的主压力,形成稳定的工作油压。

主油压电磁阀采用脉冲线性式电磁阀,ECU根据发动机和汽车行驶的工况控制主油压电磁阀,通过改变每个脉冲周期内电流接通和断开的占空比,改变电磁阀开启和关闭时间的比率,来控制油路的压力。占空比越大,经电磁阀泄出的液压油越多,油路压力就越低;反之,占空比越小,油路压力就越大。

(2) 自动换挡控制

如图9-82所示,开关式多路转换电磁阀操纵变速器的多路转换阀。多路转换阀有两个工作位置,即原始位置和第二工作位置,默认位置是原始位置。

当该电磁阀未通电时,弹簧弹力将多路转换阀保持在原始位置,此时可以选择1挡、3挡、6挡和倒挡R;当该电磁阀通电时,多路转换阀被油压驱动到第二工作位置,此时可以选择2挡、4挡、5挡和空挡N。

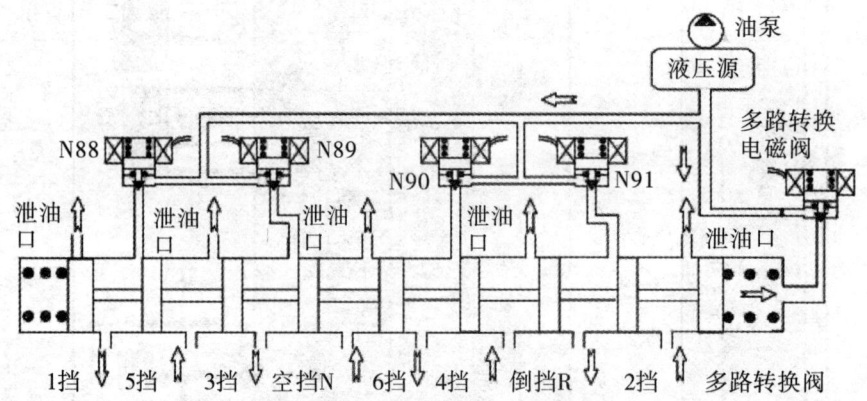

图9-82 DSG变速器的电液换挡控制系统及油路示意图

开关电磁阀N88、N89、N90和N91均为换挡执行电磁阀,这些电磁阀通过多路转换器阀控制所有换挡操纵机构的油压。未通电时,电磁阀处于闭合位置,使得压力油无法到达换挡操纵机构处。电磁阀N88控制1挡和5挡的选挡油压;电磁阀N89控制3挡和空挡N的选挡油压;电磁阀N90控制4挡和6挡的选挡油压;电磁阀N91控制2挡和倒挡R的选挡油压。通过控制多路转换电磁阀通电与否,同时控制N88~N91电磁阀,便形成了对各个挡位的控制。

(3) 离合器K1与K2的离合控制

离合器K1与K2的离合控制系统的结构与油路如图9-83所示。

离合器溢油阀1与离合器溢油阀2分别调整与控制离合器K1和K2的接合压力,当离合器的实际接合压力高于额定值时,离合器溢油阀容许快速脱开各自控制的离合器。当离合器溢油阀失效时,相应的变速器挡位无法实现。

2个离合器油压传感器分别负责监测离合器K1及K2上的工作油压,电子控制单元根据油压传感器的反馈信息调整离合器K1、K2上的油压,使离合器的结合与分离更加精确,并与当前工况相匹配。如果某个离合器油压传感器不能正常工作其所对应的传动系将无法工作。

项目九 大众DSG的认识与拆装

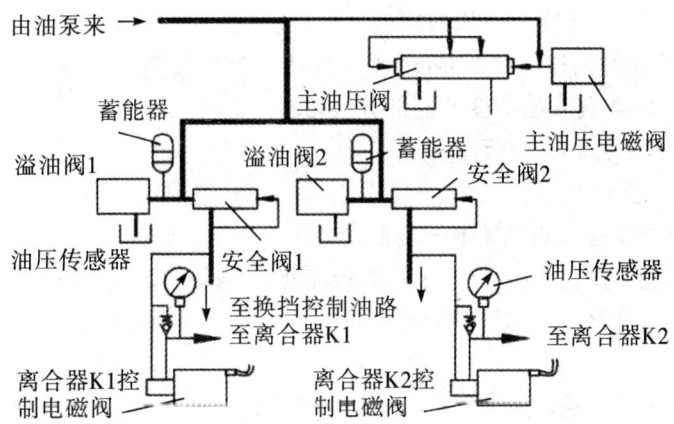

图 9－83　DSG 变速器的离合器 K1 与 K2 控制系统图

在 DSG 中，2 个离合器的离合控制是对离合器油缸充入和释放液压油来实现的，离合器油缸通过离合器控制电磁阀进行离合控制。车辆行驶时，由 ECU 根据车辆的工况，通过 2 个离合器控制电磁阀实现离合器 K1 与 K2 的离合控制。DSG 变速器通过 2 个离合器的匹配切换及同步器的接合操作实现换挡动作，换挡迅速平稳。

四、自我测试题

不定项选择题

1. 双离合器式变速器可以使得_____。
   A. 车辆在不中断牵引力的情况下顺畅换挡（不耸车）
   B. 驾驶员像驾驶自动变速器那样驾车
   C. 所传递的转矩倍增

2. 机油循环的任务是_____。
   A. 润滑齿轮　　　　B. 操作离合器　　　　C. 冷却多片式离合器

3. 以下_____挡位是由多片式离合器 K1 来操纵的。
   A. 1、3、5 和 R 挡　　B. 2、4 和 6 挡　　C. 所有挡位

4. 输出轴 1 将转矩传递到_____部件上。
   A. 差速器　　　　B. 输出轴 2　　　　C. 机油泵

5. 滑套（拨叉）由_____部件来操纵去完成换挡。
   　　A. 换挡杆　　　　B、换挡拨叉　　　　C. 换挡拉索

6. 以下_____挡位配备有三联同步器 A. 4 挡　　C. 倒挡

7. 换挡杆拉索有_____作用？
   A. 将换挡杆位置通知控制单元
   B. 操纵驻车锁
   C. 直接换挡变速器上没有换挡杆拉索

8. 直接换挡变速器上装有_____个温度传感器。
   A. 一个　　　　　　　B. 两个　　　　　　　C. 三个
9. 挡位调节器的位移传感器 G488 如果损坏，会有_____影响？
   A. 用于 2、4 和 6 挡的变速器部分被切断
   B. 只能以 1 挡和 3 挡行车
   C. 对换挡无影响
10. 直接换挡变速器的机械电子装置安装在_____？
    A. 在流水槽内　　　B. 在副驾脚坑处　　　C. 集成在变速器内
11. 如果变速器分部 1 被切断的话，还能以_____挡位行车？
    A. 1 挡　　　　　　B. 2 挡　　　　　　　C. 3 挡
12. 机械电子装置从传感器 G195 和 G196 获得_____信息？
    A. 行驶方向　　　　B. 输入转速　　　　　C. 车身
13. 机油泵是由_____驱动的？
    A. 专门的一根泵轴　B. 输入轴 1　　　　　C. 电动的

目 录

学习工作单一 …………………………………………………………… 1
学习工作单二 …………………………………………………………… 4
学习工作单三 …………………………………………………………… 10
学习工作单四 …………………………………………………………… 15
学习工作单五 …………………………………………………………… 21
学习工作单六 …………………………………………………………… 25
学习工作单七 …………………………………………………………… 31

- 面向"中国制造2025"汽车类专业培养计划
- "十三五"职业教育规划教材

汽车自动变速器维修
（第2版）
学习工作单

郭兆松 主编
文爱民 主审

姓名：_____
班级：_____
学号：_____

西安交通大学出版社
XI'AN JIAOTONG UNIVERSITY PRESS

学习工作单一

课程：__汽车自动变速器维修__ 姓名：_____ 班级：_____ 日期：_____

学习项目：__自动变速器的认识__ 学习任务：__一、自动变速器换挡手柄的使用__	车　　　型：_____ 发动机型号：_____ 变速器型号：_____

1. 画出你所熟知的手动变速器换挡杆位置示意图。

2. 画出实训中的自动变速器换挡杆位置示意图并说明其含义。

序号	位置名称	含义
1		
2		
3		
4		
5		
6		
7		

3. 与搭载手动变速器车辆相比，操作搭载自动变速器的车辆时，驾驶员脚踩的踏板少了_____。宽的脚踏板是控制_____，窄的脚踏板是控制_____。当需将换挡杆从"P"移动到"R"，除了要按下换挡杆上的锁止按钮之外，还要_____。

4. 起动发动机时，需要将换挡杆拨至_____位或_____位。

5. 车辆正常行驶时，将换挡杆拨至_____位即可。下陡坡行驶时，则要将换挡杆拨至_____位。

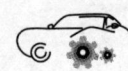

学习项目：自动变速器的认识	车　　　型： _____
学习任务：二、自动变速器安装及特点的认识	发动机型号： _____
	变速器型号： _____

1. 比较大众01M与01N型自动变速器的差异：

变速器型号 不同处 比较点	01N	01M
适用车型		
发动机布置形式		
驱动桥减速器形式		

2. 与手动变速器相比，自动变速器的优缺点比较：

变速器型号 不同处 比较点	手动变速器	自动变速器
驾驶性（可操作型）		
结构复杂程度		
工作可靠性		
传动效率		

学习项目： 自动变速器的认识 学习任务： 三、自动变速器组成的认识	车　　　型：_____ 发动机型号：_____ 变速器型号：_____

　　见下图所示汽车动力装置组成框图，请填写自动变速器组成部分（空框）的名称？

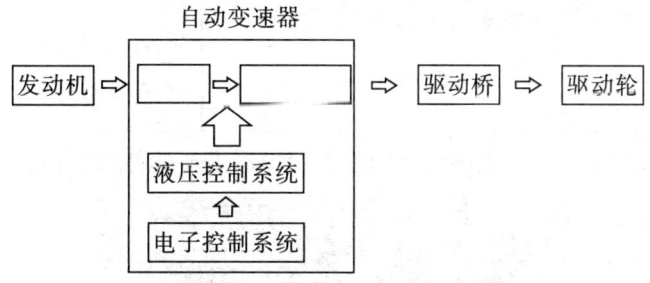

学习工作单二

课程：__汽车自动变速器维修__ 姓名：_____ 班级：_____ 日期：_____

学习项目：大众01M型自动变速器的认识与拆装 学习任务：__一、认识液力变矩器__	车　　　型：_____ 发动机型号：_____ 变速器型号：_____

1. 写出下图所示一带锁止离合器的液力变矩器主要部件的名称。

图2-1　剖分后的变矩器

上图中，从左至右的1-5个部件名是_____

2. 见下图2-2带锁止离合器的液力变矩器工作状态示意图，写出图中标号部件的名称，在图a中，锁止离合器是处于_____（接合、分离）状态，变矩器中是_____（机械、液力）传动，传动的效率较_____（高、低），但_____（能、不能）变矩，此时流出变矩器的油_____（需要、不需要）冷却；图b中，通过_____实现锁止离合器是处于_____（接合、分离）状态，主要的目的在于_____。

图2-2　带锁止离合器的液力变矩器工作状态示意图

学习项目：大众01M型自动变速器的认识与拆装 学习任务： 二、行星齿轮变速器的分解	车　　　型：_____ 发动机型号：_____ 变速器型号：_____

1. 单排行星齿轮变速机构见下图2-3所示，请写出图片中标号零件的名称，并完成工作原理表格。

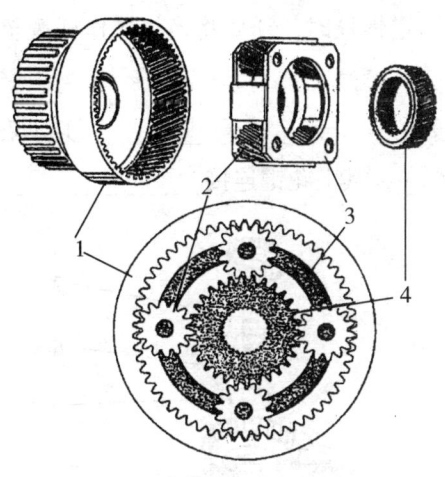

图2-3 单排行星齿轮变速机构

1是_____，2是_____，3是_____，4是_____。

序号	固定	主动部件	从动部件	传动特点
1	太阳轮	齿圈	行星架	
2		行星架	齿圈	
3	齿圈	太阳轮	行星架	
4		行星架	太阳轮	
5	行星架	太阳轮	齿圈	
6		齿圈	太阳轮	
7	三个元件任何两个连成一体第三元件与前两转速相等			
8	所有元件都不受约束			

2. 拉维娜式行星齿轮变速器机构，其特点是_____，小太阳轮行星排是属于_____（单行星轮式或双行星轮式）行星齿轮机构。

3. 大众01M拉维娜式行星齿轮自动变速器的拆卸。

①拆卸阀板（滑阀箱）上紧固螺栓时，应按照"先_____再_____"顺序进行；待拆卸阀板总成后，应及时取出"变速器壳体的阀板安装面"上的_____。

②在初次拆卸自动变速器油泵时，由于油泵油封与变速器壳体间是_____配合，须使用两个_____（直径）螺栓，将油泵从壳体中_____。

③在拆卸小传动轴固定螺栓时，须要将换挡操作杆拨至_____，同时使用一字起固定_____。

④）下图中，代号7是_____，其上花键连接_____；代号4是_____，其上花键连接_____。

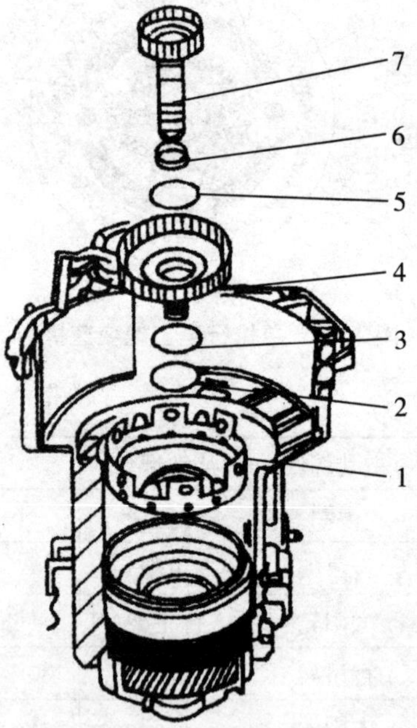

图2-4　01M自动变速器内部分齿轮变速机构

（5）输入轴上的花键连接到_____。

4. 大众01M型自动变速器行星齿轮变速器的结构。

（1）关于四大基本元件

①行星架上有_____组彼此啮合的_____个行星齿轮。长行星齿轮是_____（完整或两截）斜齿轮，该长行星齿轮上与短行星齿轮啮合的斜齿轮，较与大太阳轮啮合的斜齿轮相比，要稍微_____（长或短）些。

②作为动力输出的，始终连接驱动桥的基本元件是_____，与_____制成一体。

③与齿圈啮合的行星齿轮是_____。

④大太阳轮齿轮排属于_____，小太阳轮齿轮排属于_____（单行星齿轮式或双行星齿轮式）齿轮机构。

（2）关于六大换挡执行元件

①离合器名称、功用连连看：

元件代号　　　元件名称　　　元件功用

C_2　　　倒挡离合器　　　连接输入轴与行星架

C_1　　　直接离合器　　　连接输入轴与小太阳轮

C_3　　　前进挡离合器　　连接输入轴与大太阳轮

②B_2制动器活塞在_____上，其上_____（有或无）复位弹簧。当B_2工作解除制动时，是依靠其钢片、摩擦片间的_____（碟形或螺旋）弹簧推动活塞复位。

③单向离合器是属于_____（滚柱式或锲块式）类型，其上附带安装了B_1制动器的_____。当B_1工作解除制动时，是依靠其钢片、摩擦片中的_____（碟形或螺旋）弹簧推动活塞复位。

5. 完成大众01M型自动变速器行星齿轮变速器基本结构和原理相应表格内容的填写。

部件名称 \ 工作情况 \ 档位	D-1	D-2	D-3	D-4	L-1
C1					
C2					
C3					
B1					
B2					
F					

6. 大众01M型自动变速器行星齿轮变速器传动原理。

将齿轮变速机构在"壳体外"装合成上图2-4位置，并按以下操作：

①固定行星架，顺时针转动大太阳轮，则齿圈（输入齿轮）_____（同向或反向、增速、减速或等速）转动，此时即为_____挡。

②固定大太阳轮，顺时针转动小太阳轮，则齿圈（输入齿轮）_____（同向或反向、增速、减速或等速）转动，此时即为_____挡。

③固定大太阳轮，顺时针转动行星架，则齿圈（输入齿轮）_____（同向或反向、增速、减速或等速）转动，此时即为_____挡。

④固定单向离合器外圈，顺时针转动小大太阳轮，则齿圈（输入齿轮）_____（同向或反向、增速、减速或等速）转动，此时即为_____挡。若停止转动小太阳轮，快速转动齿圈，小太阳轮_____（能或不能）转动。

⑤同时转动小太阳轮、行星架（并使二者转速相同），则齿圈（输入齿轮）_____（同向或反向、增速、减速或等速）转动，此时即为_____挡。

学习项目：大众01M型自动变速器的认识与拆装 学习任务：　三、行星齿轮变速器的组装	车　　　型：＿＿＿＿＿＿ 发动机型号：＿＿＿＿＿＿ 变速器型号：＿＿＿＿＿＿

　　大众01M型拉维娜式行星齿轮自动变速器的装配。

　　①在装配 B_1 制动盘和片时，首先安装的是＿＿＿＿＿＿，最后安装的两片是压力板和碟形弹簧，压力板的安装方向要求是＿＿＿＿＿＿＿＿＿＿，碟形弹簧的安装方向要求是＿＿＿＿＿＿＿＿＿＿＿＿＿＿。

　　②在安装单向离合器时，为便于装入行星架上，应使用专用工具＿＿＿＿＿＿，将其上单向离合器的滚柱转至＿＿＿＿＿＿；同时将其边缘的油孔对准＿＿＿＿，其上定位楔对准＿＿＿＿＿＿。

　　③在安装两个卡环（弹性挡圈）时，应将其缺口对准＿＿＿＿＿＿＿＿＿＿。

　　④在装入隔离管时，应将其上的槽对准＿＿＿＿＿＿＿＿。

　　⑤在装入 B_2 片组时，应将6个弹簧头的卷边放在＿＿＿＿＿＿，以确保 B_2 制动器活塞待制动解除后复位。

　　⑥为顺利安全地装入油泵，应确保C3离合器鼓的端面低于＿＿＿＿＿＿。

　　⑦安装阀板总成时，应首先将其＿＿＿＿＿＿阀倒出阀孔，并使其尾部的小孔被＿＿＿＿＿＿勾住。

学习工作单三

课程：__汽车自动变速器维修__　姓名：_____　班级：_____　日期：_____

学习项目：丰田 U341 型自动变速器的认识与拆装 学习任务：__一、拆卸丰田 U341E 型自动变速器__	车　　　型：_____ 发动机型号：_____ 变速器型号：_____

1. 丰田 U341E 型辛普森式行星齿轮自动变速器的拆卸。

（1）见下图，在拆卸驻车档/空档位置开关总成时，正确的顺序是：拆下螺母、垫圈和控制杆→_____→拆下紧固开关总成的两个螺栓→_____。

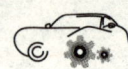

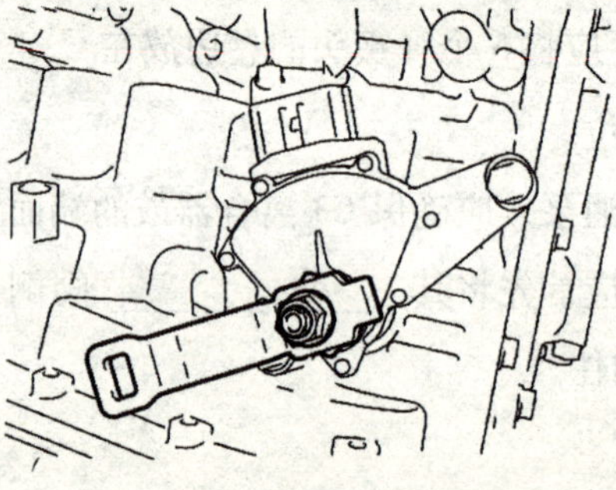

图 3-1　拆卸驻车档/空档位置开关总成

（2）在拆卸蓄压器活塞时，应按照手册要求，使用_____往指定油孔吹。

（3）安装在阀体上的电磁阀共有_____个。紧固阀体总成的有_____颗螺栓，长度_____（相同或不同），共有_____种规格，分别是_____cm。

（4）油泵总成上，伸出的空心轴颈，其上的花键是连接到_____。

（5）该主减速器采用_____形式的齿轮，适用发动机_____（横或纵）向布置。差速器与主减速器从动齿轮制成一体，其内共有_____个行星齿轮，行星齿轮中心孔内制有花键的是_____齿轮。

2. 丰田 U341E 型自动变速器行星齿轮变速器的结构。

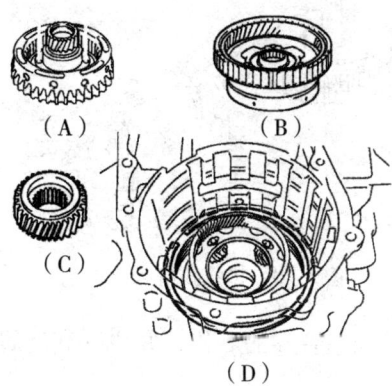

图 3-2　丰田 U341E 型自动变速器行星齿轮变速器的基本结构

1）关于四大基本元件：

①见右图，填空：

前太阳轮是图中编号_____；

后太阳轮是图中编号_____；

前圈后架组件是图中编号_____；

前架后圈组件是图中编号_____。②四大基本元件中，_____作为动力输出的，始终连接驱动桥，与_____制成一体。

（2）关于八大换挡执行元件：

①离合器名称、功用连连看：

元件代号	元件名称	元件功用
C2	倒挡离合器	连接输入轴与前圈后架
C1	直接离合器	连接输入轴与前太阳轮
C3	前进挡离合器	连接输入轴与后太阳轮

②在下图横线上填写，轴、鼓、毂的名称。例如输出轴、C3 离合器鼓、C3 离合器毂。该"轴"上的花键是连接到_____；与该"毂"制成一体的轴上的花键是连接到_____。

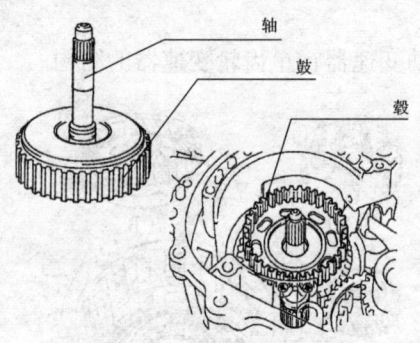

图3-3 换挡执行元件识别

③在下图横线上填写单向离合器的名称，并说明其所属类型及功能。

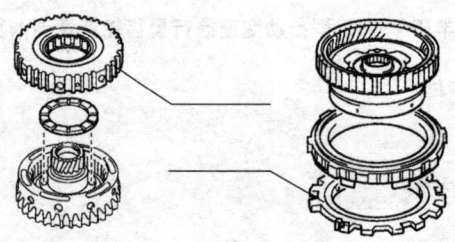

图3-4 单向离合器识别

④在下图横线上填写，毂的名称。例如C1离合器毂。并说明该"轴"上的花键是连接到何处。

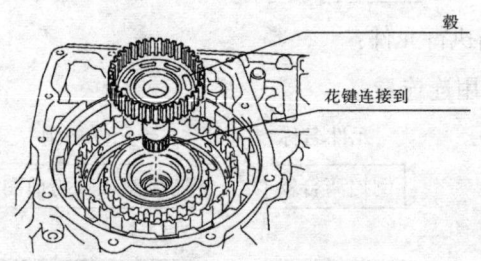

图3-5 换挡执行元件毂的识别

⑤按照下图所示进行操作，使用压缩空气吹入相关制动器活塞的油孔，观看工作，并在下图横线上填空说明相应制动器的名称。

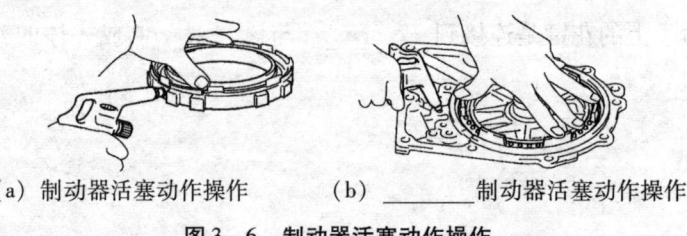

（a）_____制动器活塞动作操作　（b）_____制动器活塞动作操作

图3-6 制动器活塞动作操作

3. 完成丰田 U341E 型辛普森式行星齿轮自动变速器基本结构和原理的相应表格内容填写。

档位 工作情况 部件名称	D-1	D-2	D-3	D-4	D-5	L-1
C0						
C1						
C2						
C3						
B1						
B2						
B3						
F1						
F2						

4. 丰田 U341E 型自动变速器行星齿轮变速器传动原理。

将齿轮变速机构在"壳体内"简单装合（C1、C2、C3、B1、B2、B3、F2 都不装入，紧可装入 F1），并按以下操作：

（1）固定前圈后架，顺时针（从输入轴方向看，即从前往后看）转动后太阳轮，则前架后圈（中间主动齿轮）_____（同向或反向、增速、减速或等速）转动，此时即为_____挡。

（2）固定后太阳轮，顺时针转动前太阳轮，则前架后圈（中间主动齿轮）_____（同向或反向、增速、减速或等速）转动，此时即为_____挡。

（3）固定后太阳轮，顺时针转动前圈后架，则前架后圈（中间主动齿轮）_____（同向或反向、增速、减速或等速）转动，此时即为_____挡。

（4）通过 F2 单向固定前圈后架，顺时针（从输入轴方向看，即从前往后看）转动前太阳轮，则前架后圈（中间主动齿轮）_____（同向或反向、增速、减速或等速）转动，此时即为_____挡。若停止转动前太阳轮，快速转动前架后圈，前太阳轮_____（能或不能）转动。

（5）同时转动前太阳轮、前圈后架（并使二者转速相同），则前架后圈（中间主动齿轮）_____（同向或反向、增速、减速或等速）转动，此时即为_____挡。

学习项目：丰田 U341 型自动变速器的认识与拆装	车　　　型：_____
学习任务：　三、装配丰田 U341E 型自动变速器	发动机型号：_____
	变速器型号：_____

丰田 U341E 型辛普森式行星齿轮自动变速器的装配。

（1）该变速器所有制动器钢片都是_____（对称或不对称）结构，要求装合时，注意方向，水平将其放入壳体内，并确保钢片的外齿与壳体内花键槽啮合。若钢片的外齿对不好壳体内花键槽，则要将钢片_____（上下两面旋转180°、垂直）放置。

（2）在将前太阳轮放入壳体内，应将其台阶面_____（朝上或朝下）。

（3）在装入 B2 活塞总成时，应将其边缘的花键对准壳体的花键槽，其边缘的油孔对准_____，其内的活塞应_____（朝上或朝下）。

（4）在装入 F1 时，应将其台阶面（端面是黑塑料的）应_____（朝上或朝下）。同时，使用_____装入前圈后架中心孔的花键槽中，转动前圈后架将 F1 的滚柱转至其总成槽深处。再进行检查并确认前圈后架总成（从输入轴方向看，即从前往后看）可_____方向自由转动，而_____方向则锁止

（5）在装入 F2 前，需要检查其性能并判断安装方向。可将其装入后太阳轮，并固定其外圈，转动后太阳轮。确保后太阳轮（从输入轴方向看，即从前往后看）在_____方向自由转动，而沿_____方向时则锁止。

（6）在往壳体上装入阀体总成时，要确保3个蓄压器活塞与壳体的相应孔应_____（同心或垂直），同时，阀体上的_____（电磁阀、调压阀或手动阀）阀尾部的环槽应被手动阀轴控制杆勾住。

学习工作单四

课程：<u>　汽车自动变速器维修　</u>　姓名：<u>　　　　</u>　班级：<u>　　　</u>　日期：<u>　　　</u>

学习项目：<u>　自动变速器常规的检查与测试　</u> 学习任务：<u>　一、发动机怠机、节气门的检查与调整　</u>	车　　　型：<u>　　　　　</u> 发动机型号：<u>　　　　　</u> 变速器型号：<u>　　　　　</u>

1. 在发动机正常怠速下，使用电脑诊断仪发动机怠速转速。

发动机型号<u>　　　　　　　　</u>，标准怠速为<u>　　　　</u>r/min，测定的怠速转速为<u>　　　　</u>r/min。

结论<u>　　　　　　　　　　　　　　</u>。

2. 在发动机正常怠速下和熄火状态下，使用电脑诊断仪发动机节气门及传感器工作情况。

测量在节气门全关（怠速）时，开度值是<u>　　　</u>%；

将加速踏板踩到底，节气门<u>　　　　</u>（能否）完全开启，测量在节气门完全开启时，开度值是<u>　　　</u>%。

结论<u>　　　　　　　　　　　　　　　　　　　　　　　　</u>。

学习项目：__自动变速器常规的查检与测试__ 学习任务：__二、自动变速器油平面高度与油质的__ __检查__	车　　　型：_____ 发动机型号：_____ 变速器型号：_____

　　1. 该车变速器 ATF 液位检查方法是_____（油尺检查法或溢流孔法）。自动变速器油液位检查步骤是_____
_____
_____。
测得的变速器液位结果是_____。

　　2. 该车新的自动变速器油是_____颜色的。被测自动变速器油的颜色是_____颜色的，给出的结论是_____。

学习项目： 自动变速器常规的检查与测试 学习任务： 三、ECT 电控系统的检测	车　　型：＿＿＿＿＿＿ 发动机型号：＿＿＿＿＿＿ 变速器型号：＿＿＿＿＿＿

01M 型 ECT 电控元件的检测。

1. 画出电磁阀总成插头编号图（右圈），并测量阀板中电气元件：

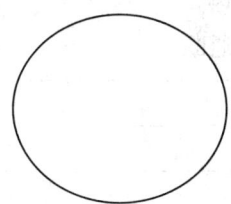

元件代号	测量端子号	电阴值	电阴正常与否	该元件功能
N88				
N89				
N90				
N91				
N92				
N93				
N94				
G93				

2. 测量 ECT 壳体外传感器：

	测量端子号	电阻值
车速传感器 G68		
变速器转速传感器 G38		

3. 结合电路图，完成下左图中多功能开关 F125 的接脚图及测试条件，画 F125 插头编号图（下右图），并按要求测量端子间通断（填写下表格）：

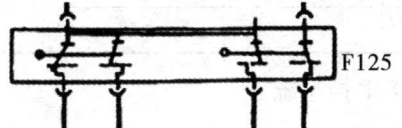 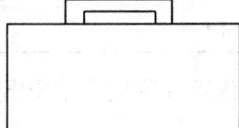

测量端子号	测试条件（换挡杆位置）	测量结果
3与1		
3与2		
3与6		
5与7		

U341E 型 ECT 电控元件的检测。

1. 使用万用表测量挡位开关通断。

换挡手柄位置	测量的端子	测量的结果
P	1－3 端子	
P	6－9 端子	
R	2－3 端子	
N	3－5 端子	
N	6－9 端子	
D	3－7 端子	
2	3－4 端子	
L	3－8 端子	

挡位开关的 6 与 9 端子只有在换挡杆_____位或_____位导通，该两端子参与了_____控制。

2. 使用万用表测量传感器和换挡电磁阀的电阻。

元件名称		测量端子间的编号	测量的电阻值
涡轮转速传感器			
油温传感器			
换档电磁阀	S1		
	S2		
	ST		
	SL		
	SLT		

使用电脑诊断仪等检测丰田 ECT 电控系统。

车　　　型：_____　发动机型号：_____　变速器型号：_____

1. 使用电脑诊断仪器对搭载 ECT 轿车读取数据流。

项目	数据	项目	数据
发动机转速		车速	
发动机节气门开度		换档手柄位置	
喷油器通电时间		变速机构档位	
进气温度		变速器油温	
冷却液温度		电磁阀_____（代号）状态	
电磁阀_____（代号）状态		电磁阀_____（代号）状态	

2. 简述使用诊断仪对搭载 ECT 轿车读取和清除故障码的过程。

3. 使用示波器测试涡轮转速信号的波形。

（1）急速及发动机在 3000rpm 时，P 或 N 位：

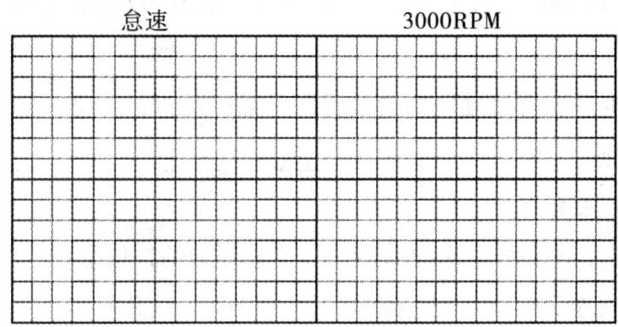

由波形可知，在上述工况下，涡轮是_____（运转或静止）状态。该转速信号波形，随转速升高后，幅值_____（变大或变小），周期_____（变短或变长）。

（2）急速驻车，D 或 R 位：

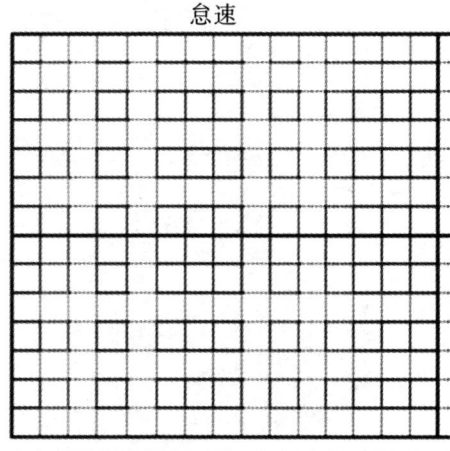

由波形可知,在上述工况下,涡轮是_____(运转或静止)状态。
使用电脑诊断仪等检测大众01M型ECT电控系统。

1. 使用诊断仪读取"动态数据流"

序号	测量条件	多功能开关显示
1	P挡位置	
2	P挡位置踩刹车	
3	R挡位置踩刹车	
4	N挡位置踩刹车	
5	D挡位置踩刹车	
6	3挡位置踩刹车	
7	2挡位置踩刹车	
8	1挡位置踩刹车	

2. 安全举升车辆至驱动轮完全离开地面,使用诊断仪读取自动变速器的"动态数据流"。

(1)D挡位时,松开制动,均匀缓慢踩下油门踏板,"动态数据流"中"挂入挡位"依次变化是_____→_____→_____→_____→_____;"电磁阀状态"前三位依次变化是_____→_____→_____→_____。换挡用的电磁阀都处于断电,换挡杆处于D位置时,变速器内的挡位是_____挡。

(2)换挡杆拨至3位时,变速器内"挂入挡位"最高是_____挡;换挡杆拨至2位时,变速器内"挂入挡位"最高是_____挡;换挡杆拨至1位时,变速器内"挂入挡位"最高是_____挡。

(3)在变速器升挡工作时,_____(有/无)跳挡。

学习工作单五

课程：__汽车自动变速器维修__　姓名：_____　班级：____　日期：____

学习项目：__自动变速器常规的性能试验__ 学习任务：__一、失速实验__	车　　　型：_____ 发动机型号：_____ 变速器型号：_____

1. 简述失速试验的准备内容及操作步骤。

2. 记录失速实验数据，并据失速实验记录数据分析？

测试车型：_____；发动机型号：_____；自动变速器型号：_____；
标准失速转速范围：_____。

挡位	D 位	R 位	2 位	1 位
失速转速（r/min）				

结果分析：_____。

学习项目： 自动变速器常规的性能试验	车　　　型： _____
学习任务： 二、油压试验	发动机型号： _____
	变速器型号： _____

记录油压实验数据，并据油压实验记录数据分析？

换档手柄位置 　　　　数据 发动机状态	D		R	
	标准值	测量值	标准值	测量值
发动机怠速				
发动机失速				

结果分析：_____。

学习项目： 自动变速器常规的性能试验	车　　　型： _____
学习任务： 三、时滞实验	发动机型号： _____
	变速器型号： _____

1. 简述时滞试验的目的？

2. 记录延时实验数据，并据失速实验记录数据分析？

操作		N→D	N→R
迟滞时间 （单位：s）	第1次		
	第2次		
	第3次		
结果（平均值，单位：s）			

结果分析：_____

_____。

学习项目： 自动变速器常规的性能试验	车　　型： _____
学习任务： 四、手动换挡试验	发动机型号： _____
	变速器型号： _____

1. 简述手动换挡试验的目的和操作步骤。

2. 记录手动换挡试验数据，并根据手动换挡实验记录数据分析？

	P	R	N	D	2	L
被测自动变速器的标准手动模式						
发动机转速	2000r/min	2000r/min	2000r/min	2000r/min	2000r/min	2000r/min
车速（km/h）						
推断出变速箱所处的挡位						

结果分析：_____

学习工作单六

课程：__汽车自动变速器维修__ 姓名：_____ 班级：_____ 日期：_____

学习项目：__自动变速器主要元件的检修__ 学习任务：__一、变矩器的清洗和单向离合器性能检查__	车　　　型：_____ 发动机型号：_____ 变速器型号：_____

1. 检查 U341E 型 ECT 液力变矩器的外观。
2. 简述检查 U341E 型 ECT 液力变矩器中单向离合器好坏的步骤。

3. 检查 U341E 型 ECT 液力变矩器中单向离合器的结果_____。
   结论：_____。
4. 清洗液力变矩器。

学习项目： 自动变速器主要元件的检修	车　　　型：＿＿＿＿＿＿
学习任务： 二、油泵的检查	发动机型号：＿＿＿＿＿＿
	变速器型号：＿＿＿＿＿＿

1. 简述 U341E 型 ECT 油泵的驱动方式。

2. 在分解油泵后，指出进出油口的位置。

3. U341E 型 ECT 油泵的检查。

（1）油泵"三隙"的检测

检测间隙的名称	标准值	测量值	结论
主从动齿轮齿顶间的间隙			
从动齿圈与泵体间的间隙			
齿轮端面与泵体端面间的间隙			

（2）油泵零件的检查

零件	零件状态（有无裂纹、明显磨损等）	结论
主动齿轮		
从动齿圈		
泵体、泵盖		

学习项目： 自动变速器主要元件的检修	车　　　型：_____
学习任务： 三、换挡执行元件的检查	发动机型号：_____
	变速器型号：_____

1. U341E 型 ECT 离合器、制动器的分解和认识

名称	规格（钢片、摩擦片数目）	组装要求（对钢片、摩擦片等）
前进档离合器 C1		
直接离合器 C2		
倒档离合器 C3		
OD 和二档制动器 B1		
二档制动器 B2		
一档和倒档制动器 B3		

2. U341E 型 ECT 离合器的检查

离合器名称	项目	数值或状况说明	结论
前进档离合器 C1	间隙	标准值： 测量值：	
	摩擦片、钢片等状况		
直接离合器 C2	间隙	标准值： 测量值：	
	摩擦片、钢片等状况		
倒档离合器 C3	间隙	标准值： 测量值：	
	摩擦片、钢片等状况		

3. U341E 型 ECT 制动器的检查

制动器名称	项目	数值或状况说明	结论
OD 和二档制动器 B1	间隙	标准值： 测量值：	
	摩擦片、钢片等状况		
二档制动器 B2	间隙	标准值： 测量值：	
	摩擦片、钢片等状况		
一档和倒档制动器 B3	间隙	标准值： 测量值：	
	摩擦片、钢片等状况		

4. U341E 型 ECT 单向离合器的检查

单向离合器名称	项目	锁止情况或状况说明	结论
1 号单向离合器	锁止情况		
	锲块、保持驾、内外圈等状况		
2 号单向离合器	锁止情况		
	锲块、保持驾、内外圈等状况		

学习项目： 自动变速器主要元件的检修	车　　　型：_____
学习任务： 四、行星排齿轮组的检查	发动机型号：_____
	变速器型号：_____

U341E 型 ECT 行星齿轮组的检查

名称	项目	锁止情况或状况说明	结论
前行星齿轮组	行星齿轮与行星架间的间隙	标准值： 测量值：	
	太阳轮、行星轮、齿圈等状况		
后行星齿轮组	行星齿轮与行星架间的间隙	标准值： 测量值：	
	锲块、保持架、内外圈等状况		

学习项目：	自动变速器主要元件的检修	车　　　型：
学习任务：	五、电磁阀的检查和测试	发动机型号：
		变速器型号：

检查 U341E 型 ECT 的电磁阀。

项目 电磁阀	测试电阻	阀门动作检查	检查阀门密封性	结论
换档电磁阀 S1	标准值： 测量值			
换档电磁阀 S2	标准值： 测量值			
换档优化控制电磁阀 ST	标准值： 测量值			
锁上离合器控制电磁阀 SL	标准值： 测量值			
主油路压力控制电磁阀 SLT	标准值： 测量值			

学习工作单七

课程：__汽车自动变速器维修__　姓名：_____　班级：_____　日期：_____

学习项目：__自动变速器常见故障的诊断__ 学习任务：__自动变速器电控系统故障诊断__	车　　　型：_____ 发动机型号：_____ 变速器型号：_____

1. 分析客户（车主）对故障的描述。

_____

_____

_____。

2. 自动变速器相关的基本检查

①变速器的型号：_____，发动机的型号：_____，车辆行驶总里程：_____。

②自动变速器油液位状况_____，油质状况_____，油液颜色_____。

③节气门开度动作的检查_____。

④电气元件及接线状况检查_____。

3. 使用电脑诊断仪读取数据流和故障码

项目	数据	项目	数据
发动机转速		车速	
发动机节气门开度		换挡手柄位置	
喷油器通电时间		变速机构挡位	
进气量或歧管压力		变速器油温	
进气温度		电磁阀____状态	
冷却液温度		电磁阀____状态	
点火提前角		电磁阀____状态	

4. 对自动变速器故障症状的确认。

_____

_____。

5. 记录手动换挡试验数据，并据手动换挡实验记录数据分析？

	P	R	N	D	2	L
标准手动模式						
发动机转速	2000r/min	2000r/min	2000r/min	2000r/min	2000r/min	2000r/min
车速						
推断出变速箱所处的挡位						

结果分析：_____
_____。

6. 记录失速实验数据，并据失速实验记录数据分析？

测试车型：_____；发动机型号：_____；自动变速器型号：_____；
标准失速转速范围：_____。

挡位	D 位	R 位	2 位	1 位
失速转速（r/min）				

结果分析：_____
_____。

7. 记录延时实验数据，并据失速实验记录数据分析？

结果分析_____
_____。

操作		N→D	N→R
迟滞时间（单位：s）	第1次		
	第2次		
	第3次		
结果（平均值，单位：s）			

结果分析：_____
_____。

8. 记录油压实验数据,并据油压实验记录数据分析?

换挡手柄位置 数据 发动机状态	D		R	
	标准值	测量值	标准值	测量值
发动机怠速				
发动机失速				

结果分析:_____

_____。

9. 按照维修手册中故障症状表提示的内容进行检测。